Ihre Arbeitshilfen zum Download:

Die folgenden Arbeitshilfen stehen für Sie zum Download bereit:

Excel-Tabellen

Den Link sowie Ihren Zugangscode finden Sie am Buchende.

Investitionsrechnung für Immobilien

Prof. Dr. Stefan Kofner

Investitionsrechnung für Immobilien

4. Auflage

Haufe Gruppe
Freiburg · München · Stuttgart

Bibliografische Information der Deutschen Nationalbibliothek
Die Deutsche Nationalbibliothek verzeichnet diese Publikation in der Deutschen Nationalbibliografie; detaillierte bibliografische Daten sind im Internet über http://dnb.dnb.de abrufbar.

Print: ISBN 978-3-648-07967-6 Bestell-Nr. 06528-0002
ePub: ISBN 978-3-648-07968-3 Bestell-Nr. 06528-0100
ePDF: ISBN 978-3-648-07969-0 Bestell-Nr. 06528-0150

Prof. Dr. Stefan Kofner
Investitionsrechnung für Immobilien
4. Auflage 2016

© 2016 Haufe-Lexware GmbH & Co. KG, Freiburg
www.haufe.de
info@haufe.de
Produktmanagement: Jasmin Jallad

Lektorat: Agentur: Satz & Zeichen, Buckenhof
Satz: Content Labs GmbH, Bad Krozingen
Umschlag: RED GmbH, Krailling
Druck: Beltz Bad Langensalza GmbH, Bad Lagensalza

Alle Angaben/Daten nach bestem Wissen, jedoch ohne Gewähr für Vollständigkeit und Richtigkeit. Alle Rechte, auch die des auszugsweisen Nachdrucks, der fotomechanischen Wiedergabe (einschließlich Mikrokopie) sowie der Auswertung durch Datenbanken oder ähnliche Einrichtungen, vorbehalten.

Inhaltsverzeichnis

Verzeichnis der Abbildungen 11

Verzeichnis der Tabellen 13

Verzeichnis der Beispiele 15

Allgemeine Literaturempfehlungen 17

Einleitung 19

Vorwort zur zweiten Auflage 23

Vorwort zur dritten Auflage 25

Vorwort zur vierten Auflage 27

1	Immobilien-Investition: Begriff und Zielmarkt	29
1.1	Der Immobilienmarkt als Investmentziel	29
1.2	Begriff der Immobilien-Investition	33
2	Immobilien-Investoren: Motive und Beschränkungen	37
3	Immobilien als Klasse von Anlageprodukten	47
3.1	Heterogenes Angebot, Standortgebundenheit, lange Nutzungszeit	48
3.2	Inelastisches Angebot	48
3.3	Geringer Liquiditätsgrad	51
3.4	Markineffizienzen	52
3.5	Hoher Verschuldungsgrad	54
3.6	Aktives Investment	57
3.7	Steuerliche Behandlung	57
	3.7.1 Planmäßige Gebäudeabschreibung	58
	3.7.2 Behandlung von Veräußerungsgewinnen	62
	3.7.3 Steuerliche Gesamtbelastung der Unternehmen	63
3.8	Warum also in Immobilien investieren?	63

4	Grundlagen des Immobilien-Portfoliomanagements	71
4.1	Portfoliomanagement versus Objektverwaltung	72
4.2	Portfoliomodelle	74
4.3	Portfoliomanagement und Investitionsrechnung	80
4.4	Der Zielbildungsprozess des Unternehmens	81
4.5	Handlungsraum und Strategiebestimmung	83
4.6	Fallstudie Unterbringungsvarianten	85

5	Grundlagen der Immobilien-Investitionsrechnung		93
5.1	Problemlösungsprozess der Investition		93
5.2	Einteilung von Immobilien-Investitionen		98
	5.2.1	Auswirkungen auf die Bilanz	99
	5.2.2	Abgrenzung von Instandhaltung, Instandsetzung und Modernisierung	103
	5.2.3	Mieterhöhung nach Modernisierung	105
5.3	Vergleichbarkeit von Zahlungen zu unterschiedlichen Zeitpunkten		109
5.4	Eingangsgrößen der Investitionsrechnung		115
	5.4.1	Kapitaleinsatz	115
	5.4.2	Cashflow	117
	5.4.3	Berücksichtigung der Betriebskosten des Objekts	124
	5.4.4	Schätzung des Mieteinnahmenstroms	126
	5.4.5	Nutzungsdauer	140
	5.4.6	Exkurs: Optimierung der Nutzungsdauer von Gebäuden	141
	5.4.7	Kalkulationszinssatz und Risiko	144
	5.4.8	Liquidationserlös	162
5.5	Probleme bei Investitionsrechnungen		163

6	Das Konzept »Rendite« (»Returns«)	177
6.1	Was heißt Wirtschaftlichkeit?	177
6.2	Rentabilitätsberechnung	181
6.3	Periodenbezug der Rendite	183
6.4	Preisbildung bei Immobilien: Cap Rate	186

Inhaltsverzeichnis

7	Dynamische Vermögenswertmethoden	193
7.1	Kapitalwertmethode	194
7.1.1	Bestimmung des Kapitalwertes	194
7.1.2	Wahl des Diskontierungszinssatzes	198
7.1.3	Vorteilhaftigkeitskriterien	201
7.1.4	Annahmen über den Kapitalmarkt und Vergleichbarkeit von Kapitalwerten	202
7.2	Vermögensendwertmethode/Horizontwertmethode	203

8	Dynamische Zinssatzmethoden	219
8.1	Interner Zinsfuß	219
8.1.1	Definition und Vorteilhaftigkeitskriterien	220
8.1.2	Berechnung und Interpretation	221
8.1.3	Fallstudie 1: Neubau einer Wohnanlage	226
8.1.4	Grenzen	242
8.2	Vollständige Finanzpläne	245
8.2.1	Anwendung bei variabel verzinslichen Krediten	246
8.2.2	Anwendung bei Festsatzkrediten	248
8.2.3	Auswirkungen auf Eigenkapital und Liquidität	250
8.2.4	Vorteilhaftigkeitskriterien	254
8.2.5	Grenzen	254
8.2.6	Fallstudie 2: Altbaumodernisierung	256

9	Statische Einperiodenmodelle	273
9.1	Annuitäten-Methode	273
9.2	Wirtschaftlichkeitsberechnung nach der Zweiten Berechnungsverordnung	276
9.2.1	Idee der Kostenmiete	276
9.2.2	Berechnung der Kostenmiete	278
9.2.3	Berechnungsbeispiel Sozialer Wohnungsbau	280
9.2.4	Funktionale Betrachtung der Preisvorschriften	282
9.2.5	Berechnungsbeispiel frei finanzierter Wohnungsbau	283

10	Berücksichtigung von Steuern	291
10.1	Notwendigkeit der Berücksichtigung steuerlicher Effekte	291
10.2	Probleme bei der Berücksichtigung steuerlicher Effekte	292
10.3	Fallstudie 3: Steuerliche Folgen der Sanierung eines Denkmals	294

11	**Berücksichtigung von Förderprogrammen**	301
11.1	Energieeffizienz und Klimaschutz	301
11.2	KfW-Programm Energieeffizient Sanieren	304
11.3	Fallstudie 4: Energetische Modernisierung einer Wohnsiedlung	305
11.4	Fallstudie 5: Neubau einer Wohnanlage mit Sozialwohnungen in Nordrhein-Westfalen	330
12	**Berücksichtigung von Rückflüssen in fremder Währung**	341
13	**Berücksichtigung von Risiko und Unsicherheit**	349
13.1	Verfahren der kritischen Werte	350
13.2	Szenarioanalyse	353
13.3	Fallstudie 6: Risikoanalyse für die energetische Modernisierung der Wohnsiedlung	356
14	**Quintessenz**	377
	Literaturverzeichnis	381
	Antworten zu den Verständnisfragen	387
	Stichwortverzeichnis	407

Abbildungsverzeichnis

Bild 1.1:	Überblick über das Immobilien-System	30
Bild 1.2:	Formen der Immobilienanlage	32
Bild 1.3:	Arten von Investitionen	34
Bild 2.1:	Immobilieninvestorengruppen	38
Bild 3.1:	Stilisierte Angebotskurve am Immobilienmarkt	50
Bild 3.2:	Liquiditätsgrade unterschiedlicher Aktiva	51
Bild 3.3:	Herleitung der Leverage-Formel; Quelle: Rolfes, B.: Investitionen und Finanzierung, Februar 2004	54
Bild 3.4:	Verschuldungshebel bei schwankender Gesamtkapitalrentabilität	56
Bild 4.1:	Analysebereiche und Portfoliodimensionen	75
Bild 4.2:	Grundstruktur eines Portfoliomodells	76
Bild 4.3:	Portfoliokriterien	77
Bild 4.4:	Vorgehensweise der Immobilienanalyse	78
Bild 4.5:	Objekt- versus Kundenwunschprofil; Quelle: Flachmann/Kofner	79
Bild 4.6:	Der Dreiklang von Vision, Strategie und Portfolio	82
Bild 4.7:	Handlungsalternativen im Immobilienbestand	84
Bild 4.8:	Ein- und Auszahlungen der Investitionsalternativen	86
Bild 5.1:	Problemlösungsprozess der Investition	96
Bild 5.2:	Auswirkungen auf die Bilanz – Bestandserweiterung	99
Bild 5.3:	Auswirkungen auf die Bilanz – Bestandsentwicklung	100
Bild 5.4:	Auswirkungen auf die Bilanz – Desinvestition	101
Bild 5.5:	Cashflow-Verläufe	110
Bild 5.6:	Zusammensetzung des Cashflows aus einer Immobilie	120
Bild 5.7:	Stilisierter Verlauf der Entwicklung des Cashflows aus einem Immobilien-Investment	123
Bild 5.8:	Bestimmungsgründe der Wohnraummiete; Quelle: Maximilian Dörrbecker - Wikipedia, Stichwort: Wohnungsmarkt	128
Bild 5.9:	Entwicklung der Wohnungsmieten 1996-2015; Quelle: Statistisches Bundesamt, eigene Berechnungen	130
Bild 5.10:	Anzahl fertiggestellter Wohnungen in ausgewählten Städten 2014 in Deutschland sowie jährlicher Baubedarf bis 2030; Quelle: IW Köln, Statistisches Bundesamt	133
Bild 5.11:	Entwicklung der Rendite zehnjähriger Staatsanleihen Deutschlands in den Jahren von 1995 bis 2015; Quelle: Bloomberg	147

Verzeichnis der Abbildungen

Bild 5.12:	Verbraucherpreisindex für Deutschland Veränderungsraten zum Vorjahresdurchschnitt in Prozent; Quelle: Statistisches Bundesamt	148
Bild 5.13:	Wahrscheinlichkeitsverteilung des zukünftigen Prolongationszinses	149
Bild 5.14:	Ermittlung des gewichteten Kalkulationszinses; Quelle: in Anlehnung an Bühner 1994	153
Bild 5.15:	Durchschnittliche Rendite von Bundeswertpapieren nach Laufzeiten, 1973-2009	160
Bild 6.1:	Zuordnung von Strömungs- und Gewinngrößen	179
Bild 6.2:	Bestimmung der Grenzproduktivität des Kapitals	180
Bild 6.3:	Gesamtwirtschaftlicher Kapitalmarkt	180
Bild 6.4:	Renditebegriffe und korrespondierende Vervielfältiger	183
Bild 7.1:	Verfahren der Investitionsrechnung	194
Bild 7.2:	Zahlungsreihe eines Investitionsprojekts	195
Bild 8.1:	Rangfolge der Investitionsalternativen	225
Bild 9.1:	Zusammensetzung der Kostenmiete	277
Bild 11.1:	Verfahrensschritte der Investitionsrechnung	307
Bild 11.2:	Mietenberechnung	315
Bild 12.1:	Zusammenhang zwischen dem Wechselkurs und der Euro-Rendite	344
Bild 13.1:	Szenariotrichter	354
Bild 13.2:	Angenommene Wahrscheinlichkeitsverteilung der Zunahme der Mod-Vergleichsmiete	362
Bild 13.3:	@RISK Model Inputs	363
Bild 13.4:	Angenommene Korrelationsmatrix der Wahrscheinlichkeitsverteilungen	366
Bild 13.5:	Wahrscheinlichkeitsdichteverteilung des internen Zinsfußes vor Steuern der Inst-Alternative	368
Bild 13.6:	Chancen-Profil der Inst-Alternative (Output-Variable: Interner Zinsfuß vor Steuern)	368
Bild 13.7:	Wahrscheinlichkeitsdichteverteilung des internen Zinsfußes vor Steuern der Mod-Alternative	369
Bild 13.8:	Chancen-Profil der Mod-Alternative (Output-Variable: Interner Zinsfuß vor Steuern)	369
Bild 13.9:	Vergleich der Chancen-Profile der beiden Handlungsalternativen	371

Tabellenverzeichnis

Tabelle 2.1:	Immobilienbestand institutioneller Investorengruppen in Deutschland	39
Tabelle 3.1:	Übertragungsmöglichkeiten für Veräußerungsgewinne	62
Tabelle 5.1:	Zusammenhang Finanzierung, Kapitalperspektive und Kalkulationszins	154
Tabelle 5.2:	Annahmekategorien und Entscheidungsebenen	167
Tabelle 8.1:	Bestimmung des internen Zinsfußes mit MS-Excel	223
Tabelle 8.2:	Vergleich zweier Staatsanleihen mit unterschiedlichen Coupons	224
Tabelle 9.1:	Wirtschaftlichkeitsberechnung sozialer Wohnungsbau	281

Verzeichnis der Beispiele

Beispiel 5.1	121
Beispiel 5.2	142
Beispiel 6.1	185
Beispiel 6.2	188
Beispiel 7.1	196
Beispiel 7.2	198
Beispiel 7.3	200
Beispiel 8.1	222
Beispiel 8.2	223
Beispiel 8.3	224
Beispiel 8.4	246
Beispiel 8.5	248
Beispiel 9.1	275
Beispiel 12.1	342
Beispiel 13.2	355

Allgemeine Literaturempfehlungen

Allen (1989): Real Estate Investment Strategy.

Blohm/Lüder/Schaefer (2012): Investition.

Brown/Matysiak (2000): Real Estate Investment: A Capital Markets Approach.

Hax (1985): Investitionstheorie.

Jaffe/Sirmans (1995): Fundamentals of Real Estate Investments.

Lush/Kolbe/Greer (2003): Investment Analysis for Real Estate Decisions.

Neidt (1998): Dynamische Investitionsrechnung in der Immobilienwirtschaft.

Rolfes (2003): Moderne Investitionsrechnung.

Ropeter (1999): Investitionsanalyse für Gewerbeimmobilien.

Schwartz/Kapplin (Hrsg., 1995): Alternative Ideas in Real Estate Investment.

Sindt (1998): Real Estate Investment.

Zeitschriften
Deutsche Wohnungswirtschaft
Die Wohnungswirtschaft
Housing Finance
Housing Finance International
Housing Finance Review
Housing Studies
Immobilien & Finanzierung
Immobilienwirtschaft
Journal of Housing Economics
Journal of Housing Research
Journal of Portfolio Management
Journal of Property Investment and Finance
Journal of Real Estate Finance and Economics

Allgemeine Literaturempfehlungen

Journal of Real Estate Research

Real Estate Economics

Taschenbuch für den Wohnungswirt

Wohnungswirtschaft und Mietrecht

Einleitung

Der General, der das Gefecht gewinnt,
macht viele Berechnungen vor dem Gefecht.
Sun Tsu, 5. Jahrhundert vor Christus

Der Pfad der Überlegung läßt sich, wie wir gesagt haben, durch
Grundsätze und Ansichten selten bis zu einer bloßen Linie einengen.
Es bleibt immer ein gewisser Spielraum.
So ist es in allen praktischen Künsten des Lebens. ...
Es muss sich also der Handelnde bald dem feineren Takt des Urteils
überlassen, der, aus natürlichem Scharfsinn hervorgehend und durch
Nachdenken gebildet, das Rechte fast bewußtlos trifft,
bald muss er das Gesetz zu hervorstechenden Merkmalen vereinfachen,
welche seine Regeln bilden, bald muss die eingeführte Methode
der Stab werden, an welchen er sich hält.
General von Clausewitz: Vom Kriege,
Drittes Buch: Von der Strategie überhaupt,
Vierzehntes Kapitel: Ökonomie der Kräfte

Immobilien sind besonders langlebige und vergleichsweise wenig liquide Vermögensgegenstände. Wer in Immobilien investiert, geht eine entsprechend langfristige Kapitalbindung ein. Damit sind natürlich besondere Risiken verbunden. Aus diesem Grund ist man gut beraten, ein Immobilieninvestment analytisch gründlich vorzubereiten. Die Investitionsrechnung ist neben der Markt- und Standortanalyse und gegebenenfalls der Due-Diligence-Prüfung ein wesentlicher Baustein dieser Vorbereitung einer Investition in eine Immobilie.

Zuzugeben ist, dass es bereits eine Menge von Lehrbüchern der Investitionsrechnung am Markt gibt. Diese Titel sind aber nicht für Immobilieninvestitionen maßgeschneidert. Sie behandeln ausführlich Rechenverfahren, die für die Praxis in der Wohnungs- und Immobilienwirtschaft von geringer Bedeutung sind. Es kommt hinzu, dass einige besondere Eigenschaften von Immobilien eine andere Schwerpunktsetzung erfordern. Investitionsrechnungen für Immobilien haben spezifische Eingangsgrößen mit spezifischen Ursachenkomplexen (Miete, Bewirtschaftungskosten). Davon abgesehen müssen die gängigen Methoden der Investitionsrechnung sensibel auf Immobilieninvestments angewendet werden.

Außerdem kennt die Wohnungswirtschaft ein maßgeschneidertes Verfahren der Investitionsrechnung, die sogenannte Wirtschaftlichkeitsberechnung, das in die Darstellung mit einbezogen werden muss, da es in der Praxis der sozialen Wohnraumförderung immer noch eine Rolle spielt. Nicht zuletzt kann zumindest die Wohnungswirtschaft verschiedene steuerliche und nicht-steuerliche (z. B. zinsverbilligte Darlehen) Investitionsförderungen mit einem wesentlichen Einfluss auf die wirtschaftliche Vorteilhaftigkeit der Investition nutzen. All diese Gründe sprechen für ein zielgruppenspezifisches Lehrbuch der Investitionsrechnung speziell für die Wohnungs- und Immobilienwirtschaft.

Mit dem vorliegenden Lehrbuch sind sowohl Praktiker als auch Studenten der Wohnungs- und Immobilienwirtschaft und der Betriebswirtschaftslehre angesprochen. Der didaktische Ansatz des Buches ist der eines Lehrbuches für Studium und Praxis. Die Inhalte wurden so wenig wie möglich formalisiert dargestellt. Dafür enthält das Buch zahlreiche Beispiele und Fallstudien, die alle der besseren Nachvollziehbarkeit der Argumentation dienen.

Die Inhalte dieses Lehrbuchs wollen nicht nur gelesen, sondern auch erarbeitet werden. Der »Leser« ist dringend aufgefordert, die Beispiele und Fallstudien mit dem Taschenrechner und mit einem Tabellenkalkulationsprogramm nachzurechnen und zu variieren. Anregungen dazu geben die weiterführenden Fragen und Themen am Ende eines jeden Kapitels.

Aus didaktischer Sicht wird die Vermittlung von methodischen Kompetenzen in den Vordergrund gestellt. Schon Konfuzius (551-479 v. Chr.) hat gesagt: Erzähle mir und ich vergesse – Zeige mir und ich erinnere – Lass mich tun und ich verstehe. In diesem Sinne soll der Leser in den Stand versetzt werden, »es selbst zu tun« und dabei auch mit neu auftretenden Problemen selbständig fertig zu werden. Das fängt bei der Auswahl des situationsgerechten Rechenverfahrens an und endet beim methodisch sensiblen Alternativenvergleich.

An Vorkenntnissen benötigt der Leser neben finanzmathematische auch betriebswirtschaftliche Grundlagen mit Schwerpunkt in den Bereichen Rechnungswesen und Finanzierung. Volkswirtschaftliche Grundlagen auf dem Niveau einer Einführungsvorlesung sind empfehlenswert. Unverzichtbar sind anwendungsbezogene Grundkenntnisse eines Tabellenkalkulationsprogramms.

Das Buch ist in fünf Hauptteile gegliedert. Im Grundlagenteil (Abschnitte 1 bis 5) werden die Grundlagen für den methodisch sensiblen Einsatz der verschiedenen Verfahren der Investitionsrechnung gelegt. Im Einzelnen wird dargelegt, welche Investoren aus welchen Motiven Immobilieninvestitionen tätigen (Abschnitt 2) und welchen Besonderheiten der Immobilien und des Immobilienmarktes sie sich damit aussetzen (Abschnitt 1 und Abschnitt 3). Dabei steht die Frage nach den besonderen Eigenschaften von Immobilien im Vordergrund, die ein besonderes Vorgehen erfordern. Der auf das einzelne Objekt bezogenen Perspektive auf die Investition wird die Portfolioperspektive gegenübergestellt und der Investitionsvorgang als solcher wird in den Zielbildungsprozess des Unternehmens eingeordnet (Abschnitt 4).

Die Investitionsrechnung für Immobilien erfordert auf verschiedenen Gebieten spezifische Grundlagen (Abschnitt 5). Ein ganz wesentlicher Aspekt sind dabei die mietpreisrechtlichen Grundlagen, die einen entscheidenden Einfluss auf die Entwicklung der Mieteinnahmen aus einer Immobilieninvestition haben können. Das gilt bei der Erstvermietung einer Neubauwohnung ebenso wie bei einem Mieterwechsel oder der umfangreichen Modernisierung einer Bestandsimmobilie. Davon abgesehen erfordern auch die Schätzung von Nutzungsdauer, Liquidationserlös und Kalkulationszins immobilienspezifische Kenntnisse und Erfahrungen.

Das für die Erfolgsmessung von Investitionen und die Preisbildung von Immobilien zentrale Konzept der Rendite wird in Abschnitt 6 (zweiter Hauptteil) eingeführt. Ausgewählte Verfahren der Investitionsrechnung werden im dritten Teil des Lehrbuches anhand von Anwendungsbeispielen und Fallstudien dargestellt (Abschnitte 7 bis 9). Der Schwerpunkt liegt dabei eindeutig auf den dynamischen Verfahren, die den Zahlungsstrom aus der Investition explizite modellieren. Im vierten Hauptteil des Lehrbuches werden verschiedene Erweiterungen der Grundmodelle diskutiert (Abschnitte 10 bis 13). Im Einzelnen wird untersucht, wie Steuern, Förderprogramme, Rückflüsse in fremder Währung sowie Risiko und Unsicherheit in einer Investitionsrechnung für Immobilien berücksichtigt werden können. Im Schlussteil (Abschnitt 14) werden Wege zur Vermeidung der typischen Fehler und Schwächen von Investitionsrechnungen aufgezeigt.

Das Buch ist meiner Frau und meinen beiden Kindern Melissa und Reinhard gewidmet.

Zittau, im April 2016

Vorwort zur zweiten Auflage

Die Neuauflage wurde nötig, weil die erste Auflage vergriffen war. Ich habe diese Gelegenheit genutzt, um einige Flüchtigkeitsfehler aus der ersten Auflage zu korrigieren. Außerdem habe ich mich bemüht, das Werk auf den neuesten Rechtsstand zu bringen. Dies betraf in erster Linie die REIT-Gesetzgebung und den Wegfall der degressiven Abschreibung. Kapitel 10 wurde wegen der Änderungen der Fördervorschriften neu gefasst. Die Arbeitstabellen sind nun im Internet unter der Adresse http://www.hogareal.de/html/tabellen.html verfügbar.

Zittau, im April 2008

Vorwort zur dritten Auflage

Nachdem die zweite Auflage rasch vergriffen war, habe ich die Gelegenheit für eine grundlegende Überarbeitung des Lehrbuches genutzt. Für die Neuauflage wurde das Werk vollständig durchgesehen, ergänzt und aktualisiert. Dabei sind die Erfahrungen des Autors aus dem gemeinsam mit Herrn Dipl.-Ing. Michael Flachmann entwickelten Seminar »Wirtschaftlichkeit und Rentabilität in der Objektverwaltung« eingeflossen. Die Rückmeldungen der Teilnehmer haben wertvolle Impulse für die Überarbeitung gegeben. Die neu eingefügte Fallstudie Nr. 6 (Energetische Modernisierung einer Wohnsiedlung) wurde zusammen mit Herrn Michael Flachmann für die Zwecke des Seminars entwickelt. Davon abgesehen wurde das Lehrbuch um ein Kapitel zu den Grundlagen des Immobilien-Portfoliomanagements ergänzt. Die Ermittlung des Kalkulationszinses wurde differenzierter dargestellt. Schließlich wurden die Antworten auf die Verständnisfragen am Ende der einzelnen Kapitel aufgenommen. Der Autor ist außerdem der Steuerberaterin Andrea Pfau für ihre Hinweise im Bezug auf die steuerliche Abgrenzung zwischen Modernisierungen und Instandsetzungen dankbar.

Zittau, im Dezember 2009

Vorwort zur vierten Auflage

Nachdem auch die dritte Auflage vergriffen war, habe ich diese Gelegenheit genutzt, um den Text und die Rechenbeispiele gründlich durchzuarbeiten und stellenweise zu entschlacken. Die Grundstruktur des Lehrbuches blieb davon aber unberührt. Das anhaltende Niedrigzinsumfeld ist nun in den Annahmen etwa zu Finanzierungszinsen widergespiegelt. Außerdem habe ich mich bemüht, das Werk auf den neuesten Rechts- und Zahlenstand zu bringen. Die letzten Mietrechts- und Steuerrechtsänderungen sind so weit wie möglich enthalten. Das Mietpreisrecht ist aber immer noch im Fluss und weitere einschneidende Änderungen zeichnen sich in Form eines Referentenentwurfs ab.

Zittau, im April 2016

1 Immobilien-Investition: Begriff und Zielmarkt

Nichts ist so unheilvoll wie eine rationale Investment-Politik in einer irrationalen Welt.

John Maynard Keynes (1883- 1946)

In diesem Kapitel sollen Sie erkennen,
- welche Abhängigkeiten und Beziehungen zwischen den funktionalen Segmenten des Immobilienmarktes bestehen,
- dass die Immobilie als Kapitalanlageprodukt mit anderen Anlageprodukten um das knappe Anlagekapital konkurriert,
- welche Merkmale den Investitionsbegriff ausmachen.

1.1 Der Immobilienmarkt als Investmentziel

Immobilieninvestments richten sich auf den Immobilienmarkt im Sinne eines »Asset-Marktes« (Bild 1.1). Darunter versteht man den Markt, auf dem Eigentumsrechte an realen Vermögensgegenständen (»Real estate assets«) gehandelt werden – also an Grund und Boden sowie aufstehenden Gebäuden. Die zeitlich mehr oder weniger begrenzten Nutzungsrechte an Immobilien sind dagegen Marktobjekte des Vermietungsmarktes (sogenannter »Space-Markt«). Dort geht es um die Anbahnung und Begründung von Schuldverhältnissen wie Miet- oder Pachtverhältnissen.

Der Immobilienmarkt dient wie jeder Markt der Koordination von Angebot und Nachfrage. Kommt es zu einem Geschäftsabschluss, gehen die Eigentumsrechte an dem Grundstück gegen Entrichtung des Kaufpreises vom Verkäufer an den Käufer über. Der Erwerber erhält ein unbefristetes Nutzungs- und Verfügungsrecht an der Immobilie. *Im Rahmen der gesetzlichen Beschränkungen* kann er sie nach Belieben nutzen, vermieten, beleihen oder veräußern.

Das dem Mieter im Rahmen eines Mietverhältnisses überlassene Ladenlokal geht dagegen nicht in sein Eigentum über. Der Mieter erhält lediglich ein zeitlich und sachlich (sogenannter »bestimmungsgemäßer Gebrauch«) beschränktes Nutzungsrecht. Als Gegenleistung hat er regelmäßig die vereinbarte Miete zu entrichten.

Natürlich stehen der Immobilien- und der Vermietungsmarkt nicht unverbunden nebeneinander. So determinieren die Marktergebnisse am Vermietungsmarkt den für die Bewertung der Immobilien durch die Investoren maßgeblichen Cashflow (Abschnitt 5.4.2). Auf der anderen Seite bestimmt die Bewertung der Immobilien im Spannungsfeld von Angebot und Nachfrage am Immobilienmarkt mit über die wirtschaftlichen Anreize zur Entwicklung neuer Immobilien, die dann wiederum das am Vermietungsmarkt verfügbare Angebot beeinflussen.

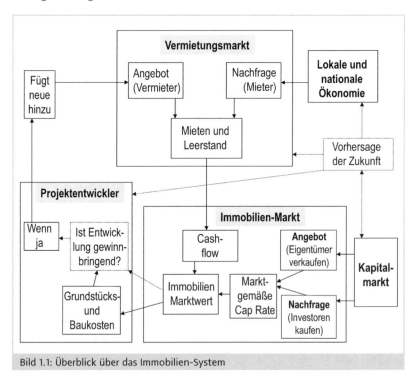

Bild 1.1: Überblick über das Immobilien-System

Der Immobilienmarkt als Investmentziel 1

Die Käufer/Investoren am Immobilienmarkt erwarten von ihrem Investment einen Zahlungsstrom (Cashflow) während der Nutzungszeit. Dieser setzt sich zusammen aus den erwarteten Mieteinnahmen vermindert um die laufenden Bewirtschaftungskosten (Verwaltung, Instandhaltung, etc.; Abschnitt 5.4.2). Die Immobilie wird von ihnen als Kapitalanlageprodukt betrachtet. Diese wirtschaftliche Perspektive auf die Immobilie unterscheidet sich von anderen Sichtweisen, wie etwa der sozialen oder der technischen Perspektive.

Die wirtschaftliche Perspektive betont die Konkurrenzsituation an den Kapitalmärkten. Die Immobilienanlage konkurriert mit allen möglichen Anlagealternativen (wie z. B. Aktien, Anleihen) um das knappe Investitionskapital. Dabei gibt es engere und weitere Substitutionsbeziehungen. So ist das Risikoprofil einer Bundesanleihe mit 10-jähriger Laufzeit grundsätzlich mit dem einer Eigentumswohnung an einem Standort mit angespannter Nachfragesituation am Wohnungsmarkt vergleichbar (z. B. München, Freiburg). Ein ganz anderes Risikoprofil hat dagegen die Anlage in Aktien eines Start up-Unternehmens im Bereich der Biotechnologie. Hier besteht im Gegensatz zu der Eigentumswohnung durchaus das Risiko eines Totalverlustes des angelegten Kapitals.

Es sind diese Substitutionsbeziehungen, die den Markt für Immobilienanlagen zu einem Teilmarkt des Kapitalmarktes machen. Wenn etwa die Zinsen für Bundesanleihen sinken, so führt das über Portfolioumschichtungen zu einer verstärkten Nachfrage nach Immobilien und Bauland mit der Tendenz zur Wiederangleichung des Abstandes zwischen Anleihezinsen und Immobilienrenditen.

Neben der direkten Immobilienanlage kann man mit verschiedenen Anlageprodukten auch indirekt in Immobilien investieren (Bild 1.2). Ein indirektes Immobilien-Investment begründet Ansprüche auf Cashflows, die von Immobilien als »underlying assets« (Abschnitt 1.2) generiert werden oder gedeckt sind.

Die indirekte Anlage hat dabei für den Investor verschiedene Vorteile. Er kann auf diese Weise die mit der laufenden Verwaltung der Immobilien verbundenen Aufgaben delegieren und er kann bereits mit kleinen Anlagebeträgen eine spürbare Risikostreuung erreichen. Außerdem sind indirekte Immobilienanlagen in der Regel fungibler als direkte, das heißt, der Anleger kann sein Engagement kurzfristig und zu vergleichsweise geringen Transaktionskosten wieder liquidieren (z. B. Verkauf von Aktien einer Immobilien-AG an der Börse). Die im September 2008 akut gewordene Finanzkrise hat uns jedoch daran erinnert, dass an den Finanzmärkten immer wieder Situationen auftreten können, wo die Liquidität der Kapitalmärkte aufgrund von Marktstörungen beeinträchtigt ist. So mussten als Folge der Finanzkrise nicht wenige der in Deutschland zugelassenen offenen Immobilienfonds geschlossen werden, weil zu viele Investoren auf einmal ihre Anteile zurückgeben wollten.

Grundsätzlich kann ein Investor sich als Eigenkapitalgeber (z. B. Erwerb eines Anteils an einem offenen Immobilienfonds) oder als Gläubiger (z. B. Kauf eines Pfandbriefs) am Immobilienmarkt engagieren. Die Auswahl der geeigneten Anlageprodukte hängt von den individuellen Anlagezielen des Investors ab (insbesondere Risikotoleranz und Zeithorizont).

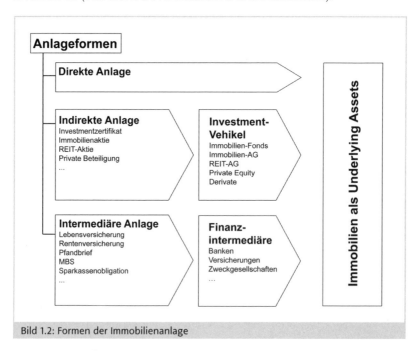

Bild 1.2: Formen der Immobilienanlage

1.2 Begriff der Immobilien-Investition

Der Begriff »Investition« geht auf das lateinische Verb »investire« zurück (»einkleiden«). Eine Investition ist die Transformation von liquiden Mitteln in Sach- oder Finanzanlagen, die auf direkte oder indirekte Weise produktiven Zwecken dienen (z. B. Kauf eines Hotelgebäudes, einer Fabrikhalle oder von Anteilen an einem Immobilien-Spezialfonds).

Dabei setzt man eine mittel- bis langfristige Bindung der eingesetzten Mittel voraus. Weiterhin wird man die Forderung nach einer angemessenen Verzinsung des eingesetzten Kapitals als Bestandteil des Investitionsbegriffs ansehen wollen. Eine zinslose »Anlage« wäre eher als Liebhaberei, nicht aber als eine Investition zu klassifizieren. Schließlich verbindet man mit dem Begriff der Investition eine gewisse Größenordnung. So wird man den Kauf eines Taschenrechners für 4,95 EUR nicht als Investition bezeichnen wollen, auch wenn dieser viele Jahre lang zu produktiven Zwecken genutzt wird.

In der Bilanz eines Unternehmens zeigt sich eine Investition auf der Aktivseite (Abschnitt 5.2.1). Eine Investition stellt stets einen Aktivtausch dar: Die liquiden Mittel nehmen ab und das Anlagevermögen nimmt im selben Umfang zu.

Ganz andere bilanzielle Auswirkungen hat dagegen ein Finanzierungsvorgang. Die Beschaffung finanzieller Mittel berührt zugleich die Aktiv- und die Passivseite der Bilanz: Die liquiden Mittel nehmen zu und im gleichen Umfang erhöht sich eine Passivposition (z. B. die Gewinnrücklagen bei einem Selbstfinanzierungsvorgang oder die Verbindlichkeiten gegenüber Kreditinstituten bei der Aufnahme eines Bankdarlehens).

Das Verhältnis von Investitions- und Finanzierungsvorgang lässt sich wie folgt beschreiben: In zeitlicher Hinsicht geht der Finanzierungs- dem Investitionsvorgang voraus. Die gedankliche Kausalität verläuft aber andersherum. In vielen Fällen ist der Grund für die Beschaffung finanzieller Mittel eine konkrete Investitionsabsicht.

Das einem Immobilieninvestment letzten Endes unterliegende unmittelbar produktive physische Kapital – das Gebäude – wird auch als Underlying Asset bezeichnet. Die verschiedenen Anlageprodukte wie Immobilienaktien, »mortgage backed securities« (MBS), Anteile an Immobilienfonds oder Immobilien-AGs, etc. basieren letzten Endes auf diesen Underlying Assets. Sie stellen Ansprüche der Anteilseigner oder der Gläubiger auf die von den unterliegenden Vermögensgegenständen generierten Cashflows dar.

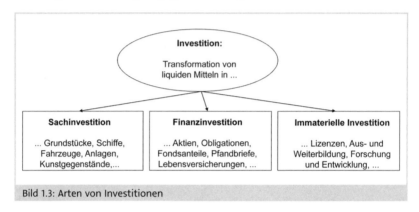

Bild 1.3: Arten von Investitionen

Investitionen werden üblicherweise nach den Investitionsobjekten in Sachinvestitionen, Finanzinvestitionen und immaterielle Investitionen eingeteilt (Bild 1.3). Diese Einteilung ist jedoch in den Fällen eines indirekten Investments nicht trennscharf. Man kann sehr wohl mit Wertpapieren (z. B. Kauf von Immobilienaktien) indirekt in Sachwerte wie Immobilien investieren. Die Zuordnung zu den Sach- oder den Finanzinvestitionen kann in solchen Fällen nicht eindeutig vorgenommen werden.

Die verschiedenen Verfahren der Investitionsrechnung sind grundsätzlich auf alle Arten von Investitionen anwendbar. Wegen der speziellen Eigenschaften von Immobilien sind aber nicht alle Verfahren gleichermaßen für die Beurteilung von Immobilien-Investitionen geeignet. Die geeigneten Verfahren müssen mit der nötigen Sensibilität für die Besonderheiten des Investitionsobjekts »Immobilie« ausgewählt und eingesetzt werden.

Neben der Investitionsrechnung im engeren Sinne zur Einschätzung der Vorteilhaftigkeit und der Rangfolge von Investitionsprojekten umfasst der

Begriff der Immobilien-Investition 1

Prozess der Investitionsplanung auch die Bestimmung des optimalen Ersatzzeitpunktes sowie Investitionsprogrammentscheidungen. Derartige Programmentscheidungen können mithilfe von Portfoliomanagement-Systemen strukturiert werden (Abschnitt 4).

> **Zusammenfassung** !
>
> Der Immobilienmarkt im Sinne eines Asset-Marktes (Handel mit Eigentumsrechten) ist von dem Vermietungsmarkt (Handel mit Nutzungsrechten) zu unterscheiden. Am Vermietungsmarkt werden die Mieteinnahmen als wichtigster Bestandteil des Cashflows aus einer Immobilie determiniert. Davon sind die Bewirtschaftungskosten für Verwaltung, Instandhaltung, etc. abzusetzen. Die Immobilienanlage konkurriert als Kapitalanlageprodukt mehr oder weniger eng mit anderen Anlagealternativen (z. B. Anleihen, Aktienfonds). In vielen Fällen wird lediglich indirekt in Immobilien investiert, das heißt es werden Ansprüche auf Cashflows aus Immobilien (Underlying Assets) erworben (z. B. durch Beteiligung an Immobilienfonds). Für die indirekte Anlage sprechen die Argumente der Delegation der Immobilienverwaltung sowie der Verbesserung von Risikostreuung und Fungibilität.
>
> Unter einer Investition versteht man die Transformation von liquiden Mitteln in Sach- oder Finanzanlagen mit mittlerem bis langem Zeithorizont. Aus bilanzieller Sicht handelt es sich um einen Aktivtausch. Die Investitionsplanung umfasst neben der Investitionsrechnung auch Ersatz- und Investitionsprogrammentscheidungen.

Wichtige Begriffe und Konzepte

Cashflow	Indirekte Anlage	Underlying Asset
Finanzierung	Investition	Vermietungsmarkt
Immobilienmarkt	Investitionsplanung	

35

Verständnisfragen

K 1.1
Erläutern Sie die Unterschiede zwischen dem Vermietungsmarkt (»Space-Markt«) und dem Immobilienmarkt (»Asset-Markt«)!

K 1.2
Aus welchen Komponenten setzt sich der Cashflow einer Immobilie zusammen?

K 1.3
Geben Sie je ein Beispiel für eine enge und eine weite Substitutionsbeziehung eines Investments im Verhältnis zur Immobilienanlage!

K 1.4
Wie und wo zeigt sich eine Investition in der Bilanz eines Unternehmens?

K 1.5
Wie und wo zeigt sich ein Finanzierungsvorgang in der Bilanz eines Unternehmens?

K 1.6
Mit welchen Anlageprodukten kann man in Immobilien investieren?

K 1.7
Erklären Sie den Unterschied zwischen einem »Anlageprodukt« (auch: »Investment-Vehikel«) und einem sogenannten »underlying asset«!

Literaturhinweise

Schulte (2005): Investition in Immobilien.

Wang (2001): Econometric Analysis of the Real Estate Market and Investment, Part 1.

2 Immobilien-Investoren: Motive und Beschränkungen

Geld fällt nicht vom Himmel. Man muss es sich hier auf Erden verdienen.
Margaret Thatcher

In diesem Kapitel sollen Sie erkennen,
- welche Arten von Investoren am Immobilienmarkt aktiv sind,
- dass jede Investition einen entsprechenden Konsumverzicht voraussetzt,
- dass Investoren unterschiedliche Präferenzen und Beschränkungen haben.

Die Frage nach der Definition eines »Investors« ist leicht zu beantworten. Investoren sind alle, die im Sinne der oben gegebenen Definition in Immobilien investieren. Darunter fallen institutionelle Investoren wie Versicherungen, Pensionskassen, Stiftungen, Staatsfonds, Immobilien- und Private Equity-Fonds ebenso wie private Anleger. Nach unserer Definition sind also nicht nur diejenigen, die das direkte Eigentum an der Immobilie halten, als Investoren anzusehen, sondern alle, die auf den Cashflows von Immobilien basierende Kapitalanlagen getätigt haben.

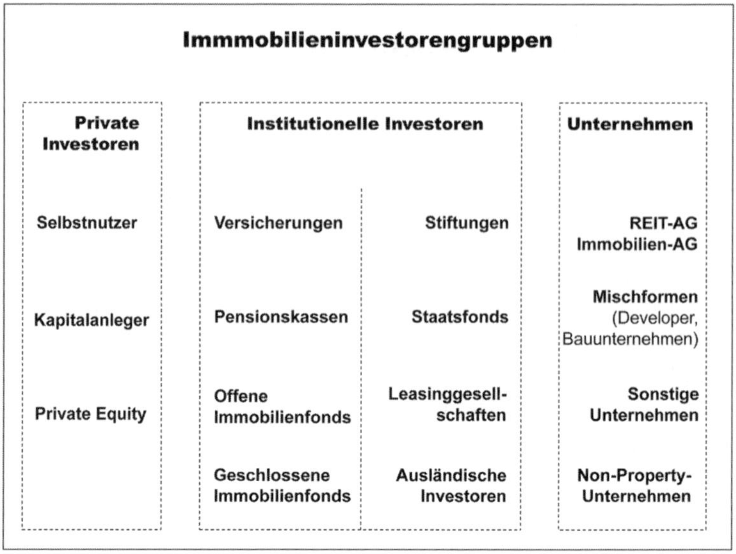

Immobilien-Investoren: Motive und Beschränkungen

Immmobilieninvestorengruppen			
Private Investoren	**Institutionelle Investoren**		**Unternehmen**
Selbstnutzer	Versicherungen	Stiftungen	REIT-AG Immobilien-AG
Kapitalanleger	Pensionskassen	Staatsfonds	Mischformen (Developer, Bauunternehmen)
Private Equity	Offene Immobilienfonds	Leasinggesellschaften	Sonstige Unternehmen
	Geschlossene Immobilienfonds	Ausländische Investoren	Non-Property-Unternehmen

Bild 2.1: Immobilieninvestorengruppen

Die Investoren treten als Marktteilnehmer auf der Nachfrageseite des Immobilienmarktes auf. Aus der Sicht der Angebots-/Verkäuferseite handelt es sich bei der Immobilientransaktion um eine »Desinvestition«, also um die Transformation von Sach- oder Finanzanlagen in liquide Mittel (siehe auch Abschnitt 5.2.1).

2 Immobilien-Investoren: Motive und Beschränkungen

Investorengruppe	Bestand ca. Mrd. EUR	Anteil in Prozent
Kommunale/kirchliche/genossenschaftliche Wohnungsunternehmen	510	26
Private Wohnungs- und Immobilienunternehmen, REITs	490	25
Immobilienfonds	180	10
Versicherungen und Pensionskassen, Private Equity, Banken	120	6
Immobilien-Entwickler	50	3
Private Profis und Family Offices	590	30
Gesamt	**1.940**	**100**

Tabelle 2.1: Immobilienbestand institutioneller Investorengruppen in Deutschland[1]

Jegliche Investition setzt eine entsprechende Spartätigkeit im Vorfeld voraus. Kapital kann nur durch Konsumverzicht gebildet werden. Nach der Verwendungsgleichung $Y = C + S$ bzw. $Y = C + I$ kann jedes einem Wirtschaftssubjekt zugeflossene Einkommen (Y, z. B. Einkünfte aus Vermietung und Verpachtung in Höhe von 100 EUR) nur für Konsumzwecke (C, z. B. 90 EUR für Reisen, Lebensmittel, etc.) oder für Sparzwecke (S, z. B. 10 EUR für den Kauf eines Pfandbriefs) verausgabt werden.

Da die beiden Verwendungsalternativen sich gegenseitig ausschließen, kann Investieren als »Nicht-Konsum« angesehen werden. Damit überhaupt ein Kapitalangebot am gesamtwirtschaftlichen Kapitalmarkt zustande kommt, müssen wenigstens einige Wirtschaftssubjekte (private Haushalte, Unternehmen oder die öffentliche Hand) zuvor Konsumverzicht geleistet haben, also das ihnen in der betreffenden Periode zugeflossene Arbeits-, Vermögens-, Gewinn- oder sonstige Einkommen eben nicht gänzlich für

---

1 Quelle: Roland Berger Strategy Consultants 2015, S. 29.

Konsumzwecke verausgabt haben. Der Kapitalmarkt bringt das Angebot an Sparkapital und die Nachfrage der Investoren danach zum Ausgleich ($S = I$).

Allen Sparprozessen gemeinsam ist der Grundgedanke des Konsumverzichts heute im Austausch gegen einen Mehr-Konsum morgen (»Warteopfer«). Ohne eine Kompensation durch entsprechende Zinszahlungen wäre die Bereitschaft zum Konsumverzicht sicher deutlich geringer. Allerdings ist die reale Verzinsung (also unter Berücksichtigung der laufenden Geldentwertung durch Inflation) zumindest bei klassischen Sparprodukten wie dem Sparbuch in Deutschland schon seit einigen Jahren negativ. Auf die Sparquote der privaten Haushalte aus dem verfügbaren Einkommen hat sich das aber noch kaum ausgewirkt. Sie lag 2015 mit 9,7 Prozent fast so hoch wie 2009 und sie bewegte sich damit auf dem Niveau des langfristigen Durchschnitts seit Mitte der 90er Jahre.

Die Investorenschaft weist als Gruppe eine heterogene Zusammensetzung auf. Unterschiedliche Investoren investieren aus unterschiedlichen Gründen in unterschiedlichen Formen in unterschiedliche Assets: ein gut verdienender Privatanleger in eine Eigentumswohnung, ein offener Immobilienfonds in ein Bürogebäude in Amsterdam, eine Lebensversicherung in einen Immobilien-Spezialfonds, ein kommunales Wohnungsunternehmen in die Modernisierung eines Altbaus, eine Geierfonds in ein Bündel notleidender Hypothekarkredite, etc. Aus der Sicht der Anbieter von Kapitalanlageprodukten kommt es darauf an, Anlageprodukte für die unterschiedlichen Präferenzen der unterschiedlichen Investorengruppen im Hinblick auf Risiko, Rendite, Fungibilität, Transaktionskosten, Cashflow-Verlauf, Steuereffekt, Verwaltungsaufwand und Inflationsresistenz ihrer Anlage »maßzuschneidern«.

Ein entsprechend differenziertes Angebot an Investitionsmöglichkeiten steht am Kapitalmarkt zur Verfügung (Produktdifferenzierung). Die Angebotspalette wird in Zukunft sicher noch erweitert werden – etwa um indexbasierte Produkte oder um Fonds mit einem spezifischen Branchen- oder Länderfokus. Sogenannte REIT-Aktiengesellschaften sind in Deutschland bereits seit 1.1.2007 zugelassen. Die REIT-Aktiengesellschaften vereinen die Steuertransparenz der geschlossenen Immobilienfonds (Anleger als Steuersubjekt) mit der Fungibilität der Beteiligung an einer Immobilien-Aktiengesellschaft (durch börsenmäßigen Handel der Aktien). Aus wohnungspolitischen Gründen ist es ihnen aber verboten, in Bestandsmietwohnimmobilien zu investieren, die vor dem Stichtag 1.1.2007 fertiggestellt worden sind.

Einem großen Sprung in der Entwicklung des Spektrums der Immobilienanlagen kommt die Möglichkeit der Investition in Immobilienderivate gleich. Man spricht in diesem Zusammenhang auch von der »Virtualisierung von Immobilien«. Das Handelsinstrumentarium soll um »die letzte klassische Assetklasse ohne Derivate« erweitert werden[2].

Derivate sind abgeleitete Finanzprodukte (lat. derivare = ableiten). Jedem Derivat liegt ein Basiswert zugrunde. Dabei kann es sich um Wertpapiere wie Aktien oder Anleihen, aber auch um Kredite, Rohstoffe oder Devisen handeln. Auch Aktien- oder Rohstoffindizes eignen sich als Basiswerte. Der Preis eines Derivates richtet sich nach der Entwicklung des unterliegenden Basiswertes. Derivate werden nicht auf Gegenwartsmärkten, sondern auf Zukunftsmärkten gehandelt.

Die Frage, welche Rückwirkungen die zunehmende Ausbreitung von Immobilienderivaten auf die »Kassamärkte« haben wird, lässt sich derzeit noch nicht abschließend beantworten. Wir können annehmen, dass die Derivate, die in Zukunft das Marktgeschehen bestimmen werden, auf Immobilienindizes basieren werden. Immobilienindizes werden also die Basiswerte für Futures, Optionen, Swaps und andere Derivate bilden und nicht etwa die Immobilien selbst.[3]

Die Wettbewerbsfähigkeit von Immobilieninvestments dürfte sich ganz allgemein verbessern, wenn sich den Investoren verbesserte Möglichkeiten bieten, sich gegen Preisrisiken abzusichern, spekulative Immobilienengagements einzugehen oder ihr Portfolio zu diversifizieren. Tatsächlich dürfte wegen der zahlreichen Marktunvollkommenheiten (Abschnitt 3) die Zeit-

---

2 Siehe dazu Kofner 2009b.
3 Für den deutschen Immobilienmarkt sind drei Indizes von besonderer Bedeutung: der Bulwien GESA German Property Index, der IPD DIX Deutscher Immobilien Index und der E & G Deutscher Immobilien-Aktienindex (DIMAX).

und Kostenersparnis durch Derivate an keinem anderen Markt so hoch ausfallen wie am Immobilienmarkt. Die Reaktionsgeschwindigkeit bei externen Schocks liegt an den Derivatemärkten viel höher als am primären Immobilienmarkt.

Die Derivate bieten im Vergleich mit einem direkten Engagement am Primärmarkt eine ganze Reihe von Vorteilen: wesentlich niedrigere Transaktionskosten, eine deutlich niedrigere Kapitalunterlegung, die Möglichkeit mittels Leerverkäufen auf fallende Preise zu spekulieren, etc. Auf der anderen Seite kann nicht ausgeschlossen werden, dass destabilisierende Spekulationsbewegungen an den Derivatemärkten die Volatilität der Preise an den Spotmärkten vergrößern.

Für die Bestimmung der Anlageprodukte und -schwerpunkte sind die unterschiedlichen Zielsetzungen der Anleger im Hinblick auf den Vermögensaufbau von großer Bedeutung. Hier kann man drei grundlegende Zielstellungen unterscheiden:
- Wachstumsziel (Sparziel),
- Einkommensziel (laufender Cashflow) und
- Kapitalverzehr.

Während einkommensorientierte Anleger an laufenden Ausschüttungen aus ihrem Investment interessiert sind, wollen wachstumsorientierte Anleger einen möglichst raschen Vermögensaufbau erreichen, indem sie laufende Überschüsse sofort wieder investieren. Ein wachstumsorientierter Investor hat wahrscheinlich einen langen Zeithorizont und keinen kurz- oder mittelfristigen Liquiditätsbedarf. Ein einkommensorientierter Anleger wird dagegen einen kürzeren Zeithorizont haben und einen andauernden Liquiditätsbedarf aufweisen (Ausschüttungen). Beide Investmentansätze können auch kombiniert werden (z. B. Wiederanlage nur eines Teils der laufenden Ausschüttungen). Jede Entnahme schmälert aber den Endwert des Vermögens.

Ältere Anleger sind zum Teil weder einkommens- noch wachstumsorientiert, sondern sie wollen ihr angesammeltes Kapital bis zu ihrem Lebensende verzehren. Die Finanzindustrie bietet für alle Anlegertypen entsprechende Produkte an, z. B. ausschüttende und thesaurierende Fonds, Leibrenten-

2 Immobilien-Investoren: Motive und Beschränkungen

versicherungen und sogenannte »Immobilienverzehrpläne« (auch »reverse mortgage« genannt), die darauf abzielen, das in einer selbstgenutzten oder vermieteten Immobilie gebundene Kapital zur Erzielung einer Rente im Alter schrittweise freizusetzen.

Jeder Investor unterliegt spezifischen Beschränkungen. Die Zusammenstellung eines Anlageportfolios vollzieht sich im Spannungsfeld zwischen den Beschränkungen und den Präferenzen eines Anlegers. Eine wesentliche Beschränkung eines Anlegers kann in seiner Fähigkeit liegen, Risiken zu tragen. Unter Risiko wird hier die Möglichkeit negativer Abweichungen der Rückflüsse aus einer Investition von den angenommenen Werten verstanden. Die Ursachen dafür können auf der Einnahmenseite (z. B. höherer Leerstand als erwartet) oder auf der Ausgabenseite (z. B. Zinsänderungsrisiko) liegen. Einkommensorientierte Anleger, die an einem möglichst stabilen Auszahlungsstrom interessiert sind, können solche Risiken nicht verkraften. Sie werden daher kaum in Immobilien investieren, deren Rückflussverlauf schwer einzuschätzen ist.

Eine weitere Beschränkung liegt in der Liquiditätspräferenz der Anleger. Diese kann ganz unterschiedlich ausgeprägt sein. Wer eine hohe Liquiditätspräferenz hat, sollte auch entsprechend liquide Anlageprodukte wählen. Während man Bundeswertpapiere börsentäglich veräußern kann, ist es um die Liquidisierbarkeit direkter Immobilienanlagen meistens nicht gut bestellt. Die Veräußerung ist in jedem Fall zeit- und kostenintensiv. Anders sieht dies bei manchen indirekten Anlageprodukten aus. So kann man Immobilienaktien an jedem Börsentag verkaufen.

Von großer Bedeutung für den Anlagemix ist auch der Zeithorizont des Investors. Die Immobilienanlage ist grundsätzlich eher für Anleger mit einem mittel- bis langfristigen Zeithorizont geeignet. Bei der direkten Immobilienanlage sind der Umschlaghäufigkeit schon durch den Zeit- und Kostenbedarf von Immobilientransaktionen natürliche Grenzen gesetzt. Bei offenen Immobilienfonds sprechen die Ausgabeaufschläge gegen ein allzu kurzfristiges Engagement. Es ist aber nicht ausgeschlossen, dass zukünftig noch Anlageprodukte an den Markt kommen, die sich durch niedrigere Transaktionskosten auszeichnen (z. B. Exchange Traded Funds auf einen Korb von Immobilienaktien). Diese Produkte könnten dann auch für kurzfristig orientierte Anleger attraktiv sein.

Beschränkt können Investoren auch durch ihre Management-Expertise und -Kapazität sein. Immobilieninvestments sind von der Natur der Sache her besonders managementintensiv. Man denke nur an die hohen Anforderungen, die die Rechtsprechung etwa an die Wirksamkeit einer Mieterhöhungserklärung oder einer Betriebskostenabrechnung stellt. Die Verwaltung von Immobilien ist unvergleichlich viel aufwendiger als etwa die von Bundeswertpapieren.

Nicht zuletzt ist auch das schiere Volumen des Portfolios eines Investors von Bedeutung für seine Anlageentscheidungen. Dabei wirkt Größe tendenziell kostensenkend und risikomindernd. Die Größe des Investors beeinflusst die Transaktionskosten ebenso wie die Finanzierungskonditionen (z. B. haben Immobilienfonds und Immobilien-Aktiengesellschaften Zugang zu den Kapitalmärkten). Selbstverständlich beeinflusst das Format eines Investors auch seine Risikoexposition. Wer viel Kapital anzulegen hat, hat auch mehr Diversifikationsmöglichkeiten nach Branchen, Ländern, Regionen, etc. Ein Privatanleger mit beschränkten Mitteln kann dagegen zumindest im Wege der direkten Immobilienanlage kaum eine angemessene Risikostreuung erreichen.

> **!** **Zusammenfassung**
>
> Unter den Investoren sind institutionelle Anleger wie Versicherungen und Immobilienfonds und private Anleger zu unterscheiden. Jede Investition setzt einen entsprechenden Konsumverzicht voraus. Kapitalangebot und Kapitalnachfrage werden am Kapitalmarkt zum Ausgleich gebracht.
> Den heterogenen Präferenzen der Investoren im Bezug auf Risiko, Rendite, Fungibilität, etc. ihrer Anlage stehen entsprechende »maßgeschneiderte« Kapitalanlageprodukte gegenüber. Das Produktspektrum wird durch REIT-AGs und Immobilienderivate erweitert. Die Finanzinnovationen werden zukünftig an Bedeutung gewinnen.

Immobilien-Investoren: Motive und Beschränkungen 2

Anleger verfolgen unterschiedliche Zielstellungen im Hinblick auf den Vermögensaufbau. Einkommensorientierte Anleger benötigen die laufenden Ausschüttungen aus ihrem Investment für Konsumzwecke, während wachstumsorientierte Anleger die Ausschüttungen wiederanlegen. Auch der »Verzehr« eines Kapitals oder eines Sachwertes kommt als Zielstellung in Frage. Anleger unterliegen in unterschiedlichem Ausmaß Beschränkungen: Risikotragfähigkeit, Liquiditätspräferenz, Zeithorizont, Managementkapazität, Größe. Die Zusammenstellung eines Anlageportfolios vollzieht sich im Spannungsfeld zwischen den Beschränkungen und den Präferenzen eines Anlegers.

Wichtige Begriffe und Konzepte

Diversifikation	Investor	Sparen
Einkommensorientierung	Liquiditätspräferenz	Wachstumsorientierung
Immobilienverzehrplan	REIT	Zeithorizont
Immobilienderivate	Risiko	
Institutioneller Investor	Risikostreuung	

Verständnisfragen

K 2.1
Worin unterscheiden sich institutionelle und private Investoren?

K 2.2
Schließen sich der wachstums- und der einkommensorientierte Investment-Ansatz gegenseitig aus?

K 2.3
Wie definieren Sie das Risiko eines Immobilien-Investments in allgemeiner Form?

K 2.4
Für welchen zeitlichen Horizont des Anlegers eignet sich die Immobilienanlage?

Weiterführende Fragen und Themen

W 2.1
Welche Folgen hätte eine dauerhafte Senkung der gesamtwirtschaftlichen Sparquote (S/Y) für die Kapitalmarktzinsen?

W 2.2
Informieren Sie sich über die Voraussetzungen für die Erlangung des Status einer REIT-Aktiengesellschaft nach dem REIT-Gesetz!

W 2.3
Stellen Sie – gegebenenfalls mithilfe eines Lehrbuches der Immobilienverwaltung – die Tätigkeitsbereiche eines Immobilienverwalters zusammen!

W 2.4
Worin liegen die Vorteile der Risikostreuung? Nennen Sie ein Beispiel für einen einseitigen Investmentansatz!

W 2.5
Informieren Sie sich über die aktuelle wirtschaftliche Situation der offenen Immobilienfonds. Wie haben sich die Zu- und Abflüsse der Anlagegelder in den letzten 10 Jahren entwickelt? Gab es Fonds mit Rendite- oder Liquiditätsproblemen?

Literaturhinweise

Roland Berger Strategy Consultants (2015): Studie Betongoldrausch in Deutschland.

Byrne/Lee (2001): Risk reduction and real estate portfolio size zum Einfluss der Größe des Immobilienportfolios auf das Risiko desselben.

Maier (2004): Risikomanagement im Immobilien- und Finanzwesen, Kapitel 1 zum Risikobegriff im engeren und im weiteren Sinne.

Sindt (1998): Real Estate Investment, chapter 2.

3 Immobilien als Klasse von Anlageprodukten

Wenn jemand sagt, sein Haus sei eine Vermögensanlage, dann hat er in der Regel zu viel dafür gezahlt.
Larry Biehl, Direktor Bailard, Biehl & Kaiser

In diesem Kapitel sollen Sie erkennen,
- welche besonderen Eigenschaften von Immobilien für und gegen ein Engagement in dieser Klasse von Anlageprodukten sprechen,
- welche Steuervorteile der Gesetzgeber der Immobilienanlage eingeräumt hat,
- welche Argumente für das Immobilien-Investment angeführt werden können und wie diese Argumente zu bewerten sind.

Immobilien als Klasse von Vermögensgegenständen sind für bestimmte Investoren mit bestimmten Anlagezielen und Beschränkungen besonders attraktiv. So ist die Direktanlage in Immobilien in erster Linie für Investoren mit einem großen Vermögen, einem langen Anlagehorizont und entsprechender Managementexpertise interessant. Wir wollen uns im Folgenden näher mit denjenigen Eigenschaften von Immobilien beschäftigen, die für die Investitionsentscheidung von besonderer Bedeutung sind. Im Einzelnen sind dies:
- Heterogenität
- Standortgebundenheit
- Lange Nutzungszeiten
- Inelastisches Angebot
- Geringer Liquiditätsgrad
- Markteffizienzen
- Hoher Verschuldungsgrad
- Hohe Managementintensität
- Steuerliche Vorteile

3.1 Heterogenes Angebot, Standortgebundenheit, lange Nutzungszeit

Die Immobilie weist als Anlageprodukt eine Kombination von Eigenschaften auf, die sie deutlich von allen anderen Vermögensgegenständen unterscheidet. Schon aus der außerordentlich heterogenen Struktur des Angebots an Immobilien ergeben sich einige wichtige Schlussfolgerungen. Immobilien sind alles andere als »vertretbare« Wirtschaftsgüter. Die Folge ist eine sehr beschränkte Markttransparenz, die entsprechende Investitionsrisiken begründet (»mispricing«). Vor diesem Hintergrund spielt die Marktforschung bei Immobilieninvestments eine große Rolle. Jede größere Investition erfordert grundsätzlich eine Markt- und Standortanalyse zur Einschätzung der zukünftigen Nachfrage. Verschärft wird das Investitionsrisiko durch die Standortgebundenheit der Immobilie. Der Immobilienmarkt zerfällt in viele regionale Teilmärkte, die mehr oder weniger lose miteinander verbunden sind. Hat der Investor das Potenzial des Standorts falsch eingeschätzt, so hat er keine Möglichkeit der Standortverlagerung. Seine Investition ist irreversibel. Ein Verkauf der Immobilie hat lediglich den Effekt, dass der Verlust früher realisiert wird.

Weiter vergrößert wird das Risiko eines Immobilieninvestments durch die vergleichsweise langen Nutzungszeiten von Immobilien. Wenn der Investor die Immobilien bis zum Ende der wirtschaftlichen Nutzungsdauer zu halten beabsichtigt, so muss er Zahlungsströme einer ferneren Zukunft abschätzen. Es ist offensichtlich, dass die Fehlerwahrscheinlichkeit solcher Schätzungen desto größer ist, je weiter die Bezugsperiode in der Zukunft liegt.

3.2 Inelastisches Angebot

Eine weitere Besonderheit der Immobilienmärkte ist die inelastische Reaktion des Angebots auf Preisveränderungen, die maßgeblich für die zyklischen Entwicklungen an vielen Immobilienmärkten verantwortlich ist. Bei einer vergleichsweise starr verlaufenden Angebotskurve bewirken unvorhergesehene Schwankungen der Nachfrage erhebliche Preisausschläge nach oben oder unten. Der Preisdruck kann zunächst kaum durch eine Ausweitung der Angebotsmenge gedämpft werden.

Inelastisches Angebot 3

Bei einem Investment an einem zyklischen Markt wie dem Immobilienmarkt besteht daher stets die Gefahr, dass man während einer zyklischen Preisspitze in den Markt einsteigt und danach zunächst entsprechende Wertverluste aus dem Engagement zu tragen hat. Als Grund für die inelastische Reaktion des Angebots ist neben der Unvorhersehbarkeit (Nicht-Antizipierbarkeit) von Markttrends vor allem der Zeitbedarf für die Projektentwicklung zu nennen. Die Zuwachsrate des Angebots im Falle steigender Preise hängt außerdem vom Baulandangebot, von der Kapazitätsauslastung in der Bauwirtschaft und nicht zuletzt vom Engagement der Kreditgeber ab.

Die unstetige Kreditvergabe der Banken für Projektentwicklungen wirkt dabei oft als prozyklischer Verstärker der Entwicklung. In einer konjunkturellen Aufschwungphase mit steigenden Immobilienpreisen legen die Kreditgeber nicht selten eine übermäßige Risikofreude an den Tag und sehen bei der Kreditwürdigkeit und den Objektrisiken nicht allzu genau hin. Wenn sie dann im anschließenden Konjunkturabschwung Verluste aus ihren leichtfertig eingegangenen Engagements realisieren, neigen sie dazu, den Zugang zu Finanzierungen spürbar einzuschränken und die Risikoprämien deutlich zu erhöhen. Die Finanzkrise der Jahre 2008 ff. bietet dafür reichlich Anschauungsmaterial (siehe dazu Kofner 2008b). Es hat sich gezeigt, dass die Ausschläge bei der Einschätzung von Finanzierungsrisiken so extrem ausfallen können, dass es in der Korrekturphase sogar zu einer allgemeinen Kreditklemme kommen kann.

Aus den genannten Gründen haben wir es an den Immobilienmärkten typischerweise mit einer »geknickten« Angebotskurve (»kinked supply curve«) zu tun (Bild 3.1).

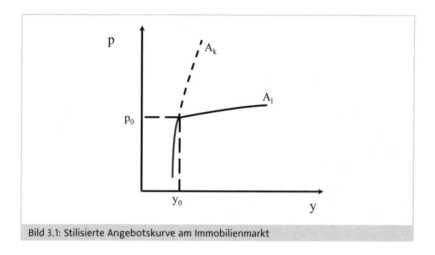

Bild 3.1: Stilisierte Angebotskurve am Immobilienmarkt

Im Bezug auf den Verlauf der Angebotskurve muss zwischen der kurz-, der mittel- und der langfristigen Perspektive unterschieden werden. In der kurzfristigen Betrachtung verhält sich das Angebot nahezu starr. Bei fallenden Mietpreisen nehmen die Investoren auch auf mittlere Sicht eine Unterdeckung der fixen Kosten durch die Mieteinnahmen in Kauf.

Fallen die Mietpreise so weit, dass selbst Instandhaltungsmaßnahmen im Vergleich mit Kapitalmarktrenditen nicht mehr lohnend erscheinen, so unterbleiben die notwendigen Instandhaltungen. Dies hat zunächst noch keine Auswirkungen auf das quantitative Angebot. Mittelfristig verschlechtert sich aber die bauliche Beschaffenheit der Immobilien und auf lange Sicht scheiden sie aus dem Markt aus.

Auch bei steigenden Mietpreisen kann das Angebot kurzfristig nur in sehr begrenztem Umfang variiert werden. Wenn die steigenden Preise auf eine unerwartete Zunahme der Nachfrage zurückzuführen sind (externer Schock), konnten sie in den Investitionsplänen nicht vorhergesehen werden. Auch wenn von den gestiegenen Preisen und Renditen nun Anreize für zusätzliche Investitionen ausgehen, vergeht doch viel Zeit, bis ein zusätzliches Angebot marktwirksam werden kann. Mittel- bis langfristig reagiert das Angebot dagegen durchaus elastisch auf gestiegene Preise. Alles in allem ergeben sich die in Bild 3.1 stilisierten Verläufe der kurzfristigen (A_k) und der langfristigen Angebotskurve (A_l) am Immobilienmarkt[4].

3.3 Geringer Liquiditätsgrad

Eine weitere Eigenschaft der Immobilie als Anlageprodukt ist ihr geringer Liquiditätsgrad. Hierfür ist neben dem vergleichsweise hohen Kapitalbedarf pro Einheit (Unteilbarkeit) in erster Linie die hohe Transaktionskostenbelastung verantwortlich zu machen (z. B. durch Wertermittlungsgebühren, Maklerprovisionen, Grundbuchgebühren, Grunderwerbsteuer). Die Einfädelung und die Abwicklung einer Grundstückstransaktion sind zeit- und kostenintensiv (z. B. Käufersuche, Due-Diligence-Prüfung, Preisverhandlungen). Die Transferierbarkeit von Immobilien kann außerdem durch Grundschulden oder andere Belastungen eingeschränkt sein.

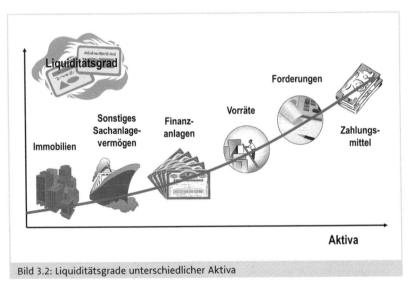

Bild 3.2: Liquiditätsgrade unterschiedlicher Aktiva

---

4 Siehe auch Kofner 2012, Abschnitt 2.1.

Der Liquiditätsgrad der Immobilienanlage hängt allerdings auch davon ab, ob man direkt oder indirekt in Immobilien investiert hat. In vollem Umfang trifft der niedrige Liquiditätsgrad die Investoren, die das direkte Eigentum an der Immobilie halten. Das indirekte Investment etwa eines Aktionärs einer Immobilien-AG ist dagegen deutlich liquider. Er kann seine Aktien jederzeit veräußern.

Nicht zu unterschätzen ist die Bedeutung steuerlicher Gesichtspunkte für die Liquidität eines Investments. Je nachdem, wie die Bewertung von Immobilien für die Zwecke der Handelsbilanz und die Wertzuwachsbesteuerung geregelt sind, kann die Veräußerung einer Immobilie zu steuerpflichtigen Veräußerungsgewinnen führen. Insbesondere wenn – wie in Deutschland – die Bewertung historisch und marktfern erfolgt (Anschaffungs- oder Herstellungskosten vermindert um planmäßige Abschreibungen) und Wertzuwächse lediglich zum Realisationszeitpunkt steuerlich erfasst werden, haben die Unternehmen aus steuerlichen Gründen einen Anreiz, an ihren Immobilien festzuhalten (»buy and hold«)[5].

3.4 Marktineffizienzen

Eine weitere Besonderheit des Immobilieninvestments ist die Tatsache, dass es auf einen äußerst ineffizient arbeitenden Markt gerichtet ist. Wohl kaum ein Markt entspricht dem Idealbild eines vollkommenen Marktes[6] (welches

---

5   Für Einzelheiten Kofner 2002.
6   Die Marktform der vollständigen Konkurrenz ist durch folgende Merkmale gekennzeichnet: Alle Anbieter verkaufen ein identisches (homogenes) Produkt. Auf beiden Marktseiten gibt es sehr viele Käufer und Verkäufer. Aus dieser atomistischen Marktstruktur folgt, dass keiner der Marktteilnehmer über Marktmacht verfügt. Die Anbieter und Nachfrager nehmen den Preis, der sich am Markt herausbildet, als Datum hin und passen ihre angebotenen bzw. nachgefragten Mengen daran an (Preisnehmer- bzw. Mengenanpasserverhalten). Ihre Anpassungsreaktionen vollziehen sich außerdem unendlich schnell. Reaktions- oder Wirkungsverzögerungen treten nicht auf. Weiterhin gibt es keine Barrieren für den Markteintritt oder-austritt. Neue Anbieter können also kostenlos hinzutreten und das Marktangebot erweitern. Es kommt hinzu, dass Anbieter und Nachfrager vollständig über alle Preise, die zustande kommen, informiert sind (»Law of one Price«). Schließlich ist die vollständige Konkurrenz gekennzeichnet von der vollständigen Abwesenheit von Transaktionskosten (Kosten der Marktbenutzung). Insbesondere fallen keine Transportkosten an (Punktmarkt).

etwa an hochorganisierten Wertpapier- und Devisenmärkten weitgehend erfüllt ist) so wenig wie der Immobilienmarkt:
- Die auf ihm gehandelten Güter sind alles andere als homogen (Abschnitt 3.1). Es herrscht vielmehr eine sehr weitgehende Produktdifferenzierung. Die bewertungsrelevanten Informationen sind in erster Linie lokal verankert. Dies erhöht die Kosten eines diversifizierten Investment-Ansatzes mit Immobilien.
- Die Bedingung der vollkommenen Markttransparenz ist auch nicht im Ansatz erfüllt. Die Marktteilnehmer verfügen aufgrund der Intransparenz des Marktes keineswegs über alle Preisinformationen, die sie für ihre Entscheidungen benötigen. Als Folge spielt die Immobilienbewertung durch Sachverständige eine große Rolle bei der Preisfindung. Auch Mietspiegel und Internet-Börsen können zur Verbesserung der Preistransparenz beitragen. Trotz dieser Hilfsmittel sind die Immobilienmärkte von verbreitetem »mispricing« geprägt. Der Handel mit Immobilien ist damit zugleich risiko- und chancenreicher als der mit anderen Vermögensgegenständen.
- Die Marktteilnehmer am Immobilienmarkt reagieren keineswegs unendlich schnell auf veränderte Marktbedingungen. Nach externen Schocks (z. B. unerwarteten Zuwanderungen) brauchen Anbieter und Nachfrager viel Zeit, um sich an die veränderten Marktbedingungen anzupassen (z. B. durch Neubau, Modernisierung, Umzug).
- Der Immobilienmarkt ist ein Markt mit sehr hohen Transaktionskosten (z. B. Informations- und Suchkosten, Maklercourtage, Gerichts- und Notariatsgebühren beim Eigentumsübergang, Umzugskosten).

Der Immobilienmarkt ist somit zwar kein Markt wie jeder andere, doch gelten die fundamentalen Gesetze von Angebot und Nachfrage auch an ihm. Die Fragmentierung des Marktes und die langsamen Reaktionsgeschwindigkeiten der Marktteilnehmer sorgen aber dafür, dass die Anpassungsprozesse an und zwischen den einzelnen Teilmärkten keineswegs reibungslos verlaufen und viel Zeit beanspruchen.

3.5 Hoher Verschuldungsgrad

Auf der Finanzierungsseite sind Immobilieninvestments oft von einem hohen Verschuldungsgrad (Verhältnis von Eigen- und Fremdkapital an der Finanzierung) geprägt. 70 bis 75 Prozent Fremdkapitalanteil sind für die deutschen Verhältnisse als typisch anzusehen. Zum Teil akzeptieren die finanzierenden Banken auch deutlich höhere Verschuldungsgrade. Der Verschuldungsgrad hat einen entscheidenden Einfluss auf die Rentabilität des Eigenkapitals (sogenannter Leverage-Effekt). Die Leverage-Formel kann wie folgt hergeleitet werden:

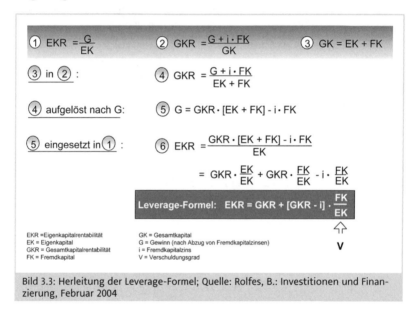

Bild 3.3: Herleitung der Leverage-Formel; Quelle: Rolfes, B.: Investitionen und Finanzierung, Februar 2004

Nach der Leverage-Formel setzt sich die Eigenkapitalrentabilität aus der Gesamtkapitalrentabilität (Gewinn plus Zinsaufwand bezogen auf das Gesamtkapital) und der Differenz aus Gesamtkapitalrentabilität und Fremdkapitalzins multipliziert mit dem Verschuldungsgrad (FK/EK) zusammen. Ist diese Differenz positiv, verzinst sich also das Projekt intern höher als der Kreditzins, so lässt sich die Eigenkapitalrentabilität steigern, indem man den Fremdkapitalanteil an der gesamten Finanzierung erhöht.

Die machtvolle Wirkung des Fremdkapitalhebels soll nun noch anhand eines Beispiels demonstriert werden:

Variante 1
- Die Anschaffungs- und Herstellungskosten unserer Immobilie betragen 1 Mio. EUR
- Die Finanzierungsstruktur des Investments:
  400 TEUR Eigenkapital - 600 TEUR Fremdkapital (Festdarlehen zum Zinssatz von 3 Prozent)
- Der erwartete Cashflow (CF) aus unserem Vorhaben:
  CF = 60.000 EUR/Jahr
- Daraus ergibt sich eine Gesamtkapitalrendite GKR von:
  (60 TEUR / 1.000 TEUR) * 100 = 6 Prozent
- Die Eigenkapitalrendite beträgt:
  EKR = [60 TEUR - (0,03 * 600 TEUR)] / 400 TEUR = 10,5 Prozent

Variante 2
- Die Anschaffungs- und Herstellungskosten unseres Objektes:
  wie gehabt 1 Mio. EUR
- Die Finanzierungsstruktur des Investments nunmehr:
  100 TEUR Eigenkapital – 900 TEUR Fremdkapital (Festdarlehen zu 3 Prozent)
- Der unveränderte Cashflow vor Kapitaldienst:
  CF = 60.000 EUR/Jahr
- Gesamtkapitalrendite:
  GKR = 6 % (wie gehabt)
- Die Eigenkapitalrendite beträgt aber nunmehr:
  EKR = [60 TEUR – (0,03 * 900 TEUR)] / 100 TEUR = 33 %

Bild 3.4 zeigt die Wirkung des Verschuldungshebels für drei Fälle. Fall A entspricht einem Beleihungsauslauf von 80 Prozent, Fall B einem von 60 Prozent und Fall C einem von 90 Prozent. Die Beispiele zeigen, dass die Chance besteht, mit einer Erhöhung des Verschuldungsgrades die Eigenkapitalrendite spürbar zu steigern. Der Effekt wirkt aber auch in die andere Richtung. Bleibt die Eigenkapitalrentabilität wider Erwarten hinter dem Fremdkapitalzins zurück, so fallen auch die Verluste umso größer aus, je höher der Verschuldungsgrad gewählt wurde.

Immobilien als Klasse von Anlageprodukten

Schwankungsbreite	Fall A V = 4			Fall B V = 3			Fall C V = 9		
	Unteres Extrem	Mittleres Niveau	Oberes Extrem	Unteres Extrem	Mittleres Niveau	Oberes Extrem	Unteres Extrem	Mittleres Niveau	Oberes Extrem
				Fremdkapitalzins = 8 %					
GKR	+ 3 %	+ 10 %	+ 20 %	+ 3 %	+ 10 %	+ 20 %	+ 3 %	+ 10 %	+ 20 %
EKR	– 17 %	+ 18 %	+ 68 %	– 12 %	+ 16 %	+ 56 %	– 42 %	+ 28 %	+ 128 %

Bild 3.4: Verschuldungshebel bei schwankender Gesamtkapitalrentabilität

In Deutschland verhindert vielfach schon die Beleihungspolitik der Banken das Ausreizen des Leverage-Effektes. Allgemein gilt, dass die Kapitalgeber (Anteilseigner wie auch Gläubiger) für das höhere Verlustrisiko eine Kompensation in der Form höherer Verzinsungsansprüche verlangen. Damit werden die im Erfolgsfalle günstigen Effekte eines hohen Verschuldungsgrades zum Teil wieder zunichte gemacht.

Das Risiko eines hohen Verschuldungsgrades für die Kapitalgeber kann man nur vor dem Hintergrund des Gesamtrisikos der Investments einschätzen. Im Falle einer relativ geringen Streuung der erwarteten Cashflows (geringes Risiko) fällt der geforderte Zinsaufschlag aufgrund eines höheren Verschuldungsgrades natürlich geringer aus. Die Finanzkrise hat uns die Grenzen des Leverage-Effektes mit aller Deutlichkeit vor Augen geführt. Wenn auf breiter Front etwa risikoreiche Kredite mit hohen Beleihungsausläufen für Unternehmensübernahmen oder für die Finanzierung der Eigenheime von Schuldnern mit zweifelhafter Kreditwürdigkeit vergeben werden, diese anschließend ohne Eigenkapitalunterlegung verbrieft und die Anleihen schließlich von Investoren übernommen werden, die ihrerseits mit hohen Verschuldungshebeln arbeiten, dann entstehen daraus systemische Risiken, die die Stabilität des Weltfinanzsystems gefährden können.

3.6 Aktives Investment

Die Immobilienanlage ist ein »aktives« Investment. Immobilien sind verglichen mit anderen Vermögensgegenständen sehr managementintensiv. Ihre laufende Verwaltung ist wesentlich aufwendiger als etwa die von Bundeswertpapieren.

In seiner Eigenschaft als Vermieter ist der Investor unter anderem zuständig für: Instandhaltung und Modernisierung der Mietsache, laufende Bewirtschaftung (z. B. Einkauf von Brennstoffen, Wartung der Heizung, Gartenpflege), Betriebskostenabrechnung, Mietanpassung und gegebenenfalls auch für die Gewinnung von Nachmietern. Auch wenn diese Tätigkeiten zum Teil an spezialisierte Dienstleister delegiert werden können, so bleiben die Überwachung und das Vertragsmanagement doch im Verantwortungsbereich des Vermieters. Eine weitgehende Entlastung kann allein durch die Beauftragung eines professionellen Immobilienverwalters erreicht werden.

Der Aufwand für die laufende Immobilienverwaltung trifft natürlich allein die direkten Eigentümer der Immobilien. Wer sich etwa an einem offenen Immobilienfonds beteiligt, der tut dies möglicherweise nicht zuletzt aus dem Motiv heraus, durch das Fondsmanagement von der laufenden Verwaltung entlastet zu werden.

3.7 Steuerliche Behandlung

In der Vergangenheit haben nicht zuletzt spürbare Steuervorteile für die Immobilienanlage gesprochen. Natürlich ist mit der bloßen steuerlichen Abzugsfähigkeit von Zinsen und Abschreibungen noch keine Subventionierung von Immobilieninvestments verbunden. Eine Förderwirkung wird erst durch die steuerliche Zulässigkeit höherer Abschreibungen erreicht. In diesem Fall läuft die steuerliche Wertminderung der wirtschaftlichen voraus.

Die Abschreibungsbedingungen wurden im Zeitablauf teils aus steuerlichen Lenkungsmotiven, teils aus fiskalischen Motiven heraus immer wieder geändert[7].

Voraussetzung für die Inanspruchnahme dieser Steuervorteile ist das Eigentum an dem begünstigten Objekt. Diese Voraussetzung ist bei direktem Immobilieneigentum ebenso erfüllt wie bei einer Beteiligung an einer Personengesellschaft (beispielsweise Beteiligung an einem geschlossenen Immobilienfonds in der Rechtsform der Kommanditgesellschaft). Bei Kapitalgesellschaften fallen die Steuervorteile aus dem Bau oder Erwerb einer Immobilie dagegen nur auf der Ebene der Gesellschaft an.

Die Vorteilhaftigkeit eines Immobilien-Investments nach Steuern hängt nicht zuletzt auch von der steuerlichen Behandlung der anfallenden Liquidationserlöse ab. Wird das Objekt am Ende der Haltezeit verkauft und übersteigt der Verkaufserlös den Buchwert, so unterliegt die Differenz, der sogenannte Veräußerungsgewinn, in der Regel der Einkommen- bzw. Körperschaftsteuer.

3.7.1 Planmäßige Gebäudeabschreibung

3.7.1.1 Bemessungsgrundlage und Abschreibungsarten

Bemessungsgrundlage der steuerlichen Gebäudeabschreibung (AfA[8]) sind die Anschaffungs- oder Herstellungskosten des Gebäudes. Nicht zur Bemessungsgrundlage zählen die anteiligen Grundstückskosten. Kosten, die nicht eindeutig dem Grundstück oder dem Gebäude zugerechnet werden können wie etwa die Maklerprovision müssen aufgeteilt werden (z. B. mittels Bodenrichtwerten).

Wird ein Gebäude gemischt genutzt, dürfen nur die für die jeweiligen Gebäudeteile zulässigen Abschreibungsmethoden genutzt werden. Dies

---

7   Kofner 2003a, S. 328-330.
8   AfA ist die Abkürzung für »Absetzung für Abnutzung«. Diesen Begriff benutzt das Einkommensteuergesetz anstelle von »Abschreibung«.

kann dazu führen, dass die Abschreibung für die einzelnen Gebäudeteile getrennt vorgenommen werden muss.

Die Höhe der AfA richtet sich nach der Art des Gebäudes und dem Zeitpunkt des Erwerbs. Man unterscheidet folgende Abschreibungsarten:
- lineare AfA mit gleichbleibenden Prozentsätzen,
- degressive AfA mit fallenden Jahresbeträgen,
- Sonderabschreibungen – z. B. in den 90er Jahren in den neuen Bundesländern sowie für den Mietwohnungsneubau,
- erhöhte Abschreibungen.

3.7.1.2 Lineare Abschreibung

Bei der linearen AfA beträgt die jährliche Abschreibung für Wohngebäude:
- 2,5 Prozent für vor dem 1.1.1925 fertiggestellte Gebäude,
- 2 Prozent für nach dem 31.12.1924 fertiggestellte Gebäude.

Diese Sätze gelten unabhängig davon, ob die Gebäude in einem Betriebs- oder Privatvermögen gehalten werden. Dabei wird eine verbleibende Nutzungsdauer von 40 bzw. 50 Jahren unterstellt. Bei sehr alten Gebäuden oder einem schlechten Bauzustand ist die Restnutzungsdauer entsprechend zu verkürzen.

Für gewerblich genutzte Gebäude ist nur die lineare Abschreibung zulässig. Befindet sich die Immobilie in einem Betriebsvermögen gelten folgende Sätze:
- 4 Prozent bei Bauantrag/Anschaffung nach dem 31.3.1985 und vor dem 1.1.2001,
- 3 Prozent bei Bauantrag/Anschaffung nach dem 31.12.2000.

Wird die Gewerbeimmobilie in einem Privatvermögen gehalten, so wird sie wie ein Wohngebäude je nach Baujahr mit 2 oder 2,5 Prozent linear abgeschrieben.

3.7.1.3 Degressive Abschreibung

Für Wohngebäude konnte bis zum Jahr 2005 die sogenannte »degressive AfA« beantragt werden, wenn das Gebäude selbst hergestellt oder bis zum Ende des Jahres seiner Fertigstellung angeschafft wurde. Bei der degressiven AfA wurden zuletzt[9] folgende Prozentsätze zugrunde gelegt (jeweils in Prozent der Anschaffungs- bzw. Herstellungskosten des Gebäudes):

- 10 Jahre je 4 Prozent
- 8 Jahre je 2,5 Prozent
- 32 Jahre je 1,25 Prozent

Diese Sätze galten unabhängig davon, ob das Gebäude in einem Betriebs- oder Privatvermögen gehalten wird.

Mit der degressiven Abschreibung wird eine Verlagerung der Abschreibungen in die Anfangsjahre der Investition erreicht. Daraus ergibt sich ein spürbarer Steuerstundungseffekt (zinsloser »Steuerkredit«), der renditesteigernd und liquiditätserhöhend wirkt. Gegebenenfalls kommt noch eine Steuerersparnis aufgrund der Steuerprogression hinzu (Glättung des zu versteuernden Einkommens in der Zeit durch den gezielten Einsatz der erhöhten Abschreibungen zum Zwecke der Steuerersparnis). Auch der Finanzierungseffekt der Abschreibungen (Abschnitt 5.2.1) fällt bei degressiver Abschreibung stärker aus als bei linearer. Das Steuerrecht erzwingt hier gewissermaßen eine zusätzliche Gewinnthesaurierung in der Handelsbilanz.

3.7.1.4 Erhöhte Abschreibung

Für Investitionen in denkmalgeschützte Gebäude sowie in Gebäude in förmlich ausgewiesenen Sanierungsgebieten gilt eine erhöhte AfA. Diese Form der Förderung ist insbesondere für private Anleger mit einem hohen Grenzsteuersatz bei der Einkommensteuer attraktiv. Sie können im Jahr

---

9 Bauantrag/Abschluss des Kaufvertrags nach dem 31.12.2003 und vor dem 1.1.2006.

der Herstellung und in den folgenden 7 Jahren 9 Prozent der Herstellungskosten und in den darauffolgenden 4 Jahren jeweils 7 Prozent der Herstellungskosten steuerlich absetzen.

3.7.1.5 Sonderabschreibung für den Mietwohnungsneubau

Als Reaktion auf die zunehmende Zahl angespannter Wohnungsmärkte hat die Bundesregierung einen Gesetzentwurf beschlossen, der Sonderabschreibungen für den Mietwohnungsneubau in den räumlichen Brennpunkten des Wohnungsbedarfs vorsieht[10].

Der Gesetzentwurf sieht die Einführung einer zeitlich befristeten, degressiv ausgestalteten Sonderabschreibung für die Anschaffung oder Herstellung neuer Mietwohngebäude in Gebieten mit angespanntem Wohnungsmarkt vor. Die begünstigten Mietwohnungen müssen für mittlere und untere Einkommensgruppen bezahlbar sein und mindestens 10 Jahre der Vermietung zu Wohnzwecken dienen.

Die Förderung der Investitionen ist auf eine Gebietskulisse beschränkt. Zum Fördergebiet zählen Gemeinden der Mietenstufen IV-VI im Sinne der Wohngeldverordnung, Gebiete mit Mietpreisbremse und Gebiete mit abgesenkter Kappungsgrenze.

Für die Förderung wird die Einhaltung einer Baukostenobergrenze von 3.000 EUR je m^2 Wohnfläche vorausgesetzt, von der maximal 2.000 EUR je m^2 Wohnfläche gefördert werden. Die Förderung ist zeitlich auf Baumaßnahmen begrenzt, mit denen in den Jahren 2016 bis 2018 begonnen wird.

Abgeschrieben werden können neben der Normalabschreibung von 2 Prozent im ersten und zweiten Jahr jeweils 10 Prozent der Anschaffungs- oder Herstellungskosten und im dritten Jahr 9 Prozent. Damit beträgt die Summe der Sonder- und Normalabschreibungen in den ersten 3 Jahren 35 Prozent.

---

10 BT- Drucksache 18/7736. Siehe dazu auch die Pressemitteilung des Bundesministeriums der Finanzen v. 3.2.2016.

Der Restwert von 65 Prozent muss nach § 7 a Abs. 9 EStG auf die restlichen 47 Jahre des 50-jährigen Abschreibungszeitraums der Normalabschreibung verteilt werden[11]. Das entspricht einer linearen Abschreibung mit 1,38 Prozent jährlich.

3.7.2 Behandlung von Veräußerungsgewinnen

Die einkommensteuerliche Behandlung von Gewinnen aus der Veräußerung von Immobilien hängt davon ab, ob das Objekt in einem Privat- oder einem Betriebsvermögen gehalten wird. Im Privatvermögen sind Veräußerungsgewinne bei entsprechend langen Haltedauern in der Regel nicht steuerpflichtig. In einem Betriebsvermögen sind solche Gewinne dagegen unabhängig von der Haltedauer grundsätzlich steuerpflichtig.

Unter bestimmten Voraussetzungen[12] können die Veräußerungsgewinne allerdings auf Ersatzwirtschaftsgüter übertragen bzw. zunächst zeitlich befristet entsprechende Rücklagen gebildet werden. Für Grundstücke und Gebäude sind die Übertragungsmöglichkeiten folgendermaßen geregelt:

Übertragung auf	Grund und Boden	Gebäude
von		
Grund und Boden	100 %	100 %
Gebäude	-	100 %

Tabelle 3.1: Übertragungsmöglichkeiten für Veräußerungsgewinne

Soweit steuerliche Effekte in einer Investitionsrechnung berücksichtigt werden, sind die Veräußerungsgewinne »netto«, also nach Abzug der darauf anfallenden Einkommen- oder Körperschaftsteuer zu erfassen. Im Falle

---

11 Beck: Sonderabschreibung für den Wohnungsbau, http://blog.ivd.net/2016/02/sonderabschreibung-wohnungsbau
12 So muss das ausgeschiedene Wirtschaftsgut bereits für mindestens 6 Jahre zum Anlagevermögen gehört haben (§ 6b Abs. 4 Nr. 2 EStG). Außerdem muss die Anschaffung oder Herstellung des Ersatzwirtschaftsgutes im Laufe des Geschäftsjahres der Veräußerung oder im Vorjahr erfolgen bzw. erfolgt sein.

der Übertragung auf ein Ersatzwirtschaftsgut sind die zukünftigen Abschreibungsminderungen als der Investition zurechenbare Auszahlungen auf die Gegenwart abzuzinsen.

3.7.3 Steuerliche Gesamtbelastung der Unternehmen

Für die Berücksichtigung steuerlicher Effekte in einer Investitionsrechnung (Abschnitt 10) benötigt man einen einheitlichen »Steuersatz« zur Anwendung auf die steuerbaren Einkünfte aus der Vermietung in den einzelnen Jahren des Planungszeitraumes.

Nach Berechnungen[13] lag die durchschnittliche effektive Steuerbelastung von deutschen Kapitalgesellschaften im Jahr 2014 bei 30,4 Prozent[14]. Bei einer Ausschüttung von Gewinnen basierend auf dem Abgeltungssteuersatz von 25 Prozent liegt der nominale Grenzsteuersatz in der Spitze (d. h. bei einem Gewerbesteuerhebesatz von 550 Prozent) bei 52,2 Prozent. Ein Personenunternehmen hat unter Anwendung des Teileinkünfteverfahrens einen nominalen Grenzsteuersatz von 53,6 Prozent zu tragen.

3.8 Warum also in Immobilien investieren?

Die Besonderheiten von Immobilieninvestitionen ergeben sich aus den besonderen Eigenschaften von Immobilien. Sie lassen sich wie folgt zusammenfassen:
- Immobilieninvestments zeichnen sich durch eine hohe Kapitalbindung im Verhältnis zum jährlichen Cashflow bzw. durch lange Amortisationszeiten aus. Der Grund für den niedrigen Kapitalumschlag liegt in den langen Nutzungszeiten von Immobilien.
- Aus der Höhe und der Dauerhaftigkeit der Kapitalbindung folgt der in den meisten Fällen hohe Fremdfinanzierungsanteil von Immobilienin-

---
13 BDI/CVI 2015, S. 11.
14 Körperschaftsteuersatz plus Solidaritätszuschlag und Gewerbesteuer unter Berücksichtigung von Gestaltungsmöglichkeiten bei der Bemessungsgrundlage.

vestments. Daraus ergibt sich die enge Verbindung von Immobilienmarkt und Kapitalmarkt.
- Eine Folge des hohen Fremdmittelanteils ist die große Bedeutung des Zinsänderungsrisikos bei Immobilieninvestments. Zinsfestschreibungen sind wegen der in den meisten Fällen niedrigen Anfangstilgungen und der dementsprechend langen Laufzeiten der Fremdmittel oft nicht für die gesamte Kreditlaufzeit erhältlich. Damit kann das Zinsänderungsrisiko bei Ablauf der Zinsbindungsfrist schlagend werden.
- Das Fehlinvestitionsrisiko ergibt sich aus der Dauerhaftigkeit der Kapitalbindung, der Standortgebundenheit (Irreversibilität des Investments) sowie aus dem Risiko des Mispricing.
- Das ausgeprägte Fehlinvestitionsrisiko zieht ein ganz bestimmtes Investitionsverhalten nach sich, den sogenannten »Investitionsattentismus«. Bei langfristigen Investments können schon vergleichsweise kleine, aber dauerhafte Änderungen der erwarteten Cashflows einen spürbaren Einfluss auf den Kapitalwert der Investition nehmen. Jede Form von Unsicherheit (z. B. hinsichtlich der steuerlichen Rahmenbedingungen oder des Zinsumfelds) kann zu einem attentistischen Verhalten auf der Seite der Investoren führen.
- Typisch für Immobilieninvestitionen ist außerdem die unregelmäßige Verteilung der Einzahlungs- und Auszahlungsströme über die Nutzungsdauer. Während ein festverzinsliches Wertpapier eines Emittenten mit erstklassiger Bonität während der Nutzungszeit einen äußerst stabilen Cashflow erwarten lässt, schwanken bei Immobilieninvestments in der Regel sowohl die Einzahlungen (Mieteinnahmen) als auch die Auszahlungen (Kapital- und Bewirtschaftungskosten) nicht unerheblich. Diese letztlich nicht genau vorhersehbaren Schwankungen begründen die besonderen Risiken und Chancen von Investitionen in Immobilien. Sie sind in der Investitionsrechnung durch eine geeignete Annahmesetzung sowie durch Szenario- und Sensitivitätsanalysen zu berücksichtigen (Abschnitt 13).

Heute sind steuerliche Vorteile in den meisten Fällen nicht mehr das ausschlaggebende Motiv für Investments in Immobilien. Welche Gründe sprechen aber für die Investition in die Immobilie?

Warum also in Immobilien investieren? 3

Zunächst einmal ist der Immobilienmarkt ein sehr großes Segment des Kapitalmarktes, das man als Investor nicht gut übergehen kann. Der Immobilienmarkt bietet aufgrund seines typischen Risikoprofils und des verbreiteten Mispricing große Investitionschancen. Die besonderen Risiken des Immobilieninvestments spiegeln sich grundsätzlich in den am Immobilienmarkt erzielbaren Renditen wider, sodass im Durchschnitt eine wettbewerbsfähige Performance gegenüber anderen Formen der Kapitalanlage erwartet werden darf. Das schließt natürlich nicht aus, dass aus einzelnen Engagements auch Verluste erwachsen können. Weiterhin ist die Immobilienanlage ein unverzichtbares Element der Portfoliodiversifizierung, denn sie weist eine vergleichsweise geringe Korrelation mit anderen Anlageprodukten auf.[15]

Bei dem immer wieder genannten Argument des Inflationsschutzes durch Immobilien ist dagegen Vorsicht angebracht. Hier gilt es, die Begründung und die Voraussetzungen zu klären. Es ist offensichtlich, dass die naive Fassung des Argumentes – Immobilie als »Betongold« – keinen Sinn hat. Die inflationsschützende Wirkung der Immobilienanlage hängt eben nicht von ihrem Sachwertcharakter ab, sondern einzig und allein von der Inflationsresistenz der mit ihr verbundenen Cashflows. Eine inflationsschützende Wirkung setzt voraus, dass der nominale Cashflow aus einer Immobilie sich im Einklang mit der Inflationsrate entwickelt. Ob dies der Fall ist, kann erst nach einer eingehenden Betrachtung der mietvertraglichen Situation (Mietanpassungsmodell: z. B. Vergleichsmiete oder Indexierung, Kündigungsmöglichkeiten und -fristen) und der Finanzierungskonditionen (feste oder variable Verzinsung, gegebenenfalls Restlaufzeit der Zinsbindung) beurteilt werden[16]. Selbst wenn die Einschätzung in dieser Hinsicht günstig ausfällt, bleibt die Frage nach den Alternativen. Auch inflationsindexierte Anleihen bieten Schutz vor der Inflation[17].

---

15 Immobilienwertpapiere wie Immobilienaktien und Anteile an Immobilienfonds weisen eine relativ geringe Korrelation (zwischen 0,3 und 0,5) mit »traditionellen« Wertpapieren auf. Aktien korrelieren dagegen wesentlich enger miteinander (Korrelationskoeffizienten zwischen 0,7 und 0,9). Mit der Beimischung von Immobilienwertpapieren in ein Portfolio kann daher das Risiko bei gleichbleibender Rendite gesenkt werden (Schoellerbank 2002).
16 Kofner 1998.
17 Die empirische Studie von Liu/Hartzell/Hoesli (1997) kommt zu dem Schluss, dass Immobilienwertpapiere zumindest in einigen der untersuchten Länder einen schlechteren Inflationsschutz bieten als Aktien.

Immobilien als Klasse von Anlageprodukten

> **! Zusammenfassung**
>
> Das Angebot an Immobilien ist heterogen (regionale und sachliche Teilmärkte) und dementsprechend intransparent. Diese Eigenschaft begründet zusammen mit den Eigenschaften der Standortgebundenheit und der langen Nutzungszeit das besondere Fehlinvestitionsrisiko. Bei jeder Transaktion besteht die Gefahr des Mispricing. Außerdem sind die Kosten eines diversifizierten Investmentansatzes hoch.
>
> Das Angebot an Immobilien verhält sich inelastisch. Bei unvorhergesehenen Änderungen der Nachfrage dauert es lange, bis das Angebot sich anpasst. Dies ist der Grund für die ausgeprägten zyklischen Entwicklungen an vielen Immobilienmärkten.
>
> Die Immobilienanlage wurde traditionell durch steuerliche Abschreibungsvergünstigungen gefördert. Diese sind heute auf bestimmte Förderzwecke gerichtet.
>
> Das Investment in Immobilien ist wenig liquide, nicht zuletzt auch aus steuerlichen Gründen. Mit dem Ausreizen des Leverage-Effektes durch einen möglichst hohen Verschuldungsgrad des Investments werden erhebliche Verlustrisiken begründet.
>
> Für das Engagement in Immobilien sprechen die Größe des Marktes, die erzielbaren Renditen und die Portfoliodiversifizierung, weniger aber der Inflationsschutz.

Wichtige Begriffe und Konzepte

Amortisationszeit	Korrelation	Mispricing
Buy-and-hold	Leverage-Effekt	Transaktionskosten
Erhöhte Abschreibung	Lineare/degressive AfA	Unteilbarkeit
Fehlinvestitionsrisiko	Liquiditätsgrad	Veräußerungsgewinn
Investitionsattentismus	Markteffizienzen	Verschuldungsgrad
Kinked Supply Curve	Markttransparenz	Zinsänderungsrisiko

Verständnisfragen
K 3.1
Erläutern Sie den Begriff des »Mispricing« bei Immobiliengeschäften!

K 3.2
Begründen Sie die unterschiedlichen Verläufe der Angebotskurve bei steigenden und bei fallenden Mietpreisen!

K 3.3
Können Sie Beispiele für besonders liquide Assets nennen?

K 3.4
Wie viel Prozent Fremdkapitalanteil sind in Deutschland für ein Immobilien-Investment typisch?

K 3.5
Erläutern Sie den Unterschied zwischen Beleihungswert und Beleihungsgrenze!

K 3.6
Die Immobilienanlage ist ein aktives Investment. Auf welchen Gebieten?

K 3.7
Für welche Gruppen von Investoren sind Immobilienanlagen besonders attraktive Investments?

Weiterführende Fragen und Themen
W 3.1
Informieren Sie sich über Zweck, Inhalt und Aufbau einer »Markt- und Standortanalyse«. In welchem sachlichen und zeitlichen Verhältnis steht eine solche Analyse zur Investitionsrechnung?

W 3.2
Stellen Sie einen Katalog mit den Risiken eines Immobilien-Investments zusammen!

W 3.3
Worin liegen die Risiken eines hohen Verschuldungsgrades?

W 3.4
Stellen Sie die unterschiedlichen steuerlichen Abschreibungsmöglichkeiten für Immobilien in einer Tabelle oder einem Schaubild dar!

W 3.5
Als besonderer Vorteil der Immobilienanlage wird immer wieder das Argument des inflationsgeschützten Investments genannt (»Betongold«). Unter welchen Voraussetzungen sind die Cashflows aus Immobilien tatsächlich als inflationsgesichert anzusehen?

W 3.6
Vergleichen Sie den Immobilienmarkt mit dem Kunstmarkt!

W 3.7
Stellen Sie je eine Liste mit den Pros und Kontras der direkten und der indirekten Immobilienanlage zusammen.

Literaturhinweise
Allgemeine Empfehlungen:
Sindt (1998): Real Estate Investment, chapter 2.

Roland Berger Strategy Consultants (2015): Studie Betongoldrausch in Deutschland.

Zu den Eigenschaften von Immobilien:
Dipasquale (1999): Why Don't We Know More About Housing Supply? zur Elastizität des Wohnungsangebots.

Krainer (1999): Real Estate Liquidity zur Liquidität von Immobilieninvestments.

Mcdonald (1999): Optimal Leverage in Real Estate Investment zur Optimierung des Verschuldungsgrades.

Speziell zu den Markteffizienzen:

Guntermann/Norrbin (1991): Empirical Tests of Real Estate Market Efficiency.

Keogh/D'Arcy (1999): Property Market Efficiency: An Institutional Economics Perspective.

Liu/Grissom/Hartzell (1990): The Impact of Market Imperfections on Real Estate Returns and Optimal Investor Portfolios zu den Auswirkungen der Markteffizienzen.[18]

Schulte/Rottke/Pitschke (2005): Transparency in the German Real Estate Market zur Entwicklung der Markttransparenz.

Zur Besteuerung von Immobilien:

Steck (2015): Praxiswissen Immobilien und Steuern.

---

18 Diese Studie kommt zu dem Ergebnis, dass die Illiquidität von Immobilien mit einer Prämie in Form einer zusätzlichen Rendite einhergeht. Außerdem wirke sich der geringe Liquiditätsgrad negativ auf den Anteil von Immobilien in den Portfolios der Investoren aus.

4 Grundlagen des Immobilien-Portfoliomanagements

> *An dem Tag, an dem die Manager vergessen,*
> *dass eine Unternehmung nicht weiterbestehen kann,*
> *wenn die Gesellschaft ihre Nützlichkeit nicht mehr empfindet oder*
> *ihr Gebaren als unmoralisch betrachtet,*
> *wird die Unternehmung zu sterben beginnen.*
> Alfred Herrhausen

In diesem Kapitel sollen Sie erkennen,
- In welcher Hinsicht sich Portfoliomanagement und Objektverwaltung unterscheiden,
- Wie sich Geschäftsfelderportfolios von Immobilienportfolios unterscheiden,
- Welche Strukturen allen Immobilienportfolios gemeinsam sind,
- Wie Investitionsrechnung und Portfoliomanagment in den Zielbildungsprozess des Unternehmens eingebettet sind,
- Wie man die verschiedenen Investitionsalternativen gedanklich zu einem Handlungsraum zusammenfasst und welche Folgerungen sich daraus für die Zuordnung von Ein- und Auszahlungen aus der Investition ergeben.

Ob es um die Definition einer Investition, die Motive und Beschränkungen der Investoren oder um die besonderen Eigenschaften von Immobilien ging, wir haben bislang stets bezogen auf eine einzelne Immobilie oder einen bestimmten Immobilien-Teilmarkt argumentiert. Zwischen dem einzelnen Objekt und dem gesamten Markt gibt es aber noch eine Mesoebene: das Immobilienportfolio im Sinne einer gedanklichen Zusammenfassung verschiedener Einzelobjekte zu einem kohärenten Ganzen. Die Portfolio-Perspektive erfordert aber andere Managementmethoden und -instrumente als die klassische Objektverwaltung.

4.1 Portfoliomanagement versus Objektverwaltung

Unter Immobilien-Portfoliomanagement versteht man die laufende Anpassung eines Immobilienbestandes an Umweltveränderungen gemäß den langfristigen strategischen Zielvorgaben eines Unternehmens zum Zwecke der Performanceoptimierung und Risikostreuung.

Es ist wichtig zu verstehen, dass Portfoliomanagement eine Denkhaltung ist. Der Portfoliomanager denkt gesamtbestands- und nicht objektbezogen. Darin unterscheidet er sich sowohl vom »Immobilienverwalter« als auch vom »Objektmanager«. Als Immobilienverwaltung bezeichnet man die reagierende Verwaltung eines langfristig gehaltenen Immobilienbestandes (Buy-and-hold). Die Perspektive ist dabei ausschließlich objektbezogen.

Auch beim Objektmanagement wird diese objektbezogene Perspektive nicht aufgegeben. Anders als ein Verwalter gestaltet ein Objektmanager aber innerhalb gewisser Grenzen aktiv die Cashflows aus den einzelnen Immobilien. Er versucht, die Kosten und Erträge für jedes einzelne Objekt unter Berücksichtigung der Anforderungen der Nachfrageseite und der Eigentümer zu optimieren und auf diese Weise die Effizienz der Bewirtschaftung zu steigern.

Ein Portfoliomanager gestaltet dagegen bewusst und zielgerichtet die (typologische, räumliche, qualitative, etc.) Struktur des von ihm gesteuerten Immobilienbestandes, um Effizienz und Risikostreuung zu verbessern. Er ändert gezielt die Zusammensetzung des Portfolios durch An- und Verkäufe sowie Schwerpunktbildung bei Modernisierungsinvestitionen. Der Portfoliomanager interessiert sich also weniger für die Ertrags- und Kostensituation der einzelnen Objekte im Portfolio als vielmehr für die Angebots- und Nachfrageentwicklung auf ganzen Teilmärkten und die Mischung und Streuung der Immobilien im Portfoliozusammenhang. Die Marktperspektive dominiert hier also gegenüber der Objektperspektive. Portfoliomanagement erfordert daher eine systematische Marktforschung (qualitatives Portfoliomanagement).

Im Ergebnis führt der Portfoliomanagementansatz zu dynamischen Veränderungen der Portfoliozusammensetzung. Veränderungen können von

Änderungen in den strategischen Zielvorgaben oder von Änderungen im operativen Umfeld des Unternehmens ausgelöst werden.

Das operative Umfeld beeinflusst den Erfolg eines Unternehmens, ohne dass das Unternehmen seinerseits darauf Einfluss nehmen könnte. Es handelt sich also um exogene Erfolgsfaktoren. So wird das operative Umfeld eines Wohnungsunternehmens geprägt von Änderungen in den:

- Politisch gesetzten Rahmenbedingungen, z. B. Steuerrechtsänderungen, Mietrechtsreformen, Fortbildung des Mietrechts durch Gerichtsentscheidungen, Änderungen in den Förderprogrammen der sozialen Wohnraumförderung oder bei der Modernisierungsförderung, gestiegene Anforderungen an die energetische Effizienz von Baumaßnahmen, Änderungen bei den Unterkunftskostenregelungen des Arbeitslosengeldes II.
- Wirtschaftlichen Rahmenbedingungen, z. B. steigende Arbeitslosigkeit wegen einer Konjunkturkrise, wirtschaftliche Probleme eines großen Arbeitgebers in der Region, Preisentwicklung von Brennstoffen.
- Finanzwirtschaftlichen Rahmenbedingungen, z. B. Rückzug von Banken aus der Fläche, Änderung von Kreditkonditionen (Zugang, Zins, Besicherung), Einführung von Ratingsystemen.
- Langfristig wirkenden sozialen und demographischen Kräften, z. B. Alterung der Bevölkerung, Langzeitarbeitslosigkeit, Pauperisierung, Gentrification[19], soziale Segregation, Wohnungsmangel aufgrund hoher Nettozuwanderung.

---

19 Der Begriff der »Gentrification« (deutsch: »Gentrifizierung« oder »Gentrifikation«) leitet sich von dem Wort »gentry« ab, einer Bezeichnung für Menschen von vornehmer Geburt mit einer guten Ausbildung oder einer hohen gesellschaftlichen Stellung wie den Angehörigen des Landadels. Der Begriff wurde 1964 von der Soziologin Ruth Glass geprägt, um die mit dem Einströmen von besserverdienenden Menschen in Städte oder Quartiere regelmäßig verbundene Verdrängung der ansässigen, wirtschaftlich meistens schlechter gestellten Bevölkerungsschichten zu bezeichnen. Besonders zentrumsnahe Stadtviertel oder Nachbarschaften mit einem hohen Mieteranteil, architektonischen oder städtebaulichen Besonderheiten, einer vernachlässigten Bausubstanz und niedrigen Immobilienpreisen und Mietniveaus sind attraktiv für derartige Invasions-/Verdrängungs- und Aufwertungsprozesse. Im Verlauf des Gentrifizierungsprozesses ändert sich die Wirtschafts- und Sozialstruktur des betroffenen Viertels in vielerlei Hinsicht. Nicht zuletzt erfährt die Gebäudesubstanz umfangreiche Investitionen, um sie den Ansprüchen der In-Migranten anzupassen und potenzielle Mieterhöhungsspielräume auszuschöpfen. Siehe dazu auch Kofner 2009c.

Das operative Umfeld entwickelt sich also dynamisch und dies macht dynamische Anpassungen der Immobilienportfolios erforderlich. Ein Portfolio, das eben noch gemessen an den strategischen Zielvorgaben als optimal angesehen wurde, muss angepasst werden, wenn beispielsweise die Energiepreise nachhaltig steigen und gleichzeitig die gesetzlichen Anforderungen an die Energieeffizienz von Wohngebäuden verschärft werden. Als Folge solcher Änderungen im operativen Umfeld wird sich auch das Soll-Portfolio im Hinblick auf die energetischen Effizienzanforderungen ändern. Dies kann Änderungen im Modernisierungsprogramm oder auch Desinvestitionsentscheidungen zur Folge haben.

Bei den ständigen Anpassungen zur dynamischen Optimierung des Portfolios wird aus der Menge der »effizienten« Portfolios dasjenige ausgewählt, welches den strategischen Zielvorgaben am ehesten entspricht. Dabei muss aber das ökonomische Prinzip beachtet werden. Entweder man versucht, eine bestimmte Portfoliorendite mit minimalem Risiko (sprich minimaler Streuung der Verteilung) oder eine maximale Rendite bei gegebenem Risiko zu realisieren. Und natürlich sind steigende Chancen in aller Regel mit einem höheren Risiko verbunden.

4.2 Portfoliomodelle

Portfoliomodelle sind Instrumente der Komprimierung von Informationen. Mit ihrer Hilfe können die Verantwortlichen auch bei sehr großen und heterogenen Immobilienbeständen den Überblick bewahren. Wie bei jedem Modell fallen eine Menge Informationen unter den Tisch, aber man hofft, in der Modellabstraktion die wesentlichen Ursache-Wirkungs-Beziehungen isolieren zu können.

4 Portfoliomodelle

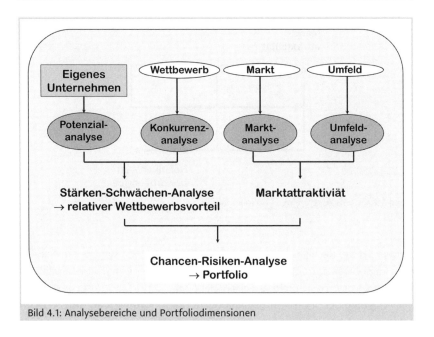

Bild 4.1: Analysebereiche und Portfoliodimensionen

Die klassischen Geschäftsfeldportfolios sind in der Regel zweidimensionale Modelle. Die Dimension »relativer Wettbewerbsvorteil« ergibt sich aus einer Stärken-Schwächen-Analyse, bei der die Potenziale des eigenen Unternehmens (z. B. langjährige Erfahrung und damit verbundene Kostenvorteile in der Altbaumodernisierung) mit denen der wichtigsten Konkurrenten verglichen werden. Die Dimension »Marktattraktivität« stellt auf die einzelnen Teilmärkte und ihr jeweiliges Umfeld ab. Beide Dimensionen zusammengenommen beschreiben die Chancen-Risiken-Situation der einzelnen Geschäftsfelder aus der Sicht des Unternehmens.

Grundlagen des Immobilien-Portfoliomanagements

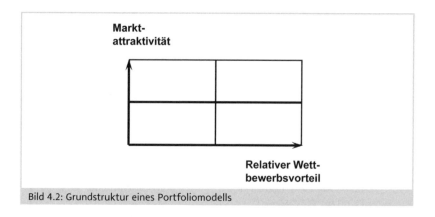

Bild 4.2: Grundstruktur eines Portfoliomodells

Anders als bei den klassischen Geschäftsfeldportfolios wird bei den meisten Immobilienportfoliomanagementmodellen die Dimension »relativer Wettbewerbsvorteil« nicht auf die in der Organisation verkörperten Potenziale bezogen, sondern auf die Immobilienteilbestände. Dementsprechend fassen die Dimensionen eines Immobilienportfoliomodells (1. Ebene) eine Vielzahl von Eigenschaften der einzelnen Objekte zu einem Punktestand zusammen, der die Qualität der Immobilien bei der ausgewählten Dimension im Verhältnis zum Durchschnitt beschreibt (z. B. »überdurchschnittliche Standortqualität«). Dabei kann den verschiedenen Dimensionen ein unterschiedliches Gewicht zugewiesen werden (z. B. 40 Prozent für »Ausstattung und Beschaffenheit« und 30 Prozent für »Standort«).

4 Portfoliomodelle

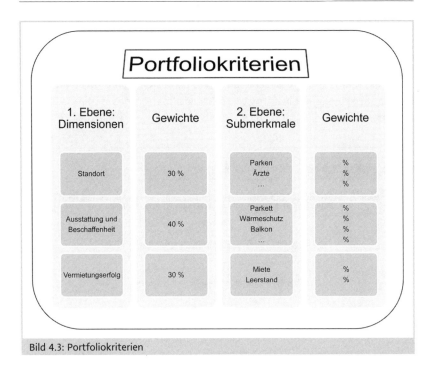

Bild 4.3: Portfoliokriterien

Es reicht natürlich nicht aus, nur die Dimensionen vorzugeben, denn jeder versteht unter einer »überdurchschnittlichen Standortqualität« etwas anderes. Die Zuordnung der Objekte zu den verschiedenen Kategorien (bspw. einfache/durchschnittliche/überdurchschnittliche Standortqualität) muss daher so weit wie möglich objektiviert werden. Dies geschieht mithilfe von Submerkmalen (wie Parkmöglichkeiten oder ärztliche Versorgung), die ebenfalls bepunktet werden. Im Idealfall kann das Scoring-Modell hier auf quantitativ messbare Eigenschaften gestützt werden (z. B. fußläufige Entfernung zur nächsten Praxis für Allgemeinmedizin oder zum nächsten Supermarkt). Die Einschätzung der Standortqualität eines Objektes ergibt sich also aus einer möglichst objektivierten Bewertung von Submerkmalen anhand eines Punktesystems, wobei die Submerkmale ihrerseits ein unterschiedliches Gewicht haben können.

Portfoliomanagementmodelle bleiben nicht bei der bloßen Visualisierung des Ist-Portfolios in der Portfolio-Matrix stehen. Dem Ist-Portfolio wird ein

Soll-Portfolio gegenübergestellt. Dabei handelt es sich um ein effizientes Portfolio, das den strategischen Zielvorgaben angesichts der Umfeldbedingungen möglichst nahe kommt. Die sogenannten »Normstrategien« beziehen sich auf einzelne Geschäftsfelder im Portfolio. Sie sind so definiert, dass im Vollzugsfalle ein Schritt zur Transformation des Ist- in das angestrebte Soll-Portfolio getan wird.

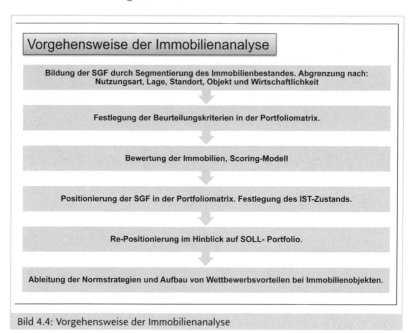

Bild 4.4: Vorgehensweise der Immobilienanalyse

Ein Defizit der meisten Portfoliomodelle besteht darin, dass sie einseitig auf die Eigenschaften der Objekte im Bestand abstellen und dabei das Kundenprofil vernachlässigen. Die Strategiefestlegung sollte sich aber im Spannungsfeld von Objektprofil und Kundenwunschprofil vollziehen. Kunden- und Objektprofil müssen in Übereinstimmung gebracht werden, und zwar auch und gerade durch Investitionen im Bestand oder Portfoliovariationen.

Es ist wichtig zu erkennen, dass sich die objektbezogene Perspektive von der Kundenperspektive auf die Wohnung/Immobilie unterscheidet. Das wird deutlich, wenn wir uns mit den Eigenschaften der Immobilie beschäftigen. Während die Objektperspektive einzelne, eindeutig abgrenzbare Eigenschaften im Sinne von Ausstattungsmerkmalen betont (Objektqualität), sieht der Kunde mehr auf die Summe der Eigenschaften von Wohnung, Gebäude und Wohnumfeld (Wohlfühlanspruch). Der Kunde, sei er Mieter oder Käufer, weiß oft aus dem Bauch heraus, wo er sich zu Hause fühlen könnte und wo nicht.

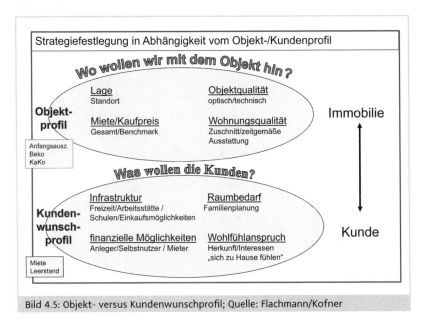

Bild 4.5: Objekt- versus Kundenwunschprofil; Quelle: Flachmann/Kofner

Aus der Perspektive einer Investitionsrechnung beeinflusst das Objektprofil, das durch Investitionen gestaltet werden kann, das zukünftige Auszahlungsprofil der Immobilie (Bewirtschaftungs- und Kapitalkosten), während die Frage, ob und inwieweit das Objektprofil dem Kundenwunschprofil entspricht, das Einzahlungsprofil prägt (Mietniveau, Erlösschmälerungen durch Leerstand).

4.3 Portfoliomanagement und Investitionsrechnung

Zwischen dem Portfoliomanagement und der Investitionsrechnung für Immobilien bestehen enge Wechselbeziehungen. Der Charakter dieser Wechselbeziehungen kann mit dem simplen Gegensatzpaar »Bottom up«/»Top down« nur unzureichend erfasst werden. Ein reiner Bottom-up-Ansatz (von unten nach oben) der Investitionsplanung würde – nur scheinbar genaue – Investitionsrechnungen für eine Vielzahl von Investitionsprojekten liefern. Die Investitionsentscheidungen wären bei diesem Ansatz ausschließlich objektbezogen (Mikroperspektive) und nicht strategisch koordiniert. Aus der Gesamtheit der unkoordinierten Investitionen würden sich aber dennoch strategisch relevante Bestandsveränderungen ergeben. Diese wären aber nicht strategisch reflektiert, da es eine übergreifende Strategie beim reinen Bottom-up-Ansatz gar nicht gibt. Der Entscheider sieht buchstäblich »den Wald vor lauter Bäumen nicht mehr«. Strategische Handlungsperspektiven und Zukunftschancen können aus dem Blick geraten.

Demgegenüber wird beim Top-down-Ansatz (von oben nach unten) eine Makroperspektive auf den Immobilienbestand eingenommen. Der gesamte Immobilienbestand wird nach Kriterien wie Standort- oder Ausstattungsqualität segmentiert und die Aufmerksamkeit richtet sich mehr auf die zusammengefassten Teilbestände als auf die einzelnen Immobilien.

Auf diese Weise können Abhängigkeiten (Linkages) von Investitionsentscheidungen aufgedeckt werden. So beeinflussen Unternehmen mit großen Marktanteilen durch ihre Investitionsentscheidungen das Mietpreisgefüge zwischen den Marktsegmenten. Das Investitionsverhalten, genauer die Schwerpunktsetzung bei den Investitionen, beeinflusst in diesem Fall die Annahmesetzung und -erfüllung. Um solche Rückkopplungen im Auge zu behalten, sind segmentbezogene Investitionsrechnungen unter einheitlichen Annahmen für größere Teilbestände bzw. für Portfoliofelder erforderlich.

Diese Rechnungen treten ergänzend neben die individuellen, objektbezogenen Investitionsrechnungen. Portfoliomanagement und segmentbezogene Rechnungen können die objektbezogene Herangehensweise nicht ersetzen und umgekehrt. Die beiden Perspektiven auf den Immobilienbestand (Bottom up und Top down) ergänzen sich also (Gegenstromprinzip). Es handelt sich hier nicht um Alternativen, zwischen denen eine Entscheidung getroffen werden muss.

4.4 Der Zielbildungsprozess des Unternehmens

Mit jedem Portfoliomanagementmodell wird ein bestimmtes Soll-Portfolio angestrebt, das den strategischen Zielvorgaben angesichts der Umfeldbedingungen möglichst nahekommt. Damit ist die Frage nach der Herkunft der strategischen Zielvorgaben aufgeworfen.

Jedes Unternehmen hat eine Vision (Wo wollen wir hin?), die sich in einem Leitbild oder einer »Business Mission« konkretisiert (z. B. »Wir bieten ganzheitliche sozialverträgliche Lösungen für individuelle Bedürfnisse rund um das Wohnen.«). Die Business Mission bestimmt die Führung, das Denken und das Handeln des gesamten Unternehmens. Sie sollte daher langfristig, gesellschaftsorientiert, mehrdimensional, dynamisch und zukunftsbezogen formuliert sein. Verantwortlich für die Entwicklung der Vision sind der Gesetzgeber (Gesetze regeln, inwieweit Unternehmen neben dem Gesellschaftsinteresse auch dem Unternehmensinteresse dienen[20]), die Gesellschafter und der Aufsichtsrat.

---

20 Im Aktienrecht wird zwischen dem Gesellschaftsinteresse und dem Unternehmensinteresse unterschieden. Das eng definierte Gesellschaftsinteresse umfaßt alles, »(...) was den Bestand, die Funktionsfähigkeit und die Aufgabenerfüllung des Verbandes im Hinblick auf den Zweck des Verbandes begünstigt und gewährleistet.« (Krämer 2002, S. 47). Es repräsentiert somit eher die Anteilseignerinteressen. Das weitergehende Konzept des Unternehmensinteresses stellt dagegen auf die Selbsterhaltung und fortdauernde funktionsgerechte Erfüllung der Aufgaben des Unternehmens gegenüber Anteilseignern, Arbeitnehmern, Lieferanten, Abnehmern, Konsumenten, Staat und Gesellschaft ab (siehe auch Kofner 2009a).

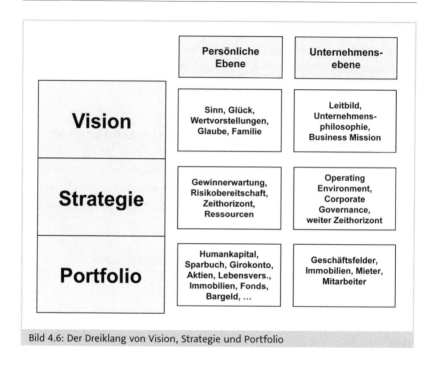

Bild 4.6: Der Dreiklang von Vision, Strategie und Portfolio

Das Wort »Strategie« leitet sich vom altgriechischen »strategós« ab, was soviel wie Feldherr oder Kommandant bedeutet. Im Gegensatz zur Taktik handelt es sich um ein längerfristig ausgerichtetes planvolles Anstreben einer vorteilhaften Lage oder eines Ziels. Die Strategie ist der Vision also nachgeordnet. Sie ist der Fahrplan zur Realisierung der langfristigen Vision des Unternehmens. Die Verantwortung liegt hier bei Geschäftsführung und Aufsichtsrat.

Der strategische Fahrplan konkretisiert sich in der Form von Normstrategien zur laufenden Annäherung des Ist-Portfolios an das Soll-Portfolio. Das Portfoliomanagement (Verantwortung: Geschäftsführung, Management, alle Mitarbeiter) seinerseits bestimmt die Zusammensetzung des Portfolios und die Schwerpunkte der bestandsbezogenen Investitionstätigkeit. Die im Mittelpunkt dieses Lehrbuches stehende Investitionsrechnung ist im Wesentlichen nur eine Einzelfallprüfung, die der Einschätzung der individuellen Vorteilhaftigkeit und der finalen Auswahl von Investitionsvorhaben dient, die im Rahmen des Portfoliomanagements zur Annäherung an die strategischen Zielvorgaben und damit an die Vision des Unternehmens beitragen sollen.

4.5 Handlungsraum und Strategiebestimmung

Der Handlungsraum bei einer Investitionsentscheidung wird durch alle möglichen Handlungsalternativen gebildet. Bei Immobilieninvestitionen gibt es oft mehr als zwei Handlungsalternativen. Wir sprechen dann von einem komplexen Handlungsraum. Stellen wir uns eine Immobilie im Bestand vor, bei der ein gewisser Instandhaltungsstau aufgelaufen ist. Im Einzelnen stehen der Entscheidungsinstanz dann folgende – einander technisch ausschließende – Handlungsalternativen offen:

1. Bewirtschaften mit minimalem Aufwand und spätere Verwertung (Abbruch oder Verkauf)
2. Instandsetzen und bewirtschaften
3. Modernisieren und bewirtschaften: diverse Programme, z. B. ohne oder mit energetischen Maßnahmen bzw. ohne oder mit Nutzungsänderung
4. sofortiger Abbruch mit/ohne Grundstücksentwicklung (z. B. Grundstücksteilung) und Neubebauung oder teilweiser Rückbau
5. sofortiger Verkauf: einzelne Objekte oder Teilportfolio
6. Wohnungseigentum begründen und als Eigentumswohnungen vertreiben

Wir haben es hier offenbar mit einem sehr komplexen Handlungsraum zu tun. Selbst die Weiterbewirtschaftung ohne Investitionen für Instandsetzung oder Modernisierung (Alternative 1) stellt eine selbständige Handlungsalternative dar, für die eine Rendite berechnet werden kann. Hier kann es sich um Fälle handeln, bei denen das Objekt als »cash cow« genutzt werden soll. Auch eine zu kurze verbleibende Amortisationszeit kann gegen einen investiven Bewirtschaftungsansatz sprechen.

Hinter den investiven Handlungsalternativen (Alternativen 2-4: Instandsetzen, Modernisieren, Neubebauung) stehen diverse alternative Investitionsprogramme, z. B. ohne oder mit Maßnahmen zur energetischen Optimierung. Auch der Abbruch des Objektes und die anschließende Neubebauung kann sich als die vorteilhafteste Handlungsalternative erweisen, z. B. bei Wohnungen aus den 50er Jahren, die nach Raumhöhen und Zuschnitt nur schwerlich an heutige Nutzungsanforderungen angepasst werden können. Davon abgesehen besteht auch die Möglichkeit, das Grundstück nach dem Abbruch zu veräußern.

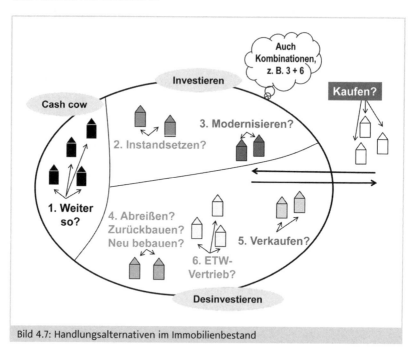

Bild 4.7: Handlungsalternativen im Immobilienbestand

Der Verkauf des Objekts (Alternative 5) kann einzeln oder als Bestandteil einer Pakettransaktion erfolgen. Im Falle eines Paketzuschlags liegt der gesamte Verkaufspreis des Teilportfolios über der Summe der Werte bei Einzelveräußerung aller im Paket enthaltenen Objekte. Pakettransaktionen werden aus steuerlichen Gründen oft im Wege des Verkaufs einer Kapitalgesellschaft durchgeführt. Für privatisierungsgeeignete Bestände können schließlich die Begründung von Wohnungseigentum und der anschließende Vertrieb als Eigentumswohnungen (Alternative 6) am vorteilhaftesten sein.

Bei der Vorbereitung einer Investitionsentscheidung kommt es darauf an, den Handlungsraum möglichst vollständig zu beschreiben, damit keine logische Alternative übersehen wird. So ist es möglich, dass die Instandsetzungsalternative eine interne Verzinsung erwarten lässt, die von den Eigentümern als ausreichend angesehen wird. Wenn aber nun Modernisierungsvarianten einschließlich energetischer Programme gar nicht in die Betrachtung einbezogen werden, dann ist es nicht sicher, dass die Entscheidung für die Instandsetzungsalternative optimal war. Es mag sein, dass mit einer Modernisierungsvariante eine höhere Rendite erzielt werden kann.

4.6 Fallstudie Unterbringungsvarianten

Um die Problematik der Zuordnung von Ein- und Auszahlungen zu den verschiedenen Investitionsalternativen besser zu verstehen, werfen wir nun einen Blick nach Bahnstadt, wo es um die Ermittlung der geeignetsten Unterbringungsmöglichkeit für das technische Rathaus dieser Großstadt mit ihren 500.000 Einwohnern geht.

Verschiedene Ämter (u. a. Personalamt, Ordnungsamt, Wohngeldstelle, Amt für Bauordnung und Denkmalpflege, Hoch- und Tiefbauamt) mit insgesamt 1.200 Mitarbeitern sind derzeit in einem Mietobjekt in zentraler Lage untergebracht. Der Mietvertrag läuft zum 30.6.2010 aus und die Stadtverwaltung prüft verschiedene Unterbringungsalternativen. Für die 1.200 Mitarbeiter wird eine Nettogrundfläche zwischen 30.000 und 35.000 m² benötigt, außerdem 100 Stellplätze für PKW. Die Nutzungsdauer soll 20 Jahre betragen und aus qualitativer Sicht wird vor allem Wert auf eine gute infrastrukturelle Anbindung gelegt. Zur Diskussion stehen 4 Unterbringungsvarianten:

- **Alternative 1: Anschlussmietverhältnis**
  - Mietvertrag läuft am 30.6.2016 aus
  - Gebäude befindet sich in keinem zeitgemäßen Zustand mehr und benötigt eine Sanierung (vom Eigentümer zu tragen)
- **Alternative 2: Anmietung und Neubau**
  - Gebäude Ende des 19. Jahrhunderts errichtet
  - stark gegliederte Fassade → städtebauliche Relevanz
  - Bestandsgebäude mit 16.300 m² BGF zu klein → weiteres Gebäude erforderlich (Neubau)

- **Alternative 3: Neubau**
  - benötigtes Grundstück im Eigentum der Stadt
  - zentrale Lage mit hervorragender Verkehrsanbindung
  - Neubau in eigener Regie mit ausreichenden Büroflächen und zusätzlichen Einzelhandelsflächen im Erdgeschoß
- **Alternative 4: Umnutzung ehemaliger Schulgebäude**
  - Nutzung von sechs leer stehenden Schulgebäuden im Stadtgebiet
  - Alter und Bauweise sehr unterschiedlich
  - derzeit laufende Kosten für Leerstandsmanagement
  - aufwendige Baumaßnahmen für Nutzungsänderungen und Sanierung

Wir haben es hier ohne Frage mit einem komplexen Handlungsraum zu tun. Um das Entscheidungsproblem wenigstens etwas zu vereinfachen, betrachten wir im Folgenden nur noch die Alternativen 1 (Anschlussmietverhältnis) und 3 (Neubau). Wir wollen nun die Frage diskutieren, wie sich die Anfangsauszahlung/Anfangseinzahlung und die laufenden Ein- und Auszahlungen der Alternativen 1 und 3 zusammensetzen.

	Alt. 1 Anschlussmietverhältnis	Alt. 3 Neubau
Anfangs- auszahlung/ Anfangs- einnahme	Vermiedene Herstellungskosten + Marktwert des Grundstücks + vermiedene Umzugskosten + vermiedene BGA-Ausgaben	Herstellungskosten + Marktwert des Grundstücks + Umzugskosten + BGA
Ez.	vermiedene Bewirtschaftungskosten der Neubauvariante	Ladenmieten, ersparte Miete aus der günstigsten Mietalternative, Liquidationserlös
Az.	Mietzahlungen, entgangene Ladenmieten, entgangener Liquidationserlös	Instandhaltung und Verwaltung für alle Flächen, Mietausfallwagnis für Ladenflächen

Bild 4.8: Ein- und Auszahlungen der Investitionsalternativen

4 Fallstudie Unterbringungsvarianten

Dazu müssen wir uns zuerst vergegenwärtigen, dass die beiden ausgewählten Alternativen sich zueinander spiegelbildlich verhalten. Das heißt: Wenn die eine Alternative nicht realisiert wird, dann auf jeden Fall die andere. Bei alternativen Optionen sind die Annahmen aber voneinander abhängig. Es gibt keine weiteren Handlungsalternativen im Handlungsraum. Die Betriebskosten können wir vernachlässigen, da sie bei beiden Alternativen anfallen.

Bei der Neubaualternative ist es offensichtlich, dass die Anfangsauszahlung der Investition sich aus den Herstellungs- und den Umzugskosten zusammensetzt. Nicht vergessen dürfen wir den aktuellen Marktwert des Grundstücks, denn wir dürfen annehmen, dass die Stadt das Grundstück verkaufen würde, wenn sie die Alternative »Anschlussmietverhältnis« realisiert. Hinzu kommen noch die Ausgaben für Betriebs- und Geschäftsausstattung (BGA) im Zusammenhang mit dem Umzug (z. B. für Büromöbel). Die Auszahlungsseite bereitet keine größeren Schwierigkeiten. Hier sind die üblichen Bewirtschaftungskosten anzusetzen. Auf der Einzahlungsseite haben wir zahlungswirksame Mieteinnahmen aus den vermieteten Ladenflächen. Hinzuzählen müssen wir aber auch die ersparte Miete, die bei der Entscheidung für die spiegelbildliche Investitionsalternative angefallen wäre. Die ersparte Miete ist der Neubaualternative als Einzahlung zuzurechnen, weil die Entscheidung für diese Alternative eine Entscheidung gegen die Fortsetzung des Mietverhältnisses ist. Es ist also eine direkte Folge dieser Entscheidung, dass keine Mietzahlungen mehr anfallen. Die Voraussetzungen dafür werden erst durch die Neubauinvestition geschaffen.

Wir können aber auch das Mietverhältnis als Investition betrachten. Die Anfangsauszahlung ist aus dieser Sicht eine Anfangseinzahlung und sie entspricht der Anfangsauszahlung der Neubaualternative mit umgekehrtem Vorzeichen. Auf der Auszahlungsseite sind neben den Mietzahlungen an den Eigentümer die entgangenen Ladenmieten und der entgangene Liquidationserlös zu berücksichtigen. Die Einzahlungen entsprechen den vermiedenen Bewirtschaftungskosten der Neubauvariante. Die Kapitalwerte der beiden spiegelbildlichen Investitionsalternativen addieren sich zu Null. Die Variante mit dem positiven Kapitalwert ist vorteilhaft.

Zusammenfassung

Unter Immobilien-Portfoliomanagement versteht man die laufende Anpassung eines Immobilienbestandes an Umweltveränderungen gemäß den langfristigen strategischen Zielvorgaben zum Zwecke der Performanceoptimierung und Risikostreuung. Die Portfolio-Perspektive erfordert andere Managementmethoden und -instrumente als die klassische Objektverwaltung.

Ein Portfoliomanager gestaltet zielgerichtet die (typologische, räumliche, qualitative, etc.) Struktur des von ihm gesteuerten Immobilienbestandes. Die Marktperspektive dominiert hier gegenüber der Objektperspektive.

Beim operativen Umfeld eines Unternehmens handelt es sich um die exogenen Erfolgsfaktoren. Das operative Umfeld eines Wohnungsunternehmens wird geprägt von Änderungen in den politisch gesetzten, den wirtschaftlichen und den finanzwirtschaftlichen Rahmenbedingungen sowie den langfristig wirkenden sozialen und demographischen Kräften. Das operative Umfeld entwickelt sich dynamisch und dies macht dynamische Anpassungen der Immobilienportfolios erforderlich.

Portfoliomodelle sind Instrumente zur Komprimierung von Informationen. Immobilienportfoliomanagementmodelle fassen eine Vielzahl von Eigenschaften der einzelnen Objekte zu einem Punktestand zusammen, der die Qualität der Immobilien bei ausgewählten Dimensionen (z. B. Standort, Ausstattung, Vermietungserfolg) im Verhältnis zum Durchschnitt beschreibt. Dem Ist-Portfolio wird ein Soll-Portfolio gegenübergestellt, das den strategischen Zielvorgaben angesichts der Umfeldbedingungen möglichst nahe kommt. Die sogenannten »Normstrategien« für die einzelnen Portfoliofelder sind so definiert, dass das Ist- in das angestrebte Soll-Portfolio transformiert wird.

Portfoliomanagement und segmentbezogene Rechnungen können die objektbezogene Herangehensweise bei der Investitionsrechnung nicht ersetzen und umgekehrt. Die beiden Perspektiven auf den Immobilienbestand ergänzen sich vielmehr (Gegenstromprinzip). Portfoliomanagement und Investitionsrechnung sind in den Zielbildungsprozess des Unternehmens eingebettet (Vision und Strategie).

Investieren heißt, sich für eine Alternative innerhalb des Handlungsraumes zu entscheiden. Bei Immobilieninvestitionen ist der Handlungsraum oft komplex und die wirtschaftlich angemessene Zuordnung von Ein- und Auszahlungsströmen zu den einzelnen Handlungsalternativen ist nicht immer einfach. Das gilt besonders bei einander technisch ausschließenden Alternativen. Es ist aber wichtig, den Handlungsraum vollständig zu beschreiben, damit nicht etwa die vorteilhafteste Alternative übersehen wird.

Fallstudie Unterbringungsvarianten 4

Wichtige Begriffe und Konzepte

Business Mission	Ist-Portfolio	Risikostreuung
effizientes Portfolio	Objektverwaltung	Soll-Portfolio
Gesellschaftsinteresse	operatives Umfeld	Strategie
Handlungsalternative	Normstrategien	Unternehmensinteresse
Handlungsraum	Portfoliodimensionen	Vision
Immobilienportfolio	Portfoliomanagement	
Investitionsalternative	Portfoliomodell	

Verständnisfragen

K 4.1
Worin unterscheidet sich ein Portfoliomanager von einem Objektmanager und einem Immobilienverwalter?

K 4.2
Wie wirken sich Änderungen im operativen Umfeld auf das Portfoliomanagement aus?

K 4.3
Erläutern Sie die Beziehungen zwischen Ist- und Soll-Portfolio!

K 4.4
Grenzen Sie die Objektperspektive auf eine Wohnimmobilie von der Kunden- bzw. Mieterperspektive ab!

K 4.5
Wer ist in einer Kapitalgesellschaft (AG oder GmbH mit Aufsichtsrat) für die Entwicklung von Vision und Strategie und wer ist für das Portfoliomanagement zuständig?

K 4.6
Beschreiben Sie möglichst vollständig den Handlungsraum für eine ältere Mietwohnimmobilie im Bestand, bei der sich ein über die Jahre ein Instandhaltungsstau aufgebaut hat. Die Heizkosten liegen bei 1,40 EUR pro Monat und Quadratmeter.

Weiterführende Fragen und Themen

W 4.1
Stellen Sie eine Liste mit den wesentlichen Änderungen im operativen Umfeld der Wohnungswirtschaft in Ihrer Region in den letzten 10 Jahren zusammen!

W 4.2
Inwieweit hat die globale Finanzkrise das operative Umfeld der Immobilienwirtschaft verändert? Welche Zweige der Immobilienwirtschaft waren besonders betroffen?

W 4.3
Kennen Sie ein Stadtviertel, in dem sich ein Gentrification-Prozess vollzogen hat?

W 4.4
Fertigen Sie eine Stärken-Schwächen-Analyse für ein bekanntes bzw. Ihnen vertrautes Unternehmen der Immobilienwirtschaft an!

W 4.5
Schlagen Sie für die Zwecke der Standortbewertung eines Wohnimmobilienbestandes eine Zuordnungsvorschrift für das Submerkmal »Parkmöglichkeiten« (Kriterien und zu vergebende Punkte) vor, die dem Bearbeiter möglichst wenig Ermessensspielräume lässt!

W 4.6
Beschreiben Sie Ihre persönliche Karrierevision. Wo wollen Sie in 20 Jahren stehen? Entwickeln Sie eine Strategie für die Annäherung an Ihre Vision. Welche Ressourcen stehen Ihnen heute und in der Zukunft zur Verfügung?

Literaturhinweise

Kreisel/Löhr (2002): Immobilien-Portfolio Management als Einführung in die Portfolio-Analyse, insbesondere auch zur Abgrenzung der Portfolioansätze, zu den Einflussfaktoren und zu den Besonderheiten der Immobilienportfolio-Analyse.

Trampe (2009): Was sind meine Bestände wert? Zur Einbeziehung der Finanzierungs- und Besicherungsseite in das Portfoliomanagement.

Brown/Matysiak (2000): Real Estate Investment: A Capital Markets Approach, Chapter 15 «Developing a Portfolio Strategy».

5 Grundlagen der Immobilien-Investitionsrechnung

Wer hohe Türme bauen will, muss lange beim Fundament verweilen.
Anton Bruckner

In diesem Kapitel sollen Sie erkennen,
- dass die Investitionsrechnung nur als eine Teilaufgabe des Problemlösungsprozesses der Investition anzusehen ist,
- wie man Immobilien-Investitionen üblicherweise einteilt und welche bilanziellen Auswirkungen die unterschiedlichen Arten von Investitionen zeitigen,
- aus welchen Eingangsgrößen sich der Dateninput einer Investition zusammensetzt und wie diese Eingangsgrößen ermittelt bzw. geschätzt werden können,
- wie Zahlungen zu unterschiedlichen Zeitpunkten miteinander verglichen werden können,
- welche Probleme bei Investitionsrechnungen auftreten können.

5.1 Problemlösungsprozess der Investition

Den Problemlösungsprozess der Investition können wir uns als einen Filterprozess (Trichtermodell) vorstellen: Auf verschiedenen Stufen werden schrittweise aus der Menge aller in Betracht gezogenen Investitionsvorhaben diejenigen ausgewählt, die schließlich zur Durchführung freigegeben werden. Dabei werden die Filter immer feiner, je näher wir uns auf die endgültige Auswahl zubewegen.

Der Problemlösungsprozess der Investition vollzieht sich in 4 Phasen (Planung, Entscheidung, Vollzug und Evaluation). Der Anstoß wird durch die Investitionsanregung gegeben. Investitionsanregungen können sowohl unternehmensinternen (z. B. Verkauf eines Gebäudes wegen überdurchschnittlicher Instandhaltungsaufwendungen) als auch externen Ursprungs sein (z. B. Absatzmarktentwicklungen wie die zunehmende Nachfrage nach betreuten Wohnlösungen).

Die Zahl der in Betracht gezogenen Investitionsvorhaben übersteigt in der Regel die finanziellen Möglichkeiten des Unternehmens. Da man aus Zeit- und Kostengründen nicht jede Alternative einer Detailanalyse unterziehen kann, muss eine Grobselektion anhand standardisierter Bewertungskriterien erfolgen. Dabei ist die Vereinbarkeit mit dem Unternehmenszweck und den Zielen der strategischen Planung zu überprüfen. Zusätzlich können quantitative und qualitative Beurteilungskriterien herangezogen werden (z. B. Höhe und Dauer der Kapitalbindung, Marktwachstum, Ausschluss bestimmter Regionen). Außerdem ist für die Zwecke der Grobselektion kursorisch zu prüfen, ob die für das Unternehmen wichtigen wirtschaftlichen, technischen, rechtlichen und sozialen Nebenbedingungen eingehalten werden.

Diejenigen Investitionsvorhaben, die in die engere Wahl gezogen worden sind, sind als Vorbereitung auf die endgültige Bewertung einer Detailanalyse zu unterziehen. Dabei sind bereits wesentliche entscheidungsrelevante technische, wirtschaftliche und soziale Daten über die einzelnen Investitionsalternativen zu erfassen (z. B. technische Daten über Heizungs- und Klimatechnik, wirtschaftliche Daten wie Marktwert der Immobilie, Vermietungsstand, Höhe der Mieteinnahmen und der laufenden Bewirtschaftungskosten sowie eine grobe Schätzung der Modernisierungskosten).

Die Datenerfassung ist Grundlage der Grobkalkulation. Auf dieser Stufe des Filterprozesses reicht es meistens aus, wenn man sich statischer Verfahren der Investitionsrechnung bedient. Mithilfe des gewählten Rechenverfahrens sollen die offensichtlich unwirtschaftlichen Projekte ausgeschieden werden. Dies kann bspw. durch eine Obergrenze für den Ankaufmultiplikator erfolgen.[21]

---

21 Der Ankaufmultiplikator entspricht dem Verhältnis Ankaufpreis/Jahresnettokaltmiete. Es kann bspw. die Regel aufgestellt werden dass der Multiplikator bei Mietwohnimmobilien nicht über 20 liegen darf.

Die verbleibenden Projekte werden dann nach Dringlichkeit sortiert. Dabei wird zwischen Zwangs- und Alternativinvestitionen unterschieden. So stellt die Reparatur eines undichten Daches bei Gefährdung der Bausubstanz, Vollvermietung des Objekts und sonst mangelfreiem baulichen Zustand eine Zwangsinvestition dar. Davon abgesehen liegen Zwangsinvestitionen immer dann vor, wenn es um Gefahren für Leben oder Gesundheit von Menschen geht.

An die Einordnung der Projekte nach Dringlichkeit schließen sich die vollständige Datensammlung und die darauf basierende detaillierte Wirtschaftlichkeitsberechnung an, die Hauptgegenstand dieses Lehrbuches ist. Auf dieser Stufe des Filterprozesses kommen grundsätzlich nur dynamische Rechenverfahren in Frage, die eine explizite und komponentenweise Modellierung des zukünftigen Cashflow-Verlaufs in Jahresscheiben zulassen. Dabei kommt es insbesondere auf die Auswahl des geeigneten Verfahrens, die Beachtung der Grenzen der Vergleichbarkeit der Ergebnisse, die abgewogene Annahmesetzung und die Risikobeurteilung an. Die angemessene Interpretation der Ergebnisse ist dabei als die schwierigste Teilaufgabe der Investitionsbewertung anzusehen.

Der Inhalt einer vorlagefähigen Wirtschaftlichkeitsberechnung geht über die bloße Berechnung der entsprechenden Kennzahl weit hinaus. Im Einzelnen umfasst eine entscheidungsreife Vorlage folgende Komponenten:
- Beschreibung des Mikro- und des Makrostandortes[22] mithilfe von Lageplan, Fotos und Benchmarks
- Definition der Handlungsalternativen (Abschnitt 4.5)
- Übersicht über die Auswirkungen der verschiedenen Handlungsalternativen (Abschnitt 11.3)
- Maßnahmenkatalog mit Angabe des Modernisierungs- und Instandsetzungsanteils (Abschnitt 11.3)
- Übersicht über die getroffenen Annahmen: Miet- und Leerstandsszenarien, gegebenenfalls Verkaufsquoten

---

22 Der Makrostandort umfaßt im Gegensatz zum Mikrostandort einen geographischen Großraum, in dem sich ein Grundstück befindet sowie dessen Einzugs- und Verflechtungsbereich, wie zum Beispiel Stadtteil, Stadt oder Region. Der Mikrostandort beschreibt das unmittelbare Umfeld des Objekts.

Grundlagen der Immobilien-Investitionsrechnung

- Berechnung der ausschlaggebenden Kennzahl (z. B. Kapitalwert, Vofi-Rendite oder interner Zinsfuß)
- Einschätzung des Projektrisikos: kritische Werte, Szenarien
- begründeter Vorschlag zur weiteren Vorgehensweise

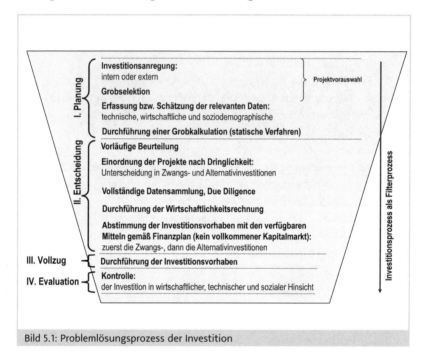

Bild 5.1: Problemlösungsprozess der Investition

Aus den Bewertungen sollten sich eindeutige Empfehlungen für die Annahme oder Ablehnung der einzelnen Investitionsvorhaben und eine Rangordnung der alternativen Projekte ergeben.

Die Entscheidungen folgen erfahrungsgemäß nicht immer den Empfehlungen aus der Investitionsbewertung. Derartige Abweichungen können sich z. B. aus der Abstimmung der Investitionsplanung mit der Finanzplanung ergeben. Auch der »menschliche Faktor« kann zu einer Abweichung von den Empfehlungen führen (Einführung zusätzlicher Beurteilungskriterien, Irrationalität, Gruppendynamik).

Grundlage der Realisierung einer Investition ist eine positive Investitionsentscheidung. Die Vollzugsphase umfasst die bei Immobilien komplexe Beschaffungs- (Anordnung, Verhandlung, Abschluss des Kaufvertrags, notarielle Beglaubigung desselben, Zahlung, Eigentumsübergang, Inbesitznahme, etc.) sowie die Planungs- und Bauphase. Die Honorarordnung für Architekten und Ingenieure (HOAI) unterscheidet folgende 9 Leistungsphasen:

1. Grundlagenermittlung: Ermitteln der Voraussetzungen zur Lösung der Bauaufgabe durch die Planung
2. Vorplanung (Projekt- und Planungsvorbereitung): Erarbeiten der wesentlichen Teile einer Lösung der Planungsaufgabe
3. Entwurfsplanung (System- und Integrationsplanung): Erarbeiten der endgültigen Lösung der Planungsaufgabe
4. Genehmigungsplanung: Erarbeiten und Einreichen der Vorlagen für die erforderlichen Genehmigungen oder Zustimmungen
5. Ausführungsplanung: Erarbeiten und Darstellen der ausführungsreifen Planungslösung
6. Vorbereitung der Vergabe: Ermitteln der Mengen und Aufstellen von Leistungsverzeichnissen
7. Mitwirkung bei der Vergabe: Ermitteln der Kosten und Mitwirkung bei der Auftragsvergabe
8. Objektüberwachung (Bauüberwachung): Überwachung der Ausführung des Objekts
9. Objektbetreuung und Dokumentation: Überwachung der Beseitigung von Mängeln und Dokumentation des Gesamtergebnisses

Parallel zur Realisierung des Investitionsvorhabens, aber auch während der gesamten Haltedauer sollen entsprechende Controllingaktivitäten sicherstellen, dass das Investitionsziel und damit der angestrebte Beitrag zu den Unternehmenszielen erreicht wird. Zur Ausführungskontrolle gehört insbesondere die Kontrolle der Ausgaben, der Termine und der Qualität der Bauausführung. Abweichungen in diesen Bereichen stellen die Annahmen der Investitionsrechnung in Frage. Dabei sind Terminüberschreitungen wegen der Verlängerung der Kapitalbindung ebenso von Bedeutung wie Kostenüberschreitungen, die zu einer Überschreitung der in der Investitionsrechnung für das Projekt kalkulierten Gesamtgestehungskosten führen können.

Zur Ergebniskontrolle zählen die laufende Beobachtung und Überprüfung der Wirtschaftlichkeit und der Rentabilität des Vorhabens und der sonstigen mit der Investition verbundenen Zielsetzungen. Zeitpunkte, Dauer und Intensität der Investitionskontrolle sind abhängig vom Investitionsvolumen und von der Bedeutung der Investition für die wirtschaftliche und technische Fortentwicklung des Unternehmens zu wählen[23].

Werden durch das Controlling systematische Abweichungen von Soll- und Istgrößen festgestellt (z. B. ständige Unterschätzung des Zinsänderungsrisikos oder der Modernisierungskosten), so muss dies Rückwirkungen auf den Prozess der Investitionsplanung haben. Auf der Projektebene sind eventuell die Vorgaben für die Folgeperioden anzupassen. Weitere Controllingaufgaben sind die Überprüfung der Abläufe und Schnittstellen (Verantwortlichkeiten, Kommunikationswege, Dokumentation).

Die Verantwortlichkeiten für die Erstellung der Wirtschaftlichkeitsberechnung sollten wie folgt zugeordnet werden: Die Erstellung des Rechenmodells und die Festlegung der Handlungsoptionen (zugelassene Alternativen) sollte das Controlling in Abstimmung mit den Eigentümern vornehmen. Je nach Rechtsform des Unternehmens sind dabei die zuständigen Leitungs- und Überwachungsorgane einzubeziehen. Für die Festlegung der allgemeinverbindlichen Annahmen (z. B. Kalkulationszins) sollte das Portfoliomanagement in Abstimmung mit den Eigentümern bzw. den Leitungs- und Überwachungsorganen und den jeweils operativ verantwortlichen Abteilungen für Finanzen, Steuern, Einkauf, etc. zuständig sein.

5.2 Einteilung von Immobilien-Investitionen

Immobilieninvestitionen kann man grundsätzlich in Erweiterungs- (Neubau, Zukauf) und Bestandsinvestitionen (Instandhaltungs-, Instandsetzungs- und Modernisierungsinvestitionen einschließlich Um- und Ausbau sowie Investitionen in das Wohnumfeld) unterteilen. Die Bedeutung der Neubauinvestitionen dürfte in den kommenden Jahren wieder zunehmen,

---

23 Olfert 2015, S. 82 f.

weil der Bedarf an zusätzlichen Flächen aufgrund der Entwicklung der Zahl der Haushalte und des gesamtwirtschaftlichen Wachstums zunimmt. Davon abgesehen ist am Wohnungsmarkt wegen der jahrelang zu geringen Bautätigkeit ein Nachholbedarf entstanden.

5.2.1 Auswirkungen auf die Bilanz

Eine bestandserweiternde Investition stellt aus bilanzieller Sicht einen Aktivtausch dar. Die liquiden Mittel nehmen ab und im gleichen Umfang nimmt das Anlagevermögen zu. Die Passivseite wird dabei nicht berührt und die Bilanzsumme bleibt unverändert.

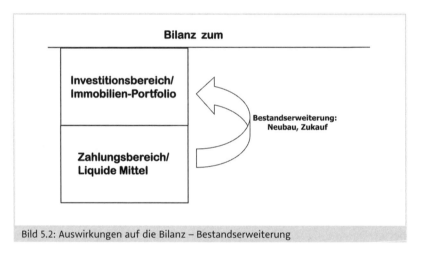

Bild 5.2: Auswirkungen auf die Bilanz – Bestandserweiterung

Bild 5.3: Auswirkungen auf die Bilanz – Bestandsentwicklung

Investitionen zur Bestandsentwicklung führen entweder zu einem Aktivtausch (bei Aktivierungsfähigkeit der Ausgaben) oder aber zu einer Aktiv/Passiv-Minderung (Bilanzverkürzung), wenn es sich um nicht aktivierungsfähigen Aufwand handelt. Aus handelsrechtlicher Sicht sind grundsätzlich nur werterhöhende Modernisierungsmaßnahmen aktivierungsfähig[24]. Bei komplexen Modernisierungsmaßnahmen können in der Regel nicht die gesamten Kosten aktiviert werden.

Abhängig von Rechtsform und Kapitalmarktorientierung haben Wohnungsunternehmen unterschiedliche Präferenzen im Hinblick auf die Mittelverwendung für Aufwands- oder Aktivierungsmodernisierungen. Kapitalmarktorientierte Unternehmen neigen dazu, den nicht aktivierbaren Instandhaltungsaufwand zu senken und bevorzugen statt dessen umfassende Modernisierungen mit einem möglichst hohen Anteil aktivierbarer Ausgaben – dies meistens an Standorten, wo man sich spürbare Auswirkungen auf den Vermietungserfolg gemessen an Leerstand und Mieteinnahmen verspricht.

---

24 Birkner/Bornemann 2014, S. 113.

Das Steuerrecht arbeitet mit den Begriffen »Herstellungskosten« und »Erhaltungsaufwand«. Auch hier ist die Abgrenzung nicht immer einfach. Herstellungskosten sind aktivierungspflichtig und mindern die Bemessungsgrundlage der Einkommen- bzw. Körperschaftsteuer nur im Rahmen der planmäßigen Abschreibungen. Erhaltungsaufwand kann dagegen zu 100 Prozent im Jahr seiner Entstehung als Aufwand vom Gewinn abgezogen werden, woraus sich ein Zins- und Liquiditätsvorteil ergibt.

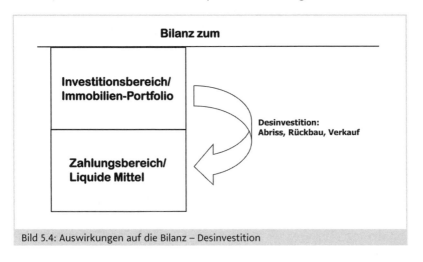

Bild 5.4: Auswirkungen auf die Bilanz – Desinvestition

Die bilanziellen Auswirkungen einer Desinvestition (Eliminierung eines Vermögensgegenstandes aus der Bilanz) hängen von den Bedingungen des Einzelfalles ab. Wird ein Grundstück zum Buchwert verkauft, so handelt es sich um einen Aktivtausch: Der Bestand an Grundstücken nimmt ab und die liquiden Mittel nehmen im gleichen Umfang zu. Gelingt ein Verkauf zu einem Preis über dem Buchwert (z. B. beim Vertrieb als Eigentumswohnungen nach Begründung von Wohnungseigentum), so folgt daraus im Umfang des Veräußerungsgewinns zusätzlich eine Aktiv/Passiv-Mehrung (Bilanzverlängerung): Das bilanzielle Eigenkapital erhöht sich um den Veräußerungsgewinn. Ein Verkauf unter Buchwert oder ein Abriss ziehen dagegen eine Aktiv/Passiv-Minderung nach sich.

Auch den schrittweisen Verzehr des in einer Immobilie verkörperten Nutzungspotenzials kann man unter dem Begriff der Desinvestition subsumieren. Der bilanzielle Ausdruck dieses Werteverzehrs sind die planmäßigen Abschreibungen.

Unter den planmäßigen Gebäudeabschreibungen versteht man die Abzugsbeträge, die bei Gebäuden im Anlagevermögen (Bemessungsgrundlage: aktivierte Anschaffungs- oder Herstellungskosten) die im Laufe der voraussichtlichen Nutzungsdauer (dem Verteilungszeitraum) periodisch eintretenden Wertminderungen nach einer bestimmten Abschreibungsmethode (Verteilungsverfahren) erfassen sollen.

Planmäßige Abschreibungen werden nur auf Gebäude vorgenommen, nicht aber auf den Grund und Boden. Bemessungsgrundlage der planmäßigen Gebäudeabschreibungen sind die aktivierten Anschaffungs- oder Herstellungskosten. Im Falle eigener Herstellung ist die Aktivierungsfähigkeit der verschiedenen Kosten wie folgt geregelt: Aktivierungspflichtig sind Materialeinzelkosten (Fremdleistungen, Kosten der Bauhandwerker) und Fertigungseinzelkosten (Personalkosten, soweit Eigenleistungen des Wohnungsunternehmens) sowie die Material- und Fertigungsgemeinkosten. Ein Aktivierungswahlrecht besteht im Hinblick auf die Verwaltungsgemeinkosten und die Zinsen für Fremdkapital (Bauzeitzinsen). Verboten ist die Aktivierung von Vertriebskosten.

Der Finanzierungseffekt planmäßiger Abschreibungen ergibt sich aus der schrittweisen Rückvergütung der Anschaffungs- oder Herstellungskosten im Zeitablauf. Dabei kommt es zu einem Aktivtausch bzw. einem Desinvestitionsprozess: Mit jeder Abschreibungsbuchung nimmt der Bilanzwert des Gebäudes ab, während die liquiden Mittel zunehmen. Die Abschreibungen verkürzen den Gewinn in der Handelsbilanz und führen damit zu einer entsprechenden Sperrung von Ausschüttungen.

Der Finanzierungseffekt der Abschreibungen kommt allerdings nur zum Tragen, wenn zwei Voraussetzungen erfüllt sind. Zum einen müssen mit der Immobilie entsprechend hohe Mieteinnahmen erzielt werden (Miete > Kapitalkosten + Bewirtschaftungskosten + Abschreibungen) und zum anderen muss eine offensive Ausschüttungspolitik vorherrschen. Bei einer vorsichtigen Ausschüttungspolitik mit einem hohen Thesaurierungsanteil am Gewinn tritt der Finanzierungseffekt der Abschreibungen dagegen gar nicht oder nur in eingeschränktem Maße ein.

In der IFRS-Bilanz werden überwiegend keine planmäßigen Abschreibungen von Immobilienwerten vorgenommen. Im Rahmen der Folgebewertung von Investment Properties beinhaltet IAS 40.30 ein besonderes Wahlrecht: Die Bewertung kann entweder mit den fortgeführten Anschaffungs- und Herstellungskosten (Cost model) oder zum beizulegenden Zeitwert (Fair-Value-Model) erfolgen. Dieses Wahlrecht kann nur einheitlich für alle Investment Properties angewendet werden und die einmal gewählte Bewertungsmethode ist im Sinne des Stetigkeitsprinzips fortzuführen.

Die meisten der nach IFRS bilanzierenden Unternehmen nutzen das Fair-Value-Modell. Das hat zur Folge, dass die Immobilien jährlich zum Bilanzstichtag neu bewertet werden. Die Abschreibungen sind in diesem Fall nicht planmäßiger Natur, sondern sie entsprechen ggf. der Differenz zum Vorjahreswertansatz. Es können sich aber auch Zuschreibungen ergeben, wenn es sich um eine Wertsteigerung gegenüber dem Vorjahr handelt. Die Fair-Value-Methode wird überwiegend in der Form der Ermittlung des Discounted Cashflow (DCF) umgesetzt. Die DCF-Ermittlung ist der Regelfall für Investment Properties. Dabei werden der Boden und Gebäude im Unterschied zum HGB als Bewertungseinheit angesehen.

5.2.2 Abgrenzung von Instandhaltung, Instandsetzung und Modernisierung

Während Instandhaltung und Instandsetzung auf die Erhaltung bzw. Wiederherstellung der Mietsache abzielen, geht es bei der Modernisierung um die Verbesserung derselben. Das Problem liegt hier darin, dass Modernisierungsmaßnahmen oft mit Maßnahmen zur Instandhaltung oder Instandsetzung zusammentreffen.

§ 535 Abs. 1 S. 2 BGB verpflichtet den Vermieter, die Mietsache im vertragsgemäßen Zustand zu erhalten. Er muss also den ursprünglichen wirtschaftlichen Bestand erhalten. Dies kann grundsätzlich durch Maßnahmen zur Instandsetzung oder Instandhaltung geschehen. Unter Instandsetzung wird die Behebung von Mängeln oder Schäden verstanden, die insbesondere durch Abnutzung, Alterung und Witterungseinflüsse entstanden sind (z. B. Ersatz schadhafter Fenster, Austausch einer schadhaften Fassadendämmung, Ersatz von Bleiabflussleitungen). Als Instandhaltung (»preventive maintenance«) werden dagegen vorbeugende Maßnahmen bezeichnet, die der Vermeidung von Schäden dienen. Außerdem fallen die ständige Beaufsichtigung und Überprüfung des Gebäudes auf drohende Verschlechterungen seines Zustandes und seiner Gebrauchstauglichkeit hin unter den Begriff der Instandhaltung (z. B. Wartung des Aufzugs oder der Belüftungsanlage, Pflege des Parketts).

Für die Zwecke einer Investitionsrechnung kommt es darauf an, ob die Ausgaben im zeitlichen Zusammenhang mit der Anschaffung oder Modernisierung anfallen oder ob es sich um laufend während der Haltedauer anfallende Auszahlungen handelt. Bei der Abschätzung der laufenden Ausgaben sind die planbaren Maßnahmen periodengetreu den jeweiligen Jahren ihrer Durchführung zuzuordnen. Parallel dazu sollten die in zeitlicher oder sachlicher Hinsicht nicht planbaren Auszahlungen (z. B. für unvorhersehbare Reparaturen und regelmäßige Wartungsarbeiten) mittels einer Pauschale erfasst werden. Auch die Investitionen in Leerwohnungen zählen zu den Ausgaben für Instandhaltung. Es handelt sich hier um aperiodische Ausgaben zur Wiederherstellung bzw. Förderung der Vermietbarkeit einer Wohnung nach einem Auszug einer Mietpartei (z. B. Austausch des Fliesenspiegels und der Toilettenschüssel). Die laufenden Auszahlungen für Instandhaltung unterliegen selbstverständlich im Zeitablauf Veränderungen der unterliegenden Preis- und Kostenstrukturen (z. B. Baulöhne und Baupreise).

Anders als Instandhaltung und Instandsetzung dienen Maßnahmen zur Modernisierung der Verbesserung der vermieteten Räume oder des Gebäudes. Von einer »Verbesserung« spricht man,
- wenn sich der Gebrauchswert der Mietsache nachhaltig erhöht,
- sich die allgemeinen Wohnverhältnisse auf Dauer verbessern oder
- die Maßnahmen eine nachhaltige Einsparung von Heizenergie oder Wasser bewirken.

Als Beispiele für Modernisierungsmaßnahmen seien hier genannt: Maßnahmen zur Verbesserung des Schallschutzes, der Wärmedämmung, oder des allgemeinen Wohnumfeldes (Kinderspielplätze, Stellplätze, Grünanlagen), Einbau einer Zentralheizung anstelle einer Ofenheizung, Anbau eines Balkons, Einbau eines Aufzugs.

Für Modernisierungsmaßnahmen sind oft öffentliche Zuschüsse oder Darlehen erhältlich. Deren Inanspruchnahme schränkt jedoch den Handlungsspielraum des Investors ein. Außerdem sind die erhaltenen finanziellen Vorteile an die Mieter weiterzureichen (Abschnitt 5.2.3). Derzeit sind günstige Förderdarlehen der KfW-Bank für energetische Modernisierungen und den altersgerechten Umbau von Wohnräumen erhältlich.

5.2.3 Mieterhöhung nach Modernisierung

Die Unterscheidung zwischen Instandhaltung/Instandsetzung auf der einen und Modernisierung auf der anderen Seite ist für den Vermieter von erheblicher finanzieller Bedeutung. Nur Modernisierungsaufwendungen berechtigen ihn zu einer Mieterhöhung. Für Instandhaltungs- bzw. Instandsetzungsmaßnahmen müssen dagegen entsprechende Deckungsbeiträge in die Grundmiete einkalkuliert werden. Die Rechtsgrundlagen der Modernisierung sind in folgenden BGB-Vorschriften enthalten:
- Duldungspflicht: § 554 Abs. 1-5 BGB (bei Vermietung von Geschäftsraum Abs. 1-4, abdingbar).
- Modernisierungsumlage: §§ 559-559b BGB (nur für Vermietung von Wohnräumen).

Der Vermieter kann nur für duldungspflichtige Maßnahmen eine Mieterhöhung (Modernisierungsumlage) geltend machen. Duldungspflichtig ist der Mieter nur, wenn ihm die Modernisierung ordnungsgemäß und rechtzeitig angekündigt wurde. Die Duldung muss vom Mieter ausdrücklich erklärt werden. In bestimmten Härtefällen kann der Mieter von der grundsätzlichen Duldungspflicht befreit sein. So können Maßnahmen unzumutbar sein, die zu einer andauernden hohen Lärmbelastung führen, die die Raumaufteilung wesentlich verändern, die vorausgegangene Verwendungen des Mieters entwerten oder die zu einer unzumutbaren Mietbelastung führen würden. In Geschäftsraummietverträgen können abweichende Regelungen getroffen werden (z. B. Ausschluss bestimmter Härtefallgründe).

Handelt es bei den modernisierten Räumen um Wohnräume, so ist die anschließende Mieterhöhung in §§ 559-559b BGB geregelt. Grundsätzlich sind die Kosten für jede Wohnung gesondert zu ermitteln. Wo dies nicht möglich ist, sind die Kosten nach dem Anteil der Wohnfläche der jeweiligen Wohnung an der Gesamtwohnfläche zu verteilen. Fallen Instandsetzung und Modernisierung zusammen (z. B. beim Ersatz verrotteter einfachverglaster Fenster durch Isolierfenster), so müssen die Kosten für den Instandsetzungsanteil von den Gesamtkosten der Maßnahme abgezogen werden. Auch »Folgekosten« von energetischen Maßnahmen sind umlagefähig, und zwar im Zweifel zu 100 Prozent. Wird die Fassade gedämmt, so sind die Kosten für Gerüst, Armierung, Putz und Anstrich voll umlagefähig. Bei Schäden an der alten Fassade muss jedoch ein prozentualer Abzug von der Bemessungsgrundlage erfolgen.

Die Umlagefähigkeit von energetischen Modernisierungskosten wird auch durch ein deutliches Missverhältnis zwischen Aufwand und dadurch ausgelöster Heizkostenersparnis nicht eingeschränkt. Nach einer BGH-Entscheidung aus dem Jahr 2004 ist das Verhältnis von Mieterhöhung und Energieeinsparung für die Duldungspflicht des Mieters irrelevant. § 559 BGB kennt auch bislang keine Kappungsgrenze für die Höhe der Modernisierungsumlage. Der Wirtschaftlichkeitsgrundsatz ist kein Kriterium für die rechtliche Beurteilung der Duldungspflicht des Mieters. Der Mieter muss die Maßnahmen dulden, wenn sie zu einer messbaren und dauerhaften Einsparung von Primärenergie führen. Die Maßnahmen müssen für ihn nicht »rentabel« sein. Davon zu unterscheiden sind subjektive Härtefälle. Wenn die Mietbelastung nach der Modernisierung wegen der Einkommensverhältnisse individuell nicht mehr tragbar ist, kann die Duldungspflicht eingeschränkt sein[25].

Die ermittelten auf die Wohnung entfallenden Kosten sind mit 11 Prozent zu multiplizieren und anschließend durch 12 Monate zu teilen. Die errech-

---

25 Siehe dazu Blank 2008, S. 317 f.

nete Modernisierungsumlage kann zusätzlich zur Grundmiete alternativ zu der ebenfalls zulässigen modernisierungsbedingten Erhöhung der Vergleichsmiete erhoben werden. Die Zahlungspflicht des Mieters besteht bis zur nächsten Mieterhöhung auf die ortsübliche Vergleichsmiete. Im Falle eines Mieterwechsels darf vom neuen Mieter keine Modernisierungsumlage erhoben werden. Der Mietpreis ist in diesem Fall unter Beachtung der gesetzlichen Mietbegrenzungen neu zu vereinbaren (siehe Abschnitt 5.4.4.3).

Die neue Mietpreisbremse begrenzt unter Umständen die Möglichkeit modernisierungsbedingter Mieterhöhungen. Die erste Vermietung nach »umfassender« Modernisierung einer Wohnung ist zwar von der Mietpreisbremse ausgenommen (§ 556f BGB), aber für weitere Mieterwechsel und »nicht umfassende« Modernisierungen gelten keine Ausnahmen. Nicht umfassende Modernisierungen fallen aber unter den Bestandsschutz der »Vormiete«, wenn die entsprechende Modernisierungsumlage bereits vom vorherigen Mieter geschuldet wurde[26]. Das bedeutet, dass in diesen Fällen der Mietpreis die Einzelvergleichsmiete plus 10 Prozent übersteigen darf.

Anders zu behandeln sind umfassende Modernisierungen. Umfassend ist eine Modernisierung, wenn sie einen solchen Umfang aufweist, dass eine Gleichstellung mit Neubauten gerechtfertigt erscheint. Das ist anzunehmen, wenn die Investition etwa ein Drittel des für eine vergleichbare Neubauwohnung erforderlichen Aufwands erreicht.

Nach einer umfassenden Modernisierung im laufenden Mietverhältnis kann der Vermieter die Miete im Rahmen der Vorschriften des § 559 BGB erhöhen (11-prozentige Modernisierungsumlage). Kommt es zu einem Mieterwechsel, so sind (im Unterschied zur Behandlung der nicht umfassenden Modernisierungen) sowohl die Mietpreisbremse als auch die Vormiete ohne Belang für die zulässige Miethöhe. Diese ist dann nur noch durch die strafrechtlichen Wuchervorschriften begrenzt. Kommt es jedoch zu einem wei-

---

26 Falls das nicht zutrifft, greift für in den letzten drei Jahren vor Beginn des Mietverhältnisses durchgeführte Maßnahmen § 556e Abs. 2 BGB: Danach kann der Vermieter die Einzelvergleichsmiete (vor Modernisierung) plus 10 Prozent und zusätzlich einen modernisierungsbedingten Mietzuschlag verlangen, der sich nach den Vorschriften des § 559 BGB richtet (Modernisierungsumlage).

teren Mieterwechsel, so gelten für die zweite und jede weitere Vermietung nach der umfassenden Modernisierung die Mietpreisbremse als Preisobergrenze, aber auch die Vormiete als Preisuntergrenze.

Werden für die Modernisierungsmaßnahmen Zuschüsse aus öffentlichen Haushalten in Anspruch genommen, so ist die Bemessungsgrundlage der Modernisierungsumlage im Umfang der Subvention zu mindern (§ 559a Abs. 1 BGB). Werden zinsverbilligte oder zinslose Darlehen aus öffentlichen Haushalten in Anspruch genommen (z. B. Mittel aus dem KfW-Programm Energieeffizient Sanieren), so ist nach § 559a Abs. 2 BGB die jährliche Modernisierungsumlage um den durch das zinsverbilligte Darlehen gegenüber einem zu marktüblichen Konditionen aufgenommenen Darlehen eingesparten Zinsbetrag zu mindern (Zinsermäßigung). Maßgebend ist der marktübliche Zinssatz für erstrangige Hypotheken zum Zeitpunkt der Beendigung der Modernisierungsmaßnahmen (Referenzzinssatz).

Eine Mieterhöhung wegen Modernisierung ist in folgenden Fällen ausgeschlossen:
- bei (wirksamer) Vereinbarung einer Staffelmiete,
- bei Vereinbarung einer Indexmiete,
- bei Vereinbarung eines Zeitmietvertrages (nur bei ausdrücklichem vertraglichen Vorbehalt).

Zusätzliche Kosten können dem Vermieter durch mögliche Mietminderungen in der Bauphase[27], eventuell auch durch Aufwendungsersatz für Vorbereitungsarbeiten, Beaufsichtigung oder Reinigung entstehen. Der Mieter schuldet die erhöhte Miete mit Beginn des dritten Monats nach Zugang der Erhöhungserklärung. Geht die Erhöhungserklärung dem Mieter etwa am 25. Mai zu, so ist die erhöhte Miete ab August zu zahlen.

Da die Regelungen der §§ 559 ff. nur für die Vermietung von Wohnraum gelten, müssen für Geschäftsraummietverhältnisse entsprechende mietver-

---

27 Das Minderungsrecht des Mieters ist für die Dauer von drei Monaten ausgeschlossen, wenn der Vermieter Maßnahmen zur energetischen Modernisierung durchführt.

tragliche Vereinbarungen über die Duldung und die anschließende Mieterhöhung getroffen werden.

Nach dem vorliegenden Referentenentwurf des Zweiten Mietrechtsnovellierungsgesetzes sollen Modernisierungskosten künftig nur noch in Höhe von 8 Prozent jährlich (bislang: 11 Prozent) auf die Mieter umgelegt werden können. Außerdem sieht der Entwurf vor, die Umlage von Modernisierungskosten auf 3 EUR je m² innerhalb von 8 Jahren zu begrenzen (Kappungsgrenze für Modernisierungen). Schließlich soll eine neue Härtefallklausel sicherstellen, dass Mieter nicht mehr als 40 Prozent des Haushaltseinkommens für Miete und Heizkosten aufwenden müssen.

5.3 Vergleichbarkeit von Zahlungen zu unterschiedlichen Zeitpunkten

Die Basis der dynamischen Verfahren der Investitionsrechnung bildet die unterschiedliche Bewertung von Geldbeträgen je nach dem Zeitpunkt, zu dem sie fällig werden. Alle dynamischen Verfahren zeichnen sich durch eine explizite Schätzung des Cashflow-Verlaufs in der Zeit aus. Wie können Zahlungen, die zu unterschiedlichen Zeitpunkten anfallen, vergleichbar gemacht werden?

Grundlagen der Immobilien-Investitionsrechnung

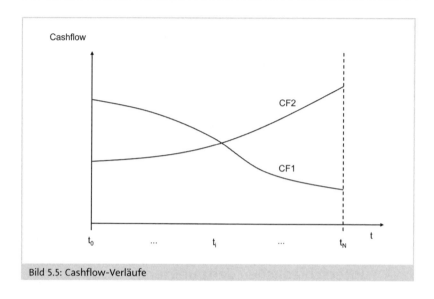

Bild 5.5: Cashflow-Verläufe

Bild 5.5 zeigt die Verläufe zweier unterschiedlicher Cashflows. Die Frage nach der relativen Vorteilhaftigkeit kann natürlich nicht im Wege des Vergleichs der beiden Differenzflächen beantwortet werden. Wir leben (noch?) nicht in einer Nullzinsumgebung und dies zwingt den Investor zur Definition eines einheitlichen Referenzzeitpunktes, auf den alle Cashflows bezogen werden müssen. Als Referenzzeitpunkt kann t_0 (Kapitalwertmethode), t_N (Vermögensendwertmethode) oder theoretisch auch irgendein Zeitpunkt während der Haltedauer (t_i) gewählt werden. Es kommt nur darauf an, alle Cashflows auf einen einheitlichen Zeitpunkt umzurechnen (d. h. im Hinblick auf den Referenzzeitpunkt auf- oder abzuzinsen).

Ein Euro heute ist selbstverständlich mehr wert als ein Euro, den man irgendwann in der Zukunft – sagen wir in einem Jahr – erhalten wird. Die Begründung ist offensichtlich: Den Euro von heute kann man noch ein Jahr lang anlegen und Zinsen einnehmen. Das Ergebnis der Anlage am Ende des Anlagezeitraums bezeichnet man als Vermögensendwert K_n (»future value«).

Vergleichbarkeit von Zahlungen zu unterschiedlichen Zeitpunkten **5**

Wenn der Euro so angelegt wird, dass man damit eine jährliche Verzinsung von 10 Prozent erzielt (i = 0,10), so hält man nach einem Jahr 1,10 EUR in der Hand:

$$K_1 = K_0 (1 + i)$$

$$K_1 = 1 \text{ EUR} * (1 + 0,10) = 1,10 \text{ EUR}$$

Wenn man den Euro inklusive des Zinsertrags aus dem ersten Jahr ein weiteres Jahr zu 10 Prozent anlegt, wächst das Kapital auf 1,21 EUR an. Der Anlageerfolg setzt sich dabei wie folgt zusammen: 10 Prozent auf das Anfangskapital und 10 Prozent auf den Zinsertrag des ersten Jahres (sogenannter »Zinseszins« oder »compound interest«).

$$K_2 = 1,00 \text{ EUR} * [(1 + 0,10) * (1 + 0,10)]$$

$$\Leftrightarrow K_2 = 1,00 \text{ EUR} [(1,10) * (1,10)]$$

$$\Leftrightarrow K_2 = 1,00 \text{ EUR} * (1,10)^2 = 1,21 \text{ EUR}$$

$$\text{allgemein: } K_n = K_0 (1 + i)^n$$

Je länger die Anlagedauer (je größer n), desto größer fällt der Unterschiedsbetrag zwischen dem Kapitalendwert K_n und dem gegebenen Anfangskapital K_0 aus – bei gegebenem Zinssatz. Dieser Effekt wird durch den Zinseszinseffekt exponentiell verstärkt.

Wir können nun die Perspektive wechseln und die Gegenwart als Bezugszeitpunkt wählen. Die Berechnung des »Gegenwartswertes« (»present value«) soll zunächst für eine Obligation vorgenommen werden, die in einem Jahr fällig ist. Der Rückzahlungsbetrag laute auf 1.100.000 EUR. Die geforderte Mindestverzinsung des Anlegers betrage 10 Prozent jährlich. Diesen Zinssatz bezeichnen wir als Diskontierungszinssatz (»discount rate«). Es besteht eine negative Abhängigkeit zwischen der Höhe dieses Zinssatzes und dem Gegenwartswert. Die folgende Gleichung gibt Antwort auf die Frage, wie viel der Anleger höchstens für die Obligation bieten sollte:

$$K_0 = \frac{K_n}{(1+i)^n}$$

$$K_0 = \frac{1.100.000 \text{ EUR}}{(1+0,10)^1} = 1.000.000 \text{ EUR}$$

Der Betrag von 1.000.000 EUR entspricht dem Gegenwartswert eines Betrags von 1.100.000 EUR, den man in einem Jahr erhält zu einem Diskontierungszinssatz von 10 Prozent. Umgekehrt wächst ein zu 10 Prozent angelegter Betrag von 1.000.000 EUR innerhalb eines Jahres auf 1.100.000 EUR an.

Der Wert einer Immobilie oder eines Wertpapiers hängt also von den damit verbundenen zukünftigen Cashflows und von dem für die Abzinsung dieses Zahlungsstroms verwendeten Zinssatz ab. Je höher der Abzinsungssatz, desto geringer fällt der Gegenwartswert eines gegebenen Rückzahlungsstroms aus.

Wir nehmen an, der Anleger hat die Obligation tatsächlich für 1.000.000 EUR gekauft. Wir nehmen weiter an, dass das Preisniveau innerhalb eines Jahres um 10 Prozent steigt. Die reale Verzinsung liegt dann bei 0 Prozent. Die gesamte nominale Verzinsung in Höhe von 10 Prozent (entspricht 100.000 EUR) wird zur Aufrechterhaltung der Kaufkraft des Kapitals benötigt. Man braucht nun 1.100.000 EUR um zu kaufen, was man vor einem Jahr noch für 1.000.000 EUR bekommen hätte. Die Gläubiger müssen also explizite eine Inflationsprämie in ihre Zinsforderung einkalkulieren (Abschnitt 5.4.7.2). Der reale Zins kann näherungsweise als Differenz von nominalem Zins und aktueller Inflationsrate berechnet werden.

Betrachten wir nun die Abzinsung einer Zahlungsreihe mit mehreren Perioden. Eine Obligation mit einem Nennwert von 1.000 EUR wird in 3 Jahren getilgt. Der Zinscoupon liegt bei 10 Prozent. Der Zahlungsstrom stellt sich dann wie folgt dar:

100 EUR in 1 Jahr

100 EUR in 2 Jahren

1.100 EUR in 3 Jahren

Als Abzinsungssatz werden 5 Prozent gefordert. Der Gegenwartswert dieses Zahlungsstroms errechnet sich wie folgt:

$$K_0 = \frac{100\ EUR}{(1+0{,}05)^1} + \frac{100\ EUR}{(1+0{,}05)^2} + \frac{1.100\ EUR}{(1+0{,}05)^3}$$

$$K_0 = 95{,}24\ EUR + 90{,}70\ EUR + 950{,}22\ EUR = 1.136{,}16\ EUR$$

Wenn der Gegenwartswert des obigen Zahlungsstroms in Höhe von 1.136,16 EUR zu 5 Prozent angelegt wird, wächst das Kapital auf 1.315,25 EUR an:

$$K_3 = 1.136{,}16\ EUR\ (1+0{,}05)^3 = 1.315{,}25\ EUR$$

$$\Leftrightarrow K_0 = \frac{1.315{,}25\ EUR}{(1+0{,}05)^3} = 1.136{,}16\ EUR$$

Alternativ kann man den Vermögensendwert durch Aufzinsen der einzelnen Elemente des Zahlungsstroms bestimmen. Auf die ersten 100 EUR erhält der Anleger für 2 Jahre Zinsen, auf die zweiten 100 EUR für 1 Jahr und auf die dritte Zinszahlung und den Tilgungsbetrag fallen keine Zinsen mehr an:

$$K_3 = 100\ EUR\ (1+0{,}05)^2 + 100\ EUR\ (1+0{,}05)^1 + 1.100\ EUR = 1.315{,}25\ EUR$$

Im nächsten Beispiel soll der maximale Kaufpreis einer Immobilie als Gegenwartswert des mit ihr verbundenen Zahlungsstroms berechnet werden. Die Nutzungsdauer beträgt 10 Jahre. Der jährliche Cashflow, also die Differenz aus Mieteinnahmen und Bewirtschaftungsausgaben, liegt konstant bei 75.000 EUR. Am Ende der Laufzeit wird ein Liquidationserlös in Höhe von 800.000 EUR erwartet. Das eingesetzte Kapital soll sich mit mindestens 8 Prozent verzinsen. Als Kaufpreis werden 850.000 EUR gefordert. Hinzu kommen noch 50.000 EUR für Erwerbsnebenkosten. Der Gegenwartswert des Zahlungsstroms kann wie folgt bestimmt werden:

$$\frac{75.000\text{ EUR}}{1{,}08^1} + \frac{75.000\text{ EUR}}{1{,}08^2} + \frac{75.000\text{ EUR}}{1{,}08^3} + \frac{75.000\text{ EUR}}{1{,}08^4} +$$

$$\frac{75.000\text{ EUR}}{1{,}08^5} + \frac{75.000\text{ EUR}}{1{,}08^6} + \frac{75.000\text{ EUR}}{1{,}08^7} + \frac{75.000\text{ EUR}}{1{,}08^8} +$$

$$\frac{75.000\text{ EUR}}{1{,}08^9} + \frac{75.000\text{ EUR}}{1{,}08^{10}} + \frac{75.000\text{ EUR}}{1{,}08^{11}} = 873.811\text{ EUR}$$

Der Gegenwartswert liegt unter dem geforderten Kaufpreis einschließlich der Erwerbsnebenkosten. Es ergibt sich ein negativer Kapitalwert in Höhe von -26.189 EUR. Der Kapitalwert der Investition wird ermittelt, indem man die Anfangsauszahlung (den geforderten Kaufpreis plus Nebenkosten in Höhe von zusammen 900.000 EUR) von dem Barwert des Zahlungsstroms (873.811 EUR) abzieht. Bei einem negativen Kapitalwert wird die geforderte Mindestverzinsung nicht erreicht. Der Investor sollte daher von dem Geschäft Abstand nehmen.

Wählt man einen höheren Abzinsungssatz als 8 Prozent, so ergibt sich ein noch niedrigerer Gegenwartswert. Bei einem Abzinsungssatz von weniger als 8 Prozent steigt dagegen der Gegenwartswert des Zahlungsstroms.

5.4 Eingangsgrößen der Investitionsrechnung

Für eine Investitionsrechnung wird ein bestimmter Dateninput benötigt. Dieser besteht aus folgenden Elementen:
- Kapitaleinsatz (Abschnitt 5.4.1),
- Cashflow (Abschnitt 5.4.2) einschließlich der Mieteinnahmen (Abschnitt 5.4.4) und gegebenenfalls der Betriebskosten (Abschnitt 5.4.3),
- Nutzungsdauer (Abschnitte 5.4.5 und 5.4.6),
- Kalkulationszinsfuß (Abschnitt 5.4.7),
- Liquidationserlös (Abschnitt 5.4.8).

5.4.1 Kapitaleinsatz

Unter dem anfänglichen Kapitaleinsatz (der sogenannten »Anfangsauszahlung« einer Investitionsrechnung) versteht man die Summe aller Mittel, die der Investor einsetzen muss, um sich den Anspruch auf die zukünftigen Cashflows aus dem Investitionsvorhaben zu sichern (ursächlicher Zusammenhang). Dabei kann es sich um direkte Kosten handeln (Anschaffungs- oder Herstellungskosten), aber auch mit dem Vorhaben verbundene Opportunitätskosten oder -erträge:

- Opportunitätserträge sind vermiedene Auszahlungen, z. B. vermiedene Umzugskosten beim Vergleich der bisherigen mit einer alternativen Unterbringungsvariante für eine Verwaltung.
- Opportunitätskosten sind entgangene Einzahlungen, z. B. Bauzeitzinsen oder die Marktwerte der Bausubstanz und des Grundstücks bei der Modernisierung eines Objektes aus dem Eigenbestand.

Die Anschaffungskosten sind in § 255 Handelsgesetzbuch (HGB) als »Aufwendungen, welche geleistet werden, um ein Wirtschaftsgut zu erwerben und in einen betriebsbereiten Zustand zu versetzen« definiert. Hier sind auch investitionsbedingte Sekundärinvestitionen (Folgeinvestitionen) wie etwa die Kosten für die Verlegung eines Privatwegs wegen Bebauung und investitionsbedingte Erhöhungen des Umlaufvermögens (z. B. erhöhte Bestände an Liquidität, Heizöl) mit einzubeziehen.

Entscheidend für die Zuordnung zur Anfangsauszahlung ist der ursächliche Zusammenhang zwischen der Investition und der Auszahlung. Wenn die Auszahlung bei Nichtdurchführung des Vorhabens unterblieben wäre, so ist sie dem Projekt zuzurechnen.

Die Anschaffungskosten eines Baugrundstücks setzen sich wie folgt zusammen (siehe auch Fallstudie 1 [Abschnitt 8.1.3]):

Anschaffungskosten eines Baugrundstücks

	Anschaffungspreis: Kaufpreis des Grundstücks
+	Vermessungskosten
+	Gerichts- und Notariatsgebühren
+	Maklerprovision
+	Grunderwerbsteuer
+	Wertgutachten/Bodenuntersuchung
+	Abfindungen und Entschädigungen für Miet- und Pachtverhältnisse
+	Ablösung dinglicher Rechte und sonstiger Belastungen
+	nachträgliche Anschaffungskosten (etwa Abbruchkosten, Altlastenentsorgung)
=	**Anschaffungskosten**

Die Anschaffungs- und Herstellungskosten neu errichteter Gebäude setzen sich aus den Anschaffungskosten des Grundstücks, den Baukosten für die Errichtung des Gebäudes, den Erschließungskosten und den Baunebenkosten zusammen. Zu den Baunebenkosten zählen beispielsweise Honorare für Architekten- und Ingenieurleistungen, Vermessungskosten, Gerichts- und Notariatskosten sowie Kosten des Richtfests (Fallstudie 1).

Bei der Modernisierung bestehender Gebäude fallen in jedem Fall Herstellungskosten für die Modernisierungsarbeiten an. Wenn der Verkauf des Objektes eine zulässige Alternative für den Bauherrn ist, zählen außerdem die aktuellen Marktwerte der Bausubstanz und des Grundstücks zu den

Gesamtkosten des Vorhabens. Im Falle einer Modernisierungsinvestition eines kommunalen oder genossenschaftlichen Wohnungsunternehmens, das grundsätzlich keine Objekte verkauft (Buy-and-hold), können diese Art Opportunitätskosten aber nicht als Teil der Anfangsauszahlung mit angesetzt werden.

Der Ansatz aktueller Marktwerte wäre hier verfehlt, weil im Falle der Vorteilhaftigkeit der Verkaufsalternative diese Alternative versperrt ist. Die Modernisierungsalternative hat dann eventuell sogar einen negativen Kapitalwert. Sie unterbliebe dann einzig und allein wegen eines derzeit hohen Verkaufspreises (dies aber ohne Vorliegen einer Verkaufsabsicht). Folglich ist der Einfluss der am Markt erzielbaren Verkaufspreise bei Buy-and-hold-Investoren auszublenden.

Bei fehlender Verkaufsabsicht besteht die Anfangsauszahlung mithin nur aus den Modernisierungskosten. Beim Ansatz der laufenden Cashflows sind dann entsprechend aber auch nur erhöhte Einzahlungen oder verminderte Auszahlungen zu berücksichtigen[28].

5.4.2 Cashflow

Eine Investitionsrechnung ist eine rein zahlungsstromorientierte Rechnung. Die Zahlungsströme gehen »unbehandelt« in die Rechnung ein. Es kommt allein auf den tatsächlichen zeitlichen Zahlungsanfall an. Periodisierungen wie im handelsrechtlichen Jahresabschluss sind streng verboten.

Der unterschiedliche Ansatz von handelsrechtlichem Jahresabschluss und Investitionsrechnung lässt sich am Beispiel der Gebäudeabschreibungen aufzeigen. Die Anschaffungs- oder Herstellungskosten für ein Gebäude sind handelsrechtlich nicht Aufwand des Jahres der Anschaffung bzw. Herstellung. Sie werden vielmehr mittels planmäßiger Abschreibungen auf die einzelnen Jahre der Nutzung verteilt. Die Zahlungsströme sehen aber

---

28 Ggf. ist noch die verlängerte Lebensdauer des Objekts zu berücksichtigen (Einfluss auf Haltedauer, Liquidationserlös).

ganz anders aus. Am Anfang steht eine große Auszahlung und den in der Gewinn- und Verlustrechnung erfassten Abschreibungen stehen gar keine Auszahlungen gegenüber.

An dieser Stelle wird deutlich, dass mit den beiden Rechenwerken ganz unterschiedliche Zielstellungen verfolgt werden. Während der handelsrechtliche Jahresabschluss der Ermittlung eines Gewinnes im Sinne einer geeigneten Ausschüttungsrichtgröße dient, soll eine Investitionsrechnung komplexe Zahlungsströme in der Form handhabbarer und vergleichbarer Kennzahlen zeitpunktbezogen bewerten (z. B. Kapitalwert oder interner Zinsfuß). Für das Ergebnis einer Investitionsrechnung ist es von entscheidender Bedeutung, wann Ein- und Auszahlungen während der Nutzungszeit anfallen. Jede Form der Umperiodisierung würde eine ganz willkürliche Verzerrung des Ergebnisses bedeuten.

Das Kriterium der Erfolgswirksamkeit von Vorgängen, welchem aus der Sicht der Handelsbilanz eine zentrale Bedeutung zukommt, ist für die Zwecke einer Investitionsrechnung unbeachtlich. Während Gebäudeabschreibungen – obwohl erfolgswirksam – in einer Investitionsrechnung nicht zu berücksichtigen sind, müssen andererseits Tilgungszahlungen auf aufgenommenes Fremdkapital erfasst werden (wenn die Anfangsauszahlung dem eingesetzten Eigenkapital entspricht, siehe unten), da es sich um »echte« Auszahlungen handelt. Dies obwohl es im Falle der Tilgungen an einer Erfolgswirksamkeit völlig fehlt.

Zusammenfassend kann man festhalten, dass eine Investitionsrechnung keine »fiktiven« Größen enthalten darf (z. B. Abschreibungen, Zuführungen zu langfristigen Rückstellungen), dass auf der anderen Seite aber alle von der Investition verursachten Ein- und Auszahlungen unabhängig von ihrer Erfolgswirksamkeit vollständig und periodengetreu zu erfassen sind.

Werden einander technisch ausschließende Alternativen direkt verglichen, so fallen in der Regel noch Opportunitätserträge oder Opportunitätskosten aus dem Verzicht auf die jeweils andere Alternative an. In der Fallstudie mit den Unterbringungsalternativen (Abschnitt 4.6) stellte die ersparte Miete einen Opportunitätsertrag der Neubaualternative dar (Alternative »Anschlussmietverhältnis« wird dann nicht realisiert) und bei den entgangenen Ladenmieten handelte es sich um Opportunitätskosten der Mietalternative. Grundsätzlich sind bei selbstgenutzten Immobilien (z. B. Eigenheim, Verwaltungsgebäude einer Versicherung) ersparte Mieten kalkulatorisch anzusetzen.

Der Zusammenhang zwischen dem Jahresüberschuss im Sinne des handelsrechtlichen Jahresabschlusses und dem für die Investitionsrechnung relevanten Cashflow stellt sich wie folgt dar:

	Jahresüberschuss
+	nicht auszahlungswirksame Aufwendungen (z. B. Abschreibungen auf Anlagevermögen, Zuführungen zu Rückstellungen)
+	nicht einzahlungswirksame Erträge (z. B. Zuschreibungen auf Anlagevermögen, Auflösung stiller Reserven, Rückstellungsauflösung)
=	**Anschaffungskosten**

Der Cashflow wird in der einschlägigen Literatur auch als »Rückfluss« aus der Investition bezeichnet. Der Rückfluss aus einem Immobilien-Investment setzt sich wie folgt zusammen:

Grundlagen der Immobilien-Investitionsrechnung

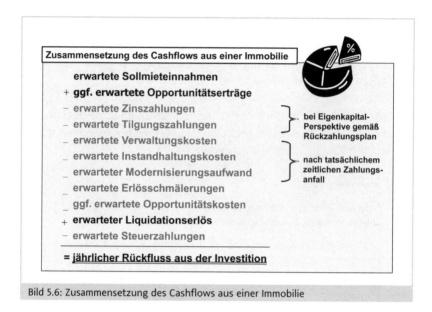

Bild 5.6: Zusammensetzung des Cashflows aus einer Immobilie

Besondere Betonung verdient, dass es sich durchweg um erwartete Größen handelt. Damit wird auf die Sensibilität der Annahmesetzung verwiesen, aber auch darauf, dass Erwartungen enttäuscht werden können.

Ob Zins- und Tilgungszahlungen auf das eingesetzte Fremdkapital veranschlagt werden müssen, hängt von der Kapitalperspektive der Rechnung ab. Soll eine Kennzahl für das gesamte in dem Investitionsprojekt gebundene Kapital berechnet werden (Anfangsauszahlung = Gesamtkosten = Eigenkapital + Fremdkapital), so dürfen Zins- und Tilgungszahlungen nicht von den Mieteinnahmen abgesetzt werden, denn der sachgerecht abgegrenzte Cashflow muss in diesem Fall sowohl die Verzinsung des Eigen- wie auch des Fremdkapitals sicherstellen. Soll dagegen eine Kennzahl lediglich für das gebundene Eigenkapital berechnet werden (Anfangsauszahlung = Eigenkapital), so sind die Zins- und Tilgungszahlungen aus der Perspektive des Eigenkapitals als Auszahlungen anzusehen und entsprechend von den Mieteinnahmen abzusetzen. Die Zins- und Tilgungszahlungen stehen nicht für die Verzinsung des Eigenkapitals zur Verfügung. Dazu ein Beispiel:

Eingangsgrößen der Investitionsrechnung 5

Beispiel 5.1 !

Nehmen wir an, eine Immobilie steht für 1 Mio. EUR einschließlich Erwerbsnebenkosten zum Verkauf. Der Kauf soll ggf. mit 200 TEUR eigenen Mitteln und 800 TEUR Fremdmitteln finanziert werden:
Gesamtkapital GK = 1 Mio. EUR
Eigenkapital EK = 200 TEUR
Fremdkapital FK = 800 TEUR
Nehmen wir weiter an, der erwartete Cashflow vor Kapitalkosten aus der Immobilie liegt bei 100 TEUR.
Das Fremdkapital wird zum Zinssatz i = 4 % als tilgungsfreies Festdarlehen aufgenommen. Bei diesen Konditionen ergeben sich laufende Kapitalkosten in Höhe von 32 TEUR.

Perspektive	Anfangsauszahlung TEUR	Cashflow TEUR
EK	200	68
GK	1.000	100

Aus der Eigenkapitalperspektive beträgt dann die Anfangsauszahlung 200 TEUR und der Cashflow vor Kapitalkosten ist um die allfälligen Zinszahlungen zu vermindern. Die 32 TEUR Zinszahlungen werden auf jeden Fall fällig, bevor Cashflows dem Eigenkapital, also den Anteilseignern zugerechnet werden können. Der Cashflow aus der EK-Perspektive liegt daher bei 68 TEUR (100 TEUR − 32 TEUR).
Aus der Gesamtkapitalperspektive beträgt die Anfangsauszahlung dagegen 1.000 TEUR und der Cashflow ist nicht um die Zinszahlungen zu vermindern. Der Cashflow aus der GK-Perspektive liegt daher bei 100 TEUR.
Im Beispiel liegt die Eigenkapitalrendite deutlich über der Gesamtkapitalrendite – ein nicht untypischer Fall.

Anders als in einer Wirtschaftlichkeitsberechnung (Abschnitt 9.2) sind die erwarteten Auszahlungen für Verwaltung und Instandhaltung so weit wie möglich nach dem erwarteten tatsächlichen Zahlungsanfall anzusetzen und nicht zu pauschalieren. Weder darf man sich hier ungeprüft einer Verwaltungspauschale pro Wohneinheit bedienen, die doch nur den Branchendurchschnitt wiedergibt, noch darf man die Instandhaltungskosten im Sinne einer Instandhaltungsrücklage pauschalieren. Gerade Instandsetzungskosten sind ihrer Natur nach aperiodisch. Die Ausgaben für die Neueindeckung des Daches sind ausschließlich als Auszahlungen der Periode der Durchführung der Maßnahme anzusehen.

Dementsprechend sind die planbaren Maßnahmen mit ihren geschätzten zukünftigen Preisen periodengetreu den jeweiligen Jahren ihrer Durchführung zuzuordnen. Parallel dazu sollten die in zeitlicher oder sachlicher Hinsicht nicht planbaren und die periodischen Auszahlungen (z. B. für unvorhersehbare Reparaturen und regelmäßige Wartungsarbeiten) mittels einer dynamisierten Pauschale erfasst werden.

Die Berücksichtigung zukünftiger Auszahlungen für während der Haltedauer vorgesehene Modernisierungsmaßnahmen (z. B. Anschaffung Gebäude in 2015, Modernisierung in 2020 geplant, geschätzte Haltedauer 20 Jahre) in der Investitionsrechnung (im Beispiel für die Anschaffung des Objekts in 2015) ist zwingend erforderlich. Die (zukünftigen) Herstellungskosten sind Auszahlungen im Jahr der Durchführung. Allerdings ergeben sich nach Abschluss der Maßnahmen wahrscheinlich Auswirkungen auf den weiteren Verlauf der Cashflows (bspw. höhere Mieteinnahmen, geringerer Instandhaltungsaufwand) und möglicherweise auch auf die wirtschaftliche Lebensdauer und den am Ende der Haltezeit erzielbaren Verkaufspreis.

Die erwarteten Erlösschmälerungen (Mietausfallwagnis aufgrund von uneinbringlichen Mietforderungen, Mietminderungen und Leerstand) sollten unmittelbar im Cashflow abgebildet werden. Lediglich die immanente Schätzunsicherheit sollte wie bei allen Cashflow-Komponenten in den Kalkulationszins einfließen (Abschnitt 5.4.7).

Eingangsgrößen der Investitionsrechnung 5

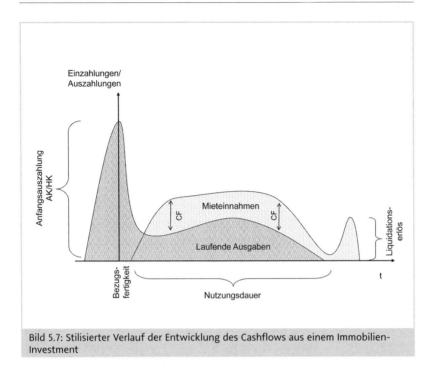

Bild 5.7: Stilisierter Verlauf der Entwicklung des Cashflows aus einem Immobilien-Investment

Bild 5.7 zeigt den Verlauf des Cashflows aus einem Immobilien-Investment in stilisierter Form. Die Anfangsauszahlung (Anschaffungskosten AK oder Herstellungskosten HK) wird jedenfalls im Falle eines Neubaus typischerweise nicht zu einem bestimmten Zeitpunkt fällig, sondern die Auszahlungen ziehen sich über ein mehr oder weniger ausgedehntes Zeitintervall hin. Die laufenden Ausgaben setzen sich aus den Bewirtschaftungskosten und gegebenenfalls den Zins- und Tilgungszahlungen auf das eingesetzte Fremdkapital zusammen (wenn nur der mit eigenen Mitteln finanzierte Teil der Gesamtgestehungskosten als Anfangsauszahlung angesehen wird). Bei den Bewirtschaftungskosten wurde ein U-förmiger Verlauf angenommen, dem ein ebenfalls U-förmiger Verlauf der Instandhaltungsausgaben zugrunde liegt. Die Mieteinnahmen bauen sich über eine gewisse Vorlaufperiode hinweg auf und steigen dann während der Nutzungszeit leicht an. Gegen Ende des Lebenszyklus der Immobilie gehen die Mieten dann wegen Leerständen und Mietminderungen wieder zurück.

Es wäre aber nicht angemessen, sich den Cashflow aus einem Objekt bzw. aus einem Immobilien-Portfolio als eine gegebene Größe vorzustellen. Niveau und Verlauf der Cashflows sind der optimierenden Gestaltung zugänglich. Die Gestaltung kann grundsätzlich an jeder Komponente ansetzen. Eine Möglichkeit ist die Optimierung der Anfangsauszahlung: Da es einen Trade-off zwischen den Modernisierungs- und den laufenden Instandhaltungskosten gibt, kann die Rendite eines Vorhabens durch die Entscheidung für ein anderes Modernisierungsprogramm möglicherweise gesteigert werden, weil auf diese Weise auch die später anfallenden laufenden Auszahlung für die Instandhaltung beeinflusst werden. Während der Haltedauer eines Objekts kann der laufende Cashflow mithilfe von einzahlungs- oder auszahlungswirksamen Maßnahmen gestaltet werden. So können die Bewirtschaftungskosten durch den Abbau von Personal- oder Sachkosten oder durch die Verkürzung der durchschnittlichen Leerstandsdauer nach einem Auszug gesenkt werden.

Im Zentrum der Betrachtung steht dabei die Modernisierungsstrategie im Bestand. Sie beeinflusst nicht nur den laufenden Instandhaltungsaufwand, sondern auch die Zielgruppenauswahl (Abstimmung von Objekt- und Kundenprofil), die Sollmieten (Modernisierungsumlage, Neupositionierung des Objekts im Wettbewerb) und die leerstandsbedingten Erlösschmälerungen.

5.4.3 Berücksichtigung der Betriebskosten des Objekts

Betriebskosten sind alle Kosten, die dem Eigentümer durch das Eigentum am Grundstück oder durch den bestimmungsgemäßen Gebrauch des Gebäudes, der Anlagen, Einrichtungen und des Grundstücks tatsächlich und laufend entstehen (z. B. Grundsteuer, Wohngebäudeversicherung, Müllgebühren, Heizkosten). Von besonderer Bedeutung ist hier das Merkmal des laufenden Entstehens. Alle Kosten, die einmalig oder völlig unregelmäßig anfallen sind definitionsgemäß keine Betriebskosten. Eine Aufstellung der Betriebskostenarten findet sich in § 2 der Betriebskostenverordnung.

Die laufenden Betriebskosten wurden in unserer Aufstellung der Cashflow-Komponenten nicht berücksichtigt, da bei üblicher Vertragsgestaltung die tatsächlich entstandenen Kosten gegenüber den Mietern abgerechnet und darauf Vorauszahlungen erhoben werden können.[29] Etwas anderes gilt bei strukturellen Leerständen in einem Objekt oder einer Wirtschaftseinheit. Der Vermieter muss dann einen wesentlichen Teil der entstandenen Betriebskosten selbst tragen (Abschnitt 5.4.6). Im Falle von energetischen Modernisierungsmaßnahmen müssen deren Auswirkungen auf die Heizkosten in der Rechnung in Form von höheren Kaltmieten entsprechend den Wettbewerbsverhältnissen am lokalen Wohnungsmarkt widergespiegelt werden.

Neben dem Vorauszahlungsmodell gibt es noch zwei weitere Möglichkeiten, die Betriebskosten in der Miete zu berücksichtigen:

- Bruttomiete: Alle Nebenkosten sind bereits in der Miete enthalten. Es wird nicht über die tatsächlich entstandenen Kosten abgerechnet. Dementsprechend können auch keine Nachforderungs- oder Rückzahlungsansprüche entstehen. Doch schreibt die Heizkostenverordnung vor, dass die Heiz- und Warmwasserkosten verbrauchsabhängig abgerechnet werden müssen. Deshalb ist eine Bruttomiete nur als Teilinklusivmiete zulässig (also nur für die kalten Betriebskosten).[30]
- Pauschale: Auch bei Vereinbarung einer Pauschale für eine Betriebskostenart kommen dem Vermieter keine Nachforderungsansprüche im Falle einer zu gering bemessenen Pauschale zu. Ob die Pauschale zur Deckung der tatsächlich entstandenen Kosten ausreicht, ist sein Risiko. Eine »echte« Pauschale kann allerdings nicht wirksam vereinbart werden. Sind die tatsächlichen Kosten gefallen, so muss der Vermieter die Pauschale vom Zeitpunkt der Ermäßigung an entsprechend senken

---

29 Die Betriebskosten sind aber ein Wettbewerbsparameter mit Einfluss auf die Mieteinnahmen. Decken die Vorauszahlungen die tatsächlich entstandenen Betriebskosten nicht, so kann der Vermieter den Differenzbetrag erst mit der Betriebskostenabrechnung einfordern. Die damit verbundene Kapitalbindung verursacht kalkulatorische Zinskosten, die strenggenommen in einer Investitionsrechnung zu berücksichtigen wären. Auf der anderen Seite sind diese Abweichungen kaum prognostizierbar. Man könnte hier mit der Annahme arbeiten, dass Nachforderungen und Rückzahlungsansprüche der Mieter sich auf lange Sicht ausgleichen. Außerdem kann der Vermieter im Falle gestiegener Betriebskosten die Vorauszahlungsbeträge einseitig anpassen.
30 Nach § 535 Abs. 1 S. 3 BGB hat grundsätzlich der Vermieter »die auf der Mietsache ruhenden Lasten zu tragen«. Eine fehlende Vereinbarung im Mietvertrag über die Umlage von Nebenkosten auf die Mieter (auch Nichtausfüllen beim Formularmietvertrag) geht daher in der Regel zulasten des Vermieters. Im Zweifel wird das Gericht annehmen, dass die Parteien eine Bruttomiete vereinbart haben.

(§ 560 Abs. 3 und 6 BGB). Bei gestiegenen Kosten kann die Pauschale nur angepasst werden, wenn dies ausdrücklich im Mietvertrag vereinbart ist. Auch Pauschalen können nur für die kalten Betriebskosten vereinbart werden.

Sind anpassungsfähige Pauschalen vereinbart worden, so besteht kein besonderer Handlungsbedarf zur Anpassung der Investitionsrechnung. Etwas anderes gilt bei starren Pauschalen und Teilinklusivmieten. In diesen Fällen ist eine Überwälzung gestiegener Betriebskosten nicht möglich. Die entsprechenden Kostenrisiken müssten dann in der Rechnung berücksichtigt werden.

5.4.4 Schätzung des Mieteinnahmenstroms

Die Mieteinnahmen sind die wichtigste Komponente des Cashflows aus einer Investition. Entsprechende Aufmerksamkeit verdient bei einer Investitionsrechnung die Annahmesetzung im Hinblick auf die Einstiegsmiete und die zukünftige Mietenentwicklung. Dabei sind Marktdaten und Marktprognosen ebenso von Bedeutung wie die preisrechtlichen Rahmenbedingungen, das Kündigungsrecht, die mietvertraglichen Regelungen und der bauliche Zustand des Objekts.

5.4.4.1 Bestimmungsgründe des Mieteinnahmenstroms

Die mit einem Objekt zu erzielenden Mieteinnahmen unterliegen vielfältigen rechtlichen und wirtschaftlichen Bestimmungsgründen. Die Modellierung des Einzahlungsstroms knüpft bei bestehenden Objekten an die Ausgangsmiete pro m² an. Eine Modernisierung wirkt sich möglicherweise nicht nur auf die erzielbaren Quadratmetermieten, sondern auch auf die Wohnfläche aus (z. B. Anbau von Balkonen, Ausbau zum Wintergarten).

Die Mietentwicklung in einem Objekt oder einer Wirtschaftseinheit vollzieht sich im Spannungsfeld von der Entwicklung von Bestandsmiete, Neuvermietungsmiete und Vergleichs-/Mietspiegelmiete, die ihrerseits wirtschaftlichen und rechtlichen Bestimmungsgründen unterliegen.

Eingangsgrößen der Investitionsrechnung 5

Die hier vorgestellten Rechenmodelle berücksichtigen aus Gründen der Vereinfachung nicht die je nach Verlauf der individuellen Vorgeschichte unterschiedlichen Miethöhen im Ausgangszustand. Implizite wird angenommen, dass alle Mietparteien in der Ausgangssituation eine einheitliche Miete bezahlen – die Durchschnittsmiete.

Die Mietspiegelmiete ist die dem Mietspiegel zu entnehmende Einzelvergleichsmiete, die für die betreffende Wohnung einschlägig ist.

Die Neuvermietungsmiete ist die Miete, die im Falle eines Mieterwechsels mit einem neuen Mieter erzielt werden kann. Sie kann deutlich über der zuletzt für die Wohnung gezahlten bzw. der durchschnittlichen Bestandsmiete liegen. In den Gebieten, wo eine Mietpreisbremse eingeführt wurde, darf jedoch die Vergleichsmiete bei Neuvermietungen höchstens um 10 Prozent überschritten werden, wobei das bereits mit dem Vormieter erreichte Mietniveau geschützt ist.

Diese Mietsteigerungsmöglichkeit bei Neuvermietungen ist aber meistens mit zusätzlichem Aufwand für das Herrichten der Wohnung verbunden. Dennoch haben die Annahmen über die Entwicklung der Mieterfluktuation einen nicht unerheblichen Einfluss auf das Ergebnis der Rechnung.

Leerstände und Mietrückstände führen zu einem Zurückbleiben der tatsächlich erzielbaren Mieteinnahmen hinter den Sollmieten im Zustand der Vollvermietung. Die entsprechenden Unterschiedsbeträge werden kalkulatorisch im Mietausfallwagnis erfasst (meistens in Form eines Prozentsatzes der Sollmieten). Dabei sind die Marktverhältnisse an den jeweiligen Standorten angemessen zu berücksichtigen. Das Risiko von negativen Abweichungen von den angenommenen Erlösschmälerungen während der Haltedauer wird dagegen im Kalkulationszins abgebildet (Abschnitt 5.4.7).

Die Nebenkosten sind bei erheblichen Leerständen in die Rechnung einzubeziehen, weil bei Leerstand der Vermieter die nicht verbrauchsabhängigen Betriebskosten für die leer stehende Wohnung selbst zu tragen hat.

Grundlagen der Immobilien-Investitionsrechnung

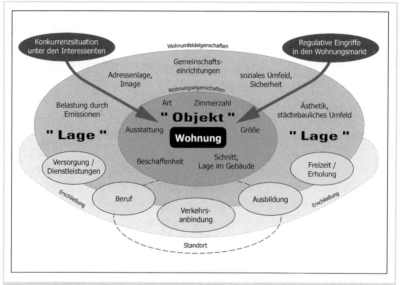

Bild 5.8: Bestimmungsgründe der Wohnraummiete; Quelle: Maximilian Dörrbecker - Wikipedia, Stichwort: Wohnungsmarkt

Es erscheint zweckmäßig, die Eigenschaften zur Erklärung der Mieteinnahmen zu gruppieren. Auf der Objektebene können die Eigenschaften der Wohnung selbst (wie Größe, Ausstattung und bauliche Beschaffenheit) preisbildend wirken. Darüber hinaus kommen natürlich auch Wohnumfeldeigenschaften wie Emissionsbelastung und soziale Nachbarschaft als Erklärungsvariablen in Frage. Für die Preisbildung am Mietwohnungsmarkt dürfte außerdem von Belang sein, wie schnell verschiedene häufig aufzusuchende Einrichtungen von den Mietern erreicht werden können (Arbeitsplätze, Ausbildungsstätten, Freizeiteinrichtungen, etc.).

Diesem Erklärungsmodell liegt die Vorstellung zugrunde, dass der Preis eines Gutes sich aus den Preisen seiner Eigenschaften zusammensetzt (Theorie der hedonischen Preise). Es geht also um den Erklärungswert der einzelnen Wohnwertmerkmale für die Mietpreis- und Immobilienpreisbildung.

Der Einfluss der einzelnen Eigenschaften auf den Preis kann mithilfe einer Regressionsgleichung geschätzt werden. Bei einer linearen Regressionsanalyse entspricht der Preis des Gutes der Summe der Preise der Eigenschaften.

$$P = C + a_1 E_1 + a_2 E_2 + \ldots + a_N E_N$$

P: Preis des Gutes
E_i: Eigenschaft i
a_i: zu schätzender Parameter (Preis der Eigenschaft i)
C: Modellkonstante

Die lineare Regressionsgleichung für die Preisbestimmung eine Eigentumswohnung könnte folgendermaßen aussehen:

P = 51.348 + 47.753 * Zimmer + 10.044 * Balkon − 762 * ÖVmin

- Wohnung (1) hat 4 Zimmer, Balkon und das Stadtzentrum ist innerhalb von 15 Minuten mit öffentlichen Verkehrsmitteln zu erreichen.
  P_1 (geschätzt): 51.348 + 191.012 + 10.044 − 11.430 = 240.974
- Wohnung (2) hat nur 2 Zimmer, keinen Balkon und man braucht 30 Minuten, um mit öffentlichen Verkehrsmitteln ins Stadtzentrum zu gelangen.
  P_2 (geschätzt): 51.348 + 95.506 − 22.860 = 123.994

Neben der einfachen linearen Regression werden auch komplexere Modelle für die Preisbestimmung von Immobilien eingesetzt, z. B. logarithmische Regressionsanalysen und Simulationen.

5.4.4.2 Entwicklung der Wohnraummieten

Die Schätzung des anfänglichen Mietpreises für die Zwecke einer Investitionsrechnung ist eindeutig das kleinere Problem. Hier kann man sich auf Marktdaten, Mietspiegel und ggf. auf die aktuell mit dem Objekt erzielten Mieten stützen. Weit schwieriger ist die Annahmesetzung über die Entwicklung der Mieteinnahmen im Planungszeitraum (Dynamisierung der Miete).

Die durchschnittliche Bruttokaltmiete für Wohnraum hat sich nach den Mikrozensusdaten des Statistischen Bundesamtes in den letzten 20 Jahren recht verhalten entwickelt. Man kommt für den Zeitraum 1995-2015 auf eine durchschnittliche jährliche Zuwachsrate der Mieten von 1,33 Prozent. Diese Zuwachsrate relativiert sich allerdings, wenn man die Inflationsentwicklung mit in die Betrachtung einbezieht. Gemessen an der Entwicklung des Verbraucherpreisindex beträgt die durchschnittliche Inflationsrate im selben Zeitraum 1,43 Prozent pro Jahr. Daraus ergibt sich für diesen Zeitraum eine reale durchschnittliche Mietsteigerung von -0,1 Prozent.

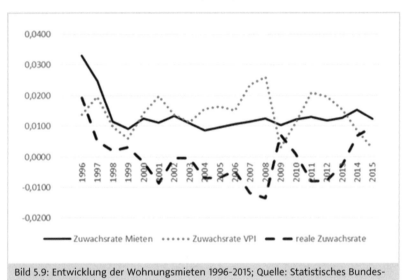

Bild 5.9: Entwicklung der Wohnungsmieten 1996-2015; Quelle: Statistisches Bundesamt, eigene Berechnungen

Festzuhalten ist, dass die Mietsteigerungen im betrachteten Zeitraum meistens die Inflationsentwicklung nicht vollständig kompensiert haben. Größere reale Mietsteigerungen wurden zuletzt in der angespannten Wohnungsmarksituation der Jahre 1982-1993 erzielt. Am aktuellen Rand deutet sich allerdings an, dass sich für die nächsten Jahre wieder spürbare reale Mietsteigerungen ergeben könnten. Eine zunehmende Anspannung der Märkte trifft auf eine ausgesprochen verhaltene Inflationsentwicklung.

Die durchschnittliche Bruttokaltmiete lag im Jahr 2013 bei 6,70 EUR. Hinzu kamen warme Betriebskosten von 1,33 EUR pro m² und Monat.[31]

Die Daten aus dem BBSR-Wohnungsmarktbeobachtungsytem weisen für das Jahr 2012 eine erhebliche regionale Streuung der Neu- und Wiedervermietungsmieten (Angebotsmieten) aus. Während im Rhein-Main-Gebiet, in den Metropolregion Stuttgart, im Großraum München und in Hamburg Mieten zwischen 7 und 9 EUR pro m² gefordert werden (München, Hamburg und Frankfurt liegen zum Teil noch darüber), liegen die Preise in den dünner besiedelten Räumen Nord-, Mittel- und Ostdeutschlands überwiegend unter 5 EUR.

Für die Prognose der Mieteinnahmen ergeben sich daraus folgende allgemeine Schlussfolgerungen: Bei einem ausgeglichenen Wohnungsmarkt (Leerstandsquote ≤ 3 Prozent) mit stabiler Haushaltsprognose kann man als Grundvermutung annehmen, dass die Miete zumindest im Einklang mit der prognostizierten Inflationsrate steigt. Höhere Zuwachsraten oberhalb der im Modell angenommenen Inflationsrate sollten nur bei besonders günstigen Ausgangsbedingungen am regionalen Markt angesetzt werden (z. B. erhebliches Wohnungsdefizit in der Ausgangssituation und Prognose eines kräftigen Bevölkerungszuwachses). Wenn der Markt dagegen von hohen Leerständen und rückläufiger Nachfrage geprägt ist, bildet die Inflationsrate keinen Prognosemaßstab mehr.

Zur Einschätzung des zukünftigen Mieterhöhungspotenzials ist (sowie von Kalkulationszins und Leerstand im Modell) zunächst die derzeitige Wohnungsmarktsituation zu prüfen. Eine Leerstandsquote unter 2 Prozent deutet auf einen angespannten Wohnungsmarkt hin. Unter 1 Prozent Leerstand kann man von einem sehr angespannten Markt sprechen (z. B. München mit 0,4 oder Ingolstadt mit 0,6 Prozent Leerstandsquote). Wenn der Leerstand in den letzten Jahren rapide gefallen ist, hat der Wohnungsneubau mit der Bevölkerungs- und Haushaltsentwicklung nicht schrittgehalten. Ein zusätzlicher Anspannungsindikator ist die Entwicklung der

---

31 Sozioökonomisches Panel SOEP, siehe DIW 2013.

Differenz zwischen Bestandsmieten und Neuvertragsmieten. Liegen die Neuvertragsmieten um mehr als 20 Prozent über den Bestandsmieten[32], so deutet dies ebenfalls auf einen angespannten Wohnungsmarkt hin.

Auf der Nachfrageseite sind besonders die Bevölkerungs- und Haushaltsprognosen wichtig für die Einschätzung der zukünftigen Mietenentwicklung. So wird für München auch weiterhin ein kräftiges Bevölkerungswachstum bis 2030 prognostiziert, während die gesamtdeutsche Bevölkerung nach der der 13. koordinierten Bevölkerungsvorausberechnung nur noch langsam wachsen und ab 2020 schrumpfen soll. Außerdem wird für Deutschland insgesamt kein Wachstum der Haushaltszahlen mehr erwartet. Für München dagegen wird im Zeitraum 2015-2030 eine Zunahme der Privathaushalte um 10,2 Prozent oder 75.000 Haushalte prognostiziert.[33]

Abgesehen von der demographischen Entwicklung sollten die allgemeinen wirtschaftlichen Wachstumsperspektiven des jeweiligen Makrostandortes eruiert werden, um die zukünftige Entwicklung der Haushaltseinkommen abschätzen zu können.

Auf der Angebotsseite sollten die Fertigstellungen der Vergangenheit betrachtet und ins Verhältnis zur Haushaltsentwicklung und zum Abrissgeschehen gesetzt werden. Wenn Wohnungsbedarfsprognosen vorliegen, können die Fertigstellungen mit dem jährlichen Baubedarf verglichen werden (Bild 5.10). Für München lautet der Befund, dass die Bauleistung bei weitem nicht mit dem Wohnungsbedarf Schritt hält. Tatsächlich wurden im Jahr 2014 nur 58 Prozent der erforderlichen Bauleistung erzielt.

---

32 Die prozentuale Abweichung zwischen den Neuvertragsmieten und den Bestandsmieten lag im Jahr 2013 in München bei 51 Prozent, in Dresden bei 23 Prozent, in Hannover bei 16 Prozent und in Essen bei 1 Prozent (Empirica 2014, Datengrundlage: empirica-Preisdatenbank, Mikrozensus 2010, VPI der Länder).
33 LH München: Haushaltsvorausberechnung München 2012-2030.

Eingangsgrößen der Investitionsrechnung 5

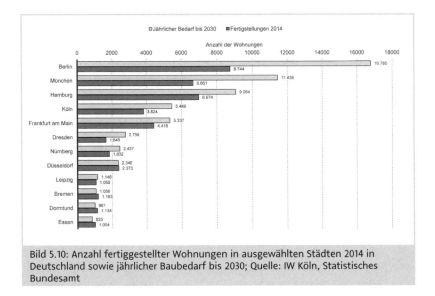

Bild 5.10: Anzahl fertiggestellter Wohnungen in ausgewählten Städten 2014 in Deutschland sowie jährlicher Baubedarf bis 2030; Quelle: IW Köln, Statistisches Bundesamt

Für die Beurteilung des zukünftigen Angebotes an Neubauwohnungen sind die Bauleitpläne und besonders die Flächennutzungspläne und die aktivierbaren Baulandreserven wesentliche Quellen.

Eine angespannte Marktsituation in der Gegenwart in Verbindung mit der Prognose eines kräftigen Wachstums der Zahl der Haushalte, einer restriktiven Bauleitplanung und geringen Baulandreserven wäre eine fundamentale Idealkombination, die zu einer optimistischen Schätzung der Zuwachsrate der Mieteinnahmen berechtigen würde. Tatsächlich sind aber nur in wenigen Städten wie Berlin, Dresden, München und Nürnberg die Angebotsmieten in den letzten 10 Jahren deutlich schneller als die Verbraucherpreise gestiegen.

Umgekehrt wäre eine entspannte Marktsituation mit einem größeren Wohnungsüberhang in der Gegenwart in Verbindung mit der Prognose einer abnehmenden Zahl der Haushalte und großen Baulandreserven ein fundamentaler Worst Case, der Anlass zu einer pessimistischen Schätzung der Zuwachsrate der Mieteinnahmen geben sollte (d. h., deutlich unterhalb der Inflationsrate).

5.4.4.3 Preisrechtliche Grundlagen

Vergleichsmiete

Nach § 573 BGB ist die ordentliche Kündigung eines auf unbestimmte Zeit abgeschlossenen Wohnraum-Mietvertrags durch den Vermieter nur zulässig, wenn er ein sogenanntes »berechtigtes Interesse« daran hat (z. B. Vertragspflichtverletzungen des Mieters, Eigenbedarf). Die Vermieter haben also keine Möglichkeit zur Anpassung der Mieten auf dem Verhandlungswege. Sie haben jedoch einen Anspruch darauf, die Vertragsmiete gegebenenfalls auf die »ortsübliche Vergleichsmiete« zu erhöhen.

Die Vergleichsmiete ist eine grundsätzlich empirisch zu ermittelnde Referenzmiete für Mieterhöhungen in laufenden Wohnraum-Mietverträgen. Die Auswahl der mietpreisbildenden Faktoren (Wohnwertmerkmale) ist auf die in § 558 Abs. 2 S. 1 BGB aufgezählten beschränkt (Art, Größe, Ausstattung, Beschaffenheit, Lage). Die Vergleichsmiete für eine bestimmte Wohnung ergibt sich aus den üblichen und marktgerechten Mietpreisen, die für »vergleichbare« Wohnungen innerhalb der letzten 4 Jahre neu vereinbart oder geändert wurden. Nicht erhöhte Bestandsmieten bleiben bei der Vergleichsmietenermittlung außen vor.

Die Vergleichsmiete ist nicht mit einer Marktmiete im Sinne eines aktuellen Durchschnitts von neu vereinbarten Mieten gleichzusetzen. Als Gründe für die verzögerte Anpassung der Vergleichsmiete an die Neuvertragsmieten sind insbesondere zu nennen:

- zeitlicher Rückbezug der Vergleichsmietenermittlung von 4 Jahren,
- Berücksichtigung geänderter Bestandsmieten bei der Vergleichsmietenermittlung,
- gegebenenfalls keine Erhöhung auf die ortsübliche Vergleichsmiete: Beachtung der Kappungsgrenze,
- Limitierung der neu vereinbarten Mieten durch die sogenannte »Mietpreisbremse«
- oft verzögerte Anpassung der Mietspiegel an die Marktentwicklung.

Erst in einer mittel- bis langfristigen Perspektive eröffnet sich dem Hauseigentümer bei anziehender Nachfrage nach Wohnraum die Chance auf Marktlagengewinne. Die Vergleichsmiete dürfte sich an angespannten Wohnungsmärkten dauerhaft preiskappend auswirken und vor allem das Erreichen eines neuen Gleichgewichtes zwischen Angebot und Nachfrage am Wohnungsmarkt wesentlich verzögern. Das Ausmaß der Verzögerungswirkungen hängt im Übrigen nicht zuletzt von der Praxis der Vergleichsmietenermittlung vor Ort ab.

Das gebräuchlichste Mittel zum Auffinden der Vergleichsmiete für eine bestimmte Wohnung sind Mietspiegel.

Ein Mietspiegel ist eine in der Regel tabellenförmig nach den Wohnwertmerkmalen des § 558 BGB (Art, Größe, Ausstattung, Beschaffenheit, Lage) gegliederte Übersicht über die Mietpreisstruktur in einer Gemeinde, soweit sie von der Gemeinde oder von Interessenvertretern der Vermieter und der Mieter gemeinsam erstellt oder anerkannt worden ist (§ 558c Abs. 1 BGB).

Die für eine bestimmte Wohnung maßgebliche Vergleichsmiete kann dem Mietspiegel durch Aufsuchen des zutreffenden Tabellenfelds entnommen werden (bei Tabellenmietspiegeln). Man unterscheidet empirisch-repräsentative Mietspiegel, die auf einer nach anerkannten statistischen Methoden ausgewerteten Primärerhebung der Mietpreisstruktur am Ort basieren und sogenannte »ausgehandelte Mietspiegel«. In der Praxis der Mietspiegelerstellung sind auch Mischformen anzutreffen. Ist der Mietspiegel »nach anerkannten wissenschaftlichen Grundsätzen erstellt und von der Gemeinde oder von Interessenvertretern der Vermieter und der Mieter anerkannt« (§ 558d Abs. 1) und wird er »im Abstand von zwei Jahren der Marktentwicklung« angepasst (§ 558d Abs. 2 S. 1), so handelt es sich um einen sogenannten »qualifizierten Mietspiegel«. Bei qualifizierten Mietspiegeln gilt die rechtliche Vermutung, dass sie die Vergleichsmiete richtig wiedergeben. Sie verdrängen insoweit andere Begründungs- und Beweismittel wie Sachverständigengutachten und Vergleichswohnungen.

Mietbegrenzungen außerhalb des Vergleichsmietensystems

Einen Bruch mit der im Vergleichsmietenverfahren prinzipiell angelegten marktorientierten Mietpreisermittlung stellt die Begrenzung der Mieterhöhungen in laufenden Verträgen auf 20 Prozent innerhalb von 3 Jahren (bzw. 15 Prozent an angespannten Wohnungsmärkten) durch die sogenannte »Kappungsgrenze« (§ 558 Abs. 3 BGB) dar. Die Kappungsgrenze wird besonders dann zum Problem für die Wohnungswirtschaft, wenn die mit einer Wohnungsbaufördermaßnahme verbundene Preisbindung ausläuft. Sie verhindert in solchen Fällen ein rasches Aufholen der vormals preisgebundenen Mieten auf das Vergleichsmietenniveau.

Außerhalb des BGB finden sich außerdem Vorschriften, die gegen wesentliche Überschreitungen der für vergleichbare Wohnräume üblichen Mietpreise gerichtet sind (Mietpreisüberhöhung und Mietwucher). Nach § 5 Wirtschaftsstrafgesetz (WiStG) liegt eine Mietpreisüberhöhung dann vor, wenn der Vermieter vorsätzlich oder leichtfertig unangemessen hohe Entgelte fordert. Unangemessen sind die Entgelte, wenn die ortsübliche Vergleichsmiete infolge der Ausnutzung eines geringen Angebots an vergleichbaren Räumen um mehr als 20 Prozent überschritten wird[34].

§ 5 Wirtschaftsstrafgesetz (WiStG) hat in der Praxis nur eine sehr geringe Bedeutung. Zu dieser Situation hat insbesondere der Bundesgerichtshof (BGH) durch zwei Entscheidungen aus den Jahren 2004 und 2005 beigetragen[35]. Es geht hier vor allem um die Frage, was »Ausnutzung eines geringen Angebotes« bedeutet. Nach Ansicht des BGH muss das geringe Angebot in dem betreffenden Qualitätssegment im gesamten Stadtgebiet gelten und nicht etwa nur im Stadtviertel oder Quartier, wo die Wohnung liegt. Und außerdem soll es laut BGH auch auf das Verhalten und die persönliche Situation des Mieters ankommen.

---

34 Ist der Tatbestand des § 5 WiStG erfüllt, so liegt eine Ordnungswidrigkeit vor. Darüber hinaus hat der Verstoß zur Folge, dass die Mietpreisvereinbarung nichtig ist, soweit sie gegen das gesetzliche Verbot des § 5 WiStG verstößt. Den überzahlten Betrag kann der Mieter zurückfordern.
35 BGH VIII ZR 190_03 sowie BGH VIII ZR 44_04.

Wegen Mietwuchers nach § 291 StGB macht sich strafbar, wer den Mangel an Urteilsvermögen oder die erhebliche Willensschwäche eines anderen dadurch ausbeutet, dass er sich für die Vermietung von Wohnräumen Vermögensvorteile versprechen oder gewähren lässt, die in einem auffälligen Missverhältnis zu seiner Leistung stehen. Ein auffälliges Missverhältnis zwischen Leistung und Gegenleistung wird heute in der Regel angenommen, wenn die verlangte Miete die ortsübliche Miete um mehr als 50 Prozent übersteigt. Auch der Wucherparagraph hat so gut wie keine praktische Bedeutung.

Das gilt nicht für die 2015 eingeführte Mietpreisbremse, die in Gebieten mit »angespannten Wohnungsmärkten« die Mieten für neu abgeschlossene Mietverhältnisse auf 10 Prozent oberhalb der jeweiligen Einzelvergleichsmieten begrenzt. Die Landesregierungen sind ermächtigt worden, die entsprechenden Gebiete für einen Zeitraum von höchstens 5 Jahren durch Rechtsverordnung zu bestimmen (§ 556d Abs. 2 S. 1 BGB). Inzwischen gilt die Mietpreisbremse in vielen Gemeinden besonders in Süd- und Westdeutschland sowie in Hamburg und Berlin.

Gebiete mit angespannten Wohnungsmärkten liegen vor, wenn die ausreichende Versorgung der Bevölkerung mit Mietwohnungen in einer Gemeinde oder einem Teil der Gemeinde zu angemessenen Bedingungen besonders gefährdet ist. Dies kann nach § 556d Abs. 2 S. 3 insbesondere dann der Fall sein, wenn
1. die Mieten deutlich stärker steigen als im bundesweiten Durchschnitt,
2. die durchschnittliche Mietbelastung der Haushalte den bundesweiten Durchschnitt deutlich übersteigt,
3. die Wohnbevölkerung wächst, ohne dass durch Neubautätigkeit insoweit erforderlicher Wohnraum geschaffen wird, oder
4. geringer Leerstand bei großer Nachfrage besteht.

Eine entsprechende Rechtsverordnung muss spätestens am 31.12.2020 in Kraft treten. Sie muss begründet werden. Aus der Begründung muss sich ergeben, auf Grund welcher Tatsachen ein Gebiet mit einem angespannten Wohnungsmarkt im Einzelfall vorliegt. Ferner muss sich aus der Begründung ergeben, welche Maßnahmen die Landesregierung in den von ihr bestimmten Gebieten ergreifen wird, um Abhilfe zu schaffen.

Die Vorschrift enthält eine übergangsweise Ermächtigung der Landesregierungen mit räumlich begrenztem Anwendungsbereich:
- Die Landesregierungen können, müssen aber nicht tätig werden.
- Entsprechende Rechtsverordnungen der Landesregierungen können nach dem 31.12.2020 nicht mehr in Kraft treten, sodass die maximale Wirkungsdauer einer solchen Verordnung bis zum Jahresende 2025 reichen kann.

Laufende Mietverhältnisse sind von der neuen Regelung nicht betroffen. Insbesondere müssen Mieten in laufenden Mietverträgen nicht gesenkt werden, auch wenn sie um mehr als 10 Prozent über der Einzelvergleichsmiete liegen. Dies kann z. B. der Fall sein, wenn der Mietvertrag kurz vor Inkrafttreten der Mietpreisbremse abgeschlossen wurde.

Außerdem ist das Mietniveau, das im Einzelvertrag mit dem Vormieter bereits erreicht wurde (die sogenannte »Vormiete«) »geschützt«, und zwar unabhängig davon, wie weit die Vergleichsmiete überschritten wird (§ 556e Abs. 1 BGB). Also kann bei einer Anschlussvermietung das im vorangegangenen Mietvertrag bereits erreichte Mietniveau beibehalten werden. Das bei dieser Gestaltung offensichtliche Nachweisproblem hat der Gesetzgeber durch eine Auskunftspflicht des Vermieters gegenüber dem Mieter »über diejenigen Tatsachen ..., die für die Zulässigkeit der vereinbarten Miete ... maßgeblich sind« zu entschärfen versucht (§ 556g Abs. 3).

Weitere Ausnahmen von der Mietpreisbremse gelten für
- Neubauwohnungen (nach dem 1.10.2014 erstmals genutzt) sowie für
- die erste Vermietung nach umfassender Modernisierung einer Wohnung (§ 556f BGB).

In diesen Fällen kann der Mietpreis grundsätzlich innerhalb der weit gezogenen ordnungs- und strafrechtlichen Grenzen frei vereinbart werden. Mit diesen Ausnahmen sollten negative Auswirkungen auf die Investitionsanreize für Neubauten und Modernisierungen vermieden werden.

Schlussfolgerungen für die Investitionsrechnung

Für die pragmatischen Zwecke einer Investitionsrechnung können wir die Ergebnisse wie folgt zusammenfassen. Bei der erstmaligen Vermietung und allen folgenden Vermietungen einer Neubauwohnung ist die Miete nach oben hin praktisch nicht begrenzt. Im Falle der Wiedervermietung einer Wohnung ist die Miete an angespannten Märkten durch die Mietpreisbremse begrenzt (Vergleichsmiete plus 10 Prozent). Es gelten aber Ausnahmen für die Vormiete, für modernisierte Wohnungen sowie für nach dem Stichtag 1.10.2014 erstmals genutzte Wohnungen. An den nicht der Mietpreisbremse unterliegenden regionalen Wohnungsmärkten herrscht weitgehende Preisfreiheit bei der Wiedervermietung. Das sind allerdings im Zweifel gerade die Märkte, die fundamental gesehen auch weniger Aufwärtspotenzial haben.

Während eines laufenden Mietverhältnisses darf die Vergleichsmiete nicht überschritten werden. Auch hier gelten Ausnahmen nach Modernisierungen. Bei neu abgeschlossenen Mietverhältnissen gibt es so lange keine Mieterhöhungsspielräume, bis die Vergleichsmiete zur Vertragsmiete aufgeschlossen hat (bzw. bis zu einem Mieterwechsel). Außerdem hat im Zweifel die Kappungsgrenze (maximale Mieterhöhung um 20 bzw. 15 Prozent innerhalb von 3 Jahren) Vorrang vor dem Anspruch des Vermieters auf die Vergleichsmiete. Größere Rückstände der Vertragsmiete gegenüber der Vergleichsmiete können wegen der Kappungsgrenze nur allmählich aufgeholt werden.

Besonderheiten bei Staffel- und Indexmietverträgen

Besondere Bedingungen für die Prognose der Mieteinnahmen gelten bei Staffel- und Indexmietverträgen. Staffelverträge im Sinne von § 557a BGB stoßen erfahrungsgemäß auf einen gewissen Widerstand der Mieter. In einer entspannten regionalen Marktsituation sind daher gegenüber der Alternative der Vereinbarung einer Mietanpassung nach dem Vergleichsmietenverfahren gegebenenfalls Abschläge von der Anfangsmiete berücksichtigen. Erschwert wird die Prognose des Mieteinnahmestroms durch die gesetzliche Regelung, dass das Kündigungsrecht des Mieters nur für einen Zeitraum von 4 Jahren beschränkt werden darf. Die in der Staffel vorgesehenen Mietsteigerungen dürfen daher nur für die gesicherte Laufzeit von maximal 4 Jahren angesetzt werden. In der Investitionsrechnung muss von Anfang an die Entwicklung der relevanten Vergleichsmiete parallel geschätzt werden. Nach Ablauf der gesicherten Laufzeit wird man die Prognose der Vertragsmiete an die prognostizierte Entwicklung der Vergleichsmiete annähern müssen. Dabei sind die Preisobergrenzen (z. B. § 5 Wirtschaftsstrafgesetz, Kappungsgrenze) zu beachten.

Im Falle einer indexierten Vertragsmiete können die Mieteinnahmen im Grundsatz mit der prognostizierten Inflationsrate fortgeschrieben werden. Es muss aber vor der Erwartung eines von der Marktentwicklung, dem Standort und dem baulichen Zustand unabhängigen Mietsteigerungsautomatismus gewarnt werden.

5.4.5 Nutzungsdauer

Bei der Bemessung der Nutzungsdauer einer Investition kann man den »angelsächsischen« vom »kontinentaleuropäischen« Ansatz unterscheiden. In Europa wird die Frage nach der Nutzungsdauer nicht selten mit der Frage danach gleichgesetzt, wie lange der Cashflow aus dem Objekt überhaupt noch anhält (Buy-and-hold-Mentalität). Es bleibt dann nur noch die Frage, ob man sich an der wirtschaftlichen (so lange, wie bei normaler Instandhaltung noch Einnahmeüberschüsse erzielt werden können) oder an der technischen Nutzungsdauer, an der steuerlich zulässigen Abschreibungsdauer oder an Erfahrungswerten orientiert. Dabei wird der wirtschaftlichen Betrachtungsweise im Zweifel der Vorzug zu geben sein. Ob bei einer nachhaltig leer stehenden Immobilie in einem technischen Sinne noch von »Nutzbarkeit« gesprochen werden kann oder der steuerlich zulässige Abschreibungszeitraum noch läuft, ist aus wirtschaftlicher Sicht nicht von Belang.

Der angelsächsische Ansatz der Bemessung der Nutzungszeit läuft auf eine Vorentscheidung zum Ausstieg aus dem Investment nach x Jahren hinaus (»Exit«, z. B. nach 5, 10 oder 20 Jahren). In diesem Ansatz zeigen sich die aktive Transaktionsorientierung und der kürzere Zeithorizont der angelsächsischen Märkte. Aus methodischer Sicht hat es allerdings Vorteile, mit einer einheitlichen Nutzungsdauer zu arbeiten. Die Vergleichbarkeit der Ergebnisse von Investitionsrechnungen wird dadurch erleichtert.

Die Entscheidung für einen der beiden Ansätze hängt nicht zuletzt auch von Rechtsform, der Business Mission und der Satzung des Unternehmens ab. So mag es bei einer Wohnungsgenossenschaft angemessen sein, an die wirtschaftliche Nutzungsdauer anzuknüpfen, während ein kapitalmarktorientiertes Unternehmen mit einem aktiven Portfoliomanagement besser damit beraten sein wird, bei vergleichbaren Vorhaben möglichst einheitliche Haltedauern anzunehmen. Aus methodischer Sicht erscheint diese Vorgehensweise zweckmäßiger als der Versuch der objektindividuellen Vorausschätzung der tatsächlichen Haltedauer. Man darf aber nicht vergessen, dass die Sensitivität des Ergebnisses der Rechnung desto mehr von der Schätzung des Liquidationserlöses (Abschnitt 5.4.8) abhängt, je kürzer der Haltezeitraum gewählt wurde.

5.4.6 Exkurs: Optimierung der Nutzungsdauer von Gebäuden

Am Immobilienmarkt kann das Angebot kurz- und mittelfristig nur in begrenztem Maße zurückgenommen werden. Kurzfristige Kapazitätsanpassungen wie in der Industrie sind in der Wohnungs- und Immobilienwirtschaft wegen des hohen Fixkostenanteils der Produktion betriebswirtschaftlich nicht vorteilhaft.

Die fixen Kosten der Vermietung fallen unabhängig vom Vermietungsstand an. Dabei handelt es sich um die Abschreibungen und die fixen Teile der Instandhaltungs- und Verwaltungskosten, vor allem aber um die (tatsächlichen und kalkulatorischen) Kapitalkosten für das in den Immobilien gebundene Fremd- und Eigenkapital (»versunkene Kosten«). Variabel sind eigentlich nur Teile der Verwaltungs- und Instandhaltungskosten. Es kommt hinzu, dass der Vermieter je nach den Regelungen des Mietvertrages einen mehr oder weniger großen Teil der Betriebskosten für leer stehende Einheiten selbst tragen muss (wenn der Anteil der einzelnen Wohnung an der gesamten Wohnfläche des Objekts als Verteilerschlüssel vereinbart ist).

Solange die Mieteinnahmen neben den variablen wenigstens noch einen Teil der fixen Kosten decken, wird ein Vermieter seine Immobilie nicht vom Markt nehmen, sondern sie nolens volens auch nicht kostendeckend weiter zu vermieten suchen. Diese Zusammenhänge werden in dem folgenden Beispiel einer einfachen Überschussrechnung für ein Mietwohngebäude verdeutlicht.

> **Beispiel 5.2**
>
> Die Sollmiete für ein in die Jahre gekommenes Wohngebäude mit 10 Wohnungen liegt bei 2,50 EUR pro m² netto, kalt. Bei den Verwaltungs-, Instandhaltungs- und Betriebskosten überwiegt jeweils der Anteil der fixen Kosten.
>
> | | | | |
> |---|---|---|---|
> | Anzahl Wohnungen | | 10 | |
> | Wohnfläche je Wohnung in m² | | 70 | |
> | Gesamte Wohnfläche in m² | | 700 | |
> | Sollmiete netto, kalt pro Monat und m² in EUR | | 2,50 | |
> | Sollmiete netto, kalt pro Jahr und WE in EUR | | 2.100 | |
> | Verwaltungskosten pro Jahr und WE EUR | | 370 | |
> | davon variabel EUR | | | 170 |
> | davon fix EUR | | | 200 |
> | Instandhaltungskosten pro Jahr und WE EUR | | 1.300 | |
> | davon variabel EUR | | | 600 |
> | davon fix EUR | | | 700 |
> | Betriebskosten pro Jahr und WE in EUR | | 1.350 | |
> | davon variabel EUR | | | 600 |
> | davon fix EUR | | | 750 |
>
> In der nachstehenden Tabelle sind die entscheidungsrelevanten Ein- und Auszahlungen aus dem Objekt für vier verschiedene Szenarien mit unterschiedlichen Vermietungsständen wiedergegeben. Die Kapitalkosten können außer Betracht bleiben, weil sie einen anderen Charakter haben als die fixen Teile der Verwaltungs- und Instandhaltungskosten.

Eingangsgrößen der Investitionsrechnung 5

Während diese Kosten wegfallen, wenn das Gebäude komplett leer steht (nicht aber bei teilweisem Leerstand), laufen die Kapitalkosten (z. B. Zinsen für Fremdkapital) unverändert weiter. Diese Kostenkategorie kann mit der Entscheidung über den Marktaustritt der Höhe nach nicht beeinflusst werden. Die Kapitalkosten bleiben deshalb bei unserem Kalkül außen vor. Bei den Instandhaltungs- und Verwaltungskosten kommt es bei den leer stehenden Wohnungen nur zu einer teilweisen Entlastung (die fixen Kostenanteile bleiben), während auf der anderen Seite mit jeder zusätzlich leer stehenden Wohnung eine ganze Sollmiete (ohne Betriebskosten) verlorengeht. Hinzu kommt, dass die leerstandsbedingten Betriebskostenanteile des Vermieters mit jeder zusätzlich leer stehenden Wohnung ansteigen.

Leerstand in Prozent der gesamten Wohnfläche	0		20		30		60	
Einzahlungen								
Sollmiete für Anzahl WE in EUR	10 WE	21.000	8 WE	16.800	7 WE	14.700	4 WE	8.400
Auszahlungen in EUR								
Leerstandsbedingte Betriebskosten	0 WE	0	2 WE	1.500	3 WE	2.250	6 WE	4.500
Instandhaltung vermietete WE	10 WE	13.000	8 WE	10.400	7 WE	9.100	4 WE	5.200
Instandhaltung leer stehende WE	0 WE	0	2 WE	1.400	3 WE	2.100	6 WE	4.200
Verwaltung vermietete WE	10 WE	3.700	8 WE	2.960	7 WE	2.590	4 WE	1.480
Verwaltung leer stehende WE	0 WE	0	2 WE	400	3 WE	600	6 WE	1.200
Überschuss/Fehlbetrag in EUR		4.300		140		- 1.940		- 8.180

> Schon bei drei leer stehenden Wohnungen lohnt sich im Beispiel die Weiterbewirtschaftung des Objekts nicht mehr. Der Vermieter sollte sich bei einer Leerstandsquote von 30 Prozent oder mehr bemühen, das Objekt so schnell wie möglich zu entmieten. Durch die Weitervermietung würde Monat für Monat Vermögen vernichtet.

5.4.7 Kalkulationszinssatz und Risiko

Soweit bei der Investitionsrechnung Verfahren eingesetzt werden, die die Vorgabe eines Diskontierungs- oder Kalkulationszinssatzes erfordern (z. B. Kapitalwertmethode, Abschnitt 7.1), muss ein solcher als unabhängige Variable der Rechnung vorgegeben werden. Gleiches gilt für Verfahren, die auf die Gegenüberstellung der ermittelten vorhabenbezogenen Rendite und einer geforderten Mindestverzinsung hinauslaufen (z. B. Interne Zinsfuß-Methode, Abschnitt 8.1).

5.4.7.1 Finanzierungs- oder opportunitätsorientierte Ermittlung des Kalkulationszinses

Die Grundfrage bei der Bemessung des Kalkulationszinses lautet, ob dieser finanzierungs- oder opportunitätsorientiert zu ermitteln sei. Die finanzierungsorientierte Ermittlung orientiert sich an tatsächlichen Finanzierungszinsen. Dabei stellt sich die Frage, ob damit die Kapitalkosten des betreffenden Projekts, die des gesamten Unternehmens oder aktuelle Kapitalmarktkonditionen gemeint sind.

Die opportunitätsorientierte Ermittlung des Kalkulationszinses knüpft dagegen gemäß dem Opportunitätskostenprinzip an den alternativen Verwendungsmöglichkeiten der investierten Mittel an (Verzinsung anderer möglicher Investitionsalternativen). Mit der »anderen« Investition ist die nächstbeste und verdrängte Investitionsalternative (mit gleichem Risiko) gemeint[36], also die beste unter den nicht zum Zuge gekommenen Alternativen.

Im Falle sich technisch ausschließender Alternativen (z. B. umfassende Modernisierung oder lediglich Beseitigung des Instandsetzungsstaus bei einem Bestandsgebäude) ist die Zuordnung der verdrängten Investition unproblematisch. In allen anderen Fällen müssen für die Bestimmung des Kalkulationszinses zusätzliche Restriktionen (z. B. auf der Finanzierungsseite) formuliert werden. So kann der Kalkulationszins mithilfe des Modelles von Dean aus dem Grenzzins abgeleitet werden, bei dem die Rendite der Grenzinvestition und der marginale Zinssatz des Finanzierungsprogramms einander gerade entsprechen.

Obwohl die opportunitätsorientierte Ermittlung theoretisch befriedigender ist, stößt die Einbeziehung der entgangenen (Grenz-)Gewinne aus Investitionsalternativen in der Praxis auf erhebliche Schwierigkeiten. Schon allein die Zuordnung der jeweiligen Alternativinvestitionen stellt eine große Herausforderung dar.

Wir nehmen an, es stehen 10 Investitionsalternativen derselben Risikoklasse mit internen Renditen von 10, 9, 8, 7, 6, 5, 4, 3, 2 und 1 Prozent zur Wahl. Wie kann man die Grenzalternative zu der Alternative 1 (mit i = 10 Prozent) in Abwesenheit von finanzierungsseitigen Restriktionen (vollkommener Kapitalmarkt) bestimmen? Gesucht ist diejenige Handlungsalternative, die man gewählt hätte, wenn man die Alt. 1 nicht durchführen würde. Maßgeblich ist hier die Rendite der besten verworfenen Alternative. Im Rahmen einer Partialbetrachtung kann dieses Problem nicht gelöst werden, da es an einem Maßstab zur Bestimmung des Grenzzinses fehlt. Die Grenzalternative und ihr zugehöriger Grenzzins können erst dann bestimmt werden, wenn das gesamte Investitionsprogramm schon feststeht. Und dazu ist ein simultanes Totalmodell erforderlich. Derartige Modelle sind aber wegen ihrer Komplexität und der Wirklichkeitsferne ihrer Annahmen für praktische Zwecke der Investitionsrechnung nicht tauglich.

---

36 Rolfes 2003, S. 24.

Der opportunitätsorientierte Ansatz der Ermittlung des Kalkulationszinses stellt vor allem größere Organisationen mit einer Vielzahl unabhängiger Entscheidungsträger vor unlösbare Koordinationsprobleme. Aus pragmatischen Gründen entscheiden wir uns daher für die Zwecke dieses Lehrbuches für die Bestimmung des Kalkulationszinses auf der Grundlage der risikofreien Rendite. Der Kalkulationszins entspricht dabei der Summe aus der Basisverzinsung und angemessenen Risikozuschlägen.

Auf diese Weise kann der Verzinsungsanspruch des eingesetzten Eigenkapitals bestimmt werden. Die Eigenkapitalkosten bestimmen den Kalkulationszins allein, wenn eine Finanzierung mit Eigenkapital unterstellt wird. Der Kalkulationszins ist dabei Ausdruck der geforderten Mindestverzinsung für das Eigenkapital[37].

Wenn auch Fremdmittel zur Finanzierung eingesetzt werden und die Kapitalperspektive der Rechnung der gesamte Kapitaleinsatz ist (Eigenkapital + Fremdkapital, Abschnitt 5.4.2), dann ist außerdem die Verzinsung der entsprechenden Fremdmittel bei der Berechnung des Kalkulationszinssatzes in Form eines Mischzinses zu berücksichtigen. Die Gewichtung der beiden Zinssätze wird in diesem Fall nach der Finanzierungsstruktur (Verhältnis von Eigen- und Fremdkapital in der Bilanz) des gesamten Unternehmens vorgenommen.

5.4.7.2 Zusammensetzung des Kalkulationszinssatzes

Unser Ausgangspunkt ist der langfristige Kapitalmarktzins (auch »Basiszinssatz« oder »landesüblicher Zinssatz« genannt). Darunter wird ein Zinssatz für Anleihen erstklassiger Bonität mit langer Restlaufzeit verstanden. Als Referenz kann die Umlaufrendite öffentlicher Anleihen mit 10-jähriger Restlaufzeit dienen. Diese lag am 20.4.2016 bei 0,152 Prozent.

---

37 Rolfes 2003, S. 23.

Eingangsgrößen der Investitionsrechnung 5

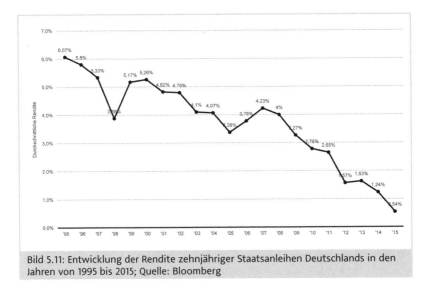

Bild 5.11: Entwicklung der Rendite zehnjähriger Staatsanleihen Deutschlands in den Jahren von 1995 bis 2015; Quelle: Bloomberg

Da die Umlaufrendite ein Zinssatz für risikolose Anlagen ist, müssen bei der Ermittlung des Kalkulationszinses noch Risikozuschläge berücksichtigt werden.

Die Inflationsprämie kann aus der Inflationserwartung der Finanzmärkte abgeleitet werden (implizite aus indexierten Euro-Anleihen) oder mittels einer eigenen Schätzung vorgegeben werden. Wenn man sich der These anschließt, dass die Kapitalmärkte in dem Sinne effizient arbeiten, dass sie alle kursrelevanten Informationen (hier solche über die zukünftige Entwicklung der Verbraucherpreise) berücksichtigen, kann man den nominalen Referenzzinssatz (0,152 Prozent) als Schätzer für den realen Kapitalmarktzins plus Inflationsprämie ansehen.

Grundlagen der Immobilien-Investitionsrechnung

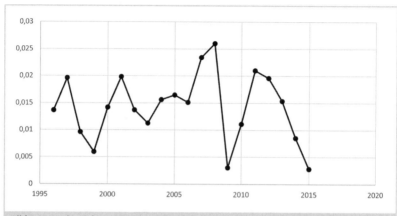

Bild 5.12: Verbraucherpreisindex für Deutschland
Veränderungsraten zum Vorjahresdurchschnitt in Prozent; Quelle: Statistisches Bundesamt

Die jährliche Veränderungsrate des Verbraucherpreisindex (Δ P) lag im März 2016 bei 0,3 Prozent, sodass sich für den Fall konstanter Inflationserwartungen folgende Zusammensetzung des nominalen Kapitalmarktzinses ergeben würde:

$$i_{nom} = i_{real} + \Delta P$$

i_{nom} = -0,15 Prozent + 0,3 Prozent = 0,15 Prozent

Rechnerisch würde sich so ein realer Kapitalmarktzins (i_{real}) in Höhe von -0,15 Prozent ergeben.

Der Investor muss sich bei der Bemessung des Diskontierungszinssatzes darüber klar werden, ob er die Markterwartung über die Inflation teilt. Tut er das nicht, so ist seine individuelle Inflationserwartung mit einem entsprechenden Zu- oder Abschlag zu berücksichtigen.

Das Risiko einer Investition hatten wir als die Möglichkeit negativer Abweichungen der Rückflüsse von ihren erwarteten Werten verstanden. Eine Risikosituation liegt immer dann vor, »wenn der Entscheidungsträger in der Lage ist, Angaben über die Wahrscheinlichkeiten für das Eintreten der verschiedenen Umweltzustände zu machen.«[38]. Im Hinblick auf die verschiedenen Annahmekategorien bei einer Immobilien-Investitionsrechnung müssen wir uns überwiegend mit subjektiven Wahrscheinlichkeiten begnügen, die aufgrund individueller oder organisatorischer Kenntnisse und Erfahrungen gebildet werden. Die empirische Grundlage ist für die Berechnung objektiver Wahrscheinlichkeiten in der Regel nicht ausreichend.

Das Risiko einer Investition wird immer dann schlagend, wenn eine der in der Investitionsrechnung getroffenen Annahmen verfehlt wird (z. B. Überschreitung der erwarteten Leerstandsquote oder des erwarteten Zinssatzes für die Anschlussfinanzierung eines Hypothekendarlehens) und sich negative Erfolgswirkungen einstellen. Die Wahrscheinlichkeit des Eintretens solcher Abweichungen (bspw. Überschreitung des angenommenen Prolongationszinses um 1, 2, 3, etc. Prozentpunkte) folgt einer Wahrscheinlichkeitsverteilung (Bild 5.13).

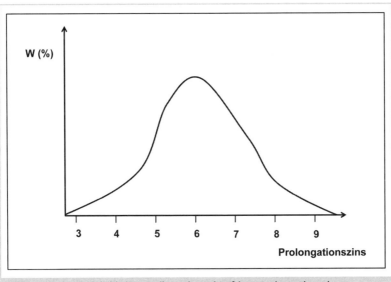

Bild 5.13: Wahrscheinlichkeitsverteilung des zukünftigen Prolongationszinses

---

38 Maier 2004, S. 6.

Das Risiko der Verfehlung einer Annahme (Abweichung vom Erwartungswert) zeigt sich in der Streuung der Verteilung. Die Streubreite der Verteilung um den Erwartungswert kann mit verschiedenen Maßzahlen wie der Standardabweichung oder dem Variationskoeffizient beschrieben werden. Die Streuung der jährlichen Cashflows aus einer Investition ergibt sich aus dem Zusammenspiel der Wahrscheinlichkeitsverteilungen der einzelnen Annahme-Parameter.

Risikoreiche Investitionen sind solche mit einer vergleichsweise breiten Streuung der Cashflows beziehungsweise ihrer Barwerte. Sie müssen natürlich eine höhere Rendite versprechen als risikoarme. Ganz allgemein gilt an den Finanzmärkten der Zusammenhang: Je höher das Risiko, desto höher die Rendite. Der weit überwiegende Teil der Investoren ist als risikoavers einzustufen. Risikoaverse Investoren verlangen aber eine Kompensation für die einzugehenden Risiken, und zwar in der Form eines höheren Zinssatzes. Sie geben sich bei einer größeren Streuung der Gewinnverteilung nicht einfach damit zufrieden, dass der Erwartungswert der Verteilung sich nicht geändert hat, sondern sie müssen dafür in Form eines höheren Zinses entschädigt werden, dass sie dies in Kauf nehmen.

Die speziellen Risiken (»Einzelwagnisse«), die in der Form von Zuschlägen bei der Ermittlung des Kalkulationszinses berücksichtigt werden müssen, lassen sich wie folgt einteilen:
- Anlagenwagnisse (z. B. Beschädigung durch Wasser, verborgene Altlasten)
- Fertigungswagnisse (z. B. Fertigstellungs-, Termin- und Kostenrisiko)
- Vertriebswagnisse (z. B. Absatzrisiko, Bewertungsrisiko, Mietausfallrisiko)

Das Vertriebswagnis eines Immobilien-Investments kommt in objekt-, sparten-, regionen- und standortspezifischen Risikozuschlägen zum Ausdruck. Als Beispiele für besonders risikoreiche Objekte gelten Arenen, Hotels, Diskotheken und Objekte an Standorten mit hohem Leerstand. Auch das zyklische Verhalten der einzelnen Teilmärkte spielt in diesem Zusammenhang eine Rolle. So schwanken die Mieten und Preise für Büroimmobilien in Spitzenlagen erfahrungsgemäß stärker als in weniger bevorzugten Lagen.

Eingangsgrößen der Investitionsrechnung

Unterschiedliche Erwartungswerte der jeweiligen Variablen sollten wir in den Cashflows der unterschiedlichen Vorhaben abbilden. Wenn ein Standort auf der Grundlage entsprechender Prognosen der Entwicklung der zukünftigen Wohnraumnachfrage einen besonders hohen Leerstand erwarten lässt, so ist dies bei der Schätzung des Mietausfallwagnisses und nicht etwa im Kalkulationszins abzubilden. Die Risikoprämie im Kalkulationszins reflektiert lediglich das Risiko von Annahmeverfehlungen im Sinne von Abweichungen vom Erwartungswert.

Es geht hier um die Streuung der Verteilung, die naturgemäß nicht direkt im Cashflow widergespiegelt werden kann. Wenn also die Zukunft eines Standortes aufgrund der Datenlage oder aus anderen Gründen besonders schlecht eingeschätzt werden kann, dann muss dies einen entsprechend erhöhten Ansatz des Kalkulationszinses nach sich ziehen.

Anders als die Einzelwagnisse umfasst das sogenannte »allgemeine Unternehmerrisiko« alle Risiken, die nicht objektbezogen sind, also z. B. das Besteuerungs-, das Konjunktur-, das Arbeitsmarkt- und ggf. das Auslandsrisiko (und hier besonders das Währungsrisiko). Diese Risiken werden bereits durch die Entscheidung begründet, überhaupt unternehmerisch tätig zu werden. Die unter dem Begriff des allgemeinen Unternehmerrisikos zusammengefassten Risiken sind makroökonomischer, politischer oder soziodemographischer Natur. Diese Risiken sind in ihrer Entstehung vom Unternehmen nicht beeinflussbar. Die Steuergesetze, die Konjunktur und den Wechselkurs kann das Unternehmen ebenso wenig beeinflussen wie das Wetter. Dennoch sind diese Risiken den Techniken des Risikomanagements zugänglich.

Gegen die meisten Einzelrisiken, die das allgemeine Unternehmerrisiko ausmachen, sind Absicherungen in Form von Versicherungsprodukten oder Derivaten allerdings nicht verfügbar. Wie bei den speziellen Risiken sind die Erwartungswerte der jeweiligen Variablen (z. B. Steuersatz, Wechselkurs) bei der Berechnung der jährlichen Rückflüsse anzusetzen, wenn es sich um unversicherbare beziehungsweise unversicherte Risiken handelt. Die Streuung der Verteilung muss dagegen im Kalkulationszins reflektiert werden.

Das allgemeine Unternehmerrisiko wird dann schlagend, wenn unerwartet Steuersätze erhöht, Zinsschranken eingeführt werden oder die Heimatwährung gegenüber der Investitionswährung stärker aufwertet als erwartet. Bestimmte Risiken wie das Konjunktur- und das Arbeitsmarktrisiko beeinflussen mehrere Cashflow-Komponenten.[39] Hier ist von einem mittleren Szenario auszugehen und der Einfluss von negativen Abweichungen (z. B. ungünstiger Konjunkturverlauf aufgrund des Ausbruchs einer Bankenkrise) ist im Kalkulationszins je nach der Sensitivität des individuellen Cashflows zu berücksichtigen.

Der Kalkulationszins hat einen objektindividuellen Charakter. Die gewählten Diskontierungszinssätze müssen die individuellen Risiken der einzelnen Investitionsprojekte angemessen reflektieren. Ein einheitlicher Zinssatz ist grundsätzlich nur bei Objekten derselben Risikoklasse angemessen.

Angesichts der unterschiedlichen Ausprägung der projektspezifischen Risiken würde die unternehmensweite Vorgabe eines einheitlichen Kalkulationszinses durch die Geschäftsleitung zu verfälschten Rangfolgen der Investitionsprojekte und damit zu Fehlentscheidungen und Vermögensminderungen führen. Auf der einen Seite würden zu viele Vorhaben mit hohem Risiko freigegeben, während auf der anderen Seite risikoarme Vorhaben unterlassen würden, weil sie sich zum Einheitszins nicht rechnen.

Die Ermittlung des Kalkulationszinses sollte also objektindividuell erfolgen, dabei aber so weit wie möglich objektiviert werden, damit in vergleichbaren Fällen mit demselben Kalkulationszins gearbeitet wird. Die nachstehende Abbildung zeigt ein Beispiel für ein entsprechendes Scoring-Modell zur Vereinheitlichung der Methodik der Ermittlung des Kalkulationszinses. Es handelt sich um ein Mischzinsmodell, bei dem der risikogerechte Eigenkapitalzins gemäß der Kapitalstruktur des gesamten Unternehmens mit dem durchschnittlichen Satz für die Aufnahme von Fremdmitteln gemittelt wird.

---

39 Das Konjunkturrisiko beeinflusst das Mietausfallrisiko (steigende Mietschulden aufgrund der gesamtwirtschaftlichen Entwicklung).

Eingangsgrößen der Investitionsrechnung 5

RISIKO; KAPITALSTRUKTUR UND ZINSSATZERMITTLUNG		1,0	Einfluss auf die Schwankung des Ertrags				
1. Schritt: Eingabe der risikofreien Rendite (in %) (= Rendite öffentlicher Anleihen)			gering				hoch
			1	2	3	4	5
2. Schritt:	Kostenstrukturrisiko: Fixkostenanteil		1				
Ermittlung	Finanzstrukturrisiko: Fremdkapitalhebel			1			
der Risiko-	Fremdfinanzierungsrisiko: Zinsänderungsrisiko				1		
prämie Kriterien:	Leistungsrisiko: Genehmigungs-, Fertigstellungs-, Baukosten-Bauzeitrisiko			1			
	Anlagenwagnisse: z. B. Beschädigung durch Wasser, verborgene Altlasten, Baumängel					1	
	Ertragsrisiko: rückläufige Mieten			1			
	Leerstandsrisiko: Angebot ↑, Nachfrage ↓ (soziodemogr. Änd. Präferenzen o. Umfeld				1		
	Bewertungsrisiko: rückläufige Immobilienwerte			1			
	Veräußerungsrisiko: Absatzrisiko und Absatzpreisrisiko			1			
	Portfoliorisiko: Beitrag zum Portfoliorisiko				1		
	Bewirtschaftungskostenrisiko: steigende Kosten (Zinsen, Verwaltung, Instandhaltung)		1			1	
	Betriebskostenrisiko			1			
	Reparaturrisiko			1			
	Schlüsselpersonenrisiko				1		
	Rechtsrisiko			1			
	Rechtsänderungsrisiko: z.B. Mietrechtsänderungen wie Kappungsgrenze, Mietpreisbremse		1				
	SUMME:		1	12	15	16	0	44

3. Schritt: ERGEBNIS Risikoprämie* in % Gesamtpunkte	0	1	2	3	4	5	6	7	8	9	10	11	12
	0-16	17-22	23-28	29-34	35-40	41-46	47-54	55-62	63-68	64-69	65-70	71-75	76-80

	risikofrei	Risikoprämie	Gesamte EK-Kosten
4. Schritt: ERGEBNIS in %	1,0 +	5,0 =	6,0

5. Schritt: Eingabe des Fremdkapitalzinses (in %)   1,5
                                                    70
6. Schritt: Kapitalstruktur: Durchschn. EK-Anteil   30
7. Schritt: ERGEBNIS: Gewichteter Kalkulationszins   2,85

Haftungsausschluss: Die Zuordnungen im 3. Schritt dieses Schemas sind keine festen Größen, sondern sie sind abhängig vom Kapitalmarktumfeld und den individuellen Risikopräferenzen. Es wird keinerlei Haftung für Schäden gleich welcher Art übernommen, die sich aus der Ermittlung von Risikoprämien gemäß dieser Zuordnungsvorschrift ergeben.

Bild 5.14: Ermittlung des gewichteten Kalkulationszinses; Quelle: in Anlehnung an Bühner 1994

Ein derartiges Scoring-Modell für die Zinssatzermittlung trägt zur Versachlichung der Diskussion bei. In dem durch das Modell gesetzten Rahmen kann nun rational über den Einfluss der einzelnen Kriterien auf die Schwankung des Ertrags diskutiert werden. Einen Beitrag zur Rationalisierung können in diesem Zusammenhang auch Sensitivitätsanalysen (Abschnitt 13) leisten.

Der Abstand zwischen dem Eigenkapital- und dem Fremdkapitalzins ($i_{EK} > i_{FK}$) kann mit der Voraushaftungsfunktion des Eigenkapitals begründet werden. Bei einer Abweichung des Cashflows von seinem Erwartungswert haben zuerst die Anteilseigner Verzicht zu leisten.

Die Auswahl des angemessenen Kalkulationszinses ist abhängig von der Kapitalperspektive und der Kapitalstruktur (Unternehmen/Projekt). Die nachstehende Tabelle gibt die entsprechenden Zuordnungen wieder.

Finanzierung	Kapital-perspektive	Kalkulations-zins	Bemerkungen
nur EK	EK	EK-Zins	Ausnahme?
EK/FK	GK	Mischzins	Gewichtung mit der bilanziellen Kapitalstruktur
EK/FK	EK	EK-Zins	Problem: Vergleichbarkeit bei unterschiedl. Verschuldungsgraden

Tabelle 5.1: Zusammenhang Finanzierung, Kapitalperspektive und Kalkulationszins

5.4.7.3 Risikofreier Zins, Eigenkapitalzins oder Mischzins?

Für den aus praktischer Sicht besonders bedeutsamen Fall der Mischfinanzierung aus Eigen- und Fremdkapital empfiehlt Erich Schneider als Kalkulationszins das mit den Eigen- bzw. Fremdkapitalanteilen gewogene arithmetische Mittel aus dem Eigenkapitalkostensatz und dem Fremdkapitalzins. Das Investitionsrisiko will er in Form eines Zuschlags auf den Basiszins berücksichtigt wissen. Der erhöhte Kalkulationszins soll als »Sicherheitsventil gegen Fehler beim Ansatz der Einnahmen und Ausgaben« dienen[40].

Wir fassen zusammen: Wird eine Finanzierung ausschließlich mit Eigenkapital unterstellt, so sollen allein die Eigenkapitalkosten den Kalkulationszins bestimmen. Sofern dagegen eine Mischfinanzierung aus Eigen- und Fremdkapital angenommen wird, soll der Kalkulationszins einen Mischzins darstellen, in dem auch die Finanzierungskosten für das Fremdkapital zu berücksichtigen sind. Wie ist die unterschiedliche Ermittlung des Kalkulationszinses in Abhängigkeit von den Finanzierungsbedingungen und der Kapitalperspektive zu begründen? Den Ausgangspunkt der Überlegungen bildet die Art und Weise der Verwendung bzw. Finanzierung von Cashflow-Salden aus dem in Frage stehenden Investitionsprojekt: Was tun wir mit positiven Rückflüssen und wie finanzieren wir negative?

---

40 Schneider 1968, S. 69.

Eingangsgrößen der Investitionsrechnung 5

Bei unseren Überlegungen dürfen wir die immanente Zuordnungsproblematik nicht verkennen: »Money is not earmarked.« Weil Geld nicht gekennzeichnet ist, kann man schon die anfängliche Finanzierungsstruktur eines Projektes nicht ohne weiteres isolieren. Bei zukünftigen Einnahmeüberschüssen ist es ohne zusätzliche Annahmen sogar ex post nicht möglich, sie bestimmten Verwendungen (z. B. Kontenanlage, Kredittilgung, Alternativinvestition, Gewinnausschüttung) eindeutig zuzuordnen.

Genauso wenig kann es bei negativen Cashflows als sicher angesehen werden, dass diese in jedem Fall fremdfinanziert werden. Man hat vielmehr auch mit der Möglichkeit zu rechnen, dass negative Zahlungssalden ganz oder teilweise aus eigenen Mitteln ausgeglichen werden, die dann für höherverzinsliche Investitionen, Gewinnausschüttungen oder Sondertilgungen von Krediten nicht zur Verfügung stehen. Selbst eine ex post-Prognose über die Finanzierung negativer Cashflows ist nicht möglich.

Wegen der Zuordnungsproblematik auf der Projektebene kann die Struktur der Finanzierung/Verwendung zukünftiger negativer oder Rückflüsse also nicht prognostiziert werden. Diese Überlegung spricht grundsätzlich gegen die Verwendung von »echten« zukünftigen Soll- oder Habenzinsen je nach dem Vorzeichen des Rückflusses aus dem Investitionsvorhaben.

Bei einer gesamtkapitalbezogenen Perspektive auf das Vorhaben (Mischfinanzierung aus Eigen- und Fremdkapital gemäß der Kapitalstruktur der Unternehmung, siehe auch Abschnitt 5.4.2) ist die Ab- bzw. Aufzinsung der Cashflows mit dem gewichteten Kalkulationszins angemessen. Bei Einnahme der Gesamtkapitalperspektive reflektieren die jährlichen Cashflows auch die Vergütung des im Unternehmen eingesetzten Fremdkapitals. Je nach dem Verschuldungsgrad des Unternehmens kann angenommen werden, dass ein mehr oder weniger großer Teil der freien Cashflows dem (unternehmensweiten) Schuldendienst (Kredittilgung und -verzinsung) dient. Es erscheint daher angemessen, für die Abzinsung der entsprechenden Rückflüsse einen Mischzins zu verwenden, der den Verzinsungsanspruch an das gesamte in dem Vorhaben gebundene Kapital reflektiert und nicht bloß den an das Eigenkapital.

Wenn beispielsweise die Mieteinnahmen pro Quadratmeter oder der Liquidationserlös unter ihre Erwartungswerte fallen, so bleiben die Zins- und Tilgungszahlungen auf das aufgenommene Fremdkapital davon unberührt. Die Cashflows nach (angenommenem) Kapitaldienst sinken aber und dies geht allein zulasten des Eigenkapitals und dessen Verzinsung. In der Risikoprämie sind also die negativen Auswirkungen von möglichen Annahmeverfehlungen auf die Eigenkapitalverzinsung abzubilden. Dabei muss beachtet werden, dass die Eigenkapitalverzinsung sensibler auf derartige Abweichungen reagiert als der gesamte Cashflow. Mit dem Ansatz für die Eigenkapitalverzinsung wird der Aufbau eines ausreichenden Risikopuffers im Sinne von Erich Schneider angestrebt. Je höher die Vorgabe hier ausfällt, desto geringer ist die Wahrscheinlichkeit zu veranschlagen, dass die Projektverzinsung unter die Basisverzinsung (risikofreie Rendite öffentlicher Anleihen) fällt.

Bei Einnahme der Eigenkapitalperspektive[41] (Anfangsauszahlung gleich Eigenkapitaleinsatz, explizite Berücksichtigung des projektbezogenen Kapitaldienstes beim Cashflow) reflektieren die jährlichen Cashflows dagegen in erster Linie den Vergütungsanspruch des im Unternehmen gebundenen Eigenkapitals. Unter der Annahme, dass mit den freien Cashflows nach Kapitaldienst keine weiteren Kredittilgungen mehr vorgenommen werden und die thesaurierten Mittel statt dessen als Eigenkapital in Projekte mit vergleichbarem Risiko fließen, können wir hier verwendungsseitig sogar eine ausschließliche Zuordnung der Rückflüsse nach Kapitaldienst zum bilanziellen Eigenkapital unterstellen.

Die Annahme, dass keine weiteren Kredittilgungen mehr erfolgen, erscheint insbesondere dann gerechtfertigt, wenn projektbezogene und unternehmensbezogene Leverage-Ratio nahe beieinander liegen (bspw. jeweils 80 Prozent Fremdkapitalquote an den Gesamtkosten bzw. an der Bilanzsumme). Wir dürfen in diesem Fall nicht etwa annehmen, dass der nach Kapitaldienst verbleibende Cashflow nochmals überwiegend für den Kapitaldienst auf andere Kredite verwendet wird. Genau das würden wir

---

41 Falls man auf der Projektebene die Fremdmittel zuordnen kann, so können die Kapitalkosten laut Rückzahlungsplan bei der Ermittlung des laufenden Cashflows berücksichtigt werden.

aber tun, wenn wir trotz der grundsätzlichen Eigenkapitalperspektive unserer Rechnung einen Mischzinssatz als Kalkulationszins vorgeben würden.

Bei Einnahme der Eigenkapitalperspektive müssen wir also auf das Projekt eine höhere Verzinsung als den Mischzins fordern. Wenn das Projekt und das Unternehmen eine gleich hohe Leverage-Ratio aufweisen, ist der Ansatz des kalkulatorischen Eigenkapitalzinses ohne weiteres angemessen. Andernfalls muss der Verschuldungsgrad normiert werden, denn Projekte mit unterschiedlichen Verschuldungsgraden sind nur eingeschränkt miteinander vergleichbar.

5.4.7.4 Kritik am Konzept des Mischzinses

Obwohl in der Praxis weit verbreitet, wird das Konzept des Mischzinses in der theoretischen Literatur überwiegend abgelehnt. Die Kritik am Mischzins richtet sich im Einzelnen auf folgende Gesichtspunkte[42]:
- keine Einzelbewertung wegen Abhängigkeit des Mischzins von gesamtheitlichen Entscheidungen über die Kapital- und Risikostruktur des Unternehmens
- Tendenz zum Totrechnen durch Kumulation von Risikozuschlägen
- fehlender Grenzkostencharakter: »bestandsorientierter Durchschnittszins«
- mangelnde Objektivierbarkeit aufgrund von zu weit gezogenen Ermessensspielräumen für die Entscheidungsträger und vagen Maßstäben für die Bestimmung der Risikozuschläge

Dass der Mischzins keine isolierte Bewertung einzelner Investitionsvorhaben erlaubt, erschwert zwar den Vorteilhaftigkeitsvergleich über Unternehmensgrenzen hinweg. Auf der anderen Seite hat ja nicht irgendein objektiver Dritter, sondern das betreffende Unternehmen mit seiner spezifischen Risiko- und Kapitalstruktur die Entscheidung zu treffen. Die angebliche Tendenz zum Totrechnen rechtfertigt jedenfalls nicht das völlige Ignorieren von Risiken, indem man auf alle Investitionsalternativen stets den

---
42 Rolfes 2003, S. 103-105 u. 112 f.

risikofreien Basiszins anwendet. Die Verzerrungen und Fehlentscheidungen, die auf diese Weise zustande kämen, dürften wirtschaftlich schwerwiegender sein als die mit den Risikozuschlägen verbundenen Schätzunsicherheiten und Ermessensspielräume.

Der fehlende Grenzkostencharakter der Methode ist angesichts der unlösbaren Schwierigkeiten bei der Ermittlung finanzierungs- oder opportunitätsorientierter Grenzzinssätze nicht gewichtig. Bleibt der Kritikpunkt der mangelnden Objektivierbarkeit. Dieser Einwand kann nicht auf die leichte Schulter genommen werden. Wir dürfen aber eins nicht übersehen: »Dass es sich bei den zu bewertenden Investitionen im Prinzip stets um neue, vorher noch nie dagewesene Entscheidungssituationen handelt, muss zwangsläufig zu der Schlussfolgerung führen, dass es sich bei der Berücksichtigung von Risiken immer nur um ,Näherungslösungen' handeln kann.«[43].

Das Konzept des Mischzinses mag pragmatisch und subjektiv sein, aber es ist unter den zu Gebote stehenden Verfahren zur Ermittlung des Kalkulationszinses das mit den geringsten Schwächen. Sowohl die engpassbezogenen Ansätze als auch die Totalmodelle, bei denen der »richtige« Kalkulationszinsfuß implizite in der Optimallösung enthalten ist (interner Zins der gerade nicht mehr zum Zuge gekommenen Alternative), leiden unter einem logischen Widerspruch: Wenn das optimale Investitionsprogramm bekannt ist, dann braucht man gar keine partiellen Investitionsrechnungen mehr durchzuführen. Totalmodelle (z. B. der neuere Kapitalmarktansatz) sind aber in der Praxis wegen der »Komplexität und Unsicherheit der realen Umweltbedingungen«[44] grundsätzlich nicht zur Bestimmung des optimalen Investitionsprogramms geeignet[45].

---

43 Rolfes 2003, S. 118.
44 So setzt eine Diversifikationsmöglichkeit im Sinne des Kapitalmarktmodells voraus, dass das gesamte Investitionsportefeuille eines Marktes bzw. einer Volkswirtschaft bekannt und für den einzelnen Investor erwerbbar sei. Diese Voraussetzung kann in Bezug auf die Immobilienmärkte als vollkommen wirklichkeitsfremd angesehen werden. Erst in einer fernen Zukunft, bei entsprechender Markterschließung durch Immobilienderivate, könnte sie einen realitätsnäheren Charakter annehmen.
45 Rolfes 2003, S. 105 f.

Auch die Komplexität und Schwerfälligkeit einer zentralen Simultanplanung verhindert den Einsatz von Totalmodellen der Investitionsrechnung. In der Realität werden wegen unvollkommener Information Entscheidungen nicht nur zu einem Zeitpunkt und von einem Entscheidungsträger, sondern laufend und von vielen teilweise unabhängigen Entscheidungsträgern getroffen (Rolfes 2003, S. 103). Eine praktikable Investitionsrechnung in einem größeren Unternehmen kann sich daher nur auf Partialmodelle gründen.

Bis auf weiteres gilt also: Das Investitionsprogramm eines Unternehmens ergibt sich unter den Bedingungen der Unternehmenspraxis als Ergebnis vieler partieller Investitionsentscheidungen.

5.4.7.5 Marktzinsstruktur und Kalkulationszins

Bei dynamischen Verfahren der Investitionsrechnung, die den Cashflow-Verlauf explizite modellieren, bietet sich grundsätzlich die Möglichkeit, mit verschiedenen Kalkulationszinssätzen für die einzelnen Jahre der Haltedauer zu arbeiten. Die Zinssätze dafür können aus der aktuellen Zinsstrukturkurve gewonnen werden (sogenannte »Marktzinsmethode«)[46].

Die zeitliche Zinsstrukturkurve beschreibt die zu einem bestimmten Zeitpunkt geltenden effektiven Zinssätze von Anleihen oder Krediten mit ansonsten gleichen Ausstattungsmerkmalen, und zwar geordnet nach der Restlaufzeit. Die Zinsstrukturkurve weist üblicherweise einen ansteigenden Verlauf auf (normale Zinsstruktur), das heißt die Zinsen für kurzfristige Ausleihungen liegen unter denen für langfristige. Ein inverser Verlauf mit höheren Zinsen für kurzfristige Anlagen ist an den Kapitalmärkten eher die Ausnahme.

---

46 Rolfes hat die »Vernachlässigung laufzeitabhängiger Renditeunterschiede am Geld- und Kapitalmarkt« als »den wohl schwersten Mangel der klassischen Investitionstheorie« bezeichnet (Rolfes 2003, S. 108).

Grundlagen der Immobilien-Investitionsrechnung

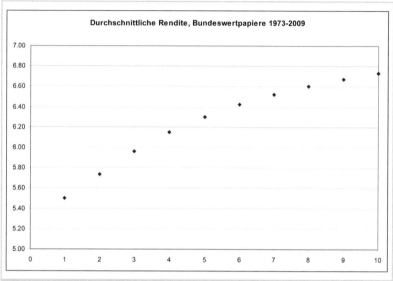

Bild 5.15: Durchschnittliche Rendite von Bundeswertpapieren nach Laufzeiten, 1973-2009

Der Grund für die überwiegend ansteigende Zinsstruktur liegt in der Liquiditätspräferenz der Finanzmittelanleger. Diese haben wegen der schlechter einschätzbaren Bonitätsrisiken langfristiger Ausleihungen und dem Risiko eines eigenen unvorhergesehenen Liquiditätsbedarfs eine allgemeine Vorliebe für kurzfristige Anlagen. Zu längerfristigen Anlagen sind sie daher nur bereit, wenn ihnen dafür ein höherer Zinssatz geboten wird. Auf der Seite der Schuldner kann man wegen der mit kurzfristigen Kapitalaufnahmen verbundenen Prolongationsrisiken eine entsprechende Bereitschaft erwarten, für langfristige Aufnahmen auch höhere Zinsen zu zahlen.

Neben der Liquiditätspräferenz spielen Richtung und Stärke der Zinsänderungserwartungen der Marktteilnehmer eine Rolle für den Verlauf der Zinsstrukturkurve. Grundsätzlich müssen aus der Sicht von heute 10 hintereinandergeschaltete Investments in Bundesanleihen mit einjähriger Restlaufzeit dasselbe Endvermögen erwarten lassen wie der einmalige Kauf einer Anleihe mit zehnjähriger Restlaufzeit. Erwarten die Märkte für die Zukunft eine Zunahme der Zinsen für einjährige Anleihen, so werden in der Gegenwart die langfristigen Zinsen oberhalb der kurzfristigen liegen.

Eingangsgrößen der Investitionsrechnung 5

In diesem Sinne ist die gegenwärtige Zinsstruktur ein Schätzer für die zukünftige Entwicklung der kurzfristigen Zinsen. Im Falle einer inversen Zinsstruktur liegen die kurzfristigen Zinsen dagegen oberhalb der langfristigen und die Zinsänderungserwartung ist auf eine Abnahme der kurzfristigen Zinsen gerichtet.

Wenn wir die Vorteilhaftigkeit eines Investitionsprojektes, dessen Rückflüsse nicht alle zu einem bestimmten Zeitpunkt in der Zukunft anfallen, mithilfe der Kapitalwertmethode beurteilen wollen, dann erscheint es angemessener, die Rückflüsse der einzelnen Jahre mit den jeweils zeitlich zugehörigen Basis-Zinssätzen abzuzinsen, also den Rückfluss in t_3 mit dem gegenwärtigen Zins (Umlaufrendite) für dreijährige Anleihen und den in t_{10} anfallenden mit dem Zins für zehnjährige Anleihen. Zusätzlich zu den Zinssätzen aus der Zinsstrukturkurve muss bei der Ermittlung einer angemessenen Eigenkapitalverzinsung noch ein angemessener Risikoaufschlag berücksichtigt werden. Wenn wir dagegen eine gewogene Umlaufrendite oder eine Umlaufrendite für ein bestimmtes Restlaufzeitintervall zur Diskontierung hernehmen, so verschenken wir gewissermaßen Informationen und verzerren die Ergebnisse. Falsche Rangfolgen von Investitionsprojekten und Fehlentscheidungen können die Folge sein.

Der große Vorteil der Marktzinsmethode liegt in der Objektivierbarkeit der Annahmen über den risikofreien Basiszins. Das Ergebnis der Rechnung hängt nun freilich ganz wesentlich von der zeitlichen Zinsstruktur am Kapitalmarkt ab. Das ist aber nur ein scheinbarer Nachteil, die Zinsstruktur nimmt nun einmal Einfluss auf das Ergebnis der Rechnung. Es ist eben nicht gleichgültig, in welchem Kapitalmarktumfeld ein Projekt in Angriff genommen wird. Die Marktzinsmethode korrespondiert alles in allem sehr gut mit den dynamischen Verfahren der Investitionsrechnung. Sie erlaubt eine nachvollziehbare, empirisch fundierte und periodengerechte Zuordnung von Rückflüssen und Diskontierungszinsen. Bei sehr langen Haltedauern kann die Anwendbarkeit der Methode freilich eingeschränkt sein, wenn keine entsprechend langfristigen Referenzzinssätze zur Verfügung stehen.

5.4.8 Liquidationserlös

Der Liquidationserlös aus einem Immobilieninvestment ist der Verkaufserlös zum voraussichtlichen Liquidationszeitpunkt abzüglich aller mit der Liquidation verbundenen Kosten, soweit sie noch von dem alten Eigentümer zu tragen sind (z. B. Steuer auf Veräußerungsgewinn, Maklerprovision, Abrisskosten, Altlastenbeseitigung).

Die Höhe des Liquidationserlöses hängt von verschiedenen Faktoren ab. Ein wesentlicher Bestimmungsgrund ist der Zeitpunkt der Veräußerung im Verhältnis zur Gesamtnutzungsdauer. Wird eine neu errichtete Wohnimmobilie nach 5 Jahren veräußert, so ist der größte Teil des Nutzungspotenzials noch vorhanden und der aufgelaufene Instandsetzungs- und Modernisierungsbedarf dürfte sich unter normalen Umständen in Grenzen halten. Auch die Intensität der Nutzung spielt eine nicht zu unterschätzende Rolle. Ob eine Wohnung als Arztpraxis oder aber für die Wohnbedürfnisse eines Rentnerhaushaltes genutzt wird, hat spürbare Auswirkungen auf den Gebrauchsverschleiß etwa von Treppenhäusern und Türrahmen.

Ein weiterer Bestimmungsgrund des Liquidationserlöses ist das Instandhaltungsmanagement. Wenn regelmäßig werterhaltende vorbeugende Instandhaltungsmaßnahmen durchgeführt werden, hat dies einen günstigen Einfluss auf die Gesamtlebensdauer der Immobilie. Auf der anderen Seite kann der zu erwartende Liquidationserlös aufgrund technischer oder wirtschaftlicher Überalterung des Gebäudes dahin schmelzen. Dies gilt etwa für Bürogebäude mit veralteten Kommunikationsleitungen und starren Zuschnitten der Räume. Auch die Art des Objekts kann den Ansatz des Liquidationserlöses beeinflussen. Bei risikoreichen Objekten mit eingeschränkter Drittverwendungsfähigkeit wie z. B. Freizeitbädern oder Multiplexkinos ist man gut beraten, nicht nur die Nutzungsdauer, sondern auch den erwarteten Liquidationserlös vorsichtig zu veranschlagen.

Auch bei der Schätzung des Liquidationserlöses stehen sich die angelsächsische und die kontinentaleuropäische Denkweise gegenüber (Abschnitt 5.4.5). Wegen der kleinen Abzinsungsfaktoren wird der Liquidationserlös bei sehr langen Nutzungsdauern oft vernachlässigt. Bei kürzeren

Zeithorizonten (Orientierung an der voraussichtlichen oder normierten Haltedauer) spielt die Schätzung des Liquidationserlöses dagegen eine durchaus kritische Rolle für die Einschätzung der Vorteilhaftigkeit eines Investitionsvorhabens.

Bei der konkreten Bemessung des Liquidationserlöses kommt es darauf an, dass der geschätzte Cashflow im letzten Jahr der Haltedauer in einem angemessenen Verhältnis zum geschätzten Liquidationserlös steht (sogenannte »exit cap rate«; Abschnitt 8.1.3).

5.5 Probleme bei Investitionsrechnungen

Ein Problem bei Investitionsrechnungen ist die Kapitalknappheit. Fast immer übersteigt das Volumen der für sich genommen vorteilhaften Investitionsprojekte die Kapitalressourcen des Unternehmens. Die verschiedenen Investitionsalternativen konkurrieren um das knappe Kapital. Diese Konkurrenz macht eine Rangfolgenbildung unter den Investitionsvorhaben erforderlich. Die Kriterien der Rangfolgenbildung sind grundsätzlich Rendite und Risiko. Nach dem ökonomischen Prinzip soll eine Investitionsalternative dann einer anderen vorgezogen werden, wenn sie bei gleichem Risiko eine höhere Rendite verspricht oder wenn sie bei gleich hohen Renditeerwartungen ein geringeres Risiko aufweist.

Während das Problem der Kapitalknappheit mit geeigneten Verfahren der Investitionsrechnung durchaus beherrscht werden kann, gestaltet sich der Umgang mit dem Problem der mangelnden Quantifizierbarkeit bestimmter Eingangsdaten weitaus schwieriger. Damit ist weniger der Schätzcharakter der meisten Eingangsgrößen angesprochen (z. B. Liquidationserlös) als vielmehr der qualitative Charakter bestimmter Entscheidungskriterien, wie z. B. die Umweltverträglichkeit oder die städtebauliche Beurteilung eines Vorhabens. Hier spielen subjektive Einschätzungen eine Rolle und die Ergebnisse der Bewertung lassen sich allenfalls mithilfe von Scoring-Modellen quantifizieren, die aber ihrerseits einen gewissen Ermessensspielraum offen lassen. Aus der Sicht der Investitionsrechnung besteht die Gefahr nun darin, dass die qualitativen Entscheidungskriterien bei der Rechnung schlicht »unter den Tisch fallen«, eben weil sie nicht ohne weiteres quantifiziert werden können. Das Ergebnis einer Investitionsrechnung, die naturgemäß nur bestimmte Entscheidungskriterien überhaupt berücksichtigen kann, ist aber nicht mit der Gesamtbeurteilung eines Vorhabens gleichzusetzen.

Die sensibelste Teilaufgabe einer Investitionsrechnung ist das Setzen der Annahmen. Keine Investitionsrechnung ist besser als die ihr zugrundeliegenden Annahmen.

Damit sind insbesondere die Cashflow-Prognose und der Kalkulationszinssatz angesprochen. Es gibt hier breiten Raum für Fehlprognosen. Der Investor kann das wirtschaftliche Umfeld ebenso falsch einschätzen wie die Entwicklung der Mieten und Leerstände. Er kann den Liquidationserlös und/oder die Nutzungszeit überschätzen oder den Anschlusszins nach Ablauf der anfänglichen Zinsbindung zu niedrig ansetzen. Auch die Instandhaltungskosten sind als Quelle von Schätzunsicherheiten nicht zu unterschätzen.

Die Binsenweisheit, stets alle Annahmen auf der übervorsichtigen Seite zu setzen, ist aber keine angemessene Antwort auf die Unsicherheit der Zukunft. Vorsicht allein reicht nicht, denn mit einer durchweg zu konservativen Annahmesetzung, werden zwangsläufig viele Investitionschancen verdeckt. Annahmen über die Zukunft haben immer auch ein subjektives Element. Es ist daher von großer Bedeutung, wer innerhalb einer Organisation an der Aufstellung der Annahmen beteiligt ist.

Grundsätzlich gilt: Die Annahmen setzt der, der sie erfüllen muss! Werden die Annahmen für die Investitionsrechnung von einer Stabsabteilung am grünen Tisch ausgearbeitet und lediglich vom Vorstand bestätigt, so fehlt es dem Rechenwerk an der organisatorischen Verankerung. Es wird damit zu einem unverbindlichen Planungsinstrument. Dann kann man es auch lassen.

Wenn mit Investitionsrechnungen die Wirtschaftlichkeit tatsächlich gesteigert werden soll, ist von den Mitarbeitern Intrapreneurship gefordert. Die Annahmen werden also nicht am grünen Tisch gesetzt, sondern die Abteilungen müssen ihre Rollen z. B. als »Makler« oder »Eigentümer« internalisieren. Den operativ zuständigen Abteilungen ist also ein wesentlicher Einfluss auf die Annahmen zuzubilligen und sie müssen auch die Verantwortung für die Erfüllung der Annahmen tragen. Verantwortung bedeutet, dass jemand in der Organisation für Annahmeverletzungen haftbar gemacht werden kann (Commitment). Die Annahmen sollen realistisch sein, aber auch eine gewisse Herausforderung für die Organisation beinhalten.

Konkret sind die Annahmen über die Entwicklung von Mieteinnahmen und Leerständen gemeinsam mit der Vermietung zu erarbeiten, die zu den Herstellungskosten bei Neubau oder Modernisierung mit der Technik und dem Einkauf, die Verkaufspreise beim Vertrieb als Eigentumswohnung mit dem Vertrieb, die laufenden Instandhaltungskosten mit der Bewirtschaftung usf.

Die geforderte Genauigkeit der einzelnen Annahmen hängt von ihrer jeweiligen Sensitivität ab, also ihrem jeweiligen Einflusspotenzial auf die Outputgröße der Rechnung (z. B. Kapitalwert). Anstelle von Scheingenauigkeiten sollten besser die wesentlichen Prämissen der Rechnung deutlich gemacht werden.

Von großer Bedeutung für die Güte einer Investitionsrechnung ist außerdem die Abstimmung der verschiedenen Annahmen aufeinander. Die Inflationserwartung sollte explizit vorgegeben werden, denn sie ist an verschiedenen Stellen von großer Bedeutung für die Annahmesetzung (z. B. Prolongationszins, Kalkulationszins, Wachstumsrate Sollmieten). Die Annahme über die Entwicklung der Sollmieten etwa ist im Hinblick auf die unterliegende Inflationserwartung mit dem Anspruch an die (nominale) kalkulatorische Verzinsung abzustimmen (kein «Schön-Rechnen»). Eine hohe Inflationserwartung muss sich ebenso in einer hohen Wachstumsrate der Mieteinnahmen wie in einem hohen kalkulatorischen Verzinsungsanspruch widerspiegeln. Das gilt mit umgekehrten Vorzeichen für eine niedrige erwartete Inflationsrate. Außerdem sind Renditen, die unter verschiedenen Annahmen über die zukünftige Preisentwicklung berechnet worden sind, nicht miteinander vergleichbar.

Bleibt die Frage, welche Parameter in einer Wirtschaftlichkeitsberechnung unternehmensweit vorgegeben werden und welche objektspezifisch bestimmt werden sollten (zentrale oder dezentrale Annahmensetzung).

Grundsätzlich sollten Annahmen so wenig wie möglich pauschaliert werden, da Pauschalierungen falsche Rangfolgen und damit Fehlentscheidungen nach sich ziehen. Die Annahmen über die Mieteinnahmen, Fluktuation und Leerstand sollten daher so objektscharf wie möglich getroffen werden. Hier kann man nicht Objekte unabhängig von Standort, Bauzustand und Ausstattung über einen Kamm scheren. Die Objektperspektive erlaubt eine saubere Zuordnung von Objekteigenschaften und Ausprägungen der Annahmen. Daraus ergibt sich eine transparente Grundlage für Kritik und Diskussionsbeiträge. Davon abgesehen wird die Orientierung an Benchmarks (z. B. Miete, Leerstandsquote) erleichtert.

Auf der anderen Seite sind Annahmen zu treffen, die keinen Bezug zu den Objekteigenschaften haben. Eine solche allgemeinverbindlich vorzugebende Annahme ist der Prolongationszins, denn es kann nicht sein, dass innerhalb ein- und desselben Unternehmens je nach Projekt unterschiedliche Szenarien der zukünftigen Kapitalmarktentwicklung verwendet werden.

Annahmekategorie	zentral	Zentrale Regel	dezentral
Mietsteigerung			X
Fluktuation			X
Leerstand			X
Zunahme Instandhaltung		X	
Ausstiegsrendite/Liquidationserlös		X	
Zunahme Nebenkosten			
Zunahme Verwaltungskosten	X		

Probleme bei Investitionsrechnungen 5

Annahmekategorie	zentral	Zentrale Regel	dezentral
Prolongationszins	X		
Kalkulationszins		X	

Tabelle 5.2: Annahmekategorien und Entscheidungsebenen

Schließlich gibt es Annahmen wie den Kalkulationszins oder den Liquidationserlös, die man zwar nicht wert- oder betragsmäßig vorgeben sollte, bei denen aber ein verbindliches objektiviertes Verfahren oder eine Rechenregel zur Bestimmung angemessen erscheint, um das Verfahren soweit wie möglich zu objektivieren.

> **Zusammenfassung** !
> Der Problemlösungsprozess der Investition umfasst die 4 Phasen:
> - Planung (Investitionsanregung, Grobselektion, Datenerfassung, Grobkalkulation),
> - Entscheidung (vorläufige Beurteilung, Einordnung nach Dringlichkeit, vollständige Datensammlung, Wirtschaftlichkeitsberechnung, Abstimmung mit Finanzplan),
> - Vollzug und
> - Evaluation.
>
> Dem Investitionscontrolling kommt die Aufgabe des Soll/Istvergleiches zu (z. B. Termin- und Kostenüberschreitungen in der Bauphase, Abweichungen von den geplanten Größen in der Nutzungsphase).
> Immobilien-Investitionen teilt man ein in: bestandserweiternde Investitionen (Neubau, Kauf), die aus bilanzieller Sicht zu einem Aktivtausch führen, Investitionen zur Bestandsentwicklung, die nur bei Aktivierungsfähigkeit der Ausgaben zu einem Aktivtausch führen und Desinvestitionen (z. B. Abriss, Verkauf), deren bilanzielle Auswirkungen vom Verhältnis des erzielten Erlöses zum Buchwert des Grundstücks abhängen. Auch die planmäßigen Gebäudeabschreibungen kann man unter dem Begriff der Desinvestition einordnen.

Innerhalb der Investitionen zur Bestandsentwicklung wird zwischen Instandhaltung (vorbeugende Maßnahmen zur Erhaltung), Instandsetzung (Beseitigung von Mängeln und Schäden zum Zwecke der Wiederherstellung des Originalzustandes) und Modernisierung (Maßnahmen zur Verbesserung wie Wärmedämmung, Einbau eines Aufzugs) unterschieden. Duldungspflichtige Modernisierungsmaßnahmen berechtigen bei der Vermietung von Wohnräumen zur Erhebung der Modernisierungsumlage (Umlage von 11 Prozent der Kosten auf die Jahresmiete).

Der Dateninput einer Investitionsrechnung besteht aus folgenden Eingangsgrößen:

- Kapitaleinsatz: Anschaffungs- oder Herstellungskosten.
- Cashflow: der Investition zurechenbarer Zahlungsmittelzufluss pro Periode unabhängig von seiner Erfolgswirksamkeit: Miete – Bewirtschaftungskosten – Modernisierungskosten (ggf.) – Steuerzahlungen – Kapitalkosten (bei Eigenkapital-Perspektive).
- Nutzungsdauer: beabsichtigte Haltedauer des Investitionsobjektes.
- Zinsfuß: Der Kalkulationszinssatz für das eingesetzte Eigenkapital setzt sich aus folgenden Komponenten zusammen: risikofreier Basiszins plus angemessene Risikozuschläge. Der Basiszins kann mithilfe der Marktzinsmethode aus der aktuellen Zinsstrukturkurve abgleitet und für die einzelnen Perioden der Haltedauer differenziert vorgegeben werden.
- Liquidationserlös: Der Liquidationserlös aus einem Immobilieninvestment ist der Verkaufserlös zum voraussichtlichen Liquidationszeitpunkt abzüglich aller mit der Liquidation verbundenen Kosten, soweit sie noch von dem alten Eigentümer zu tragen sind. Er muss in einem angemessenen Verhältnis zum geschätzten Cashflow im letzten Jahr der Haltedauer stehen.

Die einzelnen Cashflow-Komponenten sind möglichst objektindividuell mit ihren jeweiligen Erwartungswerten anzusetzen. Der wichtigste Bestandteil des Cashflows sind die erwarteten Mieteinnahmen. Handelt es sich um Wohnraum, so spielt das Mietpreisrecht eine nicht unwesentliche Rolle für die Entwicklung der Vertragsmieten.

An einem ausgeglichenen Wohnungsmarkt kann man annehmen, dass die Miete im Einklang mit der Inflationsrate steigt. Darüber hinaus sollte man nur bei besonders günstigen Bedingungen am regionalen Wohnungsmarkt gehen.

Probleme bei Investitionsrechnungen 5

Bei Leerständen und rückläufiger Nachfrage können sich dagegen auch in nominaler Rechnung rückläufige Wohnungsmieten ergeben. Davon abgesehen spielen die Eigenschaften der Wohnung, des Wohnumfeldes und die Erreichbarkeit von zentralen Einrichtungen eine wesentliche Rolle für die erzielbaren Mieteinnahmen.

In einer dynamischen Investitionsrechnung muss zwischen der Bestands-, der Neuvermietungs- und der Vergleichsmiete unterschieden werden. Auch die jährliche Fluktuationsrate beeinflusst die Höhe der Mieteinnahmen.

Der Kalkulationszins spiegelt das Risiko negativer Abweichungen der jährlichen Cashflows bzw. ihrer Bestandteile von ihren erwarteten Werten wider. Dieses Risiko zeigt sich in der Streuung der entsprechenden Wahrscheinlichkeitsverteilungen. Wenn die Wirtschaftlichkeit des Einsatzes des gesamten in einem Investitionsprojekt gebundenen Kapitals beurteilt werden soll, dann sollten die jährlichen Rückflüsse mit einem gewichteten Mischzins abgezinst werden, der sowohl die projektbezogenen Risiken für die Eigenkapitalverzinsung als auch die Finanzierungsstruktur und die Fremdfinanzierungskonditionen des Unternehmens widerspiegelt. Geht es nur um die Wirtschaftlichkeit des Eigenkapitals, so sind die Cashflows dagegen mit einem risikogerechten Eigenkapitalzins abzuzinsen.

Das gravierendste Problem bei einer Investitionsrechnung ist die Treffsicherheit der getroffenen Annahmen. Die Annahmesetzung und die Verantwortung für ihre Erfüllung gehören zusammen. Die Annahmen sollten so weit möglich und sinnvoll dezentral vorgegeben werden.

Grundlagen der Immobilien-Investitionsrechnung

Wichtige Begriffe und Konzepte

Alternativinvestition	Instandhaltung	Mietvertrag
Anschaffungskosten	Instandsetzung	Mietwucher
Basiszinssatz	Investitionsanregung	Modernisierung
Berechtigtes Interesse	Investitionscontrolling	Modernisierungsumlage
Bestandserweiterung	Kalkulationszinssatz	Nutzungsdauer
Bestandsinvestition	Kapitaleinsatz	Risikozuschlag
Cashflow	Kapitalwert	Sekundärinvestition
Desinvestition	Kappungsgrenze	Staffelmiete
Due Diligence	Kündigungsrecht	Variable Kosten
Fixe Kosten	Landesüblicher Zins	Vergleichsmiete
Gebäudeabschreibungen	Leistungsphasen	Vermögensendwert
Grobselektion	Liquidationserlös	Versunkene Kosten
Herstellungskosten	Marktmiete	Vertragsmiete
Indexmiete	Marktzinsmethode	Wohnwertmerkmale
Inflation	Mietpreisrecht	Zinseszins
Inflationserwartung	Mietpreisüberhöhung	Zinsfuß
Inflationsprämie	Mietspiegel	Zwangsinvestition

Verständnisfragen

K 5.1
Geben Sie je ein Beispiel für eine externe und eine interne Investitionsanregung!

K 5.2
Worin liegt die betriebswirtschaftliche Bedeutung der Rückkopplung zwischen Investitionscontrolling und Investitionsplanung?

Probleme bei Investitionsrechnungen 5

K 5.3
Welche Bedeutung hat die Frage der Aktivierungsfähigkeit von Ausgaben für die Bestandsentwicklung für die Handels- und die Steuerbilanz?

K 5.4
Unter welchen Voraussetzungen haben die planmäßigen Gebäudeabschreibungen einen Finanzierungseffekt?

K 5.5
Erläutern Sie die Unterschiede zwischen Wohnraum- und Geschäftsraummietrecht in der Frage der Duldungspflicht und der Kostenbeteiligung bei Modernisierungsaufwendungen!

K 5.6
Zeigen Sie den grundlegenden Unterschied zwischen Handelsbilanz und Investitionsrechnung bei der Behandlung von Zahlungsströmen am Beispiel der Gebäudeabschreibungen auf!

K 5.7
Warum ist die Aufteilung der Bewirtschaftungskosten in fixe und variable Kosten von Bedeutung für die Entscheidung eines Vermieters über den Marktaustritt bzw. die Weiterbewirtschaftung des Objekts?

K 5.8
Sind Zins- und Tilgungszahlungen auf das eingesetzte Fremdkapital in eine Investitionsrechnung einzubeziehen?

K 5.9
Wie haben sich die Wohnungsmieten im Deutschland seit 1995 in realer Rechnung entwickelt?

K 5.10
Welche Wohnwertmerkmale sind in § 558 Abs. 2 S. 1 BGB explizite genannt?

K 5.11
Warum folgt die Vergleichsmiete der Entwicklung der Neuvertragsmieten nur mit Verzögerung?

K 5.12
Welche Anforderungen stellt der Gesetzgeber an einen sogenannten »qualifizierten Mietspiegel«?

K 5.13
Was geht vor – der Anspruch der Vermieters auf eine Mieterhöhung auf die Vergleichsmiete oder die Kappungsgrenze des § 558 Abs. 3 BGB?

K 5.14
Würden Sie die Kappungsgrenze als ein großes Problem für die Wohnungswirtschaft bezeichnen?

K 5.15
Unter welchen Voraussetzungen ist die Vorschrift des § 5 Wirtschaftsstrafgesetz anwendbar?

K 5.16
Worin unterscheiden sich die finanzierungs- und die opportunitätsorientierte Ermittlung des Kalkulationszinses?

K 5.17
Definieren Sie das Risiko einer Investition! Wie kann das Risiko in einer Investitionsrechnung berücksichtigt werden?

K 5.18
Erläutern Sie das sogenannte »allgemeine Unternehmerrisiko« anhand eines Beispiels!

K 5.19
Warum weist die zeitliche Zinsstrukturkurve meistens einen ansteigenden Verlauf auf (sogenannte »normale Zinsstruktur«)?

K 5.20
Wie kann man sich die in der Zinsstrukturkurve enthaltenen Zinserwartungen für die Zwecke einer Investitionsrechnung zunutze machen?

Probleme bei Investitionsrechnungen 5

Weiterführende Fragen und Themen

W 5.1
Stellen Sie eine Liste mit Daten zusammen, die für die Prüfung und Beurteilung eines Investitionsvorschlages benötigt werden!

W 5.2
Warum hat die Bedeutung der Neubauinvestitionen in der Immobilienwirtschaft in den letzten Jahren wieder zugenommen?

W 5.3
Wie haben sich die Wohnungsmieten in Ihrer Heimatregion seit den 70er Jahren entwickelt? Charakterisieren Sie die derzeitige Situation des Wohnungsmarktes Ihrer Region/Stadt mit geeigneten Indikatoren. Welche Schlussfolgerungen ergeben sich daraus für die Mietenprognose?

W 5.4
Informieren Sie sich über die laufende Wohnungsmarktbeobachtung im Land Nordrhein-Westfalen. Welche Indikatoren werden dort verwendet?

W 5.5
Kann man die Begriffe Nutzungs- und Haltedauer synonym benutzen?

W 5.6
Machen Sie einen begründeten Vorschlag für die Aufteilung der Instandhaltungs-, Verwaltungs- und Betriebskosten eines Objekts in fixe und variable Kosten!

W 5.6
Recherchieren Sie die nötigen Daten für eine Zinsstrukturkurve, die die aktuellen Verhältnisse am deutschen Kapitalmarkt für Laufzeiten bis unter 10 Jahren beschreibt. Zeichnen Sie die Kurve und beschreiben Sie ihren Verlauf verbal. Welche Begründungen werden von Fachleuten für diesen Verlauf genannt?

Literaturhinweise
Zum Problemlösungsprozess der Investition:
Väth/Hoberg (2005): Immobilienanalyse – die Beurteilung von Standort, Markt, Gebäude und Vermietung.

Zur Modernisierung und Modernisierungsmieterhöhung:
Blank (2008): Mietrecht und Energieeffizienz.

Blömeke/Blümmel/Kinne (2000): Die Modernisierung und Instandsetzung von Wohnraum.

Halama (2014): Ansprüche des Mieters auf Durchführung und Unterlassen einer energetischen Modernisierung.

Mersson (2009): Mieterhöhung bei Modernisierung – ein Überblick über die Voraussetzungen des § 559 BGB.

Thomsen (1998): Modernisierung von preisfreiem Wohnraum durch den Vermieter.

Zur betriebswirtschaftlichen Effizienz von energetischen Sanierungsmaßnahmen im Bestand:
Schönefeldt et al. (2008): Green Building Leverage.

Zu den theoretischen Grundlagen:
Baker (2001): Residential Real Estate: An Investment in Need of a Theory.

Zu den finanzmathematischen Grundlagen:
Kruschwitz (2010): Finanzmathematik.

Sindt (1998): Real Estate Investment, chapter 3.

Zu den preisrechtlichen Grundlagen:
Börstinghaus/Clar (2013): Mietspiegel.

Gramlich (2015): Mietrecht.

Kofner (2012): Grundzüge der Wohnungsbaupolitik, Abschnitt 2.

Vielberth (1997): Möglichkeiten und Auswirkungen von Wertsteigerungen bei Mietverträgen von Gewerbeimmobilien zu den Besonderheiten bei Staffel- und Indexmietverträgen.

Zur Nutzungs- bzw. Haltedauer:
Collett/Lizieri/Ward (2003): Timing and the Holding Periods of Institutional Real Estate für eine empirische Analyse der Haltedauern unterschiedlicher Arten von Immobilien bei institutionellen Investoren.

Zur Ermittlung des Kalkulationszinses:
Rolfes (2003): Moderne Investitionsrechnung, Erster Teil, Abschnitte A.III und C.

Zur Marktzinsmethode:
Rolfes (2003): Moderne Investitionsrechnung, Zweiter Teil, Abschnitt A.

6 Das Konzept »Rendite« (»Returns«)

> *Gewinn ist so notwendig wie die Luft zum Atmen,*
> *aber es wäre schlimm, wenn wir nur wirtschafteten,*
> *um Gewinne zu machen,*
> *wie es schlimm wäre, wenn wir nur lebten,*
> *um zu atmen.*
> Hermann Josef Abs

In diesem Kapitel sollen Sie erkennen,
- wie das Konzept der Wirtschaftlichkeit in unterschiedlichen Rentabilitätskennziffern konkretisiert wird.

6.1 Was heißt Wirtschaftlichkeit?

Investitionsrechnungen sind ökonomische Kalküle. Sie dienen der Vorbereitung wirtschaftlicher Entscheidungen. Sie sollen solche Entscheidungen rationalisieren helfen. Mithilfe von Investitionsrechnungen sollen aus der Vielzahl der Investitionsalternativen die »wirtschaftlichsten« ausgewählt werden. Damit stellt sich aber die Frage nach dem Begriff der Wirtschaftlichkeit. Aus volkswirtschaftlicher Sicht ist damit die Effizienz des Ressourceneinsatzes gemeint, die im sogenannten ökonomischen Prinzip (Abschnitte 4.1 und 5.5) zum Ausdruck kommt. Entweder wird versucht, eine maximale Rendite bei gegebenem Risiko (Streuung der Gewinnverteilung) oder ein minimales Risiko bei gegebener Rendite (Erwartungswert der Verteilung) zu erreichen.

In Investitionsrechnungen steht meistens der projektindividuelle und risikogerechte Verzinsungsanspruch fest und man versucht, die Outputgröße der Rechnung zu maximieren. Bezogen auf die Kapitalwertmethode können wir den Begriff der Wirtschaftlichkeit wie folgt fassen: Wirtschaftlichkeit bedeutet, den Kapitalwert zu maximieren, also den geforderten und risikogerechten Verzinsungsanspruch so weit wie möglich übertreffen.

Zuerst sollte also das Projekt mit dem höchsten erwarteten Kapitalwert in Angriff genommen, dann das das mit dem zweithöchsten, etc. Insgesamt erreicht man auf diese Weise eine Maximierung des Vermögenszuwachses.

Auf der einzelwirtschaftlichen Ebene ist gewinnmaximierendes Verhalten die Voraussetzung für die volkswirtschaftliche Effizienz des Ressourceneinsatzes. Auch und gerade Geldkapital ist eine knappe Ressource. Das einzelne Unternehmen wie auch die Gesellschaft haben ein Interesse daran, dass das Kapital dort zum Einsatz kommt, wo es bei gleichem Risiko eine möglichst hohe Rendite abwirft.

Damit ist die Frage nach dem Begriff des Gewinns gestellt. Gewinn ist immer eine Residualgröße, also eine Differenz aus Erlösen und Kosten bzw. Erträgen und Aufwendungen bzw. Ausgaben und Einnahmen bzw. Einzahlungen und Auszahlungen (Bild 6.1). Gewinn wird erzielt, wenn die Erlöse größer sind als die Kosten. Diese Definition ist jedoch etwas vordergründig. Aus wirtschaftlicher Sicht erscheint es zweckmäßig, erst dann von Gewinn zu sprechen, wenn die Erlöse nicht nur die direkten Kosten, sondern auch die Opportunitätskosten für die entgangene Kapitalverzinsung aus einer risikolosen Anlage des im Unternehmen gebundenen Kapitals zum »landesüblichen Zinssatz« sowie eine angemessenen Risikoprämie und bei Eigentümerunternehmen den kalkulatorischen Unternehmerlohn (sogenannter »Normalgewinn«) übersteigen. Die Differenz zwischen dem tatsächlich erzielten Gewinn und dem Normalgewinn bezeichnet man als »Marktlagengewinn«. Marktlagengewinne haben grundsätzlich einen vorübergehenden Charakter, weil sie zusätzlich Anbieter in den Markt locken und damit eine Tendenz zu sinkenden Absatzpreisen bewirken.

Was heißt Wirtschaftlichkeit? 6

Wertebene	Strömungsgrößen		Gewinngrößen
Liquiditäts-ebene	Einzahlung Zufluss von liquiden Mitteln (Bargeld und Buchgeld) in einer Periode	Auszahlung Abfluss von liquiden Mitteln (Bargeld und Buchgeld) in einer Periode	Cashflow
Finanzielle Wertebene	Einnahme Zufluss von liquiden Mitteln plus Schuldenabnahme plus Forderungszunahme in einer Periode	Ausgabe Abfluss von liquiden Mitteln plus Schuldenzunahme plus Forderungsabnahme in einer Periode	Einnahme-überschuss
Bilanzieller Unternehmens-erfolg	Ertrag bewertete Gütererstellung in einer Periode	Aufwand bewerteter Güterverzehr in eine Periode	Jahres-überschuss
Betriebserfolg	Leistung Sachzielbezogene bewertete Gütererstellung in einer Periode	Kosten Sachzielbezogener bewerteter Güterverzehr in einer Periode	Kalkulatorischer Erfolg

Bild 6.1: Zuordnung von Strömungs- und Gewinngrößen

Die volkswirtschaftliche Effizienzbedingung in Bezug auf die Kapitalverwendung kann wie folgt formuliert werden: Die »Grenzproduktivität des Kapitals« muss dem realen Kapitalmarkzins entsprechen. Die Grenzproduktivität des Kapitals ist definiert als der zusätzliche physische Ertrag aus der letzten eingesetzten Einheit an Kapital pro Periode (Bild 6.2). Bei ständig abnehmender Grenzproduktivität des Kapitals (respektive monoton degressiv steigender Produktionsfunktion) ist die letzte eingesetzte Einheit an Sachkapital zugleich die mit der geringsten physischen Produktivität. Ihre Grenzproduktivität muss genau den zusätzlichen Kosten des Einsatzes dieser Einheit an Kapital entsprechen, also dem Realzins.

Das Konzept »Rendite« (»Returns«)

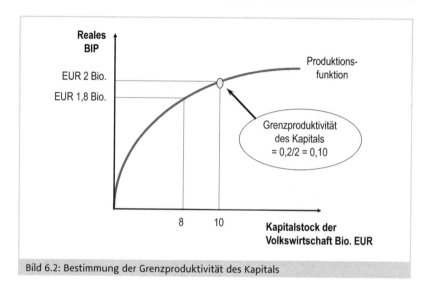

Bild 6.2: Bestimmung der Grenzproduktivität des Kapitals

Für die Unternehmen wie auch für die gesamte Volkswirtschaft ist ein optimaler Kapitaleinsatz gegeben, wenn Investitionsvorhaben in abnehmender Reihenfolge ihrer Grenzproduktivitäten realisiert werden, bis die Grenzproduktivität der letzten Kapitaleinheit dem realen Kapitalmarktzins entspricht (Bild 6.3).

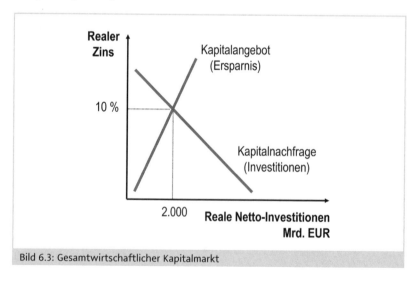

Bild 6.3: Gesamtwirtschaftlicher Kapitalmarkt

6.2 Rentabilitätsberechnung

Investoren bedienen sich des Konzepts der »Rendite«, das heißt sie beziehen eine Gewinngröße (Bild 6.1) auf eine Kapitalgröße, um die Gewinnträchtigkeit oder »Performance« ihres Investments zu messen. Sie tun dies, weil die absolute Höhe des Gewinns ohne Bezug zum Kapitaleinsatz wenig aussagekräftig ist. Die Rendite wird in Form von verschiedenen betriebswirtschaftlichen Kennziffern operationalisiert. Stets wird dabei eine Gewinngröße in Bezug zu einem investierten Kapitalbetrag gesetzt. Wir brauchen solche Renditekennziffern, um die Performance (eines Unternehmens, eines Investments) in der Vergangenheit zu messen (Investitionscontrolling, ex post) und um unsere Erwartungen über die zukünftige Performance auszudrücken (Investitionsplanung, ex ante). Alle Rentabilitätskennziffern haben dieselbe Grundform:

$$R = \frac{\text{Gewinngröße} * 100}{\text{investiertes Kapital}}$$

Bei einer Investition ist die Gewinngröße im Zähler der jährliche Cashflow. Bei den Rentabilitätskennziffern handelt es sich um statische Kennzahlen mit entsprechend beschränktem Anwendungsbereich. Die Berechnung der Rentabilität R als Verhältnis von Cashflow zu investiertem Kapital setzt einen konstanten Gewinn über die gesamte Nutzungszeit hinweg voraus. In diesem Fall kann der Jahresgewinn oder Cashflow als »ewige Rente« interpretiert werden.

Diese Voraussetzungen sind aber meistens nicht erfüllt: Wenn bspw. eine Wohnung modernisiert wird und gemäß § 559 BGB 11 Prozent der Kosten auf die Jahresmiete umgelegt werden können, ergibt sich eine statische Rendite von 11 Prozent. Diese Rendite stimmt mit der dynamischen Rendite aber nur überein, wenn die Bauteile oder Einbauten ewig halten und die 11-prozentige Umlage stets am Markt erzielt werden kann.

Für Immobilieninvestments sind besonders zwei Kennziffern von Bedeutung: die Eigenkapital- und die Gesamtkapitalrentabilität der Investition:

$$\text{Eigenkapitalrentabilität} = \frac{(\text{Cashflow} - \text{Kapitaldienst}) * 100}{\text{investiertes Eigenkapital}}$$

$$\text{Gesamtkapitalrentabilität} = \frac{\text{Cashflow} * 100}{\text{investiertes Gesamtkapital}}$$

Welcher Kennziffer man sich jeweils bedienen sollte, hängt von der Kapitalperspektive und vom Erkenntnisinteresse ab. Mit der Eigenkapitalrendite wird die Shareholder-Perspektive eingenommen. Diese Kennziffer informiert die Anteilseigner über die Verzinsung ihres in dem Objekt bzw. dem Unternehmen investierten Eigenkapitals. Die Eigenkapitalrendite ist tendenziell eine unternehmensbezogene Kennziffer, die die Vergleichbarkeit von Ergebnissen zwischen verschiedenen Objekten erschwert. Der Renditenvergleich wird durch die Einflüsse von der Finanzierungsseite verzerrt. Hier sind neben unterschiedlichen Finanzierungskonditionen auch die Finanzierungsstruktur (Anteile Eigen- und Fremdkapital, Fristigkeit) zu nennen.

In der Wohnungs- und Immobilienwirtschaft sind verschiedene Renditebegriffe gebräuchlich, die ihrerseits die Kehrwerte der entsprechenden Vervielfältiger bzw. Multiplikatoren darstellen.

6 Periodenbezug der Rendite

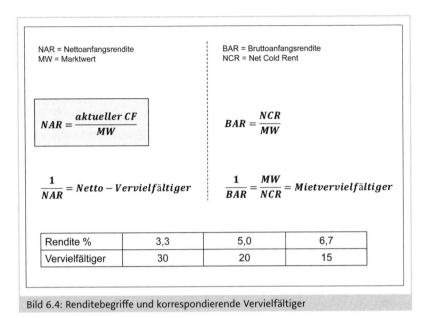

Bild 6.4: Renditebegriffe und korrespondierende Vervielfältiger

Während die Nettoanfangsrendite NAR den aktuellen Cashflow aus dem Objekt auf den aktuellen Marktwert des Objektes (MW) bezieht, steht bei der Bruttoanfangsrendite BAR die Jahresnettokaltmiete NCR im Zähler. Die entsprechenden Kehrwerte können wir als »Netto-Vervielfältiger« bzw. »Mietvervielfältiger« bezeichnen.

6.3 Periodenbezug der Rendite

Der Periodenbezug der Renditekalkulation ist von großer Bedeutung für die Aussagekraft von Renditekennziffern. Man unterscheidet zwischen Einperioden- oder statischen Modellen [Simple Holding Period Return (HPR)] und Mehrperioden- oder dynamischen Modellen [Multiple Holding Period Return (MPR)].

Der Anwendungsbereich der Einperiodenbetrachtung ist vergleichsweise eng begrenzt. Der periodische Rückfluss (HPR) misst die Entwicklung des Investments anhand einer einzigen Periode, die gleichsam die Rolle einer

183

repräsentativen Stellvertreterperiode einnimmt. Die Anwendung der statischen Verfahren ist daher auf relativ kurzfristige Nutzungszeiträume und regelmäßig verlaufende Cashflows beschränkt. Strenggenommen setzten diese Modelle sogar einen konstanten Rückfluss während der Nutzungszeit voraus (Abschnitt 6.2).

Damit muss man die Einsatzmöglichkeiten im Bereich der Bewertung immobilienwirtschaftlicher Investitionen skeptisch sehen, denn gerade Immobilieninvestments zeichnen sich durch die Instabilität der von ihnen generierten Zahlungsströme im Zeitablauf aus (Abschnitt 5.4.2). Andererseits kann man den statischen Modellen eine Rolle als vorgeschaltete Verfahren im Rahmen der Grobselektion der Investitionsprojekte zubilligen. Sie können aber die aufwendigeren dynamischen Verfahren auf der Stufe der Detailanalyse nicht ersetzen.

Nicht zuletzt die den zu bewertenden Cashflows immanenten Schätzunsicherheiten sprechen gegen eine solche Substitution im Sinne einer Vereinfachung. In dieser Hinsicht sind die dynamischen Modelle kombiniert mit den Techniken zur Eingrenzung von Risiko und Unsicherheit den statischen überlegen. Bei einem Einperiodenansatz besteht die Gefahr, dass der Investor sich die Risiken seines Vorhabens überhaupt nicht bewusst macht. Damit ist die entscheidende Schwäche der statischen Modelle benannt: Sie verstellen aufgrund ihrer restriktiven Annahmen den Blick auf die Investitionsrisiken.

Gebräuchlich ist die Zerlegung der Immobilienrendite in die beiden Komponenten »laufende Einnahmen« und »Wertsteigerungen«. Die laufenden Einnahmen werden in den angelsächsischen Ländern wahlweise als »income return«, »current yield« oder einfach als »yield« bezeichnet. Gemeint ist damit ganz einfach das Verhältnis des jährlichen Cashflows CF_t zum Marktwert der Immobilie zu Beginn des betrachteten Jahres (V_{t-1}):

$$y_t = \frac{CF_t}{V_{t-1}}$$

Die zweite Komponente des periodischen Rückflusses sind die jährlichen Wertsteigerungen (wahlweise »appreciation return«, »capital gain«, »ca-

Periodenbezug der Rendite 6

pital return« oder einfach »growth«). Die »Wertsteigerungsrendite« g_t entspricht dem Verhältnis der absoluten Wertsteigerung innerhalb eines Jahres (V_t-V_{t-1}) zum Marktwert der Immobilie zu Beginn des Jahres (V_{t-1}):

$$g_t = \frac{V_t - V_{t-1}}{V_{t-1}} = \frac{V_t}{V_{t-1}} - 1$$

Die gesamte jährliche Rendite (»total return«) aus dem Investment setzt sich aus der laufenden Rendite und der Wertsteigerungsrendite zusammen:

$$g_t = y_t + g_t$$

Wir können die Gesamtrendite pro Periode folgendermaßen definieren:

$$r_t = \frac{CF_t + V_t - V_{t-1}}{V_{t-1}} = \frac{CF_t + V_t}{V_{t-1}} - 1$$

Oder einfacher:

$$\text{Total Return} = \frac{\text{Cashflow} + \text{Wertänderung}}{\text{gebundenes Kapital}}$$

Beispiel 6.1 !

Angenommen, eine Immobilie wird am Jahresende 2015 mit 100.000 EUR bewertet. Wenn die Immobilie im Jahr 2016 einen Cashflow in Höhe von 10.000 EUR generiert und am Jahresende 105.000 EUR wert ist, wie fallen die laufende Rendite y, die Wertsteigerungsrendite g und der Total Return r für 2016 aus? Der Total Return kann wie folgt bestimmt werden:

$$y = \frac{10.000 \text{ EUR}}{100.000 \text{ EUR}} * 100 = 10\%$$

$$g = \frac{105.000 \text{ EUR} - 100.000 \text{ EUR}}{100.000 \text{ EUR}} * 100 = 5\%$$

$$r = 10\% + 5\% = 15\%$$

Man beachte einen wichtigen Unterschied zwischen der laufenden Rendite y und der Wertsteigerungsrendite g: Die laufende Rendite ist bereits durch entsprechende Ein- und Auszahlungen realisiert. Sie kann uns nicht mehr genommen werden. Anders verhält sich das bei der der Wertsteigerungsrendite. Die Wertsteigerungen sind nicht realisiert, so lange die Immobilie nicht verkauft wird. Schon in der nächsten Periode können sich die eben verbuchten Wertsteigerungen durch entsprechende Abwertungen in Luft auflösen.

6.4 Preisbildung bei Immobilien: Cap Rate

Die Preise von gewerblichen Immobilien werden üblicherweise in Form der sogenannten »cap rates« (Abkürzung für »capitalization rates«, Deutsch: Nettoanfangsrenditen) angegeben. Gebräuchlich ist auch die Bezeichnung »overall rate« (OAR). Die Cap Rate ist definiert als:

$$\text{Cap Rate} = \frac{\text{derzeitiger jährlicher Cashflow}}{\text{Marktpreis des Objekts}}$$

Unter dem Marktpreis wird üblicherweise der Kaufpreis ohne Nebenkosten verstanden. Diese Nebenkosten sind aus der Sicht des Käufers aber zu berücksichtigen, soweit er sie zu tragen hat.

Die Cap Rate kann man sich also als das Verhältnis der laufenden Netto-Einnahmen aus dem Investment zu den Anschaffungskosten vorstellen. Es handelt sich um den Kehrwert der sogenannten »Price/earnings ratio« (Vervielfältiger). Der Vervielfältiger gibt dem Investor an, das Wievielfache des aktuellen Cashflows er aufwenden muss, um den Kaufpreis zahlen zu können.

Die Cap Rate ist alles andere als eine statische Größe. Die Immobilienmärkte sind ständig in Bewegung, weil sich immer wieder unerwartet die Rahmenbedingungen ändern (z.B. Zinsen, Steuern, Wirtschaftswachstum). Das heißt aber, dass die Mieten und Preise sich ständig anpassen müssen. Sie sind sozusagen immer auf dem Weg zum Gleichgewicht, aber selten im Gleichgewicht. Auf dem Weg zu einem neuen Marktgleichgewicht haben

Preisbildung bei Immobilien: Cap Rate 6

sich aber in der Regel die Gleichgewichtsbedingungen schon wieder geändert. Die drei wesentlichen Bestimmungsgründe der Cap Rate sind:
- die Opportunitätskosten des Kapitals,
- die Wachstumserwartungen und
- das Risiko.

Die Opportunitätskosten des Kapitals sind die mit der Entscheidung für ein Vorhaben entgangenen Erträge aus alternativen Anlagen. Je höher diese sind, desto höher liegt ceteris paribus auch die Cap Rate. Steigen etwa die Zinsen am Rentenmarkt, so wird dies mit einer gewissen zeitlichen Verzögerung auch die Immobilienrenditen nach oben ziehen. Die Anpassung vollzieht sich über Portfolioumschichtungen der Investoren, die aufgrund der Renditedifferenz Immobilien verkaufen und mit den Erlösen Staatsanleihen, Pfandbriefe und andere Rentenpapiere kaufen. Die Folge sind steigende Immobilien- und sinkende Anleiherenditen. Da in den letzten Jahren die Anleiherenditen ständig gefallen sind, nimmt es nicht Wunder, dass auch die Immobilienrenditen in Deutschland gefallen bzw. die gezahlten Vervielfältiger gestiegen sind.

Ein wesentlicher Einfluss auf die Höhe der Cap Rate geht außerdem von den Wachstumserwartungen der Investoren in Bezug auf den Zuwachs der Mieteinnahmen, Cashflows und Immobilienpreise in der Zukunft aus. Optimistische Wachstumserwartungen implizieren hier niedrige Cap Rates in der Gegenwart. Die Investoren geben sich mit niedrigen Einstiegsrenditen zufrieden, weil sie erwarten, dass sich die Rendite in der Zukunft verbessert. Umgekehrt ist ein von pessimistischen Zukunftserwartungen geprägter Teilmarkt von hohen Nettoanfangsrenditen geprägt.

Nicht zuletzt muss auch das Risiko in Bezug auf die Mieteinnahmen und die Kapitalmarktentwicklung berücksichtigt werden –, und zwar relativ zu anderen Investments bzw. Klassen von Anlageprodukten. Ein höheres Risiko impliziert auch eine höhere Cap Rate. Die Cap Rate kann sich also ändern, wenn sich allgemein die Risikoeinstellung an den Kapitalmärkten oder aber die relative Risikoeinschätzung zwischen den Anlageklassen ändert.

Das Konzept »Rendite« (»Returns«)

! **Beispiel 6.2**

Zwei Mietwohngebäude stehen zum Verkauf, das eine in Stuttgart, das andere in Görlitz. Beide Gebäude haben je 10 Wohneinheiten. Mikrostandort, Ausstattungsstandard, Wohnfläche und bauliche Beschaffenheit sind in jeder Hinsicht vergleichbar. In beiden Gebäuden sind derzeit alle 10 Wohneinheiten voll vermietet.

Für die Stuttgarter Immobilie wird ein Kaufpreis von 1 Mio. EUR gefordert – bei einem aktuellen Cashflow in Höhe von 50.000 EUR. Die Görlitzer Immobilie soll bei einem Cashflow von 12.000 EUR lediglich 200.000 EUR kosten.

Die Berechnung der Cap Rates ergibt folgendes Bild:

$$\text{Cap Rate}_{St} = \frac{50.000 \text{ EUR}}{1.000.000 \text{ EUR}} * 100 = 5\,\%$$

$$\text{Cap Rate}_{Gr} = \frac{12.000 \text{ EUR}}{200.000 \text{ EUR}} * 100 = 6\,\%$$

Während man den Kauf der Stuttgarter Immobilie angesichts der auch mittel- und langfristig stabilen Wachstumsprognosen an diesem Vermietungsmarkt in Erwägung ziehen könnte, handelt es sich bei der Görlitzer Immobilie wegen der bereits heute hohen Wohnungsleerstände an diesem Standort möglicherweise um eine faule Offerte. Es erscheint keineswegs sicher, dass die Vollvermietung des Objekts nachhaltig gewährleistet ist. Angesichts dessen ist die Risikoprämie in der Cap Rate aber zu gering bemessen.

! **Zusammenfassung**

Investitionsrechnungen erheben den Anspruch, Kriterien vorzugeben, nach denen die wirtschaftlichste Investitionsalternative ausgewählt werden kann. Aus einzelwirtschaftlicher Sicht wird damit auf ein gewinnmaximierendes Investitionsverhalten abgestellt. Die volkswirtschaftliche Effizienzbedingung lautet: Grenzproduktivität des Kapitals = realer Kapitalmarktzins. Es gibt verschiedene Renditekennziffern, denen gemeinsam ist, dass sie eine Gewinngröße in Bezug zu einer Kapitalgröße setzen. Für die Beurteilung von Immobilieninvestments sind besonders die Eigenkapital- und die Gesamtkapitalrentabilität von Bedeutung. Für Vergleiche ist die Gesamtkapitalrentabilität besser geeignet.

Preisbildung bei Immobilien: Cap Rate 6

Statische Einperiodenmodelle der Investitionsrechnung sind für die endgültige Beurteilung von Immobilien-Investitionen wegen der für diese Art von Investitionen typischen langen Nutzungszeiten und unregelmäßigen Cashflows in der Regel nicht geeignet.

Zur Preisfindung bei gewerblichen Immobilien bedienen sich Käufer und Verkäufer der sogenannten »Cap Rates« (Nettoanfangsrenditen). Die Cap Rate entspricht dem prozentualen Verhältnis des aktuellen jährlichen Cashflows aus einem Objekt zu dessen aktuellen Marktpreis. Die Cap Rate schwankt im Zeitablauf. Ihre drei wesentlichen Bestimmungsgründe sind:

- die Opportunitätskosten des Kapitals (Verzinsung alternativer Anlagen),
- die Wachstumserwartungen in Bezug auf die Mieteinnahmen und Immobilienpreise und
- das Risiko des Investments.

Wichtige Begriffe und Konzepte

Cap Rate	Gewinn	Vervielfältiger
Eigenkapitalrentabilität	Laufende Einnahmen	Wertsteigerungen
Einperiodenmodell	Mehrperiodenmodell	Wirtschaftlichkeit
Gesamtkapitalrentabilität	Rendite	

Verständnisfragen

K 6.1
Wozu benötigt man Renditekennziffern?

K 6.2
Warum ist die Eigenkapitalrentabilität nicht zum Vergleich der Performance verschiedener Objekte geeignet?

K 6.3
Welchen Anwendungsbereich würden Sie den statischen Einperiodenmodellen der Investitionsrechnung zubilligen?

K 6.4
Angenommen, eine Immobilie wird am Jahresende 2015 mit 100.000 EUR bewertet. Welche Werte nehmen die Gesamtrendite r, die Wertsteigerungsrendite g und die laufende Rendite y an, wenn die Immobilie im Jahr 2016 einen Cashflow in Höhe von 7.500 EUR generiert und am Jahresende 2016 102.500 EUR wert ist?

K 6.5
Was sagt ein Mietvervielfältiger von 12 aus?

K 6.6
Wie entwickeln sich die Cap Rates bei sinkenden Zinsen am Rentenmarkt und bei gleichzeitig pessimistischeren Erwartungen in Bezug auf das zukünftige Mietsteigerungspotenzial?

K 6.7
Wie schätzen Sie das Risiko von Immobilien-Investments relativ zu anderen Investments ein?

K 6.8
Ceteris paribus, bei welcher Immobilie wird die Cap Rate niedriger liegen, bei Immobilie »A« oder bei Immobilie »B«?
- Fall 1:
  A: Ein Mehrfamilienhaus in einer sich verschlechternden Nachbarschaft.
  B: Ein Mehrfamilienhaus in einem wachsenden Stadtteil.
- Fall 2:
  A: Ein Bürogebäude voller Mieter mit Mietverträgen mit langen Restlaufzeiten.
  B: Ein Bürogebäude voller Mieter mit Mietverträgen mit kurzen Restlaufzeiten.
- Fall 3:
  A: Immobilien, wenn langfristige Anleihen mit 3 % rentieren (bei 2 Prozent Inflation).
  B: Immobilien, wenn langfristige Anleihen mit 6 % rentieren (bei 2 Prozent Inflation).

Weiterführende Fragen und Themen

W 6.1
Recherchieren Sie, wie das Investitionsverhalten in makroökonomischen Modellen abgebildet wird!

W 6.2
Wie lautet die Kernaussage des sogenannten Shareholder-Value-Konzeptes der Unternehmensführung?

W 6.3
Würden Sie in Görlitz oder Gelsenkirchen in Immobilien investieren? Begründen Sie Ihre Antwort!

Literaturhinweise

Allgemeine Empfehlung:
Ropeter (1999): Investitionsanalyse für Gewerbeimmobilien, Abschnitt 3.2 zur Rentabilitätsrechnung als statischer Methode der Investitionsrechnung.

Speziell zu den Bestimmungsgründen der Cap Rate:
Ambrose/Nourse (1993): Factors Influencing Capitalization Rates.

Evans (1990): A Transfer Function Analysis of Real Estate Capitalization Rates.

Froland (1987): What Determines Cap Rates on Real Estate.

Jud/Winkler (1995): The Capitalization Rate of Commercial Properties and Market Returns.

7 Dynamische Vermögenswertmethoden

> *Der oberste Zweck des Kapitals ist nicht, mehr Geld zu schaffen, sondern zu bewirken, dass das Geld sich in den Dienst der Verbesserung des Lebens stellt.*
>
> Henry Ford (1863-1947)

In diesem Kapitel sollen Sie erkennen,
- wie sich die dynamischen Vermögenswertmethoden der Investitionsrechnung voneinander unterscheiden,
- wie die jeweiligen Vorteilhaftigkeitskriterien zur Beurteilung einer Investition lauten,
- wann der Gebrauch welcher Methode angemessen ist,
- wie und innerhalb welcher Grenzen alternative Investitionsvorhaben mit den verschiedenen Methoden miteinander verglichen werden können.

Aufgrund ihrer eingeschränkten Anwendbarkeit (Abschnitt 6.3) werden von den statischen Verfahren der Investitionsrechnung nur noch die Wirtschaftlichkeitsberechnung (Abschnitt 9.2) und die Annuitäten-Methode (Abschnitt 9.1) behandelt. Bei den dynamischen Verfahren wird im Einzelnen auf folgende Methoden eingegangen:
- Kapitalwertmethode (Abschnitt 7.1)
- Vermögensendwert- bzw. Horizontwertmethode (Abschnitt 7.2)
- Interne Zinsfuß-Methode (Abschnitt 8.1)
- Vollständige Finanzplanung (Abschnitt 8.2)

Dynamische Vermögenswertmethoden

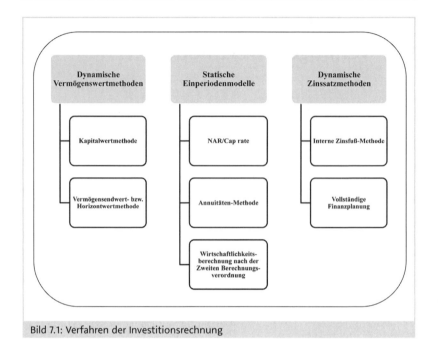

Bild 7.1: Verfahren der Investitionsrechnung

7.1 Kapitalwertmethode

Wir kommen auf die Beziehung zwischen Rückflüssen und Immobilienwerten zurück. Die Frage ist, wie Investoren entscheiden, wie viel sie für ein mit einem bestimmten Zahlungsstrom verbundenes Objekt zu zahlen bereit sind. Maßgeblich sind dafür die von ihnen erwarteten Rückflüsse, und zwar deren Gegenwartswert, der sogenannte »Discounted cashflow« (DCF). Der Kapitalwert ist definiert als die Differenz zwischen dem DCF einer Investition und der für das Vorhaben zu leistenden Anfangsauszahlung.

7.1.1 Bestimmung des Kapitalwertes

Wie alle Methoden der Investitionsrechnung dient auch die Kapitalwertmethode der Prüfung von Investitionsvorhaben auf ihre absolute und relative (verglichen mit alternativen Projekten) Vorteilhaftigkeit hin. Die Ermittlung des Kapitalwerts vollzieht sich in 5 Schritten:

Kapitalwertmethode 7

1. Schätzung der zukünftigen Cashflows für jede Periode des voraussichtlichen Nutzungszeitraumes (Differenz aus den Einzahlungen e_n und den Auszahlungen a_n),
2. Bestimmung der geforderten Mindestverzinsung (Diskontierungs- oder Kalkulationszinssatz),
3. Abzinsen der einzelnen Cashflows einschließlich des Liquidationserlöses R auf die Gegenwart mit dem gewählten Kalkulationszinssatz unter Anwendung des jeweils zugehörigen Abzinsungsfaktors [z. B. $(1,05)^{-3}$ für i=5 und n=3],
4. Addition der diskontierten Zahlungssalden zu einem Barwert – dem DCF,
5. Subtraktion der Anfangsauszahlung A_0 vom DCF.

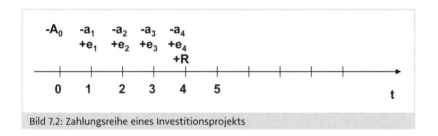

Bild 7.2: Zahlungsreihe eines Investitionsprojekts

Der Kapitalwert entspricht also der Summe der abgezinsten Cashflows einschließlich des Liquidationserlöses vermindert um die Anfangsauszahlung:

$$K_0 = -A_0 + \sum_{n=1}^{N} \frac{e_n - a_n}{(1+i)^n} + \frac{R}{(1+i)^n}$$

Die Anfangsauszahlung A_0 besteht bei einer Immobilieninvestition aus Anschaffungskosten (AK), Herstellungskosten (HK) oder dem Marktwert der Immobilie (MW). Unter Umständen müssen noch Opportunitätskosten oder -erträge bei der Anfangsauszahlung berücksichtigt werden.

$$K_0 = \sum_{n=1}^{N} \frac{CF_n}{(1+i)^n} + \frac{R}{(1+i)^n} - AK - HK - MW$$

Dynamische Vermögenswertmethoden

! Beispiel 7.1

Ein für 6 Jahre an eine Wirtschaftsprüfungsgesellschaft vermietetes Bürogebäude steht für 9 Mio. EUR zum Verkauf. Die Mieteinnahmen betragen anfänglich 1 Mio. EUR im Jahr. Laut Mietvertrag steigt die Miete im vierten Jahr um 20 Prozent. Die Bewirtschaftungskosten betragen 250.000 EUR pro Jahr. Es wird erwartet, die Immobilie nach 6 Jahren für das 10-fache einer Jahresmiete verkaufen zu können. Angesichts der Investitionsrisiken und -alternativen wird ein Diskontierungszinssatz von 10 Prozent für angemessen gehalten. Der DCF der Büroimmobilie errechnet sich dann folgendermaßen:

Mieteinnahmen in den Jahren 1, 2 und 3:	1.000.000 EUR
Mieteinnahmen in den Jahren 4, 5 und 6	1.200.000 EUR
Bewirtschaftungskosten jährlich:	250.000 EUR
Liquidationserlös:	12.000.000 EUR

$CF_1 = CF_2 = CF_3 = 750.000$ EUR
$CF_4 = CF_5 = 950.000$ EUR
$CF_6 = 12.950.000$ EUR

Die zu unterschiedlichen Zeitpunkten anfallenden Cashflows müssen nun noch mit dem Diskontierungszins von 10 Prozent auf die Gegenwart abgezinst werden. Die Summe der abgezinsten Cashflows entspricht dem DCF. Nach Abzug der Anfangsauszahlung (Kaufpreis) in Höhe von 9 Mio. EUR verbleibt ein positiver Kapitalwert von gut 1,4 Mio. EUR.

Kapitalwertmethode 7

Jahr	Cashflow	Abzinsungsfaktor	Barwerte[47]
	EUR		EUR
0	-9.000.000	1,000	-9.000.000
1	750.000	0,9091	681.818
2	750.000	0,8264	619.835
3	750.000	0,7513	563.486
4	950.000	0,6830	648.863
5	950.000	0,6209	589.875
6	12.950.000	0,5645	7.309.937
			1.413.814

Bei der Ermittlung des DCF bzw. des Kapitalwerts zinsen wir also einen nach bestem Wissen und Gewissen geschätzten Strom zukünftiger Rückflüsse aus einem Investment auf die Gegenwart ab. Schätzparameter sind dabei: die zukünftige Mietentwicklung, die zukünftigen Bewirtschaftungskosten und im Falle der Einnahme der Eigenkapitalperspektive auch die zukünftigen Kapitalkosten. Die Annahmen setzen wir auf der Basis unserer Einschätzung der vergangenen, gegenwärtigen und zukünftigen Marktbedingungen.

Ein positiver Kapitalwert entspricht der Summe der auf die Gegenwart abgezinsten Cashflows der Einzelperioden, soweit sie für die Erwirtschaftung des Diskontierungszinses nicht benötigt wurden. Außerdem bedeutet ein positiver Kapitalwert, dass die mit dem angewendeten Diskontierungszins geforderte Mindestverzinsung übertroffen wurde. Damit ist die Investition empfehlenswert (»absolut vorteilhaft«). Die interne Verzinsung des Pro-

---

[47] An dieser Stelle treten Rundungsdifferenzen auf, weil die Abzinsungsfaktoren nur mit vierstelliger Genauigkeit angegeben sind.

jekts liegt über der geforderten Mindestverzinsung. Somit ist auch der Ankauf der Büroimmobilie in dem obigen Beispiel vorteilhaft. Die geforderte Mindestverzinsung von 10 Prozent wird deutlich übertroffen.

Im Falle eines negativen Kapitalwertes wurde die geforderte Verzinsung nicht erreicht und die Investition sollte dementsprechend unterbleiben.

7.1.2 Wahl des Diskontierungszinssatzes

Der kritische Punkt beim Kapitalwertverfahren ist natürlich die Wahl des »richtigen« Diskontierungszinssatzes (Discount Rate). Je größer dieser gewählt wird, desto kleiner fällt ceteris paribus der Gegenwartswert (Present Value) des Zahlungsstroms aus. Der gewählte Kalkulationszinssatz ist gewissermaßen Ausdruck der Wertschätzung zukünftiger Zahlungen gegenüber heutigen. Schon ein kleiner Irrtum bei der Bestimmung des Kalkulationszinssatzes kann dramatische Folgen für die Bewertung der Investition haben.

! **Beispiel 7.2**
Die Kapitalwertfunktion für das Bürogebäude aus Beispiel 7.1 lautet:
$K_0 = -9.000.000 + 750.000 * (1+i)^{-1} + 750.000 * (1+i)^{-2} + 750.000 * (1+i)^{-3} + 950.000 * (1+i)^{-4} + 950.000 * (1+i)^{-5} + 12.950.000 * (1+i)^{-6}$
Die Kapitalwertfunktion zeigt den Zusammenhang zwischen Kalkulationszins und Kapitalwert. Bei einem Zinssatz von 13,22 Prozent nimmt der Kapitalwert den Wert Null an (interner Zins, Abschnitt 8.1). Der Investor ist dann indifferent gegenüber der Investition. Liegt der Kalkulationszins unter dem internen Zins, ergibt sich ein positiver Kapitalwert und umgekehrt.

Kapitalwertmethode 7

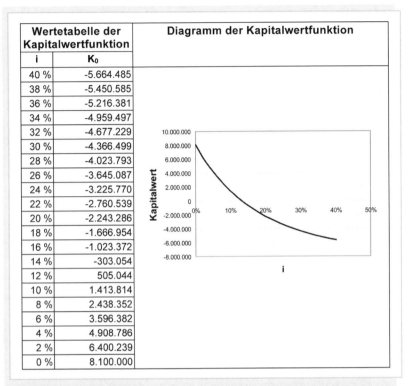

Wertetabelle der Kapitalwertfunktion	
i	K_0
40 %	-5.664.485
38 %	-5.450.585
36 %	-5.216.381
34 %	-4.959.497
32 %	-4.677.229
30 %	-4.366.499
28 %	-4.023.793
26 %	-3.645.087
24 %	-3.225.770
22 %	-2.760.539
20 %	-2.243.286
18 %	-1.666.954
16 %	-1.023.372
14 %	-303.054
12 %	505.044
10 %	1.413.814
8 %	2.438.352
6 %	3.596.382
4 %	4.908.786
2 %	6.400.239
0 %	8.100.000

Das Einflusspotenzial des Zinssatzes auf den Kapitalwert ist erheblich. So führt eine Halbierung des Kalkulationszinssatzes von 8 auf 4 Prozent zu einer Verdoppelung des Kapitalwertes. Der konvexe Verlauf der Kapitalwertfunktion deutet an, dass der Einfluss im Bereich hoher Kalkulationszinsen geringer ist als im Bereich niedriger Zinssätze.

Bei der Bestimmung des Diskontierungszinssatzes sollte besonderer Wert auf die zutreffende Ermittlung der Risikoprämie gelegt werden (Abschnitt 5.4.7). Der Investor kann die Tatsache nicht ignorieren, dass die Rückflüsse/Cashflows unterschiedlicher Projekte mit unterschiedlich hohen Risiken verbunden sind. Dies muss sich bei der Vorgabe des Diskontierungszinses zeigen.

Die Eingrenzung des Risikos erfordert eine penible Auseinandersetzung mit den Marktbedingungen und -prognosen für das Vorhaben. Von großer

Bedeutung sind in diesem Zusammenhang auch die Regelungen im Mietvertrag bzw. das Vorhandensein von Mietverträgen. Für das Risiko eines Investments macht es einen großen Unterschied, ob es sich um ein Objekt mit langfristigen Mietverträgen oder um ein Neubauvorhaben noch ohne abgeschlossene Mietverträge handelt. Im Falle des Vorhandenseins langfristiger Mietverträge (»bondable leases«) ist die Risikoprämie im Kalkulationszins gering zu veranschlagen. Wenn man sich dagegen in einem zyklischen Markt bewegt und die Mietverträge jederzeit kündbar sind, so ist eine ganz andere Risikosituation gegeben (vergleichsweise hoher Kalkulationszins). Am höchsten fällt die Risikoprämie natürlich dann aus, wenn noch gar keine Mietverträge vorliegen.

Die Marktzinsmethode erlaubt uns die differenzierte Berücksichtigung der Zinserwartungen an den Finanzmärkten bei der Abzinsung der einzelnen Cashflows.

Beispiel 7.3

Die Cashflows aus dem Bürogebäude aus Beispiel 7.2 werden auf der Basis folgender Zinsstruktur abgezinst:

Laufzeitbereich	Zinssatz in Prozent
t_1	4,2
t_2	4,4
t_3	4,5
t_4	4,9
t_5	5,1
t_6	5,4

Die Prämie für Risiko- und Gewinnzuschläge beträgt 5 Prozent und die Eigenkapitalquote liegt bei 50 Prozent. Das Unternehmen finanziert sich mit variabel verzinslichen Mitteln, wobei die Verzinsung annahmegemäß in jedem Jahr um 1,5 Prozentpunkte über dem risikofreien Zins liegen soll. Die Neuberechnung der Barwerte mit den differenzierten Zinssätzen ergibt folgendes Bild:

t	Cashflow	EK-Zins	FK-Zins	Kalk.-zins	Abzinsungs-faktoren	Barwerte
	EUR	%	%	%		EUR
0	-9.000.000				1,0000	-9.000.000
1	750.000	9,2	5,7	7,5	0,9307	697.999
2	750.000	9,4	5,9	7,7	0,8629	647.192
3	750.000	9,5	6,0	7,8	0,7994	599.528
4	950.000	9,9	6,4	8,2	0,7310	694.412
5	950.000	10,1	6,6	8,4	0,6697	636.179
6	12.950.000	10,4	6,9	8,7	0,6079	7.872.114
						2.147.424

Die Abzinsung der Rückflüsse mit den aus der Zinsstrukturkurve und den Zuschlägen für Risiko und Gewinn gewonnenen Abzinsungsfaktoren ergibt einen positiven Kapitalwert in Höhe von 2,15 Mio. EUR

7.1.3 Vorteilhaftigkeitskriterien

Der Einsatz der Kapitalwertmethode bei Investitionsentscheidungen erfordert eine Auseinandersetzung mit ihren Vorteilhaftigkeitskriterien. Das absolute Vorteilhaftigkeitskriterium dieser Methode lautet:

Eine Investition ist dann als absolut vorteilhaft anzusehen, wenn der Kapitalwert größer als Null ist.

Anders ausgedrückt muss der Gegenwartswert der Einzahlungen einschließlich des Liquidationserlöses (cash inflows) den Gegenwartswert der Auszahlungen einschließlich der Anfangsauszahlung (cash outflows) übersteigen. Ist diese Bedingung erfüllt, so ist sichergestellt, dass die Verzinsung des Vorhabens den Kalkulationszinssatz übersteigt. Der Kalkulationszins entspricht dabei dem kalkulatorischen Kostenmaßstab der Investition.

Das relative Vorteilhaftigkeitskriterium lautet:

Eine Investition ist dann als relativ vorteilhaft anzusehen, wenn ihr Kapitalwert größer ist als der Kapitalwert einer Alternativinvestition.

Zuerst soll immer die Investition mit dem größeren (positiven) Kapitalwert durchgeführt werden.

Die in den Vorteilhaftigkeitskriterien verkörperten Entscheidungsregeln der Kapitalwertmethode entsprechen der Annahme gewinnmaximierenden Verhaltens. Die Unternehmen führen alle Investitionen durch, die ihnen mehr als den im Kalkulationszins verkörperten Verzinsungsanspruch einbringen. An einem vollkommenen Immobilienmarkt müssten die Wettbewerbskräfte auf lange Sicht eigentlich dafür sorgen, dass der Kapitalwert aller Investitionen gegen Null tendiert (sogenannter »Normalgewinn« im langfristigen Konkurrenzgleichgewicht). Das ist aber nur graue Theorie. Die Ineffizienzen des Immobilienmarktes (Mispricing) eröffnen immer wieder Gelegenheiten zu Investitionen mit einem positiven Kapitalwert. Bekanntlich sind viele große Vermögen durch Immobilientransaktionen begründet worden.

7.1.4 Annahmen über den Kapitalmarkt und Vergleichbarkeit von Kapitalwerten

Jedes Verfahren der Investitionsrechnung hat bestimmte Grenzen, die größtenteils auf die impliziten Annahmen zurückzuführen sind. Ein sehr sensibler Punkt ist die Vergleichbarkeit der Ergebnisse.

Bei der Berechnung des Kapitalwertes wird von einem vollkommenen Kapitalmarkt ausgegangen, auf dem nur ein einheitlicher Zinssatz für Aufnahme (»Sollzins«) und Anlage (»Habenzins«) von Kapital existiert (und zwar der Diskontierungszinssatz). Es wird implizite unterstellt, dass positive Cashflows mit dem Diskontierungszins als Reinvestmentzins bis zum Ende der Haltedauer angelegt werden können und dass negative Cashflows mit dem Diskontierungszins als Finanzierungszins bis zum Ende der Haltedauer finanziert werden können (sogenannte »Wiederanlageprämisse«).

Die Annahme der Übereinstimmung dieser drei Zinssätze ist selbstverständlich heroisch. Die Wiederanlageprämisse ist insbesondere bei einer großen Differenz der kalkulatorischen Zinssätze der zu vergleichenden Vorhaben problematisch.

Nicht unproblematisch ist außerdem die implizite bei der Berechnung des Kapitalwertes getroffene Annahme, dass Finanzierungsmittel »unbeschränkt« zur Verfügung stünden. Das heißt konkret, dass in beliebiger Höhe Mittel aufgenommen und angelegt werden können – und zwar immer zum »Einheitszins«. Auch hier muss geprüft werden, wie kritisch diese Annahme für das betrachtete Investitionsvorhaben ist.

Der Vergleich von Kapitalwerten für Vorhaben mit unterschiedlichen Risikoniveaus, Nutzungszeiträumen, Anfangsauszahlungen oder Zahlungsstromprofilen ist aber grundsätzlich zulässig.

Die Forderung nach individuell risikogerechten Zinssätzen ist allerdings unverzichtbar. Man kann nicht die geschätzte Zahlungsreihe eines Core-Mietwohngebäudes in Stuttgart mit demselben Satz abzinsen wie die eines schlecht gelegenen Hotels in Wilhelmshaven, da es sich um Objekte aus völlig verschiedenen Risikoklassen handelt.

7.2 Vermögensendwertmethode/ Horizontwertmethode

Wir vertiefen die Betrachtung der Problematik des Kapitalwertvergleichs. Die Gefahren des Vergleichs von »Äpfeln und Birnen« bei naiver Anwendung des relativen Vorteilhaftigkeitskriteriums der Kapitalwertmethode sollen anhand eines Beispiels (Alternativenvergleich) veranschaulicht werden.

Die bereits angesprochene Büroimmobilie wurde dem Investor für 9.000.000 EUR zum Kauf angeboten (Investitionsalternative I_1). Der Kapitalwert der Investition bei einem Kalkulationszins von 10 Prozent lag bei rund 1,4 Mio. EUR.

Alternativ besteht die Möglichkeit, ein anderes Gebäude derselben Risikoklasse für 4,5 Mio. EUR zu erwerben (Investitionsalternative I_2). Die derzeitige Jahresmiete dieser Immobilie beträgt 500.000 EUR. Die Bewirtschaftungskosten liegen aktuell bei 80.000 EUR. Für die Mieteinnahmen wird eine jährliche Steigerungsrate von 3,75 Prozent, für die Bewirtschaftungskosten eine von 2,5 Prozent angenommen. Als Veräußerungserlös wird das 10-fache einer Jahresmiete erwartet.

Vermögensendwertmethode/Horizontwertmethode 7

Berechnung des Kapitalwertes für I_2

Jahr	e_t	a_t	Cashflow	Abzinsungs-faktor	Barwerte[48]
	EUR	EUR	EUR		EUR
0		-4.500.000	-4.500.000	1,0000	-4.500.000
1	500.000	-80.000	420.000	0,9091	381.818
2	518.750	-82.000	436.750	0,8264	360.950
3	538.203	-84.050	454.153	0,7513	341.212
4	558.386	-86.151	472.234	0,6830	322.543
5	579.325	-88.305	491.020	0,6209	304.885
6	601.050	-90.513	510.537	0,5645	288.185
7	623.589	-92.775	530.814	0,5132	272.391
8	646.974	-95.095	551.879	0,4665	257.456
9	671.235	-97.472	573.763	0,4241	243.332
10	696.407	-99.909	596.498	0,3855	229.976
11	722.522	-102.407	620.115	0,3505	217.347
12	749.617	-104.967	644.650	0,3186	205.405
13	777.727	-107.591	670.136	0,2897	194.115
14	806.892	-110.281	696.611	0,2633	183.439
15	8.906.070	-113.038	8.793.032	0,2394	2.104.982
					1.408.035

Der Kapitalwert von I_2 ist geringfügig kleiner. Daraus kann man aber nun nicht ohne weiteres ableiten, dass I_1 gegenüber I_2 vorteilhaft wäre. Diese

---

48 Da die Abzinsungsfaktoren nur mit 4 Stellen hinter dem Komma angegeben sind, kommt es bei der Multiplikation der jeweiligen Tabellenwerte für den Cashflow mit den Abzinsungsfaktoren zu Abweichungen.

Schlussfolgerung wäre nur zulässig, wenn wir die Wiederanlageprämisse auch auf die Zahlungsströme geeigneter »Ergänzungsinvestitionen« erstrecken können.

Ergänzungsinvestitionen erscheinen in diesem Fall erforderlich, weil beide Alternativen unterschiedlich lange Nutzungszeiträume und unterschiedlich hohe Anfangsauszahlungen haben. Wir wollen nun versuchen, mithilfe der Vermögensendwertmethode (auch: Horizontwertmethode) die Vergleichbarkeit der beiden Investitionsalternativen differenzierter zu betrachten.

Bei der Vermögensendwertmethode werden sämtliche Cashflows aus der Investition auf das Ende des Nutzungszeitraumes hin aufgezinst. Man wechselt also im Vergleich zur Kapitalwertmethode die Perspektive. Die Entwicklung des Vermögens wird nicht vom Anfang, sondern vom Ende des Planungszeitraumes her betrachtet. Die Vermögensendwertmethode bietet außerdem eine Basis für den Vergleich von Investitionsalternativen bei unvollkommenen Kapitalmärkten.

Im Fall einheitlicher Zinssätze (also bei Geltung der Wiederanlageprämisse) kann man den Vermögensendwert einer Investition ganz einfach berechnen, indem man den Kapitalwert mit dem Kalkulationszins bis zum Ende der jeweiligen Haltedauer aufzinst:
- für I_1: K_6 = 1.413.814 EUR * $(1,1)^6$ = 1.413.814 EUR * 1,7716 = 2.504.657,44 EUR
- für I_2: K_{15} = 1.408.035 EUR * $(1,1)^{15}$ = 1.408.035 EUR * 4,1772 = 5.881.711,63 EUR

Ein direkter Vergleich dieser beiden Vermögensendwerte ist aber nicht möglich, da sie sich auf unterschiedliche Zeitpunkte beziehen.

Die Vergleichbarkeit der beiden Alternativen kann hergestellt werden, wenn wir zulassen, dass der Vermögensendwert der kürzer laufenden Alternative bis zum Ende der Nutzungszeit der länger laufenden Alternative zum Kalkulationszinssatz oder zu einem geeigneten Habenzins (der die für die Zukunft erwarteten Renditen vergleichbar risikoreicher Anlagen widerspiegelt) weiterverzinst werden kann. Es bleibt dann allerdings noch das Problem der unterschiedlich hohen Anfangsauszahlungen.

Vermögensendwertmethode/Horizontwertmethode 7

Um die Vergleichbarkeit der beiden Investitionsalternativen herzustellen, werden zunächst sämtliche Zahlungssalden der Alternative I_1 mit dem Kalkulationszins von 10 Prozent auf das Ende von t_{15} hin aufgezinst:

Berechnung des Vermögensendwertes für I_1 mit dem Kalkulationszins (ohne Kontenausgleich)

Jahr	Cashflow	Anlagedauer	Aufzinsungsfaktor	Endwerte
	EUR	in Jahren		EUR
0	-9.000.000	15	4,1772	-37.595.234
1	750.000	14	3,7975	2.848.124
2	750.000	13	3,4523	2.589.203
3	750.000	12	3,1384	2.353.821
4	950.000	11	2,8531	2.710.461
5	950.000	10	2,5937	2.464.055
6	12.950.000	9	2,3579	30.535.423
7		8	2,1436	-
...		...	...	-
14		1	1,1000	-
15		0	1,0000	-
				5.905.854

Im nächsten Schritt wird zu der Alternative I_2 eine Ergänzungsinvestition hinzugefügt, sodass sich gleich hohe Anfangsauszahlungen ergeben. Der Betrag von 4,5 Mio. EUR und alle Zahlungssalden werden mit dem Kalkulationszins von 10 Prozent auf t_{15} hin aufgezinst:

Dynamische Vermögenswertmethoden

Berechnung des Vermögensendwertes für I_2 mit dem Kalkulationszins (ohne Kontenausgleich)

Jahr	Cashflow	Ergänzungs-investition	Neuer CF	Anlage-dauer	Aufzinsungs-faktor	Endwerte
	EUR	EUR	EUR	in Jahren		EUR
0	-4.500.000	-4.500.000	-9.000.000	15	4,1772	-37.595.234
1	420.000		420.000	14	3,7975	1.594.949
2	436.750		436.750	13	3,4523	1.507.779
3	454.153		454.153	12	3,1384	1.425.327
4	472.234		472.234	11	2,8531	1.347.340
5	491.020		491.020	10	2,5937	1.273.580
6	510.537		510.537	9	2,3579	1.203.820
7	530.814		530.814	8	2,1436	1.137.847
8	551.879		551.879	7	1,9487	1.075.456
9	573.763		573.763	6	1,7716	1.016.456
10	596.498		596.498	5	1,6105	960.665
11	620.115		620.115	4	1,4641	907.911
12	644.650		644.650	3	1,3310	858.029
13	670.136		670.136	2	1,2100	810.865
14	696.611		696.611	1	1,1000	766.272
15	8.793.032	18.797.617	27.590.649	0	1,0000	27.590.649
						5.881.712

Die so ermittelten Vermögensendwerte sind vergleichbar, soweit die Wiederanlageprämisse im vorliegenden Fall gerechtfertigt erscheint. Die Alternative I_1 ist unter diesen Voraussetzungen vorteilhaft gegenüber I_2. Die zugehörigen Kapitalwerte können durch einfaches Abzinsen mit dem Kalkulationszins gewonnen werden. Die Rangfolge der Alternativen ändert sich gegenüber der Kapitalwertmethode nicht. Das bedeutet aber, dass auch die Kapitalwertmethode sich robust bei unterschiedlichen Anfangsauszahlungen und Haltedauern verhält.

Die Ergänzungsinvestition zu I_2 wurde nur aus Gründen der Veranschaulichung hinzugefügt. Sie hat tatsächlich keinen Einfluss auf den Vermögensendwert, da sie zwei Mal mit dem gleichen Ausgangsbetrag und demselben Zinssatz, aber mit unterschiedlichen Vorzeichen in die Rechnung eingeht. Unverzichtbar ist dagegen die explizite Aufzinsung der Zahlungssalden der Alternative I_1 bis zum Jahr 15, denn die Vermögensendwerte müssen sich wie die Kapitalwerte stets auf den gleichen Zeitpunkt beziehen.

Das Beispiel hat gezeigt, dass der Einsatz der Vermögensendwertmethode nicht nötig erscheint. Wenn man im konkreten Fall mit der impliziten Wiederanlageprämisse leben kann, kann man sowohl die Kapitalwerte als auch die Vermögensendwerte ohne weiteres miteinander vergleichen. Sind die Voraussetzungen aber nicht gegeben, ist die Vermögensendwert- bzw. die Horizontwertmethode vorzuziehen.

Gemessen am Vermögensendwert richtet sich die absolute Vorteilhaftigkeit einer Investition danach, ob der Vermögensendwert größer als Null ist. Ist dies der Fall, so wird auf das zu jedem Zahlungszeitpunkt gebundene Kapital eine Verzinsung erzielt, die über dem Kalkulationszins liegt. Die relative Vorteilhaftigkeit richtet sich nach der jeweiligen Höhe des Vermögensendwertes.

Im nächsten Schritt werden wir die Wiederanlageprämisse fallenlassen und die Vermögensendwerte der beiden Alternativen auf der Basis der einzelnen Zahlungssalden berechnen. Dabei werden wir unterschiedliche Zinssätze explizite zulassen.

Zunächst werden die Vermögensendwerte für die beiden Investitionsalternativen berechnet. Dabei werden Unterschiede in den Zinssätzen berücksichtigt: Sollzins i_S = 5 Prozent, Habenzins i_H = 3 Prozent. Die Anfangsauszahlung wird in beiden Fällen ausschließlich mit Fremdmitteln finanziert.

Dynamische Vermögenswertmethoden

Zahlungsmitteldefizite werden zum Sollzinssatz bis zum Ende des jeweiligen Anlagezeitraumes aufgezinst und Zahlungsmittelüberschüsse zum Habenzinssatz. Es gilt ein Kontenausgleichsverbot.

Berechnung des Vermögensendwertes für I_1 (ohne Kontenausgleich)

Jahr	Cashflow	Anlagedauer		Aufzinsungs-faktor	Endwerte
	EUR	in Jahren			EUR
0	-9.000.000	15	5	2,0789	-18.710.354
1	750.000	14	3	1,5126	1.134.442
2	750.000	13	3	1,4685	1.101.400
3	750.000	12	3	1,4258	1.069.321
4	950.000	11	3	1,3842	1.315.022
5	950.000	10	3	1,3439	1.276.721
6	12.950.000	9	3	1,3048	16.896.813
7	-	8	3	1,2668	-
8	-	7	3	1,2299	-
9	-	6	3	1,1941	-
10	-	5	3	1,1593	-
11	-	4	3	1,1255	-
12	-	3	3	1,0927	-
13	-	2	3	1,0609	-
14	-	1	3	1,0300	-
15	-	0	-	1,0000	-
					4.083.365

Vermögensendwertmethode/Horizontwertmethode 7

Berechnung des Vermögensendwertes für I$_2$ (ohne Kontenausgleich)

Jahr	Cashflow	Ergänzungsinvestition	Neuer CF	Anlagedauer	Zinssatz	Aufzinsungsfaktor	Endwerte
	EUR	EUR	EUR	in Jahren	%		EUR
0	-4.500.000	-4.500.000	-9.000.000	15	5	2,0789	-18.710.354
1	420.000		420.000	14	3	1,5126	635.288
2	436.750		436.750	13	3	1,4685	641.382
3	454.153		454.153	12	3	1,4258	647.514
4	472.234		472.234	11	3	1,3842	653.683
5	491.020		491.020	10	3	1,3439	659.890
6	510.537		510.537	9	3	1,3048	666.135
7	530.814		530.814	8	3	1,2668	672.419
8	551.879		551.879	7	3	1,2299	678.742
9	573.763		573.763	6	3	1,1941	685.103
10	596.498		596.498	5	3	1,1593	691.504
11	620.115		620.115	4	3	1,1255	697.945
12	644.650		644.650	3	3	1,0927	704.426
13	670.136		670.136	2	3	1,0609	710.947
14	696.611		696.611	1	3	1,0300	717.509
15	8.793.032	7.010.853	15.803.885	0	-	1,0000	15.803.885
							6.556.019

Die Investitionsalternative I$_2$ wurde aus Gründen der Vergleichbarkeit der Ergebnisse um eine (fiktive) Investition mit einer Anfangsauszahlung von 4,5 Mio. EUR ergänzt, die zum Habenzinssatz von 3 Prozent bis zum Ende des Planungszeitraumes angelegt auf den Betrag von 7.010.853 EUR anwächst. Außerdem ist die Ergänzungsinvestition bis zum Ende des Anlagezeitraums mit dem Sollzins von 5 Prozent zu verzinsen (entsprechende Fremdkapitalaufnahme zur Finanzierung der Ergänzungsinvestition).

Die Bewertung der Alternativen hat sich nun wesentlich verändert. I_2 hat nun einen deutlich höheren Vermögensendwert als I_1. Das ist insbesondere darauf zurückzuführen, dass der Vermögensendwert von I_1 am Ende von t_6 nun nicht mehr mit 10, sondern nur noch mit 3 Prozent weiter aufgezinst wird. Auf der anderen Seite wirken sich die Ergänzungsinvestitionen bei I_2 nun renditemindernd aus.

Die Annahme eines Kontenausgleichsverbotes kann jedoch zu einer Verzerrung der Ergebnisse führen. Solange der Sollzinssatz über dem Habenzinssatz liegt, kann es nicht effizient sein, gleichzeitig einen positiven Guthabenstand und einen positiven Kreditbestand zu haben. Nimmt man dagegen ein Kontenausgleichsgebot an, so werden die Kredite stets soweit wie möglich aus den Cashflows oder aus den Guthabenbeständen getilgt. Dies setzt aber eine entsprechende Flexibilität in der Finanzierung voraus (variable Verzinsung bzw. entsprechende Sondertilgungsmöglichkeiten). Für die Berechnungsmethodik wird auf den Abschnitt 8.2 verwiesen (Vollständige Finanzpläne).

Die Vermögensendwert-/Horizontwertmethode setzt an den Schwächen der Kapitalwertmethode beim Alternativenvergleich an. Sie erlaubt die Berücksichtigung unterschiedlicher Zinssätze. Allerdings muss die Nutzungsdauer bei der Vermögensendwertmethode normiert werden. Die unterschiedlichen Zinssätze sind aber zugleich der Schwachpunkt der Methode. Es gibt kein Patentrezept für die Ermittlung dieser Zinssätze (siehe dazu Abschnitt 8.2).

! **Zusammenfassung**

Der Kapitalwert einer Investition ist gleich der Summe der abgezinsten Cashflows einschließlich des Liquidationserlöses vermindert um die Anfangsauszahlung. Der kritische Punkt beim Kapitalwertverfahren ist die Wahl des »richtigen« Diskontierungszinssatzes. Darin muss sich das individuelle Risiko der Investition widerspiegeln. Den Zusammenhang zwischen Kalkulationszins und Kapitalwert zeigt die Kapitalwertfunktion. Beim internen Zins nimmt der Kapitalwert den Wert Null an.

Vermögensendwertmethode/Horizontwertmethode **7**

Das absolute Vorteilhaftigkeitskriterium der Kapitalwertmethode lautet: Eine Investition ist dann vorteilhaft, wenn der Kapitalwert größer als Null ist. Das relative Vorteilhaftigkeitskriterium lautet: Eine Investition ist dann vorteilhaft, wenn ihr Kapitalwert größer ist als der Kapitalwert einer Alternativinvestition. Die Kapitalwertmethode unterstellt einen vollkommenen Kapitalmarkt mit dem jeweiligen Kalkulationszins als einheitlichem Zins für Anlagen und Finanzierungen.

Die Vermögensendwertmethode unterscheidet sich von der Kapitalwertmethode durch die zeitliche Perspektive. Bei ihr werden alle Zahlungssalden auf das Ende des Planungszeitraumes hin aufgezinst. Vorteilhaft ist die Investition mit dem größeren Endwert. Die Horizontwertmethode erlaubt die Berücksichtigung abweichender Soll- und Habenzinssätze.

Wichtige Begriffe und Konzepte

Alternativenvergleich	Habenzins	Kapitalwertmethode
Bondable Lease	Horizontwert	Kontenausgleich
Discounted Cashflow	Horizontwertmethode	Sollzins
Diskontierungszins	Kapitalwert	Vermögensendwert
Ergänzungsinvestition	Kapitalwertfunktion	Vermögensendwertmethode

Verständnisfragen

K 7.1
Worin besteht der Unterschied zwischen Kapitalwert und Discounted Cashflow?

K 7.2
Wie interpretieren Sie einen negativen Kapitalwert?

K 7.3
Folgende Zahlungsreihe ist gegeben: A_0: 180.000 EUR, CF_1: 80.000 EUR, CF_2: 55.000 EUR, CF_3: 50.000 EUR, CF_4: 35.000 EUR, CF_5: 10.000 EUR. Bitte berechnen Sie die Kapitalwerte für i=0,10 und i=0,12!

K 7.4
Wie hängen Kapitalwert und interner Zinsfuß miteinander zusammen?

K 7.5
Wie ist der konvexe Verlauf der Kapitalwertfunktion ökonomisch zu interpretieren?

K 7.6
Unter welchen Bedingungen auf der Zinsseite sollte das Kapitalwertverfahren mit Vorsicht eingesetzt werden?

K 7.7
Wie lautet die implizite Annahme der Kapitalwertmethode im Bezug auf die Verzinsung auftretender Zahlungssalden bzw. Ergänzungsinvestitionen?

K 7.8
Wann bietet der Einsatz der Vermögensendwertmethode keine Vorteile gegenüber der Kapitalwertmethode?

Weiterführende Fragen und Themen
W 7.1
Stellen Sie die Kapitalwertfunktion für die Investitionsalternative I_2 auf (Wertetabelle und Diagramm)!

W 7.2
In vielen ökonomischen Modellen wird gewinnmaximierendes Verhalten der Unternehmen angenommen. Entspricht diese Annahme der Praxis? An welchen anderen Verhaltensmaximen richten Unternehmen ihre Entscheidungen aus?

W 7.3
Nennen Sie einige Beispiele für Immobilieninvestments mit unterschiedlichen Risiken! Welchen Kalkulationszins würden Sie jeweils für angemessen halten?

Vermögensendwertmethode/Horizontwertmethode 7

W 7.4
In welchem Fall hat die Annahmensetzung über die Frage des Kontenausgleichs einen besonders großen Einfluss auf den Endwert einer Investition?

W 7.5
Berechnen Sie den Vermögensendwert mit und ohne Kontenausgleich für folgende Zahlungsreihe einer Immobilien-Investition (i_S = 5 Prozent, i_H = 3 Prozent):

Jahr	Cashflow
	EUR
0	-9.000.000
1	850.000
2	870.000
3	900.000
4	950.000
5	1.000.000
6	1.020.000
7	1.060.000
8	1.100.000
9	1.150.000
10	1.200.000
11	1.250.000
12	1.300.000
13	1.350.000
14	1.400.000
15	17.600.000

W 7.6

Berechnen Sie die Vermögensendwerte mit Kontenausgleich für die beiden folgenden Investitionen mit unterschiedlichen Planungszeiträumen unter Hinzufügung einer Ergänzungsinvestition (Sollzins = 6,5 Prozent, Habenzins = 4,5 Prozent):

Jahr	Cashflow 1	Cashflow 2
	EUR	EUR
0	-4.500.000	-9.000.000
1	400.000	850.000
2	400.000	870.000
3	400.000	900.000
4	500.000	950.000
5	500.000	1.000.000
6	500.000	1.020.000
7	450.000	1.060.000
8	450.000	1.100.000
9	450.000	1.150.000
10	6.750.000	1.200.000
11	-	1.250.000
12	-	1.300.000
13	-	1.350.000
14	-	1.400.000
15	-	17.600.000

Vermögensendwertmethode/Horizontwertmethode 7

Literaturhinweise

Blohm/Lüder/Schaefer (2012): Investition, 3. Kapitel, Abschnitt 2.1.2 zu den Vermögenswertmethoden.

Drosse (1999): Investition, Abschnitt 3.3 zur Kapitalwert- und Abschnitt 3.8 zur Vermögensendwertmethode.

Götze (2014): Investitionsrechnung, Abschnitt 3.3.2 zur Kapitalwert- und Abschnitt 3.3.6 zur Vermögensendwertmethode.

Ropeter (1999): Investitionsanalyse für Gewerbeimmobilien, Abschnitt 3.3.2 zur Kapitalwertmethode.

Sindt (1998): Real Estate Investment, chapter 12 zu den dynamischen Methoden.

8 Dynamische Zinssatzmethoden

*Private Investitionen können sie nicht befehlen;
die Leute investieren nur, wenn sie Aussicht auf Ertrag haben,
denn investieren heißt, sein eigenes Geld zu riskieren.*

Otto Graf Lambsdorff

*To maximize the usefulness of a model it must mirror reality
as closely as possible and simultaneously provide
for the unique requirements of each individual investor
who is using it to analyze any given investment.*

Roger P. Sindt

In diesem Kapitel sollen Sie erkennen,
- wie sich die dynamischen Zinssatzmethoden (Interne Zinsfuß- und Sollzinssatzmethode bzw. Methode der vollständigen Finanzpläne) der Investitionsrechnung voneinander und von den Vermögenswertmethoden unterscheiden,
- wie die jeweiligen Vorteilhaftigkeitskriterien der Zinssatzmethoden zur Beurteilung einer Investition lauten,
- wann der Gebrauch welcher Methode angemessen ist,
- wie und innerhalb welcher Grenzen alternative Investitionsvorhaben mit den verschiedenen Methoden miteinander verglichen werden können,
- wie die Methoden in der Praxis anzuwenden sind (Fallstudien),
- wie die Auswirkungen einer Investition auf die Gewinn- und Verlustrechnung und das bilanzielle Eigenkapital ermittelt und dargestellt werden können.

8.1 Interner Zinsfuß

Die Interne Zinsfuß-Methode wird unter den dynamischen Verfahren der Investitionsrechnung häufig angewendet. Ein Grund dafür liegt in der im Vergleich zu Kapitalwerten oder Vermögensendwerten größeren Anschaulichkeit der mit diesem Verfahren ermittelten dynamischen Renditen. Die impliziten Annahmen der Internen Zinsfuß-Methode limitieren allerdings auch ihren Anwendungsbereich bei Vorteilhaftigkeitsvergleichen.

8.1.1 Definition und Vorteilhaftigkeitskriterien

Zwischen der Kapitalwertmethode und der Internen Zinsfuß-Methode gibt es einen rechnerischen Zusammenhang. Für die Ermittlung des Kapitalwertes haben wir alle anfallenden Cashflows unserer Zahlungsreihe (einschließlich des Liquidationserlöses R) mit dem jeweils passenden Abzinsungsfaktor $(1+i)^n$ auf die Gegenwart abgezinst, um den DCF zu berechnen. Vom DCF haben wir anschließend die Anfangsauszahlung A_0 abgezogen. Den kalkulatorischen Zinssatz i mussten wir bei der Kapitalwertmethode selbst unabhängig vorgeben. Der Kalkulationszins hatte insbesondere auch die Projektrisiken angemessen widerzuspiegeln.

Der Übergang zur Internen Zinsfuß-Methode wird vollzogen, indem wir den Kapitalwert gleich Null setzen und anschließend denjenigen Zinssatz ermitteln, für den die Gleichung erfüllt ist. Dann muss aber auch die Anfangsauszahlung genau der Summe der abgezinsten Cashflows entsprechen.

Der interne Zinsfuß einer Investition (IRR: »Internal Rate of Return«) hat einen völlig anderen Charakter als der Diskontierungszins bei der Kapitalwertmethode. Es handelt sich nun um eine abhängige Variable, während der Diskontierungszins bei der Kapitalwertmethode unabhängig vorgegeben wird. Dem internen Zinsfuß fehlt es an einem kalkulatorischen Element und er hat auch keinen Bezug zum Risiko des Projekts.

Der interne Zinsfuß einer Investition ist definiert als derjenige Zinssatz r, der dafür sorgt, dass der Barwert aller Rückflüsse bis zum Ende der Nutzungszeit N (einschließlich des Liquidationserlöses R) gerade der Anfangsauszahlung A_0 entspricht:

$$A_0 = \sum_{n=1}^{N} \frac{e_n - a_n}{(1+i)^n} + \frac{R}{(1+i)^n}$$

Interner Zinsfuß 8

Der interne Zinsfuß gibt die durchschnittliche Verzinsung des investierten Kapitals über den gesamten Haltezeitraum an.

Wir erinnern uns, dass der interne Zinsfuß eine abhängige Variable in der Rechnung darstellt. Als solcher ist er für sich genommen nicht entscheidungsrelevant. Wir müssen den errechneten Wert noch an unserem Anspruch an die Verzinsung des betreffenden Projektes messen.

Das absolute Vorteilhaftigkeitskriterium der Methode des internen Zinsfußes lautet also: Eine Investition ist dann als absolut vorteilhaft anzusehen, wenn ihr interner Zinsfuß größer ist als die vom Investor geforderte Mindestverzinsung (Kalkulationszins bzw. »required rate of return«, RRR). Dieser Kalkulationszins ist genauso zu ermitteln wie bei der Kapitalwertmethode.

Der interne Zinsfuß einer Investition kann grundsätzlich mit den internen Renditen anderer Investitionen verglichen werden (relative Vorteilhaftigkeit): Eine Investition ist dann als relativ vorteilhaft anzusehen, wenn ihr interner Zinsfuß größer als der interne Zinsfuß der Alternativinvestition mit vergleichbarem Risiko ist.

Die Betonung liegt hier auf der »Vergleichbarkeit« des Risikos. Projekte mit unterschiedlichem Risiko, die mithin auch eine unterschiedliche RRR erfordern, können auf diese Weise nur unter Vorbehalten miteinander verglichen werden (siehe Abschnitt 8.1.4).

8.1.2 Berechnung und Interpretation

Der interne Zinsfuß kann graphisch (Schnittpunkt der Kapitalwertfunktion mit der x-Achse, Abschnitt 7.1.2) oder rechnerisch bestimmt werden. Rechnerisch kann er entweder durch lineare Interpolation oder mithilfe des sogenannten »Newtonschen Verfahrens« (Tangential-Annäherung) bestimmt werden. Dieses Verfahren umfasst die folgenden Schritte:
1. Man setzt für q (mit $q = 1+i$) einen beliebigen Schätzwert q_0 an und berechnet für diesen Wert den Kapitalwert $K_0(q_0)$ sowie dessen erste Ableitung $K'_0(q_0)$.

Dynamische Zinssatzmethoden

2. Dann setzt man die drei Werte in die folgende Formel ein:
$$q_1 = q_0 - K_0(q_0) / K'_0(q_0)$$
3. Diesen Vorgang wiederholt man so lange, bis sich die vierte Stelle hinter dem Komma nicht mehr ändert.

> **Beispiel 8.1**
>
> Der interne Zinsfuß für unsere Büroimmobilie wird mit dem Newtonschen Verfahren für die Investitionsalternative I_1 berechnet:

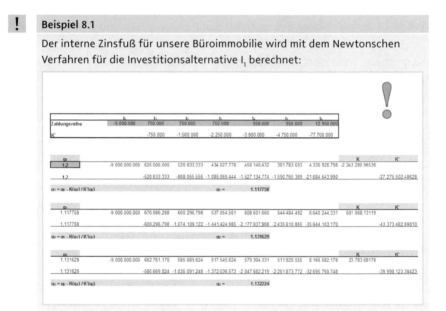

Interner Zinsfuß 8

Beispiel 8.2 !

Beim Tabellenkalkulationsprogramm MS-Excel kann der interne Zinsfuß mit der finanzmathematischen Funktion IKV berechnet werden.

	A	B	C
1	Jahr	Cashflow EUR	IKV
2	0	-9.000.000	
3	1	750.000	
4	2	750.000	
5	3	750.000	
6	4	950.000	
7	5	950.000	
8	6	12.950.000	13,22 %

Tabelle 8.1: Bestimmung des internen Zinsfußes mit MS-Excel

Die IKV-Funktion liefert den internen Zinsfuß einer Investition ohne Finanzierungskosten oder Reinvestitionsgewinne. Die in Werte angegebenen Zahlen entsprechen der zu der Investition gehörenden Zahlungsreihe (Zelleninhalte B2-B8). Die Rückflüsse müssen in regelmäßigen Intervallen, z. B. monatlich oder jährlich, anfallen (im Beispiel jährlich).

Syntax:
Werte ist eine Matrix von Zellen oder ein Bezug auf Zellen, in denen die Zahlen stehen, für die der interne Zinsfuß berechnet werden soll. IKV geht davon aus, dass die Zahlungen in der Reihenfolge erfolgen, in der sie in »Werte« angegeben sind.
Schätzwert ist eine Prozentzahl, von der angenommen wird, dass sie dem Ergebnis der Funktion nahekommt. (Microsoft Excel verwendet zur Berechnung der Funktion IKV ein Iterationsverfahren. Beginnend mit Schätzwert wird die Funktion IKV solange ausgeführt, bis das Ergebnis auf 0,00001 Prozent genau ist. Kann IKV innerhalb von 20 Durchgängen kein geeignetes Ergebnis erzielen, wird der Fehlerwert #ZAHL! ausgegeben.) Fehlt das Argument Schätzwert, wird ein Wert von 0,1 (10 Prozent) zugrunde gelegt.

Dynamische Zinssatzmethoden

> **Beispiel 8.3**
>
> Das nachfolgende Beispiel dient der Erleichterung der Interpretation des internen Zinsfußes. Gegeben seien 2 Staatsanleihen A_1 und A_2 desselben Emittenten im Nominalwert von jeweils 1.000 EUR. Die Laufzeit beträgt in beiden Fällen 10 Jahre und die Tilgung erfolgt endfällig. Die Anleihe A_1 hat einen festen Coupon in Höhe von 50 EUR jährlich. Bei der Anleihe A_2 handelt es sich dagegen um eine Stufenzinsanleihe mit anwachsendem Zinsertrag (siehe Tabelle).
>
> | t | CF1 | CF2 | CF3 |
> |---|---|---|---|
> | 0 | -1.000 | -1.000 | -1.000 |
> | 1 | 50 | 20 | 54,10 |
> | 2 | 50 | 30 | 54,10 |
> | 3 | 50 | 40 | 54,10 |
> | 4 | 50 | 50 | 54,10 |
> | 5 | 50 | 60 | 54,10 |
> | 6 | 50 | 70 | 54,10 |
> | 7 | 50 | 75 | 54,10 |
> | 8 | 50 | 75 | 54,10 |
> | 9 | 50 | 75 | 54,10 |
> | 10 | 1.050 | 1.075 | 1.054,10 |
>
> Tabelle 8.2: Vergleich zweier Staatsanleihen mit unterschiedlichen Coupons
>
> Man sieht dem Verlauf der Rückflüsse dieser Anleihe (CF_2) nicht ohne Weiteres an, ob es sich gegenüber der Anleihe 1 um eine vorteilhafte Alternative handelt. Diese Frage kann mit der IKV-Funktion geklärt werden, die einen internen Zinsfuß in Höhe von 5,41 Prozent für die Anleihe A2 liefert (zum Vergleich: 5.0 Prozent für die Anleihe A1). Wie ist dieser Wert nun zu interpretieren?

Interner Zinsfuß **8**

Wenn wir uns eine Referenzanleihe A_3 mit einer laufenden Verzinsung in Höhe des internen Zinsfußes der Stufenzinsanleihe (5,41 Prozent) bezogen auf den ursprünglichen Nominalwert vorstellen, so hätte diese Anleihe genau die gleiche interne Verzinsung und den gleichen Vermögensendwert wie die Anleihe A_2. Wenn wir irgendein Investment mit einem bestimmten internen Zinsfuß haben, können wir uns also stets ein Referenz-Investment dazu denken, bei dem das eingesetzte Kapital in jeder Periode zum internen Zinssatz des originären Investments aufgezinst wird. Insoweit kann der interne Zinsfuß als durchschnittlicher Zins über die Haltedauer aufgefasst werden.

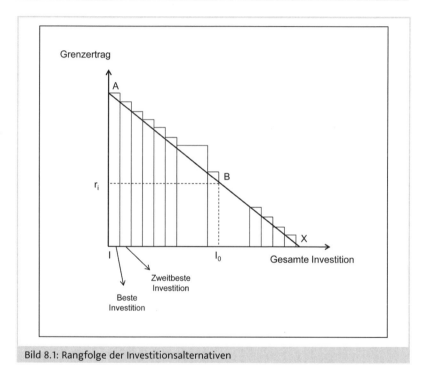

Bild 8.1: Rangfolge der Investitionsalternativen

Unter der Voraussetzung, dass alle in Frage stehenden Investitionsalternativen ein vergleichbares Risiko aufweisen, kann man die verschiedenen Investitionsalternativen nach der jeweiligen Höhe ihrer internen Rendite anordnen (Bild 8.1). Wenn keine Finanzierungsrestriktionen bestehen, so sollten alle Investitionsvorhaben, deren Rendite über dem Kalkulationszins RRR liegt, durchgeführt werden.

Dynamische Zinssatzmethoden

8.1.3 Fallstudie 1: Neubau einer Wohnanlage

Grunddaten

Projekt:	Bau einer Wohnanlage zur Vermietung in München
Anzahl Wohnungen:	45
Wohnfläche je Wohnung in m²:	71,11
gesamte Wohnfläche in m²:	3.200
Vergleichsmiete für Neubau laut Münchner Mietspiegel EUR je m²	12,42
Kaufpreiszahlung für das Grundstück:	01.06.2015
Vorgesehener Baubeginn:	01.06.2016
Voraussichtliche Bauzeit in Monaten:	18

Die gesamten Herstellungskosten des Objekts setzen sich wie folgt zusammen:

Interner Zinsfuß **8**

Aufstellung der Herstellungskosten

Kostenart	Betrag	Wohnfläche	Gesamtkosten
	EUR	EUR pro m²	%
0100 Grundstück	2.000.000	625	27,70
0200 Herrichten und Erschließen des Grundstücks	175.000	55	2,42
0300 Bauwerk	2.700.000	844	37,40
0400 Gerätekosten	700.000	219	9,70
0500 Außenanlagen	175.000	55	2,42
0700 Baunebenkosten	600.000	188	8,31
Werbung	50.625	16	0,70
Grundstückszinsen	100.000	31	1,38
Bauzeitzinsen	290.625	91	4,02
Gemeinkostenzuschlag	444.500	139	6,14
Herstellungskosten ohne Stellplätze	**7.235.750**	**2.261**	**100,00**
Herstellungskosten mit Stellplätzen	7.618.250	2.381	105,29

Die Grundstückskosten umfassen neben dem Kaufpreis des Grundstücks die Gerichts- und Notariatsgebühren, die Grunderwerbsteuer sowie gegebenenfalls die Maklerprovision, das Honorar für ein Wertgutachten zur Ermittlung des Kaufpreises einschließlich der Kosten für eine Bodenuntersuchung sowie Abfindungen, Entschädigungen und Ablösungen für bestehende Vertragsverhältnisse bzw. Rechte am Grundstück:

0100 Baugrundstück

	EUR
Kaufpreis des Grundstücks	1.920.290
Vermessung	0
Gerichts- und Notariatsgebühren	12.500
Maklerprovision	0
Grunderwerbsteuer (3,5 Prozent vom Kaufpreis)	67.210
Wertgutachten/Bodenuntersuchung	0
Abfindungen und Entschädigungen für Miet- und Pachtverhältnisse	0
Ablösung dinglicher Rechte und sonstiger Belastungen	0
gesamte Grundstückskosten	**2.000.000**

Die Kosten für das Herrichten und Erschließen setzen sich aus den Kosten für die Bauvorbereitung des Grundstücks sowie ggf. den Gebühren für den Anschluss an die öffentlichen Versorgungsnetze zusammen:

0200 Herrichten und Erschließen

	EUR
Herrichten, Vorbereitende Maßnahmen	
Abbrucharbeiten	80.000
Altlastenentsorgung	10.000
...	0
Öffentliche Erschließung (soweit nicht im Kaufpreis enthalten)	
Abwasseranlagen/Kanalisation	5.000
Wasserversorgung	5.000
Gasversorgung	0
Fernwärmeversorgung	37.500
Stromversorgung	37.500
Fernmeldeanlagen	0
Verkehrs- und Grünanlagen	0
...	0
gesamte Kosten	**175.000**

Unter dem Begriff der »Baunebenkosten« wird eine Vielzahl von Kostenarten subsumiert:

0700 Baunebenkosten

	EUR	EUR
Vorbereitung der Objektplanung		
Untersuchungen, Wertermittlungen, Städtebauliche Wettbewerbe und Gutachterverfahren		0
Baugenehmigung		27.500
Architekten- und Ingenieurleistungen		
Architekt		340.000
Fachingenieure, Sonderfachleute		153.000
Nebenkosten		7.500
Gutachten und Beratung (Bauphysiker, Bodengutachter)		7.500
Allgemeine Baunebenkosten		
Vermessung		15.000
a) bautechnische Vermessung	10.000	
b) Grundstücksteilung	0	
c) Gebäudeeinmessung	5.000	
Prüfungen, Abnahmen, Genehmigungen		32.000
a) Prüfstatik	25.000	
b) Abnahme durch Sachverständigen	5.000	
c) Sonstiges	2.000	
Gerichts- und Notariatskosten (Baudurchführung)		7.500
Sonstige Baunebenkosten		10.000
a) Richtfest	5.000	
b) Sonstiges	5.000	
gesamte Kosten		**600.000**

Bei der Berechnung der Bauzeitzinsen in Höhe von 290.625 EUR wurde angenommen, dass die Grundstücks-, die Erschließungs- und die Baunebenkosten die gesamte Bauzeit über vorgehalten werden müssen. Bei den Bau- und Gerätekosten wurde unterstellt, dass deren Anfall sich gleichmäßig über die Bauzeit von 18 Monaten verteilt.

Berechnung der Bauzeitzinsen

			EUR	EUR
1.	a)	Grundstück	2.000.0000	
	b)	Erschließung	175.000	
	c)	Baunebenkosten	600.000	
		Bemessungsgrundlage	2.775.000 EUR	
		4,33 Prozent Zinsen für 18 Monate		**180.220**
2.	a)	50 Prozent Bauwerk	1.350.000	
	b)	50 Prozent Geräte	350.000	
		Bemessungsgrundlage	1.700.000 EUR	
		4,33 Prozent Zinsen für 18 Monate		**110.405**
	Bauzeitzinsen gesamt			**290.625 EUR**

Schließlich sind noch Grundstückszinsen in Höhe von 100.000 EUR zu berücksichtigen, weil das Grundstück bis zum Baubeginn ein Jahr vorgehalten wurde (bei einer Verzinsung des gebundenen Kapitals in Höhe von 5,0 Prozent). Die Stellplatzkosten sind in den nachfolgenden Berechnungen nicht mehr berücksichtigt. Es wurde angenommen, dass für die Stellplätze gesonderte Mietverträge abgeschlossen werden.

In der nachfolgenden Tabelle sind die Grunddaten der Finanzierung und die Finanzierungsstruktur sowie die Zusammensetzung des Cashflows im ersten Jahr der Nutzung wiedergegeben:

Dynamische Zinssatzmethoden

I.	Grunddaten	
	Wohnfläche in m²	3.200
	Anzahl Wohneinheiten	45
	Zins für Fremdkapital in Prozent	2,0
	erwartete Inflationsrate in Prozent	1,5
	Verwaltungskosten je Wohneinheit Jahr 1 in EUR	279,35
	Instandhaltungskosten je m² Jahr 1 in EUR	8,62
	Mietausfall in Prozent der Miete im Jahr 1	2,0
	Gesamtkosten in EUR	7.235.750
II.	Finanzierungsstruktur	
	Eigenkapital in EUR	1.808.938
	Fremdkapital in EUR	5.426.812
	Gesamtkosten in EUR	7.235.750
III	Laufende Auszahlungen im ersten Jahr	
A.	Kapitalkosten	
	Annuität auf das Hypothekendarlehen (4,12 Prozent Anfangstilgung) in EUR	331.886
B.	Bewirtschaftungskosten	49.987
	Verwaltung in EUR	12.571
	Instandhaltung in EUR	27.584
	Instandsetzung in EUR	0
	Modernisierung in EUR	0
	Mietausfall in EUR	8.832
IV	Mieteinnahmen pro Jahr gesamte Wohnanlage in EUR	441.600
	pro Monat und m² in EUR	**11,50**

Der Münchner Mietspiegel liefert für die Wohnungen in der Wohnanlage folgendes Ergebnis:

Interner Zinsfuß **8**

Die durchschnittliche ortsübliche Miete (Nettomiete) für die Wohnung ... errechnet sich aus dem Grundpreis pro m² im Monat und den Zu- bzw. Abschlägen zum Grundpreis wie folgt:

		EUR/m²	EUR
	Grundpreis	11,28	802,12
+	Summe Zu-/Abschläge	1,61	114,40
=	Durchschnittliche ortsübliche Miete	12,89	916,61

Benutzerangaben zu den Grundmerkmalen

Wohnfläche in m²:	71,11
Baujahreskategorie[49]:	2012-2013
Grundpreis in EUR/m²	11,28

Benutzerangaben zu den Zusatzmerkmalen

Ausstattungsmerkmal	EUR/m²
Wohnlage: gute Lage	0,61
Warmwasserversorgung: ja	0,00
Heizungstyp: Zentralheizung	0,00
Sanitärbereich: Ein Badezimmer	0,00
Sanitärbereich: Bad mit Zusatzausstattung	0,47
Küche: kein besonderer Typ	0,00
Fußboden: besonderer Boden	0,53
Keine Video-/Gegensprechanlage: nein	0,00
= **Summe der verwendeten Zu-/Abschläge**	**1,61**

---

49 Es wurde angenommen, dass die jüngste im Mietspiegel erfasste Baujahrgruppe der Vergleichsmiete für den Neubau am nächsten kommt..

Der Ansatz für die anfänglichen Mieteinnahmen je Monat und m^2 in Höhe von 11,50 EUR liegt unter der Vergleichsmiete für die Baujahrgruppe 2012-2013. Die zu fordernde Miete ist preisrechtlich zulässig und entspricht den Marktgegebenheiten.

Die Laufzeit des Hypothekendarlehens beträgt 20 Jahre, der Zinssatz bei 20-jähriger Zinsbindung liegt bei 2,0 Prozent und die anfängliche Tilgung bei 4,116 Prozent. Daraus ergibt sich eine Belastung in Höhe von:

$$5.426.812 \text{ EUR} * (0{,}02 + 0{,}04115672) = \mathbf{331.886{,}02 \text{ EUR}}$$

Der Rückfluss im ersten Jahr ergibt sich aus den um die Bewirtschaftungs- und Kapitalkosten verminderten Mieteinnahmen:

Rückfluss im Jahr 1

		EUR
	Miete	441.600
-	Kapitalkosten	-331.886
-	Bewirtschaftungskosten	-49.987
=	Rückfluss	59.727

Im nächsten Schritt ist der dynamische Zahlungsstrom für das Vorhaben unter geeigneten Annahmen zu schätzen:
- **Nutzungszeit und Werterhaltung**: Das Objekt soll nach Bezugsfertigkeit für einen Zeitraum von 20 Jahren vermietet und dann verkauft werden. Dabei soll der Originalzustand durch geeignete Instandhaltungs- und Instandsetzungsmaßnahmen aufrecht erhalten werden (keine Modernisierungen).
- **Mieteinnahmen**: Die anfänglichen Soll-Mieteinnahmen sind durch folgendes Produkt gegeben:

$$11{,}50 \text{ EUR} * 3.200 \, m^2 * 12 \text{ Monate} = \mathbf{441.600 \text{ EUR}}$$

Für die weitere Entwicklung wurde angenommen, dass die Miete sich zunächst 5 Jahre lang im Einklang mit der Inflationsrate entwickelt (plus 1,5 Prozent im Jahr). Für die folgenden 3 Fünfjahresintervalle wurde ein schrittweiser Rückgang dieser Steigerungsrate auf 1,2, 0,9 und schließlich auf 0,6 Prozent unterstellt. Damit wird der zunehmenden technischen und wirtschaftlichen Alterung des Objekts Rechnung getragen (in dem 20-jährigen Nutzungszeitraum sind keine Modernisierungsinvestitionen vorgesehen).

- **Mietausfallwagnis:** Das Mietausfallwagnis wurde mit 2 Prozent der Sollmiete angesetzt.
- **Kapitalkosten:** Das Objekt wird zu 75 Prozent mit Fremdmitteln finanziert. Der entsprechende Darlehensbetrag in Höhe von 5.426.812 EUR wird mit 20-jähriger Zinsbindung zum Zinssatz von 2,0 Prozent aufgenommen. Die Anfangstilgung wurde mit 4,116 Prozent angesetzt. Unter diesen Annahmen kann die Annuität während der gesamten Darlehenslaufzeit von 20 Jahren unverändert bleiben.
- **Verwaltungskosten:** Für die Verwaltungskosten wurde ein branchenüblicher Wert von 279,35 EUR je Wohneinheit angenommen. Im weiteren Verlauf wurde eine jährliche Zunahme der Verwaltungskosten um 1,5 Prozent unterstellt – also im Einklang mit der erwarteten Inflationsrate.
- **Instandhaltungskosten:** Diese wurden mit nur 8,62 EUR je Wohneinheit und Jahr angesetzt. Im weiteren Verlauf wurde ein linearer Zuwachs dieser Kosten um 2,5 Prozent pro Jahr unterstellt.
- **Instandsetzungskosten:** Es wurden keine planbaren Instandsetzungskosten während der Haltedauer angesetzt.
- **Modernisierungskosten:** wurden nicht berücksichtigt.
- **Cap Rate/Exit Cap Rate/Wertsteigerung/Wertentwicklung:** Die anfängliche Cap Rate liegt bei 5,43 Prozent. Die Exit Cap Rate zum Liquidationszeitpunkt in Höhe von 7,50 Prozent (entspricht einem Netto-Vervielfältiger von 13,33) trägt dem dann zu erwartenden technischen und wirtschaftlichen Vergleichszustand der Immobilie (keine Modernisierungsinvestitionen im Planungszeitraum) und dem Risiko einer ungünstigen Immobilienkonjunktur zum Liquidationszeitpunkt Rechnung.

Legt man diese Rate zugrunde, so ergibt sich ein erwarteter Netto-Liquidationserlös von 6.194.599 EUR (Cashflow im Jahr 20 vor Kapitalkosten multipliziert mit dem Netto-Vervielfältiger):

464.595 EUR * 13,3333 = **6.194.599 EUR**[50]

Dies entspricht einer jährlichen Wertminderung des Objekts um 0,77 Prozent.

Dynamisierung: Annahmen

	Prozent
Zuwachsrate Mieteinnahmen Jahr 1-5	1,5
Zuwachsrate Mieteinnahmen Jahr 6-10	1,2
Zuwachsrate Mieteinnahmen Jahr 11-15	0,9
Zuwachsrate Mieteinnahmen Jahr 16-20	0,6
Zuwachsrate Verwaltungskosten	1,5
Zuwachsrate Instandhaltungskosten	2,5
Mietausfallwagnis/Sollmieten	2,0
Cap Rate	5,43
Exit Cap Rate	7,50
Jährliche Wertsteigerung/Wertminderung	-0,77

Die nachfolgende Tabelle zeigt zunächst den Restschuldverlauf des zur Finanzierung eingesetzten Annuitätendarlehens:

---

50 Abweichung des Ergebnisses vom Tabellenwert aufgrund von Rundungsdifferenzen.

Interner Zinsfuß **8**

Annuitätendarlehen: Restschuldverlauf

t	Restschuld	Zinsen	Tilgung	Annuität
	EUR	EUR	EUR	EUR
1	5.426.812	108.536	223.350	331.886
2	5.203.462	104.069	227.817	331.886
3	4.975.645	99.513	232.373	331.886
4	4.743.272	94.865	237.021	331.886
5	4.506.252	90.125	241.761	331.886
6	4.264.491	85.290	246.596	331.886
7	4.017.895	80.358	251.528	331.886
8	3.766.366	75.327	256.559	331.886
9	3.509.808	70.196	261.690	331.886
10	3.248.118	64.962	266.924	331.886
11	2.981.194	59.624	272.262	331.886
12	2.708.932	54.179	277.707	331.886
13	2.431.225	48.624	283.262	331.886
14	2.147.963	42.959	288.927	331.886
15	1.859.036	37.181	294.705	331.886
16	1.564.331	31.287	300.599	331.886
17	1.263.732	25.275	306.611	331.886
18	957.120	19.142	312.744	331.886
19	644.377	12.888	318.998	331.886
20	325.378	6.508	325.378	331.886

Darlehen: Grunddaten

Fremdkapital in EUR	5.426.812
i t_0 bis t_{20} in Prozent	2,0
Anfangstilgung in Prozent	4,116
Ann t_0-t_{20} in EUR	331.886

Die Entwicklung der Cashflow-Komponenten, die Wertentwicklung der Immobilie sowie die Berechnung von internem Zinsfuß und Kapitalwert bei einem kalkulatorischen Zins von 3 Prozent aus der Gesamtkapitalperspektive zeigt die folgende Tabelle:

Interner Zinsfuß 8

t	A_0/R_{20} EUR	Miete EUR	Wert-steigerung EUR	Wertent-wicklung EUR	Verwal-tung EUR	Instand-haltung EUR	Ausfall EUR	CF EUR	Abzinsungs-faktoren	Barwerte EUR	IKV
0	-1.808.938			7.235.750				0	1,0000	-7.235.750	-7.235.750
1		441.600	-55.988	7.179.762	12.571	27.584	8.832	392.613	0,9709	381.178	392.613
2		448.224	-55.555	7.124.207	12.759	28.274	8.964	398.227	0,9426	375.367	398.227
3		454.947	-55.125	7.069.082	12.951	28.980	9.099	403.917	0,9151	369.642	403.917
4		461.772	-54.699	7.014.383	13.145	29.705	9.235	409.686	0,8885	364.001	409.686
5		468.698	-54.275	6.960.108	13.342	30.448	9.374	415.534	0,8626	358.444	415.534
6		474.323	-53.855	6.906.252	13.542	31.209	9.486	420.085	0,8375	351.815	420.085
7		480.014	-53.439	6.852.814	13.745	31.989	9.600	424.680	0,8131	345.303	424.680
8		485.775	-53.025	6.799.789	13.952	32.789	9.715	429.319	0,7894	338.908	429.319
9		491.604	-52.615	6.747.174	14.161	33.608	9.832	434.003	0,7664	332.627	434.003
10		497.503	-52.208	6.694.966	14.373	34.449	9.950	438.731	0,7441	326.457	438.731
11		501.981	-51.804	6.643.162	14.589	35.310	10.040	442.042	0,7224	319.341	442.042
12		506.498	-51.403	6.591.759	14.808	36.193	10.130	445.368	0,7014	312.372	445.368
13		511.057	-51.005	6.540.754	15.030	37.097	10.221	448.709	0,6810	305.549	448.709
14		515.656	-50.611	6.490.144	15.255	38.025	10.313	452.063	0,6611	298.867	452.063
15		520.297	-50.219	6.439.925	15.484	38.975	10.406	455.432	0,6419	292.324	455.432
16		523.419	-49.830	6.390.094	15.716	39.950	10.468	457.285	0,6232	284.965	457.285
17		526.560	-49.445	6.340.650	15.952	40.949	10.531	459.128	0,6050	277.780	459.128
18		529.719	-49.062	6.291.587	16.191	41.972	10.594	460.961	0,5874	270.766	460.961
19		532.897	-48.683	6.242.905	16.434	43.022	10.658	462.784	0,5703	263.919	462.784
20	6.194.599	536.095	-48.306	6.194.599	16.681	44.097	10.722	464.595	0,5537	3.687.034	6.659.193
										2.620.908	0,0552

Der interne Zinsfuß dieser Investition liegt bei 5,52 Prozent (letzte Spalte). Der Kapitalwert bei einem Kalkulationszins von 3 Prozent liegt bei 2,62 Mio. EUR. Der Cashflow-Verlauf ist über den gesamten Haltezeitraum leicht ansteigend, da die Mieteinnahmen absolut stets etwas stärker zunehmen als die Bewirtschaftungskosten.

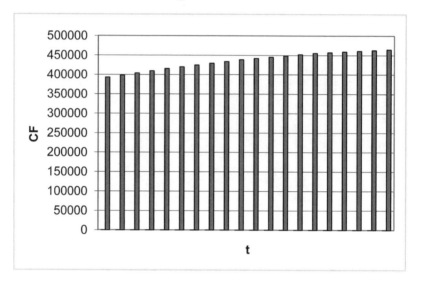

Wir wollen nun dasselbe Projekt noch aus der Eigenkapitalperspektive rechnen. Die Anfangsauszahlung besteht also jetzt nicht mehr aus den Gesamtgestehungskosten in Höhe von 7,2 Mio.EUR, sondern nur noch aus den eingesetzten Eigenmitteln in Höhe von 1,8 Mio.EUR. In diesem Fall sind neben den Bewirtschaftungskosten auch die Kapitalkosten (Annuität) von den jährlichen Mieteinnahmen abzuziehen.

Interner Zinsfuß 8

t	A_0/R_{20} EUR	Miete EUR	Wertsteigerung EUR	Wertentwicklung EUR	Kapital EUR	Verwaltung EUR	Instandhaltung EUR	Ausfall EUR	CF EUR	Abzinsungsfaktoren	Barwerte EUR	IKV
0	-1.808.938			7.235.750					0	1,0000	-1.808.938	-1.808.938
1		441.600	-55.988	7.179.762	331.886	12.571	27.584	8.832	60.727	0,9709	58.958	60.727
2		448.224	-55.555	7.124.207	331.886	12.759	28.274	8.964	66.341	0,9426	62.532	66.341
3		454.947	-55.125	7.069.082	331.886	12.951	28.980	9.099	72.031	0,9151	65.919	72.031
4		461.772	-54.699	7.014.383	331.886	13.145	29.705	9.235	77.800	0,8885	69.124	77.800
5		468.698	-54.275	6.960.108	331.886	13.342	30.448	9.374	83.648	0,8626	72.156	83.648
6		474.323	-53.855	6.906.252	331.886	13.542	31.209	9.486	88.199	0,8375	73.865	88.199
7		480.014	-53.439	6.852.814	331.886	13.745	31.989	9.600	92.794	0,8131	75.450	92.794
8		485.775	-53.025	6.799.789	331.886	13.952	32.789	9.715	97.433	0,7894	76.914	97.433
9		491.604	-52.615	6.747.174	331.886	14.161	33.608	9.832	102.116	0,7664	78.264	102.116
10		497.503	-52.208	6.694.966	331.886	14.373	34.449	9.950	106.845	0,7441	79.503	106.845
11		501.981	-51.804	6.643.162	331.886	14.589	35.310	10.040	110.156	0,7224	79.579	110.156
12		506.498	-51.403	6.591.759	331.886	14.808	36.193	10.130	113.482	0,7014	79.594	113.482
13		511.057	-51.005	6.540.754	331.886	15.030	37.097	10.221	116.823	0,6810	79.550	116.823
14		515.656	-50.611	6.490.144	331.886	15.255	38.025	10.313	120.177	0,6611	79.451	120.177
15		520.297	-50.219	6.439.925	331.886	15.484	38.975	10.406	123.546	0,6419	79.299	123.546
16		523.419	-49.830	6.390.094	331.886	15.716	39.950	10.468	125.399	0,6232	78.144	125.399
17		526.560	-49.445	6.340.650	331.886	15.952	40.949	10.531	127.242	0,6050	76.983	127.242
18		529.719	-49.062	6.291.587	331.886	16.191	41.972	10.594	129.075	0,5874	75.818	129.075
19		532.897	-48.683	6.242.905	331.886	16.434	43.022	10.658	130.897	0,5703	74.649	130.897
20	6.194.599	536.095	-48.306	6.194.599	331.886	16.681	44.097	10.722	132.709	0,5537	3.503.277	6.327.307
											3.110.094	**0,0956**

Der Kapitalwert und der interne Zinsfuß liegen aus der Eigenkapitalperspektive höher. Der Grund dafür ist das Wirken des Leverage-Effektes im Hintergrund. Da die interne Verzinsung des Gesamtkapitals mit 5,52 deutlich über dem Fremdkapitalzins von 2,0 Prozent liegt, verzinst sich das Eigenkapital höher als das Fremdkapital. Außerdem steigert jede Erhöhung des Verschuldungsgrades die Eigenkapitalrentabilität weiter. Wir hätten hier auch einen höheren Kalkulationszins als 3 Prozent ansetzen können, da der aus der EK-Perspektive anzusetzende Zins nur die geforderte Verzinsung des Eigenkapitals widerspiegelt (anders als der Mischzins bei Einnahme der GK-Perspektive).

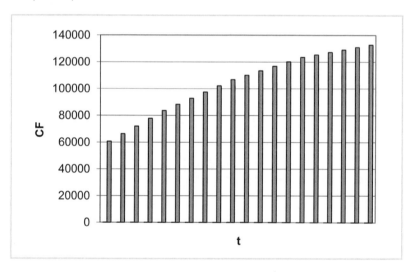

Der Cashflow-Verlauf ist nun steiler, weil den steigenden Mieteinnahmen ein großer Block an konstant verlaufenden Kapitalkosten gegenübersteht.

8.1.4 Grenzen

Die Interne Zinsfußmethode hat beim Vergleich von Investitionsalternativen drei wesentliche Schwachpunkte:
- Die Wiederanlageprämisse gilt unausgesprochen (ein Problem, das freilich auch bei Anwendung der Kapitalwertmethode auftritt).

Interner Zinsfuß 8

- Die implizite Annahme einer unbegrenzten Ergiebigkeit und Aufnahmefähigkeit des Kapitalmarktes kann unrealistisch sein (wie auch bei der Kapitalwertmethode).
- Bei irregulären Investitionen gibt es zwei interne Zinssätze.
- Vergleiche von Projekten aus unterschiedlichen Risikoklassen sind problematischer als bei der Kapitalwertmethode.

Beginnen wir mit den impliziten Annahmen über den Kapitalmarkt. Bei Vergleichen von internen Zinssätzen wird implizite von einem vollkommenen Kapitalmarkt ausgegangen, auf dem ein einheitlicher Zinssatz für die Aufnahme und die Anlage von Kapital herrscht, der außerdem noch dem internen Zinsfuß entspricht (IRR = Sollzins = Habenzins). Man nimmt also implizite an, dass bei den zu vergleichenden Alternativen die Anlage von positiven und die Aufnahme von negativen Rückflüssen zum jeweiligen internen Zinssatz erfolgen kann (bei der Kapitalwertmethode zum Diskontierungszins). Diese sogenannte »Wiederanlageprämisse« ist für jedes einzelne Investitionsvorhaben auf ihre empirische Rechtfertigung hin zu prüfen.

Die Wiederanlageprämisse ist insbesondere bei einer großen Differenz der internen Zinssätze der zu vergleichenden Vorhaben problematisch, weil in solchen Fällen implizite auch erheblich voneinander abweichende Soll- und Habenzinsen angenommen werden, ohne dass man dies sachlich begründen könnte. Davon abgesehen wirkt eine große Differenz zwischen der IRR und den aktuellen Konditionen für Geldanlagen und Kreditaufnahmen verzerrend. Liegt die IRR des untersuchten Projektes bei 22 Prozent, dürften Anlagen zu diesem Zinssatz schwerlich zu finden sein.

Im Hinblick auf die impliziten Ergänzungsinvestitionen (z. B. bei Differenzen in den Anfangsauszahlungen oder Haltedauern) ist zu beachten, dass auch deren Zahlungssalden zum internen Zinsfuß zu verzinsen sind. Das kann unrealistisch sein.

Bei Vergleichen mit der Interne Zinsfuß-Methode wird weiterhin angenommen, dass Finanzierungsmittel unbeschränkt zur Verfügung stünden. Diese Annahme läuft auf eine unbegrenzte Ergiebigkeit und Aufnahmefähigkeit des Kapitalmarktes hinaus. Sie ist besonders bei großen Differenzen zwischen den Anfangsauszahlungen zu vergleichender Investitionsvorhaben problematisch. Man kann nicht ohne weiteres unterstellen, dass ein großer Kredit zu denselben Konditionen beschafft werden kann wie ein kleiner.

Davon abgesehen lässt sich der interne Zinsfuß nur auf sogenannte »reguläre Investitionen« anwenden. Bei irregulären Investitionen erhält man kein eindeutiges Ergebnis. Die Kapitalwertfunktion schneidet die Zinsachse in solchen Fällen mehrmals.

Das Problem der eingeschränkten Vergleichbarkeit von Projekten mit unterschiedlichen Risikoprofilen soll anhand des Vergleichs von 4 Investitionsprojekten veranschaulicht werden. Beschränken wir uns zunächst auf den Vergleich der Investitionsvorhaben A und B. Projekt A ist einer höheren Risikoklasse zugeordnet als Projekt B. Bei naiver Anwendung des relativen Vorteilhaftigkeitskriteriums der Internen Zinsfuß-Methode erscheint das risikoreichere Projekt A vorteilhaft. Es erfüllt aber gar nicht den risikogerechten Verzinsungsanspruch an dieses Projekt (RRR= 8 %)!

Projekt	IRR	RRR
Projekt A	7 %	8 %
Projekt B	6 %	4 %
Projekt C	23 %	20 %
Projekt D	5 %	2 %

Wenn also nur zwischen A und B zu wählen ist, dann ist das Projekt B durchzuführen. Projekt A darf wie alle Projekte, die das absolute Vorteilhaftigkeitskriterium verletzen, keinesfalls durchgeführt werden.

Wenn wir also die IRRs nicht direkt miteinander vergleichen dürfen, stellt sich die Frage, ob möglicherweise der Abstand (»spread«) zwischen RRR und IRR als Vergleichsmaßstab taugen könnte. Wenn wir die Projekte B und C miteinander vergleichen, so ist aber wahrscheinlich B dem Projekt C gegenüber vorzuziehen, obwohl es den kleineren Spread aufweist! Die Begründung lautet, dass der etwas höhere Spread von C wahrscheinlich zu einem nicht kleinen Teil der impliziten Schubwirkung der Wiederanlageprämisse zu verdanken ist (impliziter Reinvestmentzins von 23 Prozent gegenüber 6 Prozent bei B).

Es gibt aber auch Fälle, wo der Vergleich anhand des Spreads möglich ist. Wenn B und D für alle Jahre des Haltezeitraums positive Cashflows aufweisen, ist Projekt D dem Projekt B gegenüber vorzuziehen (Begründung: Die Wiederanlageprämisse wirkt in diesem Fall zugunsten von B).

Außerdem können natürlich alle Projekte aus derselben Risikoklasse (RRR identisch) direkt miteinander verglichen werden.

Schließlich gilt die Wiederanlageprämisse auch bei der Kapitalwertmethode. Ein Vergleich anhand der Spreads ist daher in den Fällen, wo man die Wiederanlageprämisse für unkritisch hält, genauso gut möglich wie ein Vergleich der Kapitalwerte.

Bewegen sich die Unterschiede zwischen den relevanten Zinssätzen außerhalb des akzeptablen Rahmens, so benötigt man eine Methode, die eine Korrekturmöglichkeit im Hinblick auf den Reinvestmentzins bietet. Wäre es nicht gut, wenn man in den kritischen Fällen den implizite angenommenen Wiederanlage- bzw. Finanzierungszins durch einen explizite vorgegebenen Zins ersetzen könnte?

8.2 Vollständige Finanzpläne

Die Methode der vollständigen Finanzpläne (»VoFi-Methode«) läuft auf die Ermittlung des Vermögensendwertes einer Investition unter Beachtung des Kontenausgleichsgebots hinaus. Dabei werden unterschiedliche Soll- und Habenzinssätze angewendet, die »tatsächlichen« Konditionen möglichst nahe kommen sollen. Alle der Investition zurechenbaren Zahlungen werden in tabellarischer Form in einem »vollständigen Finanzplan« dargestellt. Am Ende wird die Rentabilität des eingesetzten Eigenkapitals ermittelt. Die vollständigen Finanzpläne sind ein guter Ausgangspunkt für die Berücksichtigung weiterer Folgen der Investition wie z. B. steuerlichen Folgen oder Auswirkungen auf die Handelsbilanz.

Die handelsrechtlichen Erfolgswirkungen einer Investition dürfen nicht vernachlässigt werden. Es kann sein, dass der Investor hinsichtlich des Periodenerfolgs Nebenbedingungen beachten muss, die ihrerseits Einfluss auf die Rangfolge der Investitionsprojekte haben können. Das gilt besonders für kapitalmarktorientierte Unternehmen. Die Auswirkungen eines Investitionsprojekts auf die Erfolgsrechnung und die Bilanz können im Rahmen der VoFi-Methode mithilfe entsprechender Teilerfolgsrechnungen und Teilbilanzen erfasst werden.

8.2.1 Anwendung bei variabel verzinslichen Krediten

> **Beispiel 8.4**
>
> Der Vermögensendwert mit Kontenausgleich wird für die aus der Fallstudie 1 bekannte Münchner Wohnanlage berechnet. Die Anfangsauszahlung entspricht dem Eigenkapitalanteil an der Finanzierung in Höhe von 25 Prozent der Gesamtkosten.
>
> Die Annahme des jährlichen und vollständigen Kontenausgleichs erfordert die Aufnahme kurzfristiger bzw. variabel verzinslicher Mittel. Für die zukünftigen Zinssätze für die Aufnahme variabel verzinslicher Kredite wurde ein zyklischer Verlauf angenommen:

Vollständige Finanzpläne 8

Berechnung des Vermögensendwertes mit Kontenausgleich und variabler Verzinsung

Jahr	i_S	i_H	Cashflow EUR	Kapital-aufnahme EUR	Tilgung EUR	Soll-zinsen EUR	Kredit-bestand EUR	Kapital-anlage EUR	Auf-lösung EUR	Haben-zinsen EUR	Guthaben-stand EUR
0	3,0	2,5	-1.808.938	5.426.813			5.426.813				
1	3,4	2,9	392.613		208.102	184.512	5.218.711				
2	3,3	3,3	398.227		199.916	198.311	5.018.795				
3	3,8	3,7	403.917		193.128	210.789	4.825.667				
4	4,2	4,1	409.686		187.706	221.981	4.637.962				
5	4,6	4,5	415.534		183.636	231.898	4.454.326				
6	5,0	4,1	420.085		215.186	204.899	4.239.139				
7	4,6	3,7	424.680		246.636	178.044	3.992.504				
8	4,2	3,3	429.319		277.604	151.715	3.714.900				
9	3,8	2,9	434.003		307.696	126.307	3.407.204				
10	3,4	2,5	438.731		336.515	102.216	3.070.689				
11	3,0	2,9	442.042		337.639	104.403	2.733.050				
12	3,4	3,3	445.368		341.512	103.856	2.391.538				
13	3,8	3,7	448.709		348.264	100.445	2.043.274				
14	4,2	4,1	452.063		358.073	93.991	1.685.201				
15	4,6	4,5	455.432		371.172	84.260	1.314.029				
16	5,0	4,1	457.285		396.839	60.445	917.190				
17	4,6	3,7	459.128		420.606	38.522	496.584				
18	4,2	3,3	460.961		442.091	18.870	54.494				
19	3,8	2,9	462.784		54.494	1.853	0	406.437			406.437
20	3,4	2,5	6.659.193		0	0	0	6.659.193		10.161	7.075.791

Unter den genannten Annahmen ergibt sich ein Vermögensendwert in Höhe von 7.075.791 EUR und eine Eigenkapitalrentabilität von 7,06 Prozent:

$$i = \sqrt[20]{\frac{7.075.791 \text{ EUR}}{1.808.938 \text{ EUR}}} - 1 = 0,070576154$$

8.2.2 Anwendung bei Festsatzkrediten

Bei Aufnahme von Festsatzkrediten kann die Periodizität des Kontenausgleichs auf die Länge der tatsächlichen Zinsbindungsintervalle abgestimmt werden. Bei zehnjähriger Zinsbindung wird dann der Ausgleich des Kreditkontos erstmalig nach 10 Jahren vorgenommen.

Beispiel 8.5

Für die Berechnung des Vermögensendwertes werden folgende Annahmen getroffen:
Berechnung des Vermögensendwertes: Annahmen

Herstellungskosten in EUR	7.235.750
Eigenkapital in EUR	1.808.938
Fremdkapital in EUR	5.426.813
Hypothekenzins 1 in Prozent	1,5
Hypothekenzins 2 in Prozent	5,0
Anfangstilgung in Prozent	3,0
Habenzins 1 Prozent	1,0
Habenzins 2 Prozent	4,5
Annuität in EUR	244.031

Der Hypothekenzins im ersten Jahrzehnt der Nutzungszeit beträgt annahmegemäß 1,5 Prozent und der im zweiten Jahrzehnt 5,0 Prozent. Der Habenzins für die Anlage von zwischenzeitlich auftretenden Zahlungsmittelüberschüssen liegt anfänglich bei 1 Prozent und im zweiten Jahrzehnt bei 4,5 Prozent. Unter diesen Annahmen ergibt sich folgender Vermögensendwert:

Vollständige Finanzpläne 8

| Jahr | CF | Berechnung des Vermögensendwertes mit Kontenausgleich und fixer Verzinsung |||||||||
| | | Hypodarl. Restschuld | Hypodarl. Zinsen | Hypodarl. Tilgung | Annuität | CF nach Kapitaldienst | Kapitalanlage | Auflösung | Habenzinsen | Guthabenstand |
	EUR	EUR	EUR	EUR	EUR	EUR	EUR	EUR	EUR	EUR
0	-1.808.938									
1	392.613	5.426.813	81.402	162.629	244.031	148.582	148.582		0	148.582
2	398.227	5.264.184	78.963	165.068	244.031	154.196	154.196		1.486	304.264
3	403.917	5.099.116	76.487	167.544	244.031	159.886	159.886		3.043	467.193
4	409.686	4.931.572	73.974	170.057	244.031	165.655	165.655		4.672	637.521
5	415.534	4.761.515	71.423	172.608	244.031	171.504	171.504		6.375	815.399
6	420.085	4.588.907	68.834	175.197	244.031	176.054	176.054		8.154	999.608
7	424.680	4.413.709	66.206	177.825	244.031	180.649	180.649		9.996	1.190.253
8	429.319	4.235.884	63.538	180.493	244.031	185.288	185.288		11.903	1.387.443
9	434.003	4.055.392	60.831	183.200	244.031	189.972	189.972		13.874	1.591.289
10	438.731	3.872.192	58.083	185.948	244.031	194.700	194.700		15.913	1.801.903
11	442.042	1.884.341	94.217	149.814	244.031	198.012	198.012	-1.801.903	18.019	216.031
12	445.368	1.734.527	86.726	157.304	244.031	201.337	201.337		9.721	427.089
13	448.709	1.577.223	78.861	165.170	244.031	204.678	204.678		19.219	650.986
14	452.063	1.412.053	70.603	173.428	244.031	208.032	208.032		29.294	888.313
15	455.432	1.238.625	61.931	182.100	244.031	211.401	211.401		39.974	1.139.688
16	457.285	1.056.526	52.826	191.204	244.031	213.254	213.254		51.286	1.404.228
17	459.128	865.321	43.266	200.765	244.031	215.097	215.097		63.190	1.682.515
18	460.961	664.557	33.228	210.803	244.031	216.930	216.930		75.713	1.975.158
19	462.784	453.754	22.688	221.343	244.031	218.753	218.753		88.882	2.282.793
20	6.659.193	232.410	11.621	232.410	244.031	6.415.163	6.415.163		102.726	8.800.682

Es ergibt sich ein Vermögensendwert in Höhe von 8.800.682 EUR und eine Eigenkapitalrentabilität von 8,23 Prozent:

$$i = \sqrt[20]{\frac{8.800.682 \text{ EUR}}{1.808.938 \text{ EUR}}} - 1 = 0,082317379$$

8.2.3 Auswirkungen auf Eigenkapital und Liquidität

Zur Untersuchung der Auswirkungen dieser Investition auf die Gewinn- und Verlustrechnung sowie auf das bilanzielle Eigenkapital werden folgende Annahmen getroffen:

Ermittlung des Wertansatzes für die erstmalige Aktivierung des Gebäudes[51]

Kostenart

	EUR
Baukosten	2.700.000
Gerätekosten	700.000
Außenanlagen	175.000
Baunebenkosten	600.000
Bauzeitzinsen	290.625
Gemeinkostenzuschlag	444.500
aktivierungsfähig beim Gebäude	**4.910.125**

Weiterhin wird angenommen, dass das Gebäude linear abgeschrieben wird. Unter diesen Annahmen stellen sich die Auswirkungen auf die Gewinn- und Verlustrechnung und das Eigenkapital so dar:

---

51 Die Kosten für Werbung und die Grundstückszinsen sind nicht aktivierungsfähig. Erschließungskosten sind beim Grundstück zu aktivieren.

Vollständige Finanzpläne 8

t	Miete EUR	Zinsaufwand EUR	Verwaltung EUR	Instandhaltung EUR	Mietausfälle EUR	Gebäude EUR	Abschreibungssätze Prozent	Abschreibungsbeträge EUR	Gewinn EUR	Eigenkapital EUR
1	441.600	81.402	12.571	27.584	8.832	4.910.125	2,00	98.203	213.009	213.009
2	448.224	78.963	12.759	28.274	8.964	4.811.923	2,00	98.203	221.061	434.070
3	454.947	76.487	12.951	28.980	9.099	4.713.720	2,00	98.203	229.228	663.298
4	461.772	73.974	13.145	29.705	9.235	4.615.518	2,00	98.203	237.510	900.808
5	468.698	71.423	13.342	30.448	9.374	4.517.315	2,00	98.203	245.909	1.146.717
6	474.323	68.834	13.542	31.209	9.486	4.419.113	2,00	98.203	253.049	1.399.766
7	480.014	66.206	13.745	31.989	9.600	4.320.910	2,00	98.203	260.272	1.660.038
8	485.775	63.538	13.952	32.789	9.715	4.222.708	2,00	98.203	267.578	1.927.616
9	491.604	60.831	14.161	33.608	9.832	4.124.505	2,00	98.203	274.969	2.202.585
10	497.503	58.083	14.373	34.449	9.950	4.026.303	2,00	98.203	282.446	2.485.031
11	501.981	94.217	14.589	35.310	10.040	3.928.100	2,00	98.203	249.623	2.734.654
12	506.498	86.726	14.808	36.193	10.130	3.829.898	2,00	98.203	260.439	2.995.093
13	511.057	78.861	15.030	37.097	10.221	3.731.695	2,00	98.203	271.645	3.266.738
14	515.656	70.603	15.255	38.025	10.313	3.633.493	2,00	98.203	283.258	3.549.996
15	520.297	61.931	15.484	38.975	10.406	3.535.290	2,00	98.203	295.298	3.845.294
16	523.419	52.826	15.716	39.950	10.468	3.437.088	2,00	98.203	306.256	4.151.550
17	526.560	43.266	15.952	40.949	10.531	3.338.885	2,00	98.203	317.659	4.469.209
18	529.719	33.228	16.191	41.972	10.594	3.240.683	2,00	98.203	329.531	4.798.739
19	532.897	22.688	16.434	43.022	10.658	3.142.480	2,00	98.203	341.893	5.140.633
20	536.095	11.621	16.681	44.097	10.722	3.044.278	2,00	98.203	354.772	5.495.405

Im gesamten Planungszeitraum wird von dem Vorhaben also stets ein positiver Gewinnbeitrag erwartet. Nach 20 Jahren hat die Investition zu einer Erhöhung des Eigenkapitalbestandes um 5,495 Mio. EUR geführt. Annahmegemäß wird ein Liquidationserlös in Höhe von 6.194.599 EUR erwartet. Damit ergibt sich ein erwarteter steuerpflichtiger Buchgewinn aus der Veräußerung in Höhe von 3.150.321 EUR (6.194.599 EUR − 3.044.278 EUR). Wenn dessen sofortige Besteuerung vermieden werden soll, muss er auf ein Ersatzwirtschaftsgut (z. B. neu anzuschaffende Immobilie) übertragen werden. Daraus ergeben sich zwar zukünftige Abschreibungsminderungen. Diese wirken sich jedoch bei der Berechnung von Outputgrößen (z. B. Kapitalwert nach Steuern) aus der Nachsteuerperspektive im Allgemeinen nicht wesentlich auf das Ergebnis aus.

Wir nehmen nun zusätzlich noch die Auswirkungen der Investition auf Cashflow und Liquidität ins Bild.

8 Vollständige Finanzpläne

t	A₀ / R₂₀ EUR	Miete EUR	Zinsaufwand EUR	Tilgung EUR	Bew.-kosten EUR	Abschreibung EUR	Gewinn EUR	Eigenkapital EUR	Cashflow EUR	Liquidität EUR
0	-1.808.938								-1.808.938	-1.808.938
1		441.600	81.402	162.629	48.987	98.203	213.009	213.009	148.582	-1.660.356
2		448.224	78.963	165.068	49.997	98.203	221.061	434.070	154.196	-1.506.160
3		454.947	76.487	167.544	51.030	98.203	229.228	663.298	159.886	-1.346.273
4		461.772	73.974	170.057	52.085	98.203	237.510	900.808	165.655	-1.180.618
5		468.698	71.423	172.608	53.164	98.203	245.909	1.146.717	171.504	-1.009.114
6		474.323	68.834	175.197	54.237	98.203	253.049	1.399.766	176.054	-833.060
7		480.014	66.206	177.825	55.335	98.203	260.272	1.660.038	180.649	-652.411
8		485.775	63.538	180.493	56.456	98.203	267.578	1.927.616	185.288	-467.123
9		491.604	60.831	183.200	57.601	98.203	274.969	2.202.585	189.972	-277.151
10		497.503	58.083	185.948	58.772	98.203	282.446	2.485.031	194.700	-82.451
11		501.981	94.217	149.814	59.938	98.203	249.623	2.734.654	198.012	115.561
12		506.498	86.726	157.304	61.130	98.203	260.439	2.995.093	201.337	316.898
13		511.057	78.861	165.170	62.348	98.203	271.645	3.266.738	204.678	521.576
14		515.656	70.603	173.428	63.593	98.203	283.258	3.549.996	208.032	729.608
15		520.297	61.931	182.100	64.866	98.203	295.298	3.845.294	211.401	941.009
16		523.419	52.826	191.204	66.135	98.203	306.256	4.151.550	213.254	1.154.263
17		526.560	43.266	200.765	67.432	98.203	317.659	4.469.209	215.097	1.369.360
18		529.719	33.228	210.803	68.758	98.203	329.531	4.798.739	216.930	1.586.290
19		532.897	22.688	221.343	70.114	98.203	341.893	5.140.633	218.753	1.805.043
20	6.194.599	536.095	11.621	232.410	71.500	98.203	354.772	5.495.405	6.415.163	8.220.206

Der Cashflow unterscheidet sich vom handelsrechtlichen Gewinn durch die Berücksichtigung der Anfangsauszahlung und der Tilgungszahlungen sowie durch die Nichtberücksichtigung der Abschreibungen. Die kumulierten Cashflows entsprechen den Auswirkungen der Investition auf die Liquidität des Investors (ohne Berücksichtigung von Wiederanlagen). Das investierte

Eigenkapital ist im Beispiel nach 10 Jahren zurückgeflossen. Alternativ hätte man die Auswirkungen auf die Liquidität anhand des »Guthabenstandes« bei der Berechnung Vermögensendwertes bestimmen können (Abschnitt 8.2.2).

8.2.4 Vorteilhaftigkeitskriterien

Das absolute Vorteilhaftigkeitskriterium der Methode der vollständigen Finanzpläne ist eine Rentabilität oberhalb der geforderten Mindestverzinsung RRR. Die Einschätzung der relativen Vorteilhaftigkeit und die Rangfolgenbildung können bei abweichenden Anfangsauszahlungen und Nutzungszeiträumen nur mit entsprechenden Ergänzungsinvestitionen vorgenommen werden. Außerdem können nur Objekte mit gleichem Risiko direkt miteinander verglichen werden.

8.2.5 Grenzen

Das Urteil über die VoFi-Methode fällt zweischneidig aus. Als Vorteil dieser Methode wird oft bezeichnet, dass sie nur mit »echten« und nicht mit »fiktiven« Zinssätzen arbeite. Dadurch wird die Anwendung der Methode auf den ersten Blick vereinfacht und objektiviert. Ob die angenommenen Soll- und Habenzinssätze aber den kalkulatorisch angemessenen Zinssätzen entsprechen, ist nicht sicher. Die Frage, ob marktmäßige oder kalkulatorische Zinssätze verwendet werden sollen, wirft methodische Probleme auf.

Die von der VoFi-Methode geforderte Trennung zwischen Soll- und Habenzinssätzen erscheint künstlich. Es ist aus methodischer Sicht unmöglich, einen zukünftigen positiven Rückfluss aus einem bestimmten Investitionsvorhaben eindeutig einer bestimmten Verwendung zuzuordnen. Man kann nicht sagen, ob ein eingenommener Geldbetrag zur Tilgung eines Kredites oder aber investiv verwendet wird. Genauso wenig kann man wissen, wie und zu welchen Kosten ein negativer zukünftiger Cashflow finanziert werden wird. Genau diese Möglichkeit wird aber von der VoFi-Methode suggeriert. Tatsächlich sind die Zuordnungen der VoFi-Methode auf der Verwendungsseite aber willkürlich. Damit wird die Trennung zwischen zukünftigen Soll- und Habenzinsen hinfällig.

Als Vorteil der VoFi-Methode kann die vollständige Offenlegung aller Zahlungswirkungen der Investition bis zum Endwert angesehen werden. Die vollständige Finanzplanung bietet damit ein hohes Maß an Transparenz. Auf der anderen Seite wird durch die Einbeziehung von Wiederanlagen eine gesonderte Bewertung der eigentlichen Zahlungsreihe der Investition verhindert. Die aus den vollständigen Finanzplänen abgeleitete Rendite »verschleiert« gewissermaßen die »eigentliche« Rendite der Investition, die eher dem internen Zinsfuß entspricht.

Ein weiteres Problem der VoFi-Methode liegt in ihrer Tendenz zum »Totrechnen« von Investitionsvorhaben. Wenn der Habenzins niedriger angesetzt wird als der Sollzins (wie meistens in den Lehrbüchern und der Praxis), schneiden Investitionen nach der VoFi-Methode systematisch schlechter ab als nach anderen Methoden der Investitionsrechnung. Besonders betroffen sind hier Investitionen mit einer raschen Amortisation des eingesetzten Kapitals. Es wird daher empfohlen, den gleichen Zinssatz auf positive wie negative Zahlungssalden anzuwenden.

Der direkte Vergleich zweier mit der VoFi-Methode ermittelter Renditen ist abgesehen von der Forderung nach einem vergleichbaren Investitionsrisiko nur dann sinnvoll, wenn die Nutzungszeiträume und die Anfangsauszahlungen übereinstimmen. In vielen Fällen kann das nur durch das explizite Hinzufügen von Ergänzungsinvestitionen gewährleistet werden.

Als letzter Kritikpunkt kann der Widerspruch zwischen dem Anspruch, die bilanziellen Erfolgswirkungen der Investition abzubilden und der Nichtberücksichtigung eben dieser Wirkungen im Vorteilhaftigkeitskriterium genannt werden. Man könnte sich hier die Definition von unternehmensindividuellen Nebenbedingungen wie etwa der Vermeidung von Aufwandsballungen vorstellen.

Trotz dieser Bedenken erscheint der Einsatz der VoFi-Methode zur Einschätzung der Vorteilhaftigkeit einer Investitionen dann angezeigt, wenn ein besonderes Transparenzerfordernis besteht oder wenn die anderen

Verfahren aufgrund ihrer impliziten Annahmen (Wiederanlageprämisse) zu inakzeptablen Verzerrungen des Ergebnisses führen würden.

Um unserer Kritik Rechnung zu tragen sollte die VoFi-Methode aber unter Anwendung von zwei kalkulatorischen Zinssätzen verwendet werden:
- Kalk1: Sollzins = Habenzins. Hier handelt es sich konzeptionell um einen Mischzins, der das Gesamtrisiko und die Finanzierungsstruktur des Unternehmens reflektiert.
- Kalk2: Die im Rahmen der VoFi-Methode ermittelte Eigenkapitalrendite ist wie gehabt an einem Kalkulationszins zu messen, der das individuelle Projektrisiko reflektiert.

Im Unterschied zu den Soll- und Habenzinssätzen der Vofi-Methode ist der Zinssatz Kalk1 kalkulatorisch geprägt und unterliegt nicht der Illusion, dass die Verwendung bzw. Finanzierung zukünftiger Cashflows sich prognostizieren ließe. Der Zins Kalk1 repräsentiert den Verzinsungsanspruch auf das gesamte im Unternehmen gebundene Kapital. Er sollte daher zentral als einheitlicher Zinssatz für alle Investitionsvorhaben vorgegeben werden.

8.2.6 Fallstudie 2: Altbaumodernisierung

Ein dringend sanierungsbedürftiges, aber noch voll vermietetes Wohngebäude mit 10 Wohnungen gleicher Größe (je 80 m² Wohnfläche) und gleichen Zuschnitts steht zum Verkauf. Die Anschaffungskosten einschließlich aller Anschaffungsnebenkosten liegen bei 240.000 EUR. Ein Investor spielt mit dem Gedanken, das Objekt zu kaufen und anschließend zu sanieren.

Die Berechnung wird für den Fall durchgeführt, dass das Objekt unmittelbar nach dem Kauf umfassend modernisiert und instandgesetzt wird. Nach Abschluss der Modernisierung wird der Modernisierungsanteil der Kosten mit 11 Prozent auf die Jahresmiete umgelegt.

Vollständige Finanzpläne 8

Die Gesamtkosten des Vorhabens setzen sich wie folgt zusammen:

Aufstellung der Gesamtkosten

Kostenart	Betrag EUR	Wohnfläche EUR pro m²	Gesamtkosten in Prozent
Bodenwert	40.000	50	4,5
Wert der Bausubstanz	200.000	250	22,7
Instandsetzungskosten	240.000	300	27,3
Modernisierungskosten	400.000	500	45,5
Gesamtkosten	**880.000**	**1.100**	**100,0**

Aus der Sicht des Investors ist der Kaufpreis der Investition selbstverständlich zuzurechnen. Er betrachtet den Kauf und die anschließende Sanierung als eine einheitliche Investition und vergleicht sie mit alternativen Investitionsmöglichkeiten.

Würde sich die Situation für einen Investor, der bereits Eigentümer der zu sanierenden Immobilie ist, anders darstellen? Es kommt hier auf seine Handlungsalternativen an. Eine offensichtliche Alternative zu der Entscheidungsmöglichkeit »Sanierung und Weitervermietung der Mietwohnimmobilie« stellt ihr Verkauf in unsaniertem Zustand dar. Das gilt jedenfalls für einen prinzipiell verkaufswilligen Eigentümer.

Man kann den entgangenen Veräußerungserlös mithin als Teil der Anfangsauszahlung der Alternative Weiterhalten und Sanieren der Immobilie ansehen. Der am Markt erzielbare Preis der unsanierten Immobilie hat dann aber Einfluss auf die Rentabilität der Sanierungsinvestition: Ein hoher Verkaufspreis wirkt renditesenkend und ein niedriger renditetreibend. Wenn etwa ein anderer Investor das Grundstück einer rentableren Nutzung zuführen will, wird er einen entsprechend hohen Preis zu zahlen bereit sein. Ist sein Angebot so hoch, dass die Rendite der Sanierungsinvestition unter die geforderte Mindestrendite des derzeitigen Eigentümers fällt, so wird die Transaktion zustande kommen.

Die Aufteilung der gesamten Sanierungskosten in Modernisierungs- und Instandsetzungskosten ist für die Bemessung der planmäßigen Gebäudeabschreibungen, für die Höhe der Modernisierungsumlage und für die Besteuerung von Bedeutung. Der Einfachheit halber wird auf die Ermittlung von Bauzeitzinsen und die Berücksichtigung von Mietminderungen während der Sanierung verzichtet.

In der nachfolgenden Tabelle sind die Grunddaten der Finanzierung und die Finanzierungsstruktur sowie die Zusammensetzung des Cashflows im ersten Jahr der Nutzung wiedergegeben:

I.	Grunddaten	
	Wohnfläche in m^2	800
	Anzahl Wohneinheiten	10
	Zins für Fremdkapital Jahr 1-10 in Prozent	2,0
	Verwaltungskosten je Wohneinheit Jahr 1 in EUR	370
	Instandhaltungskosten je m^2 Jahr 1 in EUR	8,75
	Mietausfall in Prozent der Miete im Jahr 1	3,0
II.	Gesamtkosten	
	Bodenwert je m^2 Wohnfläche in EUR	50
	Wert der Altbausubstanz je m^2 Wohnfläche in EUR	250
	Instandsetzungskosten je m^2 Wohnfläche in EUR	300
	Modernisierungskosten je m^2 Wohnfläche in EUR	500
	Gesamtkosten je m^2 Wohnfläche in EUR	**1.100**
III.	Finanzierungsstruktur	
	Eigenkapital in EUR	240.000
	Fremdkapital in EUR	640.000
	Gesamtkosten in EUR	**880.000**
IV.	Laufende Auszahlungen im ersten Jahr	

A.	Kapitalkosten		
	Annuität auf das Hypothekendarlehen (3,4 Prozent Anfangstilgung) in EUR		39.140
B.	Bewirtschaftungskosten		12.884
	Verwaltung in EUR	3.700	
	Instandhaltung in EUR	7.000	
	Mietausfall in EUR	2.184	
V.	Mieteinnahmen pro Jahr und Wohneinheit nach Modernisierung im ersten Jahr in EUR		72.800
	bisherige Miete pro Monat und m² in EUR		3,00
	Modernisierungsumlage pro Monat und m² in EUR		4,58
	Vergleichsmiete nach Modernisierung pro Monat und m² in EUR		5,50
	Miete nach Modernisierung pro Monat und m² in EUR		**7,58**

Die Modernisierungsumlage in Höhe von 4,58 EUR pro Monat und m² entspricht 11 Prozent der Modernisierungskosten pro m² geteilt durch 12. Implizit wird hier unterstellt, dass die Umlage auch tatsächlich am Markt erzielbar ist. Preisrechtlich kann die Umlage bis zur nächsten Mieterhöhung auf die Vergleichsmiete oder bis zu einem Mieterwechsel erhoben werden (Abschnitt 5.2.3).

Es wird angenommen, dass die nach der Modernisierung erzielbare Vergleichsmiete erheblich hinter der Summe aus der vor der Modernisierung erzielten Miete und der Umlage zurückbleibt (5,50 EUR gegenüber 7,58 EUR pro Monat und m²). Für die Entwicklung der Vergleichsmiete wird eine Zunahme um 1,8 Prozent in den ersten 5 Jahren angenommen. In den folgenden Fünfjahresintervallen fällt die Zuwachsrate der Vergleichsmiete dann sukzessive auf 1,2, 0,6 und 0 Prozent.

Wir nehmen an, dass es sich um einen angespannten Wohnungsmarkt handelt, wo die Mietpreisbremse gilt. Im Falle eines Mieterwechsels nach der Modernisierung ist wegen des umfassenden Charakters der Modernisierung die Mietpreisbremse nicht anwendbar, sodass die Miete frei vereinbart werden kann. Kommt es jedoch zu einem weiteren Mieterwechsel, so gelten für die zweite und jede weitere Vermietung nach der umfassenden Modernisierung die Mietpreisbremse als Preisobergrenze, aber auch die Vormiete als Preisuntergrenze.

Die nachfolgende Tabelle zeigt die Entwicklung der erwarteten Mieteinnahmen aus dem Objekt:

Entwicklung der erwarteten Mieteinnahmen

t	Vergleichsmiete	Sollmiete
	EUR	EUR
0		
1	52.800	72.800
2	53.750	72.800
3	54.718	72.800
4	55.703	72.800
5	56.705	72.800
6	57.386	72.800
7	58.075	72.800
8	58.771	72.800
9	59.477	72.800
10	60.190	72.800
11	60.552	72.800
12	60.915	72.800
13	61.280	72.800
14	61.648	72.800
15	62.018	72.800
16	62.018	72.800

Vollständige Finanzpläne 8

t	Vergleichsmiete	Sollmiete
	EUR	EUR
17	62.018	72.800
18	62.018	72.800
19	62.018	72.800
20	62.018	72.800

Wegen des großen Abstandes zwischen Vergleichsmiete und Sollmiete wurde davon abgesehen, die Möglichkeit weiterer Mietsteigerungen nach Mieterwechseln, die preisrechtlich gegeben wäre, zu berücksichtigen. Nach unten hin ist das erreichte Mietniveau durch den preisrechtlichen Schutz der »Vormiete« rechtlich abgesichert. Wir nehmen an, dass die Anspannung des Marktes während des Haltezeitraums nicht so weit nachlassen wird, dass bei Wiedervermietungen das erreichte Preisniveau nicht mehr erzielt werden kann.

Die Laufzeit des Hypothekendarlehens beträgt 20 Jahre, der Zinssatz bei 20-jähriger Zinsbindung liegt bei 2,0 Prozent und die anfängliche Tilgung bei 4,12 Prozent. Daraus ergibt sich eine Belastung in Höhe von:

$$640.000 \text{ EUR} * (0{,}02 + 0{,}0411567) = \mathbf{39.140{,}29 \text{ EUR}}$$

Der Rückfluss im ersten Jahr ergibt sich bei Einnahme der EK-Perspektive aus den um die Bewirtschaftungs- und Kapitalkosten verminderten Mieteinnahmen:

Rückfluss im Jahr 1

		EUR
	Miete	72.800
-	Kapitalkosten	39.140
-	Bewirtschaftungskosten	12.884
=	**Rückfluss**	**20.776**

Im nächsten Schritt ist der dynamische Zahlungsstrom für das Vorhaben unter geeigneten Annahmen zu schätzen:
- **Nutzungszeit und Werterhaltung**: Das Objekt soll nach Bezugsfertigkeit für einen Zeitraum von 20 Jahren vermietet und dann verkauft werden. Dabei soll der Originalzustand nach Abschluss der Sanierungsmaßnahme durch geeignete Instandhaltungs- und Instandsetzungsmaßnahmen aufrecht erhalten werden (keine Modernisierungen).
- **Mieteinnahmen**: Die anfänglichen Soll-Mieteinnahmen sind durch folgendes Produkt gegeben:
7,5833 EUR * 800 m² * 12 Monate = **72.800 EUR**
Für die Annahmen über die weitere Entwicklung siehe oben.
- **Mietausfallwagnis:** Das Mietausfallwagnis wurde mit 3 Prozent der Sollmiete angesetzt.
- **Kapitalkosten:** Die Sanierung wird zu 100 Prozent mit Fremdmitteln, der Kaufpreis dagegen vollständig aus eigenen Mitteln finanziert. Der Kredit in Höhe von 640.000 EUR wird mit 20-jähriger Zinsbindung zu einem Zinssatz von 2,0 Prozent aufgenommen. Die Anfangstilgung wurde mit 4,12 Prozent angesetzt. Das Darlehen ist bei diesen Konditionen nach 20 Jahren vollständig getilgt.
- **Verwaltungskosten:** Für die Verwaltungskosten wurde ein branchenüblicher Wert von 370 EUR je Wohneinheit angenommen. Im weiteren Verlauf wurde eine jährliche Zunahme der Verwaltungskosten um 1,5 Prozent unterstellt.
- **Instandhaltungskosten:** Die laufenden Instandhaltungskosten wurden mit nur 8,75 EUR je m² und Jahr angesetzt. Im weiteren Verlauf wurde ein linearer Zuwachs dieser Kosten von 1,5 Prozent im Jahr unterstellt.

- **Aperiodische Instandsetzungs- und Modernisierungskosten während der Nutzungszeit:** wurden nicht berücksichtigt.
- **Cap Rate/Exit Cap Rate/Wertsteigerung/Wertentwicklung:** Die anfängliche Cap Rate liegt bei 6,81 Prozent. Die Exit Cap Rate zum Liquidationszeitpunkt in Höhe von 9,0 Prozent trägt dem Alter der Immobilie und dem Risiko einer ungünstigen Immobilienkonjunktur zum Liquidationszeitpunkt Rechnung. Legt man diese Rate zugrunde, so ergibt sich ein erwarteter Netto-Liquidationserlös von 626.863 EUR (Cashflow im Jahr 20 dividiert durch die Exit Cap Rate):
  56.418 EUR / 0,09 = **626.863 EUR**[52].
  Dies entspricht einer jährlichen Wertminderung des Objekts um 1,68 Prozent.

Dynamisierung: Annahmen

	Prozent
Zuwachsrate Vergleichsmiete Jahr 1-5	1,8
Zuwachsrate Vergleichsmiete Jahr 6-10	1,2
Zuwachsrate Vergleichsmiete Jahr 11-15	0,6
Zuwachsrate Vergleichsmiete Jahr 16-20	0,0
Zuwachsrate Verwaltungskosten	1,5
Zuwachsrate Instandhaltungskosten	1,5
Mietausfallwagnis/Sollmieten	3,0
Cap Rate	6,81
Exit Cap Rate	9,00
Jährliche Wertsteigerung	-1,68

---

52 Abweichung des Ergebnisses vom Tabellenwert aufgrund von Rundungsdifferenzen.

Die nachfolgende Tabelle zeigt zunächst den Restschuldverlauf des zur Finanzierung eingesetzten Annuitätendarlehens:

Annuitätendarlehen: Restschuldverlauf

t	Restschuld	Zinsen	Tilgung	Annuität
	EUR	EUR	EUR	EUR
1	640.000	12.800	26.340	39.140
2	613.660	12.273	26.867	39.140
3	586.793	11.736	27.404	39.140
4	559.388	11.188	27.953	39.140
5	531.436	10.629	28.512	39.140
6	502.924	10.058	29.082	39.140
7	473.842	9.477	29.663	39.140
8	444.179	8.884	30.257	39.140
9	413.922	8.278	30.862	39.140
10	383.060	7.661	31.479	39.140
11	351.581	7.032	32.109	39.140
12	319.473	6.389	32.751	39.140
13	286.722	5.734	33.406	39.140
14	253.316	5.066	34.074	39.140
15	219.242	4.385	34.755	39.140
16	184.486	3.690	35.451	39.140
17	149.036	2.981	36.160	39.140
18	112.876	2.258	36.883	39.140
19	75.994	1.520	37.620	39.140
20	38.373	767	38.373	39.140

Vollständige Finanzpläne 8

Darlehen: Grunddaten

Fremdkapital in EUR	640.000
i t_0 bis t_{20} in Prozent	2,0
Anfangstilgung in Prozent	4,12
Ann t_0-t_{20} in EUR	39.140

Die Entwicklung der Cashflow-Komponenten, die Wertentwicklung der Immobilie sowie die Berechnung von internem Zinsfuß und Kapitalwert aus der Eigenkapitalperspektive zeigt die folgende Tabelle:

Dynamische Zinssatzmethoden

t	A_0/R_{20}	Vgl.-miete	Miete	Wert-steige-rung	Wertent-wicklung	Kapital	Verwal-tung	Instand-haltung	Ausfall	Bew.-kosten	CF	Abzin-sungs-faktoren	Barwerte	IKV
	EUR	EUR	EUR	EUR	EUR	EUR	EUR	EUR	EUR	EUR	EUR		EUR	
0	-240.000				880.000						0	1,0000	-240.000	-240.000
1		52.800	72.800	-14.799	865.201	39.140	3.700	7.000	2.184	12.884	20.776	0,9346	19.417	20.776
2		53.750	72.800	-14.550	850.651	39.140	3.756	7.105	2.184	13.045	20.615	0,8734	18.006	20.615
3		54.718	72.800	-14.305	836.346	39.140	3.812	7.212	2.184	13.207	20.452	0,8163	16.695	20.452
4		55.703	72.800	-14.065	822.282	39.140	3.869	7.320	2.184	13.373	20.287	0,7629	15.477	20.287
5		56.705	72.800	-13.828	808.454	39.140	3.927	7.430	2.184	13.541	20.119	0,7130	14.345	20.119
6		57.386	72.800	-13.596	794.858	39.140	3.986	7.541	2.184	13.711	19.949	0,6663	13.293	19.949
7		58.075	72.800	-13.367	781.491	39.140	4.046	7.654	2.184	13.884	19.776	0,6227	12.315	19.776
8		58.771	72.800	-13.142	768.349	39.140	4.106	7.769	2.184	14.059	19.600	0,5820	11.408	19.600
9		59.477	72.800	-12.921	755.428	39.140	4.168	7.885	2.184	14.237	19.422	0,5439	10.564	19.422
10		60.190	72.800	-12.704	742.724	39.140	4.231	8.004	2.184	14.418	19.241	0,5083	9.781	19.241
11		60.552	72.800	-12.490	730.234	39.140	4.294	8.124	2.184	14.602	19.058	0,4751	9.054	19.058
12		60.915	72.800	-12.280	717.954	39.140	4.358	8.246	2.184	14.788	18.872	0,4440	8.379	18.872
13		61.280	72.800	-12.074	705.880	39.140	4.424	8.369	2.184	14.977	18.683	0,4150	7.753	18.683
14		61.648	72.800	-11.871	694.010	39.140	4.490	8.495	2.184	15.169	18.491	0,3878	7.171	18.491
15		62.018	72.800	-11.671	682.339	39.140	4.557	8.622	2.184	15.364	18.296	0,3624	6.631	18.296
16		62.018	72.800	-11.475	670.864	39.140	4.626	8.752	2.184	15.561	18.098	0,3387	6.130	18.098
17		62.018	72.800	-11.282	659.582	39.140	4.695	8.883	2.184	15.762	17.898	0,3166	5.666	17.898
18		62.018	72.800	-11.092	648.490	39.140	4.766	9.016	2.184	15.966	17.694	0,2959	5.235	17.694
19		62.018	72.800	-10.905	637.585	39.140	4.837	9.151	2.184	16.173	17.487	0,2765	4.835	17.487
20	626.863	62.018	72.800	-10.722	626.863	39.140	4.910	9.289	2.184	16.382	17.277	0,2584	166.458	644.140
													128.614	**0,10777574**

Der interne Zinsfuß dieser Investition liegt bei 10,778 Prozent (letzte Spalte). Der Kapitalwert beträgt bei einem Kalkulationszins von 7 Prozent (kalkulatorische Eigenkapitalverzinsung) 128.614 EUR.

Der Cashflow verläuft sehr stetig und wegen der im Zeitablauf steigenden Bewirtschaftungskosten bei konstanten Mieteinnahmen und Kapitalkosten leicht fallend.

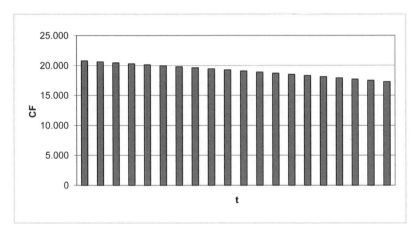

Bei der Berechnung des Vermögensendwertes und der VoFi-Eigenkapitalrendite der Investition wird die Periodizität des Kontenausgleichs auf die Länge der 20-jährigen Zinsbindung abgestimmt. Unter diesen Annahmen ergibt sich folgender Vermögensendwert:

Dynamische Zinssatzmethoden

Jahr	CF	Hypodarl. Rest-schuld	Hypodarl. Zinsen	Hypodarl. Tilgung	CF nach Kapital-dienst	Kapital-anlage	Haben-zinsen	Gut-haben-stand
	EUR	EUR	EUR	EUR	EUR	EUR	EUR	EUR
0	-240.000							
1	59.916	640.000	12.800	26.340	20.776	20.776	0	20.776
2	59.756	613.660	12.273	26.867	20.615	20.615	1.247	42.637
3	59.593	586.793	11.736	27.404	20.452	20.452	2.558	65.648
4	59.427	559.388	11.188	27.953	20.287	20.287	3.939	89.874
5	59.259	531.436	10.629	28.512	20.119	20.119	5.392	115.385
6	59.089	502.924	10.058	29.082	19.949	19.949	6.923	142.257
7	58.916	473.842	9.477	29.663	19.776	19.776	8.535	170.569
8	58.741	444.179	8.884	30.257	19.600	19.600	10.234	200.403
9	58.563	413.922	8.278	30.862	19.422	19.422	12.024	231.850
10	58.382	383.060	7.661	31.479	19.241	19.241	13.911	265.002
11	58.198	351.581	7.032	32.109	19.058	19.058	15.900	299.960
12	58.012	319.473	6.389	32.751	18.872	18.872	17.998	336.829
13	57.823	286.722	5.734	33.406	18.683	18.683	20.210	375.722
14	57.631	253.316	5.066	34.074	18.491	18.491	22.543	416.756
15	57.436	219.242	4.385	34.755	18.296	18.296	25.005	460.057
16	57.239	184.486	3.690	35.451	18.098	18.098	27.603	505.758
17	57.038	149.036	2.981	36.160	17.898	17.898	30.346	554.002
18	56.834	112.876	2.258	36.883	17.694	17.694	33.240	604.936
19	56.627	75.994	1.520	37.620	17.487	17.487	36.296	658.719
20	683.280	38.373	767	38.373	644.140	644.140	39.523	1.342.382

Berechnung des Vermögensendwertes mit Kontenausgleich und fixer Verzinsung (Habenzins = 6 Prozent)

Es ergibt sich ein Vermögensendwert in Höhe von 1.342.382 EUR und eine Eigenkapitalrentabilität von 9 Prozent:

$$i = \sqrt[20]{\frac{1.342.282 \text{ EUR}}{240.000 \text{ EUR}}} - 1 = 0{,}089887386$$

Vollständige Finanzpläne 8

Zusammenfassung

Der interne Zinsfuß einer Investition sorgt dafür, dass der Barwert aller Rückflüsse aus der Investition gerade der Anfangsauszahlung entspricht. Zur Beurteilung der absoluten Vorteilhaftigkeit der Investition muss der interne Zinsfuß mit der geforderten Mindestverzinsung RRR (»required rate of return«) verglichen werden. Die relative Vorteilhaftigkeit kann bei vergleichbarem Investitionsrisiko mit einem Vergleich der internen Zinsfüße eingeschätzt werden.

Für die Bestimmung des Liquidationserlöses ist das Verhältnis von Cap Rate und Exit Cap Rate maßgeblich. Die Exit Cap Rate muss dem zu erwartenden technischen und wirtschaftlichen Vergleichszustand der Immobilie zum Liquidationszeitpunkt Rechnung tragen.

Die Vergleichbarkeit von Investitionen mit der Internen Zinsfuß-Methode wird durch die implizite Annahme der Möglichkeit von Kapitalbeschaffungen und -anlagen zum jeweiligen internen Zinssatz beschränkt (sogenannte »Wiederanlageprämisse«).

Die Methode der vollständigen Finanzpläne (»VoFi-Methode«) ist eine modifizierte Vermögensendwertmethode unter Beachtung des Kontenausgleichsgebots. Der Berechnung liegen »realistische« Soll- und Habenzinssätze zugrunde. Am Ende wird die VoFi-Eigenkapitalrentabilität berechnet. Auch die Auswirkungen auf Bilanz und Gewinn- und Verlustrechnung werden dargestellt.

Absolut vorteilhaft im Sinne der VoFi-Methode ist eine Investition, wenn ihre Verzinsung oberhalb der geforderten Mindestverzinsung RRR liegt. Die relative Vorteilhaftigkeit alternativer Vorhaben kann in der Regel nur mithilfe von Ergänzungsinvestitionen beurteilt werden.

Bei Modernisierungsinvestitionen ist zu beachten: Der Bodenwert und der Wert der eingebrachten Bausubstanz sind den Gesamtkosten der Investition zuzurechnen – wenn es sich um einen prinzipiell verkaufswilligen Eigentümer der Immobilie handelt. Die Sanierungskosten sind in Modernisierungs- und Instandsetzungskosten aufzuteilen. Der Einbau der Modernisierungsumlage in die prognostizierte Mietenentwicklung erfordert Kenntnisse des Mietpreisrechts sowie Annahmen über die Mieterfluktuation und die Entwicklung der Vergleichsmiete.

Wichtige Begriffe und Konzepte

Baunebenkosten	IKV	Modernisierungsumlage
Bauzeitzinsen	Instandsetzungskosten	Newtonsches Verfahren
Erschließungskosten	Internal-Rate-of-Return	Required-Rate-of-Return
Exit Cap Rate	Interner Zinsfuß	Vergleichsmiete
Grundstückszinsen	Mietspiegel	Vermögensrentabilität
Herstellungskosten	Modernisierungskosten	Vollständige Finanzpläne

Verständnisfragen

K 8.1
Berechnen Sie die Bauzeitzinsen für folgende Datenkonstellation: Grundstückskosten: 1.600.000 EUR, Erschließungskosten: 125.000 EUR, Baunebenkosten: 650.000 EUR, Bauwerkkosten: 3.000.000 EUR, Gerätekosten: 400.000 EUR, Bauzeit: 16 Monate, Zinssatz 4,5 Prozent.

K 8.2
Diskutieren Sie die in Fallstudie 1 (Neubau einer Wohnanlage) gesetzten Annahmen für die Dynamisierung der Eingangsgrößen! Was hätten Sie anders gemacht?

K 8.3
Wo liegen die Grenzen der Vergleichbarkeit von internen Zinsfüßen?

K 8.4
Welche Eigenschaften hat ein »vollkommener Kapitalmarkt«?

K 8.5
Unter welchen Finanzierungsbedingungen ist die Annahme eines kurzfristigen Kontenausgleichs bei der Berechnung des Vermögensendwertes angemessen?

K 8.6
Welche bei der Herstellung und der anschließenden Vermietung eines Gebäudes anfallenden Kosten sind aktivierungsfähig und welche nicht?

K 8.7
Wann ist der Einsatz der aufwendigen VoFi-Methode angemessen? Wo liegen die methodischen Probleme dieses Verfahrens?

Weiterführende Fragen und Themen
W 8.1
Erstellen Sie analog zu der Fallstudie 1 eine Fallstudie für den Neubau einer Wohnanlage in ihrer Heimatregion. Führen Sie für die Annahmen etwa über den Grundstückspreis und die Vergleichsmieten im Vorfeld entsprechende Recherchen durch!

W 8.2
Ermitteln Sie mithilfe des Münchner online-Mietspiegels die Vergleichsmiete für Ihre eigene Wohnung – auch wenn sie nicht in München liegt. Die Adresse lautet:
http://www.mietspiegel-muenchen.de/2015/berechnungsprogramm/mietrechner.php
Worin unterscheidet sich der Münchner Wohnungsmarkt vom Wohnungsmarkt Ihrer Region?

W 8.3
Erläutern Sie den Zusammenhang zwischen Cap Rate, Exit Cap Rate und der Wertentwicklung einer Immobilie anhand eines Zahlenbeispiels!

W 8.4
Stellen Sie den Restschuldverlauf für ein Darlehen mit folgenden Konditionen tabellarisch dar: Darlehensbetrag: 5.000.000 EUR, Darlehenszins Jahr 1-10: 5 Prozent, Darlehenszins ab Jahr 11: 7 Prozent, Anfangstilgung: 2,5 Prozent, Annuität ab Jahr 11: Tilgungsbeitrag wie im Jahr 10 (433.859 EUR).

W 8.5
Stellen Sie die dynamischen Auswirkungen auf die Gewinn- und Verlustrechnung sowie auf das bilanzielle Eigenkapital tabellarisch für das Modernisierungsvorhaben aus Fallstudie 2 dar!

Literaturhinweise
Allgemeine Empfehlungen:

Sindt (1998): Real Estate Investment, chapter 12 zu den dynamischen Methoden.

Blohm/Lüder/Schaefer (2012): Investition, 3. Kapitel, Abschnitt 2.1.3 zu den Zinssatzmethoden.

Zur Internen Zinsfußmethode:

Drosse (1999): Investition, Abschnitt 3.5.

Götze (2014): Investitionsrechnung, Abschnitt 3.3.4.

Zur Methode der vollständigen Finanzpläne:

Götze (2014): Investitionsrechnung, Abschnitt 3.3.8.

Ropeter (1999): Investitionsanalyse für Gewerbeimmobilien, Abschnitt 3.3.8.

Schulte/Allendorf/Crommen (1999): Investitionsrechnung im sozialen Wohnungsbau, Abschnitt 3.3.2.

Schulte/Sotelo/Allendorf/Ropeter-Ahlers/Lang (2015): Immobilieninvestition.

Zu den Grundlagen des wohnungswirtschaftlichen Jahresabschlusses:

Reiß (1996): Der wohnungswirtschaftliche Jahresabschluss nach Handels- und Steuerrecht.

9 Statische Einperiodenmodelle

> *Maßgebend für die Berechnung der Kostenmiete ist bis heute die Zweite Berechnungsverordnung von 1957, die schlechthin zur Kalkulationsgrundlage für die gesamte Wohnungswirtschaft geworden ist, allerdings wegen ihrer beschränkten Elastizität auch gewisse Schwächen hat.*
>
> Hans-Günther Pergande 1973

In diesem Kapitel sollen Sie erkennen,
- wie man für den Fall konstanter Cashflows die Annuität einer Investition bestimmt,
- wie die Kostenmiete mithilfe einer Wirtschaftlichkeitsberechnung ermittelt wird,
- wie man eine Wirtschaftlichkeitsberechnung für frei finanzierten Wohnraum erstellt,
- wo die Grenzen der Aussagefähigkeit der Ergebnisse beider Verfahren liegen.

Im Nachgang zu den vergleichsweise aufwendigen dynamischen Verfahren der Investitionsrechnung soll nun noch ein Überblick über zwei verbreitete statische Rechenverfahren gegeben werde, die Annuitäten-Methode (Abschnitt 9.1) und die Wirtschaftlichkeitsberechnung (Abschnitt 9.2). Während dieses Verfahren für Sozial-Wohnimmobilien »maßgeschneidert« wurde, handelt es sich bei der Annuitäten-Methode um eine Variante der Kapitalwertmethode, die die Mindesthöhe des jährlichen Cashflows in den Blick nimmt. Der Anwendungsbereich beider Verfahren ist aufgrund ihrer restriktiven Annahmen begrenzt.

9.1 Annuitäten-Methode

Die Annuitäten-Methode stellt auf die Höhe des jährlichen Cashflows ab. Die Leitfrage dieser Methode lautet: Wie hoch muss der jährliche Rückfluss aus der Investition sein, damit gerade der Kalkulationszins i verdient

Statische Einperiodenmodelle

wird. Als Dateninput werden die Höhe der Anfangsauszahlung und die Nutzungsdauer benötigt. Von einem Liquidationserlös wird abgesehen. Wir wollen nun den sogenannten »Kapitalwiedergewinnungsfaktor« bestimmen.

> **! Exkurs: Grundzüge der Rentenrechnung**
>
> Ist der Zeitabstand jeweils ein Jahr und die Rente jeweils zum Jahresende nachschüssig fällig, so beträgt der Wert der Rente R_n am Ende der Laufzeit n:
>
> $$R_n = r * (1+i)^{n-1} + r * (1+i)^{n-2} + \ldots + r * (1+i) + r$$
> $$\Leftrightarrow r * [1+(1+i)+\ldots+(1+i)^{n-2}+(1+i)^{n-1}]$$
>
> Bei dem Ausdruck in der Klammer handelt es sich um eine geometrische Reihe mit dem Anfangsglied 1 und dem Quotienten (1+i). Den Wert dieses Ausdrucks kann man schreiben als:
>
> $$s_n = \frac{(1+i)^n - 1}{i}$$
>
> Der Endwert der Rente beträgt dann:
>
> $$R_n = r * \frac{(1+i)^n - 1}{i}$$
>
> Der Barwert der Rente zu Beginn ihrer Laufzeit ergibt sich durch Abzinsen des Endwertes:
>
> $$R_0 = R_n * (1+i)^{-n} = r * \frac{(1+i)^n - 1}{(1+i)^n * i}$$
>
> Mit dieser Formel kann man den Kapitalwert für den Fall eines konstanten Cashflows c (der Annuität) bestimmen:
>
> $$K_0 = -A_0 + c * \frac{(1+i)^n - 1}{(1+i)^n * i}$$
>
> Diese Formel muss man nach c auflösen, um die Annuität zu erhalten.

Die Formel für die Annuität lautet:

$$c = A_0 * \frac{(1+i)^n * i}{(1+i)^n - 1}$$

Annuitäten-Methode **9**

Man erhält die Annuität oder den »kritischen Rückfluss« aus der Investition, indem man die Anfangsauszahlung A_0 mit dem sogenannten »Kapitalwiedergewinnungsfaktor« multipliziert. Das Vorteilhaftigkeitskriterium der Annuitäten-Methode lautet wie folgt:

Die Investition lohnt sich, wenn der jährliche Cashflow aus der Immobilie größer ist als die berechnete Annuität.

In diesem Fall verzinst sich das in der Investition gebundene Kapital mit einem Zinssatz oberhalb des Kalkulationszinsfußes.

Beispiel 9.1: Kauf eines Wohnhauses für 2 Mio. EUR **!**

Wie hoch muss der jährliche Cashflow aus einem Mietwohngebäude mit einer voraussichtlichen Nutzungszeit von 40 Jahren sein, das zum Preis von 2 Mio. EUR angeboten wird, damit eine Kapitalverzinsung von 8 Prozent erzielt wird?

$$\bar{c} = € \ 2.000.000 * \frac{0{,}08(1{,}08)^{40}}{(1{,}08)^{40} - 1} = € \ 167.720{,}32$$

Die Einsatzmöglichkeiten der Annuitäten-Methode sind aufgrund ihrer restriktiven Annahmen eng begrenzt. Es handelt sich um ein Einperiodenmodell mit einem konstanten Cashflow. Die Annuitäten-Methode kann wie die Cap Rate eingesetzt werden, um eine erste Einschätzung darüber vorzunehmen, ob Kaufpreis und Cashflow eines Objektes in einem angemessenen Verhältnis zueinander stehen. Sie kann auch als Ausgangspunkt einer Mietenkalkulation dienen. Dagegen ist diese Methode nicht als Ersatz für die Rechenverfahren geeignet, die den Zahlungsstrom einer Investition explizite modellieren.

9.2 Wirtschaftlichkeitsberechnung nach der Zweiten Berechnungsverordnung

Bei der sogenannten »Wirtschaftlichkeitsberechnung« handelt es sich um eine in der Zweiten Berechnungsverordnung (Zweite BV) geregelte Staffelrechnung, die zur Ermittlung der »Kostenmiete« im öffentlich geförderten Wohnungsbau dient. Die Kostenmiete soll alle Kosten des Investors decken und ihm außerdem einen »angemessenen« Gewinn sichern.

Obwohl die Wirtschaftlichkeitsberechnung bei neuen Bewilligungen im Rahmen der sozialen Wohnraumförderung nicht mehr zwingend vorgeschrieben ist, spielt sie in der öffentlichen Verwaltung und in der Wohnungswirtschaft immer noch eine gewisse Rolle – nicht zuletzt auch, weil für die früher bewilligten Förderungen bis zur Rückzahlung der subventionierten Kredite oft noch die Kostenmiete gilt (auch im Falle von Kostenänderungen). In Teilen der wohnungswirtschaftlichen Praxis wird die Wirtschaftlichkeitsberechnung auch heute noch als ein geeignetes Instrument zur Beurteilung der Wirtschaftlichkeit von Investitionen angesehen.

Die Rolle der Kostenmiete und ihrer Berechnungsvorschriften kann nur im Gesamtzusammenhang der sozialen Wohnraumförderung verstanden und bewertet werden. Die Wirtschaftlichkeitsberechnung kann man als eine in der Wolle gefärbte (statische) Investitionsrechnung ansehen.

9.2.1 Idee der Kostenmiete

Im klassischen sozialen Wohnungsbau werden die Förderziele auf indirektem Wege verfolgt. Die Objektförderung kommt unmittelbar den Investoren und nur mittelbar den Mietern als wohnungspolitischer Zielgruppe zugute. Die Förderung reduziert die Kapitalkosten der Investoren. Sie erhalten Darlehen zu verbilligten Konditionen (Zins- oder/und Aufwandssubventionen, gegebenenfalls tilgungs- oder zinsfreie Jahre). Im Gegenzug müssen die Investoren sich auf Belegungs- und Preisbindungen einlassen

Wirtschaftlichkeitsberechnung nach der Zweiten Berechnungsverordnung 9

(integrierte Subvention).[53] Die Preisbindungen finden ihren Ausdruck in den Vorschriften zur Berechnung der Kostenmiete.

Die Kostenmiete im Sinne des Zweiten Wohnungsbaugesetzes (Zweites WoBauG) orientiert sich an den historischen Gestehungskosten (Bild 9.1). Wegen der unterschiedlichen kalkulatorischen Verzinsung des eingesetzten Eigen- und Fremdkapitals hat auch die Finanzierungsstruktur Einfluss auf die Höhe der Kostenmiete.

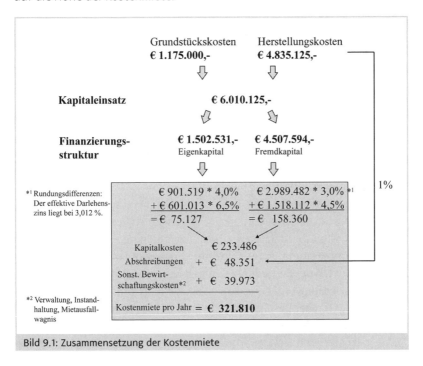

Bild 9.1: Zusammensetzung der Kostenmiete

---

53 Siehe auch die Fallstudie 5 zur sozialen Wohnraumförderung in Abschnitt 11.4

Statische Einperiodenmodelle

9.2.2 Berechnung der Kostenmiete

Die Vorschriften zur Berechnung der Herstellungs-, Bewirtschaftungs- und Kapitalkosten sind umfangreich und diffizil. An dieser Stelle kann nicht mehr als ein Überblick über die wichtigsten Ansatzvorschriften gegeben werden.

9.2.2.1 Ansatz der Herstellungskosten

§ 5 der Zweiten BV gibt folgende Gliederung der Gesamtkosten vor:
(1) Gesamtkosten sind die Kosten des Baugrundstücks und die Baukosten.
(2) Kosten des Baugrundstücks sind der Wert des Baugrundstücks, die Erwerbskosten und die Erschließungskosten. ...
(3) Baukosten sind die Kosten der Gebäude, die Kosten der Außenanlagen, die Baunebenkosten, die Kosten besonderer Betriebseinrichtungen sowie die Kosten des Gerätes und sonstiger Wirtschaftsausstattungen. Wird der Wert verwendeter Gebäudeteile angesetzt, so ist er unter den Baukosten gesondert auszuweisen.
(4) Baunebenkosten sind
   1. die Kosten der Architekten- und Ingenieurleistungen,
   2. die Kosten der dem Bauherrn obliegenden Verwaltungsleistungen bei Vorbereitung und Durchführung des Bauvorhabens,
   3. die Kosten der Behördenleistungen bei Vorbereitung und Durchführung des Bauvorhabens, soweit sie nicht Erwerbskosten sind,
   4. die Kosten der Beschaffung der Finanzierungsmittel, die Kosten der Zwischenfinanzierung und, *soweit sie auf die Bauzeit fallen*, die Kapitalkosten und die Steuerbelastungen des Baugrundstücks (Hervorhebung vom Verfasser),
   5. die Kosten der Beschaffung von Darlehen und Zuschüssen zur Deckung von laufenden Aufwendungen, Fremdkapitalkosten, Annuitäten und Bewirtschaftungskosten,
   6. sonstige Nebenkosten bei Vorbereitung und Durchführung des Bauvorhabens.
(5) Der Ermittlung der Gesamtkosten ist die dieser Verordnung beigefügte Anlage 1 »Aufstellung der Gesamtkosten« zugrunde zu legen.

Wirtschaftlichkeitsberechnung nach der Zweiten Berechnungsverordnung 9

Damit sind von den in Fallstudie 1 ermittelten Gesamtkosten die Werbungskosten und die Grundstückszinsen vor Baubeginn nicht ansatzfähig.

9.2.2.2 Ansatz der Bewirtschaftungskosten

Die Zweite BV unterscheidet 4 Arten von Bewirtschaftungskosten:
- die Gebäudeabschreibung (1 Prozent der Herstellungskosten, § 25 II. BV),
- die Verwaltungskosten (230,00 EUR je Wohneinheit, indexiert, § 26 II. BV),
- die Instandhaltungskosten (7,10 EUR pro m^2, indexiert, § 28 II. BV) und
- das Mietausfallwagnis (2 Prozent der Nettokaltmiete, § 29 II. BV)[54].

Aus Gründen der Verwaltungsvereinfachung wird beim Ansatz der Bewirtschaftungskosten nicht auf den tatsächlichen Wertverzehr abgestellt, sondern es werden bei allen Kostenarten pauschalierte Beträge vorgegeben. Damit sollen nicht zuletzt Anreize zu einer sparsamen Bewirtschaftung gesetzt werden.

9.2.2.3 Ansatz der Kapitalkosten

Die Eigenkapitalkosten ergeben sich aus der kalkulatorischen Verzinsung der vom Bauherrn eingebrachten Eigenleistungen[55], die im Finanzierungsplan ausgewiesen sind. Dem Investor wird eine Eigenkapitalverzinsung in Höhe von 4 bzw. 6,5 Prozent zugestanden, die aber nicht mit einer Rendite im dynamischen Sinne gleichgesetzt werden darf.

Bei der Ermittlung der Ansätze für die Fremdkapitalkosten in der Wirtschaftlichkeitsberechnung sind sowohl die jeweiligen Darlehenskonditionen als auch die Vorschriften der Zweiten BV zu beachten.

---

54 Das Mietausfallwagnis ist das Wagnis einer Ertragsminderung, die durch uneinbringliche Rückstände von Mieten, Pachten, Vergütungen und Zuschlägen oder durch Leerstehen von Raum, der zur Vermietung bestimmt ist, entsteht. Es umfaßt auch die uneinbringlichen Kosten einer Rechtsverfolgung auf Zahlung oder Räumung.
55 Barmittel, ggf. Sach- und Arbeitsleistungen, ggf. Kosten des Baugrundstücks.

Tilgungsleistungen werden bei der Kapitalkostenermittlung gar nicht berücksichtigt. Auf der anderen Seite darf als Bemessungsgrundlage der Zinsberechnung stets der ursprüngliche Nennbetrag der eingesetzten Darlehen angesetzt werden. Dies gilt auch bei fallender Restschuld und sogar dann, wenn das Darlehen bereits getilgt ist.

9.2.3 Berechnungsbeispiel Sozialer Wohnungsbau

Die Kostenmiete wird für eine ähnliche Wohnanlage wie die aus Fallstudie 1 aus Gründen der Vereinfachung für eine fiktive Förderung mit öffentlichen Darlehen zu einem Festzinssatz von 3 Prozent ohne zins- und tilgungsfreie Jahre, ohne Aufwandssubventionen und ohne Verwaltungskosten der öffentlichen Darlehen berechnet. Dabei werden die Vorschriften der Zweiten BV angewendet.

I.	Grunddaten	
	Anzahl Wohnungen Wirtschaftseinheit	45
	Wohnfläche je Wohnung in m²	71,11
	Wohnfläche gesamte Wirtschaftseinheit in m²	3.200
	Zins für öffentliche Darlehen in Prozent	3,0
	Zins für privates Darlehen in Prozent	4,5
	Anteilige Grundstückskosten in EUR	1.175.000
	Herstellungskosten in EUR	4.835.125
	Gesamtkosten in EUR	**6.010.125**
II.	**Finanzierungsstruktur**	
	Eigenkapital in EUR	**1.502.531**
	(25 Prozent der Gesamtkosten)	
	öffentliches Darlehen in EUR	2.674.261
	(28.632,35 EUR Grundbetrag je Wohnung, zusätzlich 433,06 EUR/m²)	

Wirtschaftlichkeitsberechnung nach der Zweiten Berechnungsverordnung **9**

	öffentliches Zusatzdarlehen in EUR		327.227
	(zusätzlich 102,26 EUR/m²)		
	öffentliche Darlehen gesamt in EUR		**2.989.482**
	(Auszahlung 99,6 Prozent)		
	privates Darlehen in EUR		**1.518.112**
	Gesamtkosten in EUR		**6.010.125**
III.	**Laufende Aufwendungen nach § 18 II. BV**		
A:	**Kapitalkosten in EUR**		**233.486**
	Eigenkapitalverzinsung		75.127
	15 Prozent des Gesamtkapitals zu 4 Prozent in EUR	36.061	
	10 Prozent des Gesamtkapitals zu 6,5 Prozent in EUR	39.066	
	Verzinsung öffentliche Darlehen in EUR		90.045
	Verzinsung privates Darlehen in EUR		68.315
B:	**Bewirtschaftungskosten in EUR**		**94.357**
	Abschreibung in EUR		48.351
	1 Prozent der Herstellungskosten, § 25 II. BV		
	Verwaltung in EUR		13.138
	279,35 EUR je Wohneinheit, § 26 II. BV		
	Instandhaltung in EUR		26.432
	8,62 EUR je m², § 28 II. BV		
	Mietausfall in EUR		6.560
	2 Prozent der Miete, § 29 II. BV		
IV.	**Kalkulierte Kostenmiete in EUR**		**327.967**
	EUR pro Monat und m²		**8,54**

Tabelle 9.1: Wirtschaftlichkeitsberechnung sozialer Wohnungsbau

9.2.4 Funktionale Betrachtung der Preisvorschriften

Die Kostenmiete kann als eine Form der Mietbegrenzung angesehen werden, die aus der Sicht der öffentlichen Hand angesichts der Spaltung der Wohnungsmärkte in zwei unterschiedlich stark geförderte Segmente (frei finanzierter und öffentlich geförderter Wohnungsbau) in dem intensiver geförderten Segment die Gewinne der Investoren begrenzen soll. Doch muss dem Investor eine ausreichende Eigenkapitalverzinsung garantiert werden, die nicht zu weit hinter die im frei finanzierten Wohnungsbau erzielbaren Renditen zurückfällt.

Die Kostenmiete hat für den Investor den Charakter einer Garantiemiete. Sie liegt mehr oder weniger deutlich unterhalb der ortsüblichen Vergleichsmiete. Aus diesem Grund wird das Leerstandsrisiko bei einer Sozialwohnung in der Regel deutlich niedriger zu veranschlagen sein als bei einer frei finanzierten Wohnung. Daneben trägt zum Garantiecharakter der Kostenmiete noch bei, dass sie wegen der Geltung des sogenannten »Einfrierungsprinzips« von marktlagebedingten Schwankungen der Neuvertragsmieten völlig unberührt bleibt. Eine Enttäuschung durch geringere als die kalkulierten Mietsteigerungen (»windfall losses«) hat der Investor also normalerweise nicht zu befürchten, mit Marktlagegewinnen (»windfall gains«) kann er freilich auch nicht rechnen.

Schließlich ist der Investor im sozialen Wohnungsbau nicht dem Zinsänderungsrisiko ausgesetzt, da Kapitalkostenerhöhungen auf die Miete umgelegt werden können. Die Zinsänderungen können dabei auf die ursprünglichen Nennbeträge der Darlehen bezogen werden. Allerdings müssen auch niedrigere Zinsen an die Mieter weitergereicht werden.

Die erwarteten Renditen im öffentlich geförderten Wohnungsbau haben demnach, von Ausnahmen abgesehen, mehr oder weniger den Charakter von Garantierenditen. Sie können daher im Regelfall durchaus ein Stück weit unter den erwarteten Renditen im frei finanzierten Wohnungsbau liegen. *Entsprechend niedriger ist die kalkulatorische Verzinsung im sozialen Wohnungsbau anzusetzen.*

Auch in Bezug auf die Sicherung der Liquidität erweisen sich die Regelungen im sozialen Wohnungsbau für den Investor als vorteilhaft. Ein Nachschießen von liquiden Mitteln während der Laufzeit des Projekts kann mithilfe der Berechnungsvorschriften vermieden werden. Bei der in der Wohnungswirtschaft verbreiteten Finanzierung mittels Annuitätendarlehen mit 1 Prozent Anfangstilgung können die wohnungswirtschaftlichen Abschreibungen und der Bezug der ansetzbaren Zinskosten auf den ursprünglichen Nennbetrag des Darlehens während der gesamten Laufzeit als liquiditätsmäßige Äquivalente der Annuität angesehen werden.[56]

9.2.5 Berechnungsbeispiel frei finanzierter Wohnungsbau

Die Kostenmiete für unsere Wohnanlage soll nun ohne öffentliche Förderung und unter realistischeren Annahmen ermittelt werden:
- Die Kosten für Werbung und die Grundstückskosten vor Baubeginn werden zu den Gesamtkosten hinzugefügt (diese Kosten sind nach der Zweiten BV nicht berücksichtigungsfähig).
- Die Finanzierung des Fremdkapitalanteils an den Gesamtkosten wird mit einem privaten Hypothekendarlehen zu einem Zinssatz von 4,5 Prozent abgedeckt.
- Als anfängliche Eigenkapitalverzinsung werden 6 Prozent gefordert.
- Die Verwaltungskosten werden mit 370 EUR je Wohneinheit und Jahr angenommen.
- Das Mietausfallwagnis wird mit 3 statt mit 2 Prozent angesetzt.

---

56 Die Abschreibungen beziehen sich nur auf die Herstellungs- und nicht auf die Grundstückskosten. Die Liquidität ist also gesichert, wenn das Eigenkapital genau den Grundstückskosten entspricht.

Statische Einperiodenmodelle

I.	Grunddaten	
	Anzahl Wohnungen Wirtschaftseinheit	45
	Wohnfläche je Wohnung in m²	71,11
	Wohnfläche gesamte Wirtschaftseinheit in m²	3.200
	Zins für privates Darlehen in Prozent	4,5
	Anteilige Grundstückskosten in EUR	1.175.000
	Herstellungskosten in EUR	4.835.125
	Werbung, Grundstückszinsen vor Bauzeit in EUR	100.625
	Gesamtkosten in EUR	**6.110.750**
II.	Finanzierungsstruktur	
	Eigenkapital in EUR	**1.527.688**
	privates Darlehen in EUR	**4.583.063**
	Gesamtkosten in EUR	**6.110.750**
III.	Laufende Aufwendungen	
A.	**Kapitalkosten in EUR**	**297.899**
	Eigenkapitalverzinsung	
	25 Prozent des Gesamtkapitals zu 6 Prozent in EUR	91.661
	Verzinsung privates Darlehen in EUR	206.238
B.	**Bewirtschaftungskosten in EUR**	**102.065**
	Tilgungsäquivalent in EUR	45.831
	1 Prozent des Darlehensbetrags	
	Verwaltung in EUR	16.650
	370 EUR je Wohneinheit	
	Instandhaltung in EUR	27.584
	8,62 EUR je m²	

Wirtschaftlichkeitsberechnung nach der Zweiten Berechnungsverordnung 9

	Mietausfall in EUR	12.000
	3 Prozent der Miete	
IV.	**kalkulierte Kostenmiete in EUR**	399.964
	EUR pro Monat und m²	10,42

Es ergibt sich eine »kalkulierte Kostenmiete« in Höhe von 10,42 EUR pro Monat und m². Ist die Investition nun vorteilhaft, wenn diese oder eine höhere Miete am Markt erzielt werden kann?

Die anfängliche Verzinsung des Gesamtkapitals (Cap Rate) liegt bei 4,875 Prozent, die anfängliche Eigenkapitalverzinsung bei 6 Prozent – beides unabhängig von der Höhe der Bewirtschaftungskosten, da Änderungen bei diesen stets entsprechende Rückgänge bzw. Zunahmen der Kostenmiete mit sich bringen. Damit kann festgehalten werden, dass sich das Eigenkapital im ersten Jahr der Nutzung unter den gegebenen Annahmen über die Kapital- und Bewirtschaftungskosten mit genau 6 Prozent verzinst, wenn eine Miete von genau 10,42 EUR am Markt erzielt wird. Zur Berechnung der Eigenkapitalrendite wird die kalkulierte Kostenmiete vermindert um Bewirtschaftungskosten und Darlehenszinsen auf das eingesetzte Eigenkapital bezogen. Bei einer angenommenen Miete von 11,50 EUR ergibt sich eine anfängliche Eigenkapitalrendite von knapp unter 9 Prozent (bei konstant gehaltenem Mietausfallwagnis):

(11,50 EUR * 12 * 3.200 – 102.065 EUR – 206.238 EUR) / 1.527.688 EUR = **0,087254**

Die Kostenmiete liefert also lediglich eine Information darüber, bei welcher Miete die kalkulierte Eigenkapitalverzinsung erreicht wird. Man kann die Wirtschaftlichkeitsberechnung als Einperiodenmodell der Investitionsrechnung qualifizieren, wenn man die einprozentige »Abschreibung« als Tilgungsäquivalent betrachtet. Die kalkulierte Eigenkapitalverzinsung darf aber nicht mit einer dynamischen Rendite verwechselt werden. Diese beiden Renditen würden nur übereinstimmen, wenn sich an dem Zahlungsstrom nie etwas ändern würde (»ewige Rente«).

Eine Abweichung ergibt sich aber allein schon aus der Tatsache, dass auch ein Darlehen mit 1 Prozent Anfangstilgung irgendwann einmal gänzlich getilgt ist (hier nach 39 Jahren). Wenn man nur diesen Faktor berücksichtigt, den Zahlungsstrom aber ansonsten unverändert lässt, so steigt die Eigenkapitalrendite von 6,0 auf 7,125 Prozent. Die statische kalkulatorische Eigenkapitalverzinsung und die dynamische interne Verzinsung des Eigenkapitals stimmen also nicht überein. Abgesehen davon gibt es grundsätzliche Vorbehalte gegenüber der Anwendung von Einperiodenmodellen der Investitionsrechnung auf Immobilien (Abschnitt 6.3).

Auch zur Mietenkalkulation ist die Wirtschaftlichkeitsberechnung nicht gut geeignet, da sie die Finanzierungsseite mit restriktiven Annahmen in die Kalkulation einbezieht. Es ist einfacher und führt zu genaueren Aussagen, wenn man mithilfe der Annuitätenmethode den kritischen Rückfluss ermittelt und davon die erwarteten laufenden Bewirtschaftungskosten abzieht. In einem dynamischen Rechenmodell kann der Kapitalwert gleich Null gesetzt und dann die kritische Zuwachsrate der Sollmieteinnahmen ermittelt werden.

> **Zusammenfassung**
>
> Die Leitfrage der Annuitäten-Methode lautet: Wie hoch muss der jährliche Cashflow (Annuität) sein, damit gerade der Kalkulationszins i verdient wird? Die Annuität entspricht dem Produkt aus Anfangsauszahlung und Kapitalwiedergewinnungsfaktor. Die Investition ist vorteilhaft, wenn der tatsächliche Cashflow aus dem Objekt über der berechneten Annuität liegt.
> Die Wirtschaftlichkeitsberechnung nach der Zweiten Berechnungsverordnung (Zweite BV) dient zur Ermittlung der Kostenmiete im öffentlich geförderten Wohnungsbau. Die Kostenmiete soll alle Kosten des Investors decken und ihm außerdem einen angemessenen Gewinn sichern. Sie ist bei neuen Bewilligungen aber nicht mehr zwingend vorgeschrieben.
> Die Kostenmiete dient der Begrenzung der Gewinne der Investoren im sozialen Wohnungsbau, die sich als Ausgleich für die Subventionen auf Preis- und Belegungsbindungen einlassen müssen (integrierte Subvention). Die Kostenmiete orientiert sich an den historischen Gestehungskosten. Sie ist aber flexibel in Bezug auf Änderungen bestimmter Kosten im Zeitablauf, besonders der Kapitalkosten.

Wirtschaftlichkeitsberechnung nach der Zweiten Berechnungsverordnung

Bei den Fremdkapitalkosten werden gleichbleibende Zinsaufwendungen unabhängig vom Restschuldverlauf, aber keine Tilgungen angesetzt. Für das eingesetzte Eigenkapital wird eine kalkulatorische Verzinsung vorgegeben. Die Bewirtschaftungskosten sind pauschaliert, also unabhängig von den tatsächlichen individuellen Kosten. Unter den Bewirtschaftungskosten werden auch Abschreibungen in Höhe von 1 Prozent der Herstellungskosten angesetzt. Diese können als Tilgungsäquivalente angesehen werden.

Die Kostenmiete als Ergebnis der Rechnung ist einfach diejenige Miete, die die angesetzten Kostenkomponenten gerade abdeckt. Sie kann unter realistischeren Annahmen auch für frei finanzierte Wohnungen berechnet werden. Wird die Kostenmiete am Markt erzielt, so entspricht die anfängliche Eigenkapitalverzinsung der kalkulatorischen. Weitergehende Schlussfolgerungen, insbesondere die Interpretation der kalkulatorischen Eigenkapitalverzinsung als dynamische Rendite sind problematisch.

Wichtige Begriffe und Konzepte

Annuität	Kapitalwiedergewinnungsfaktor	Wirtschaftlichkeitsberechnung
Annuitäten-Methode	Kostenmiete	Zweite BV
Einfrierungsprinzip	Laufende Aufwendungen	Zweites WoBauG
Integrierte Subvention	Objektförderung	

Verständnisfragen

K 9.1
Wie lautet das Vorteilhaftigkeitskriterium der Annuitäten-Methode? Unter welchen restriktiven Annahmen kann es Gültigkeit beanspruchen?

K 9.2
Wo wird die Kostenmiete heute noch angewendet?

K 9.3
Welche wohnungspolitische Funktion hat die Kostenmiete?

K 9.4
Was versteht man unter den sogenannten »laufenden Aufwendungen«?

K 9.5
Wie kann man den Ansatz der einprozentigen Abschreibung unter den Bewirtschaftungskosten interpretieren?

K 9.6
Wie werden Tilgungsleistungen in der Wirtschaftlichkeitsberechnung behandelt?

K 9.7
Erläutern Sie den Garantiecharakter der Kostenmiete! Wie sehen Sie den Zusammenhang mit der kalkulatorischen Verzinsung?

Weiterführende Fragen und Themen
W 9.1
Berechnen Sie die Annuität für folgende Büroimmobilie: Kaufpreis: 9 Mio. EUR, Restnutzungszeit: 30 Jahre, Kalkulationszins: 10 Prozent.

W 9.2
Informieren Sie sich darüber, wie in Ihrem Bundesland die Mieten für Sozialwohnungen berechnet werden!

W 9.3
In welcher Form werden in Ihrem Bundesland Investitionen in den sozialen Wohnungsbau subventioniert?

W 9.4
Stehen die Pauschalen für die verschiedenen Kategorien der Bewirtschaftungskosten im Einklang mit den empirischen Verhältnissen?

Literaturhinweise

Blohm/Lüder/Schaefer (2012): Investition, 3. Kapitel, Abschnitt 2.2 zu den statischen Verfahren.

Götze (2014): Investitionsrechnung, Abschnitt 3.3.3 zur Annuitäten-Methode.

Kofner (2012): Grundzüge der Wohnungsbaupolitik, Abschnitt 3 zur sozialen Wohnraumförderung.

Pistorius (1996): Die Kostenmiete, Anleitung zu ihrer Berechnung zur Berechnung der Kostenmiete.

Schulte/Allendorf/Crommen (1999): Investitionsrechnung im sozialen Wohnungsbau, Abschnitt 5.2.1 zur Wirtschaftlichkeitsberechnung als speziellem statischen Verfahren.

10 Berücksichtigung von Steuern

> *Eine Regierung muss sparsam sein,*
> *weil das Geld, das sie erhält,*
> *aus dem Blut und Schweiß ihres Volkes stammt.*
> *Es ist gerecht, dass jeder einzelne dazu beiträgt,*
> *die Ausgaben des Staates tragen zu helfen.*
> *Aber es ist nicht gerecht, dass er die Hälfte*
> *seines jährlichen Einkommens mit dem Staate teilen muss.*
> Friedrich der Große

In diesem Kapitel sollen Sie erkennen,
- warum es notwendig ist, die steuerlichen Effekte bei Investitionsrechnungen für Immobilien zu berücksichtigen,
- wo die methodischen Probleme bei der Einbeziehung der steuerlichen Folgen liegen,
- wie man entsprechend modifizierte Investitionsrechnungen praktisch durchführt.

10.1 Notwendigkeit der Berücksichtigung steuerlicher Effekte

Die Berücksichtigung steuerlicher Effekte in einer Investitionsrechnung bereitet große methodische Probleme. Auf der anderen Seite ist der Einfluss der Besteuerung auf die Ergebnisse der Rechnungen nicht zu unterschätzen. Bei einer durchschnittlichen effektiven Steuerbelastung der Kapitalgesellschaften von 30 Prozent können sich erhebliche Renditedifferenzen vor und nach Steuern ergeben – mit spürbaren Auswirkungen auf die Beurteilung der absoluten Vorteilhaftigkeit von Investitionsprojekten.

Also müssen wir den Kalkulationszins als eine geforderte Nachsteuerrendite interpretieren und Kapitalwerte oder interne Zinsfüße aus Nachsteuer-Zahlungsströmen ermitteln. Auf dieses Vorgehen könnte man nur im Falle einer synthetischen Besteuerung der Erträge aller Klassen von Anlageprodukten und aller einzelnen Vermögensgegenstände im Sinne eines einheitlichen Durchschnittssteuersatzes verzichten (etwa 30 Prozent von jedem Euro unabhängig von der Einkommensquelle, vom Gesamtgewinn und vom Vermögen des Steuersubjektes).

Diese Voraussetzung ist in unserem Steuersystem selbstverständlich nicht erfüllt. Schon die unterschiedlichen steuerlichen Einkunftsarten begründen große Unterschiede in der Besteuerung. So sind Veräußerungsgewinne von Wertpapieren im Privatvermögen im Rahmen der Abgeltungssteuer unabhängig von der Haltedauer stets steuerpflichtig. Die steuerliche Behandlung der Gewinne aus der Veräußerung von Immobilien im Privatvermögen unterscheidet sich davon. Außerhalb der zehnjährigen Spekulationsfrist sind sie steuerfrei, wenn kein gewerblicher Grundstückshandel vorliegt. Für Immobilien kennt das Steuerrecht außerdem Sonderregelungen wie erhöhte Abschreibungen und die Übertragung von Veräußerungsgewinnen (Abschnitt 3.7). Beide Regelungen beeinflussen selbstverständlich die Ergebnisse von Investitionsrechnungen. Ihr eigentlicher wirtschaftspolitischer Sinn liegt ja darin, den Unternehmen durch höhere Nachsteuerrenditen Investitionsanreize zu geben.

Im Ergebnis sind die Vorsteuerrenditen von Immobilien und anderen Klassen von Vermögensgegenständen grundsätzlich nicht vergleichbar. Auch die Vorsteuerrenditen zweier verschiedener Immobilieninvestments sind unter Umständen nur sehr eingeschränkt miteinander vergleichbar. Wenn eine Immobilie anfangs mit 9 Prozent abgeschrieben werden kann (weil sie in einem förmlich ausgewiesenen Sanierungsgebiet liegt), eine andere dagegen bloß linear mit 2 Prozent jährlich, ist ein Vergleich nicht möglich. Gleiches gilt, wenn die eine Immobilie als Teil eines Privatvermögens steuerfrei, die andere dagegen als Teil eines Betriebsvermögens steuerpflichtig veräußert wird.

10.2 Probleme bei der Berücksichtigung steuerlicher Effekte

Die methodischen Schwierigkeiten aus der Berücksichtigung der Steuerwirkungen sind allerdings nicht zu unterschätzen. Es fängt damit an, dass man in einer Investitionsrechnung allenfalls versuchen kann, die steuerlichen

Probleme bei der Berücksichtigung steuerlicher Effekte 10

Wirkungen eines Investments zu »isolieren«, also der einzelnen Immobilie künstlich zuzuordnen. Man ermittelt die steuerbaren Einkünfte aus der Vermietung der betrachteten Immobilie für jedes Jahr des Planungszeitraums, multipliziert sie mit dem angenommenen Steuersatz und kürzt die Vorsteuer-Zahlungssalden entsprechend. Wenn später aber Verlustjahre in der Steuerbilanz des Unternehmens auftreten, sind diese Berechnungen Makulatur.

Vereinfacht wird die Aufgabe der Einbeziehung der steuerlichen Wirkungen dadurch, dass Substanzsteuern nicht einbezogen werden müssen:
- Die Vermögensteuer wird nicht mehr erhoben.
- Die Gewerbekapitalsteuer ist seit 1.1.1998 abgeschafft.
- Die Grundsteuer kann bei entsprechender mietvertraglicher Gestaltung in ihrer tatsächlichen Höhe im Rahmen der Betriebskostenvorauszahlung bzw. -nachzahlung den Mietern angelastet werden.

Wir können die Betrachtung also auf die Steuern vom Ertrag beschränken (Einkommen- bzw. Körperschaftsteuer, Gewerbesteuer und Solidaritätszuschlag). Strenggenommen müssten alle zukünftigen Jahresergebnisse des Unternehmens im Planungszeitraum bekannt sein, um die ertragsteuerlichen Effekte eines Investments einschätzen zu können. Die zukünftigen Jahresergebnisse hängen aber unter anderem auch von der Investitionspolitik des Unternehmens ab. Die Zurechnung von Ertragsteuerzahlungen auf das einzelne Objekt ist nur unter vereinfachenden Annahmen möglich:
- Bemessungsgrundlage der Einkommen- und der Gewerbesteuer ist das der Investition jeweils zurechenbare steuerliche Jahresergebnis.[57]
- Zum Liquidationszeitpunkt wird der Unterschiedsbetrag zwischen dem Netto-Verkaufspreis und dem jeweiligen Restwert des Gebäudes besteuert (Anschaffungs- oder Herstellungskosten vermindert um planmäßige Abschreibungen). Alternativ kann der Veräußerungsgewinn auf eine Ersatzimmobilie übertragen werden (Abschreibungsminderungen).
- Die Steuertarife sind proportional und enthalten keine Freibeträge.

---

57 Die Bemessungsgrundlagen von Einkommen- und Gewerbesteuer unterscheiden sich. Bei der Gewerbesteuer sind Hinzurechnungen (z. B. Dauerschuldzinsen) und Kürzungen zu berücksichtigen. Dies wird aber der Einfachheit halber nicht berücksichtigt.

Grundsätzlich können die steuerlichen Effekte mittels der Netto- oder der Bruttomethode in die Rechnung einfließen. Bei der Bruttomethode wird versucht, die steuerlichen Wirkungen mittels eines pauschalen Korrekturfaktors bei der Festlegung des Kalkulationszinssatzes zu erfassen. Dieses Verfahren ist strenggenommen nur für nicht abschreibbare Investitionsvorhaben zulässig. Es kommt hinzu, dass der Einfluss einer Mischfinanzierung nur unter restriktiven Annahmen mit weiteren Korrekturfaktoren berücksichtigt werden kann.

Alles in allem wird die Bruttomethode der differenzierten steuerlichen Behandlung von Immobilien-Investments nicht gerecht. Verglichen mit der Nettomethode ist sie auch nicht einfacher in der Anwendung. Die Nettomethode erfasst explizite die steuerlich relevanten Erträge und Aufwendungen für die einzelnen Jahre des Planungszeitraumes.

10.3 Fallstudie 3: Steuerliche Folgen der Sanierung eines Denkmals

Für die Betrachtung der steuerlichen Folgen der Sanierung eines Denkmals wird das aus Fallstudie 2 bekannte Mehrfamilienhaus als Ausgangspunkt genommen. Wir nehmen an, es handle sich um ein Denkmal, sodass die erhöhten Abschreibungssätze anwendbar sind (Abschnitt 3.7.1.5). Der gleichbleibende jährliche Steuersatz beträgt annahmegemäß 30 Prozent.

Fallstudie 3: Steuerliche Folgen der Sanierung eines Denkmals 10

t	A_0/R_{20} EUR	Miete EUR	Annuität EUR	Zinsen EUR	Bewirt-schaftungs-kosten EUR	CF vor Steuern EUR	Substanz EUR	AfA-Sätze Prozent	Abschrei-bungs-beträge EUR	Denkmal EUR	AfA-Sätze Prozent	Abschrei-bungs-beträge EUR	Einkünfte aus VuV EUR	Zu zah-lende ESt EUR	CF nach Steuern EUR
0	-240.000					-240.000									-240.000
1		72.800	39.140	12.800	12.884	20.776	200.000	2,5	5.000	640.000	9,0	57.600	-15.484	4.345	25.421
2		72.800	39.140	12.273	13.045	20.615	195.000	2,5	5.000	582.400	9,0	57.600	-15.118	4.535	25.151
3		72.800	39.140	11.736	13.207	20.452	190.000	2,5	5.000	524.800	9,0	57.600	-14.743	4.423	24.875
4		72.800	39.140	11.188	13.373	20.287	185.000	2,5	5.000	467.200	9,0	57.600	-14.361	4.308	24.595
5		72.800	39.140	10.629	13.541	20.119	180.000	2,5	5.000	409.600	9,0	57.600	-13.969	4.191	24.310
6		72.800	39.140	10.058	13.711	19.949	175.000	2,5	5.000	352.000	9,0	57.600	-13.569	4.071	24.020
7		72.800	39.140	9.477	13.884	19.776	170.000	2,5	5.000	294.400	9,0	57.600	-13.161	3.948	23.724
8		72.800	39.140	8.884	14.059	19.600	165.000	2,5	5.000	236.800	9,0	57.600	-12.743	3.823	23.423
9		72.800	39.140	8.278	14.237	19.422	160.000	2,5	5.000	179.200	7,0	44.800	484	-145	19.277
10		72.800	39.140	7.661	14.418	19.241	155.000	2,5	5.000	134.400	7,0	44.800	921	-276	18.965
11		72.800	39.140	7.032	14.602	19.058	150.000	2,5	5.000	89.600	7,0	44.800	1.367	-410	18.648
12		72.800	39.140	6.389	14.788	18.872	145.000	2,5	5.000	44.800	7,0	44.800	1.822	-547	18.325
13		72.800	39.140	5.734	14.977	18.683	140.000	2,5	5.000	0	0,0	0	47.088	-14.127	4.556
14		72.800	39.140	5.066	15.169	18.491	135.000	2,5	5.000	0	0,0	0	47.565	-14.269	4.221
15		72.800	39.140	4.385	15.364	18.296	130.000	2,5	5.000	0	0,0	0	48.051	-14.415	3.881
16		72.800	39.140	3.690	15.561	18.098	125.000	2,5	5.000	0	0,0	0	48.549	-14.565	3.534
17		72.800	39.140	2.981	15.762	17.898	120.000	2,5	5.000	0	0,0	0	49.057	-14.717	3.180
18		72.800	39.140	2.258	15.966	17.694	115.000	2,5	5.000	0	0,0	0	49.577	-14.873	2.821
19		72.800	39.140	1.520	16.173	17.487	110.000	2,5	5.000	0	0,0	0	50.108	-15.032	2.455
20	626.863	72.800	39.140	767	16.382	644.140	105.000	2,5	5.000	0	0,0	0	50.650	-15.195	628.945

In Bezug auf die zu zahlende Einkommensteuer wurde angenommen, dass eine sofortige Verlustverrechnung möglich ist (kein Verlustvortrag).

Die aufgrund des Denkmalstatus anfänglich höheren Abschreibungssätze haben spürbare Auswirkungen auf den Cash flow. Diese führen zu einer zeitlichen Umverteilung der Zahlungssalden mit der Tendenz, dass mehr Zahlungsmittelzuflüsse gegenwartsnah anfallen als in der Vorsteuerbetrachtung.

Der Kapitalwert der Investition bei einem Kalkulationszins von 7 Prozent fällt gegenüber der Vorsteuerrechnung leicht von 128.614 auf 114.844 EUR. Die interne Verzinsung ist nur marginal niedriger (10,77 statt 10,78 Prozent).

Der zum Liquidationszeitpunkt anfallende Buchgewinn wurde allerdings bis hierhin nicht berücksichtigt. Er errechnet sich folgendermaßen:

Ermittlung des Buchgewinns

		EUR
	Verkaufserlös	626.863
-	Buchwert	105.000
=	**Buchgewinn**	**521.863**

Der Buchgewinn wird auf eine Ersatzimmobilie übertragen, die dann über 50 Jahre linear mit 2 Prozent abgeschrieben wird. Daraus ergeben sich jährliche Abschreibungsminderungen aus der Ersatzimmobilie in Höhe von rund 10.350 EUR. Die entsprechende Zahlungsreihe ist mit dem Steuersatz von 30 Prozent zu multiplizieren und mit dem Kalkulationszins von 7 Prozent auf die Gegenwart abzuzinsen bzw. der interne Zinsfuß zu errechnen.

Die Auswirkungen dieser Rechenoperation auf das Ergebnis der Investitionsrechnung sind eher gering. Der Kapitalwert verringert sich nur um 11.167 EUR, sodass die geforderte kalkulatorische Verzinsung immer noch

Fallstudie 3: Steuerliche Folgen der Sanierung eines Denkmals **10**

deutlich übertroffen wird. Die sofortige Versteuerung des Veräußerungsgewinns zum Liquidationszeitpunkt hätte sich deutlich negativer ausgewirkt.

Zusammenfassung !

Die Berücksichtigung steuerlicher Effekte in einer Investitionsrechnung ist trotz der großen methodischen Probleme wegen der Ungleichmäßigkeiten der Besteuerung unumgänglich. Die zur Bestimmung von Nachsteuerrenditen nötigen Annahmen sind allerdings zum Teil heroisch: Zuordnung der steuerlichen Wirkungen zum Objekt, Schätzung des Veräußerungsgewinns, proportionaler Steuertarif.

Die Bruttomethode, die die steuerlichen Wirkungen eines Immobilieninvestments mittels eines pauschalen Korrekturfaktors bei der Festlegung des Kalkulationszinssatzes zu erfassen versucht, wird der differenzierten steuerlichen Behandlung von Investitionen in Immobilien nicht gerecht.

Die aus methodischer Sicht vorzuziehende Nettomethode ist allerdings aufwendig. Die steuerlichen Wirkungen müssen hier unter geeigneten Annahmen für jedes einzelne Jahr des Planungszeitraumes geschätzt werden. Dabei sind von den Mieteinnahmen die Zinsaufwendungen (nicht die Tilgungen), die Bewirtschaftungskosten und die Abschreibungen abzuziehen. Auf diesen Saldo wird dann ein proportionaler Steuersatz angewendet, der der durchschnittlichen Belastung thesaurierter Gewinne von Kapitalgesellschaften nahe kommt. Negative Salden sind entweder vorzutragen oder sofort zu verrechnen.

Nicht außer Acht gelassen werden dürfen dabei Veräußerungsgewinne (Besteuerung zum Liquidationszeitpunkt oder Erfassung im Wege zukünftiger Abschreibungsminderungen). Sofort abziehbare Instandsetzungsaufwendungen führen genau wie erhöhte Abschreibungen zu einem Vorziehen von steuerlichem Aufwand, woraus sich günstige Auswirkungen auf Rendite und Liquidität ergeben.

Wichtige Begriffe und Konzepte

Abschreibungsminderung	Ersatzimmobilie	Steueroptimierung
Bruttomethode	Ertragsteuern	Veräußerungsgewinn
Denkmal	Nachsteuerrendite	Verlustverrechnung
Einkünfte aus VuV	Nettomethode	Vorsteuerrendite

Verständnisfragen

K 10.1
Wie ist es um die Gleichmäßigkeit der Besteuerung bei der Immobilienanlage und zwischen den verschiedenen Klassen von Anlageprodukten bestellt?

K 10.2
Wo liegen die methodischen Probleme der isolierten Zuordnung von steuerlichen Wirkungen zur Investition?

K 10.3
Warum brauchen Substanzsteuern in Investitionsrechnungen nicht (mehr) berücksichtigt zu werden?

K 10.4
Welche Ertragsteuern sind für eine Investitionsrechnung relevant?

K 10.5
Welche Alternativen zur Berücksichtigung der steuerlichen Folgen von Veräußerungsgewinnen zum Liquidationszeitpunkt gibt es? Welche ist günstiger für die Rendite des Investments?

K 10.6
Warum erscheint die Bruttomethode zur Beurteilung der Vorteilhaftigkeit von Immobilieninvestments nach Steuern weniger geeignet als die Nettomethode?

K 10.7
Wie setzen sich die »Einkünfte aus Vermietung und Verpachtung« (VuV) zusammen?

K 10.8
Wie ist vorzugehen, wenn sich für ein Jahr negative Einkünfte aus VuV ergeben? Welche methodischen Alternativen gibt es? Wie wirken Sie sich auf die Rendite des Investments aus?

K 10.9
Wie wirken sich erhöhte Abschreibungen und sofort abzugsfähiger Instandsetzungsaufwand auf Cashflow und Rendite aus?

Weiterführende Fragen und Themen
W 10.1
Wie hoch ist der Hebesatz der Gewerbesteuer in Ihrer Gemeinde? Wie hoch ist der Solidaritätszuschlag und wie wird er berechnet?

W 10.2
Stellen Sie anhand der angegebenen Literatur eine Übersicht über die verschiedenen Varianten der Bruttomethode zusammen!

W 10.3
Berechnen Sie die interne Verzinsung und den Kapitalwert nach Steuern für den Neubau der Wohnanlage aus Fallstudie 1.

Literaturhinweise
Blohm/Lüder/Schaefer (2012): Investition, 3. Kapitel, Abschnitt 2.1.4.
Götze (2014): Investitionsrechnung, Abschnitt 3.4.1.

11 Berücksichtigung von Förderprogrammen

> Es geht darum, das Geld, das wir nicht haben,
> wachstumsrelevant einzusetzen.
> Franz Müntefering

In diesem Kapitel sollen Sie erkennen,
- welche Programme zur Förderung der energetischen Sanierung von Wohngebäuden angeboten werden,
- wie die spezifischen Programmbedingungen in einer Investitionsrechnung zu berücksichtigen sind.

Wohnungsbauinvestitionen werden nicht nur mit steuerlichen Subventionen gefördert. Neben der sozialen Wohnraumförderung und den BAFA-Subventionen für Investitionen in erneuerbare Energien sind hier auch die subventionierten Kredite der Kreditanstalt für Wiederaufbau (KfW) zu nennen[58].

11.1 Energieeffizienz und Klimaschutz

Im Rahmen der EU-Lastenverteilung hatte die deutsche Regierung sich das ambitionierte Ziel gesetzt, die Emissionen der sechs im Kyoto-Protokoll genannten Treibhausgase zwischen 2008 und 2012 um 21 Prozent gegenüber 1990 zu reduzieren.[59] Dieses Ziel wurde erfüllt. Bis zum Jahr 2020 sollen die Emissionen um mindestens 40 Prozent gegenüber 1990 gemindert werden, bis 2050 soll eine Reduktion der Emissionen um 80 bis 95 Prozent (im Vergleich zu 1990) erreicht werden.

---

58 Abschnitt 9.2, Fallstudie 5 sowie Kofner 2012, S. 59-68.
59 Die Reduzierung bezieht sich auf die Emissionswerte von CO_2, CH_4 und N_2O im Jahr 1990, und auf die Emissionswerte von H-CFC, CFC und SF_6 im Jahr 1995.

Die Maßnahmen auf der Bundesebene sind im nationalen Klimaschutzprogramm beschrieben und umfassen unter anderem:
- Erneuerbare Energien Gesetz (Förderung der Stromerzeugung aus erneuerbaren Energien durch ein System von Mindestpreisen für die Netzeinspeisung),
- Marktanreizprogramm für die Nutzung erneuerbarer Energien (Subventionen für die Nutzung von Solarkollektoren, Biomasse und die Steigerung der Energieeffizienz),
- Ökologische Steuerreform 1999-2003 (stufenweise Anhebung der Steuern auf Mineralölprodukte und den Stromverbrauch),
- Energieeinsparverordnung für neue und bestehende Gebäude (seit 2002),
- Finanzielle Unterstützung für die energetische Gebäudesanierung (seit 2000),
- Vermehrter Einsatz der Kraft-Wärme-Kopplung,
- Forschung und Entwicklung.

Laut einer McKinsey-Studie aus dem Jahr 2007 ist die Steigerung der Energieeffizienz des Gebäudebestands der wichtigste Hebel für die Verringerung der Treibhausgasemissionen[60]. Alle 18,8 Mio. Gebäude zusammengenommen sind für 40 Prozent des deutschen Primärenergieverbrauchs verantwortlich.

Seit 1997 ist der Energieverbrauch für Heizungszwecke in privaten Haushalten allerdings kontinuierlich zurückgegangen. Trotz der Zugewinne bei der Wohnfläche ist der Gesamtverbrauch an Heizenergie bereits auf den Stand von 1990 gefallen. Dieser Erfolg ist in erster Linie den Fortschritten bei der energetischen Modernisierung des Gebäudebestands zu verdanken. Dessen Energieeffizienz hat sich seit 1990 um 15 Prozent verbessert. Zwischen 1990 und 2005 haben die CO_2-Emissionen der privaten Haushalte für Wohnzwecke um 13 Prozent oder 16 Mio. Tonnen abgenommen[61].

---

60 McKinsey 2007, S. 37.
61 AG Energiebilanzen 2006, S. 111 und Fraunhofer-Institut/co2online 2007.

Energieeffizienz und Klimaschutz 11

Das Energieeinsparpotenzial in den vor 1979 fertiggestellten Gebäuden ist jedoch immer noch enorm. Man schätzt, dass weniger als 30 Prozent aller möglichen Energieeinsparmaßnahmen zwischen 1998 und 2006 an diesem Teil des Gebäudebestandes durchgeführt worden sind[62].

Nicht jede Maßnahme zur Energieeinsparung ist jedoch im ökonomischen Sinne als effizient anzusehen. Das wirtschaftliche Effizienzprinzip gilt für jede Art von Investitionen[63]. Auch Kapital, das zur Senkung von CO_2-Emissionen eingesetzt wurde, kann verschwendet sein. Wie jede wirtschaftliche Aktivität in einer Welt der Knappheit sollten auch solche Investitionen nicht über den Punkt hinaus ausgedehnt werden, wo die Grenzkosten der Summe aus privatem und sozialem Grenznutzen der Investition gerade entsprechen. Öffentliche Subventionen in diesem Bereich sollten lediglich den sozialen Grenznutzen der energieeinsparenden Investitionen reflektieren. Im Allgemeinen dürfte es volkswirtschaftlich zweckmäßiger sein, ein 11 Liter-Haus durch Modernisierung in ein 6 Liter-Haus zu verwandeln als aus einem 3 Liter-Haus ein 2 Liter-Haus zu machen.

Investitionen zur Steigerung der Energieeffizienz vorhandener Wohngebäude haben aus einzelwirtschaftlicher Sicht eine ganze Reihe von Vorteilen:
- Sie erhöhen den Wert der Immobilie im Falle eines zukünftigen Verkaufs (niedrigere Exit Cap Rates).
- Sie berechtigen zu Mieterhöhungen im Rahmen der Modernisierungsumlage, dies aber in Abhängigkeit von der Marktlage (höchstens 11 Prozent der gesamten Modernisierungskosten pro Jahr).
- Sie ermöglichen in der Zukunft mit neuen Mietern höhere Mieteinnahmen[64].
- Sie begrenzen das Leerstandsrisiko und
- sie eröffnen den Zugang zu Subventionen und subventionierten Krediten.

---

62 Fraunhofer-Institut/co2online 2007.
63 Schönefeldt et al. 2008, S. 16.
64 Die energetische Modernisierung reduziert die Heizkosten in Abhängigkeit von den zukünftigen Energiepreisen und schafft somit Spielraum für eine höhere Grundmiete.

11.2 KfW-Programm Energieeffizient Sanieren

Mit dem KfW-Programm »Energieeffizient Sanieren« wird die energetische Sanierung von Wohngebäuden gefördert. Die Fördermittel werden wahlweise als Kredit oder Investitionszuschuss (alternativ für Privateigentümer) ausgereicht. Die Förderintensität richtet sich dabei nach der Energieeffizienz des Gebäudes nach der Sanierung. Gefördert werden:

- Ersterwerbe sanierter Gebäude (auch Eigentumswohnungen)
- alle Maßnahmen, die zur Erreichung des energetischen Niveaus eines KfW-Effizienzhauses beitragen (Dämmung, Heizungserneuerung, Fensteraustausch, Lüftungseinbau)
- Maßnahmenpakete (Heizungspaket: Austausch ineffizienter Heizungsanlagen oder Lüftungspaket: Kombination des Einbaus von Lüftungsanlagen mit mindestens einer weiteren förderfähigen Maßnahme an der Gebäudehülle)
- Einzelmaßnahmen bzw. freie Einzelmaßnahmenkombinationen, die den technischen Mindestanforderungen entsprechen (Dämmung, Heizungserneuerung, Fensteraustausch, Lüftungseinbau)

Förderfähig sind nur Ersterwerbe/Maßnahmen, die Wohngebäude betreffen, für die vor dem 1.2.2002 der Bauantrag gestellt oder die Bauanzeige erstattet wurde.

Gefördert werden bis zu 100 Prozent der förderfähigen Kosten. Der Zinssatz wird in den ersten 10 Jahren der Kreditlaufzeit aus Bundesmitteln verbilligt. Danach gelten marktübliche Konditionen. Die Höhe des Zinses richtet sich nach der Laufzeit des Darlehens, nach der Art der Förderung (Einzelmaßnahmen, Maßnahmenpakete oder KfW-Effizienzhaus) und gegebenenfalls nach dem erreichten Effizienzhausstandard.

Bei Einzelmaßnahmen oder Maßnahmenpaketen gilt für die förderfähigen Kosten eine Obergrenze von 50.000 EUR pro Wohneinheit. Bei einer Sanierung zum KfW-Effizienzhaus beträgt die Kostenobergrenze 100.000 EUR pro Wohneinheit. Bei Erreichung des Standards KfW-Effizienzhaus 100[65] gemäß EnEV wird ein Tilgungszuschuss (Gutschrift auf dem Darlehenskonto) in Höhe von 15,0 Prozent der Darlehenssumme gewährt. Für höhere oder niedrigere Standards fällt der Tilgungszuschuss entsprechend geringer/höher aus[66].

Die Kreditlaufzeit beträgt bis zu 30 Jahre. Die Zahl der tilgungsfreien Anlaufjahre (mindestens 1 Jahr, höchstens 5 Jahre) richtet sich nach der Laufzeit des Darlehens (10, 20 oder 30 Jahre). Nach Ablauf der tilgungsfreien Anlaufjahre ist in vierteljährlichen Annuitäten zu tilgen.

11.3 Fallstudie 4: Energetische Modernisierung einer Wohnsiedlung

> **Wichtig** !
> Diese Fallstudie wurde vom Autor gemeinsam mit Herrn Dipl.-Ing. Michael Flachmann entwickelt.

In der Fallstudie soll die Wirtschaftlichkeit der energetischen Modernisierung einer Wohnsiedlung mit einem aufgelaufenen Instandhaltungsstau beurteilt werden. Die seit 20 Jahren im Bestand gehaltene Siedlung besteht aus 100 Wohneinheiten mit je 60 m² Wohnfläche. Alles in allem handelt es sich also um eine Wohnfläche von 6.000 m². Die Maßnahmen des Modernisierungsprogramms betreffen neben den einzelnen Wohnungen auch die Gebäudehülle und das Heizungssystem (sogenannte »Mod-Alternative«). Mithilfe der energetischen Maßnahmen soll die Siedlung auf den Standard eines KfW-Effizienzhauses 115 gemäß EnEV gebracht werden.

---

65 Die Zahl nach dem Begriff KfW-Effizienzhaus (KfW-EH) zeigt an, welchen maximalen Energiebedarf das Gebäude gegenüber einem Standard-Neubau haben darf. Der zulässige Jahresprimärenergiebedarf (Q_p) eines KfW-Effizienzhauses 115 beträgt somit 115 Prozent des für dieses Gebäude maximal zulässigen Energiebedarfs nach EnEV (Referenzgebäude).
66 Mit Nachweis der Einhaltung der Anforderungen KfW-Effizienzhaus 55 wird ein Tilgungszuschuss in Höhe von 27,5 Prozent des Zusagebetrages gewährt. KfW-Effizienzhaus 70: 22,5 Prozent des Zusagebetrages, KfW-Effizienzhaus 85: 17,5 Prozent des Zusagebetrages. KfW-Effizienzhaus 115: 12,5 Prozent des Zusagebetrages. Stand: 4.5.2016.

Die aufwendigere Mod-Alternative soll mit der Handlungsalternative »Instandsetzung und Weiterbewirtschaftung« (»Inst-Alternative«) verglichen und die wirtschaftlich vorteilhaftere Alternative bestimmt werden. Die mögliche Handlungsalternative der Aufteilung in Eigentumswohnungen wird nicht mit einbezogen. Die anfallenden Kosten werden in Modernisierungs- und Instandsetzungskosten (wegen der unterschiedlichen mietpreisrechtlichen und steuerlichen Folgen) sowie nach Gewerken aufgeteilt. Daneben werden nach jedem Auszug einer Mietpartei auch Investitionen zur Vorbereitung der Neuvermietung berücksichtigt (z. B. Austausch der Toilettenschüssel und Erneuerung des Fliesenspiegels im Bad). Im Hinblick auf die Finanzierung wird angenommen, dass der Investor das Grundstück und den Wert der Bausubstanz vor Durchführung der Maßnahmen als Eigenkapital einbringt. Die Baumaßnahmen werden gänzlich mit einem Hypothekendarlehen aus dem KfW-Programm »Energieeffizient Sanieren« (Kreditvariante) finanziert.

Aus methodischer Sicht wird eine Schätzung von Miethöhen, Leerstandsquoten und Fluktuationsraten angestrebt, die auch Interdependenzen zwischen diesen Parametern in der Rechnung berücksichtigt. Die Beurteilung der Vorteilhaftigkeit der beiden Handlungsalternativen soll mithilfe des internen Zinsfußes vor und nach Steuern vorgenommen werden.

Fallstudie 4: Energetische Modernisierung einer Wohnsiedlung 11

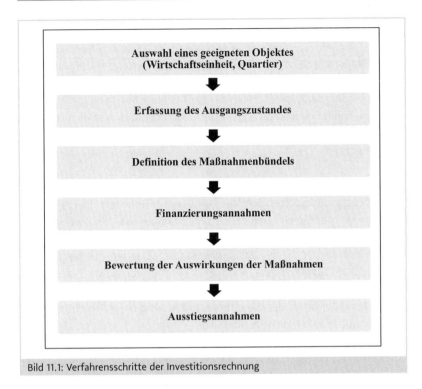

Bild 11.1: Verfahrensschritte der Investitionsrechnung

Zur Lösung unserer Aufgabe sind 6 Arbeitsschritte nötig (Bild 11.1). Nachdem ein geeignetes Objekt (Entscheidungsbereich, Wirtschaftseinheit, Quartier) zur Betrachtung ausgewählt worden ist, muss zunächst der Ausgangszustand erfasst werden (unter anderem Wohnflächen, Markwerte der ausgewählten Grundstücke und Gebäudewerte, Cashflow-Komponenten wie die Mieteinnahmen und die Bewirtschaftungskosten im Ausgangszustand, die Heiz- und die sonstigen Nebenkosten, gegebenenfalls auch der Umfang des Instandhaltungsstaus).

Der nächste Schritt ist die Definition des Maßnahmenbündels bzw. bei mehreren Handlungsalternativen der alternativen Maßnahmenbündel (Was wollen wir mit den ausgewählten Objekten tun?). Wenn die Kosten der verschiedenen Handlungsalternativen geschätzt worden sind, sind als nächstes die Finanzierungsannahmen zu treffen (Wie wollen wir die Maßnahmen finanzieren?). Dabei geht es nicht nur um die Kapitalstruktur (Eigen-/Fremdkapitalanteil, eventuell auch Zwischenformen wie Mezzanine-Kapital), sondern auch um die Quellen des Kapitals (z. B. öffentliche oder private Darlehen, Selbst- oder Beteiligungsfinanzierungsmittel) und nicht zuletzt die Konditionen der Kapitalaufnahme. Ein wesentlicher Schritt ist die Bewertung der Auswirkungen der Maßnahmen auf den Cashflow (z. B. Mieteinnahmen, Instandhaltungskosten). Nicht zuletzt müssen Annahmen über den Ausstieg aus dem Vorhaben getroffen werden (Haltedauer, Nettoverkaufspreis).

Der Ausgangszustand der Siedlung ist, wie gesagt, von einem Instandhaltungsstau geprägt, dessen Beseitigung Kosten in Höhe von 559.350 EUR verursachen würde. Die entsprechenden Maßnahmen werden durchgeführt, wenn sich das Unternehmen gegen die Mod-Alternative entscheidet. Wir können hier also von einer Zwangsinvestition sprechen, die gegebenenfalls durch ein aufwendigeres Programm ersetzt werden wird, das natürlich ebenfalls die Minimalanforderung der Stabilisierung der Bausubstanz erfüllt. Die Alternative der Weiterbewirtschaftung ohne Investition steht dagegen ausdrücklich nicht zur Debatte.

Zugelassen ist dagegen die Alternative des Verkaufs der Siedlung im unsanierten Zustand für 3.940.650 EUR (entspricht dem Bodenwert plus dem Wert der einbrachten Bausubstanz, siehe unten). Die Anfangsauszahlung der beiden zu prüfenden Investitionsalternativen (Inst- und Mod-Alternative) entspricht genau diesem aktuell am Immobilienmarkt erzielbaren Verkaufspreis (Einnahme der Eigenkapitalperspektive zwecks Erfassung der Auswirkungen des Förderdarlehens). Insoweit bedeutet ein negativer Kapitalwert der Inst- bzw. der Mod-Alternative, dass die Verkaufsalternative überlegen ist und umgekehrt.

Die wesentlichen Daten der Inst-Alternative können der nachstehenden Tabelle entnommen werden. In der Ausgangssituation liegt die Sollmiete um 4 Prozent hinter der Vergleichsmiete zurück. Im Falle eines Mieterwechsels kann von dem neuen Mieter ein etwas höherer Mietpreis verlangt werden (knapp 6 Prozent oberhalb der entsprechenden Einzelvergleichsmiete), womit die rechtlichen Mietbegrenzungen angesichts des unmodernisierten Zustandes der Wohnung nicht ausgeschöpft werden.

Fallstudie 4: Energetische Modernisierung einer Wohnsiedlung **11**

Inst-Alternative: Grunddaten

Verwaltungskosten je Wohneinheit in EUR	370
Instandhaltungskosten je m^2 in EUR	11,00
Mietausfall in Prozent der Miete	2,00
Nebenkosten je m^2 in EUR	2,00
Herrichtung Leerwohnungen in EUR	3.000
bisherige Miete pro Monat und m^2 in EUR	4,90
Vergleichsmiete ohne Mod. pro Monat und m^2 in EUR	5,10
Neuvermietungsmiete ohne Mod. pro Monat und m^2 in EUR	5,40

Die Modernisierungsalternative würde Kosten für Instandsetzung und Modernisierung in Höhe von 2.559.450 EUR verursachen (davon 1.779.750 EUR Modernisierungs- und 779.700 EUR Instandsetzungskosten), die sich wie folgt zusammensetzen:

Berücksichtigung von Förderprogrammen

Zusammensetzung der Herstellungskosten

Maßnahmen	Mod-Alternative				Kosten für Beseitigung Instandhaltungsstau
	Gesamtkosten	Modernisierungskosten energetisch	Instandsetzungskosten	Anteil Modernisierungskosten	
	EUR	EUR	EUR	Prozent	EUR
Fassadendämmung	1.250.000	1.150.000	100.000	92,00	100.000
Kellerdeckendämmung	20.000	20.000	0	100,00	0
Heizung	110.000	95.000	15.000	86,36	15.000
Oberste Geschossdecke	40.000	40.000	0	100,00	0
Fenster	300.000	210.000	90.000	70,00	30.000
Balkone	350.000	30.000	320.000	8,57	320.000
Haus-/Hoftüren	70.000	20.000	50.000	28,57	30.000
Treppenhausanstrich	50.000	0	50.000	0,00	0
Elektroarbeiten im Treppenhaus	15.000	0	15.000	0,00	0
Außenanlagen	60.000	10.000	50.000	16,67	0
Summe 1	2.265.000	1.575.000	690.000	69,54	495.000
Regiekosten	294.450	204.750	89.700	69,54	64.350
Gesamtsumme	2.559.450	1.779.750	779.700	69,54	559.350

Zu den ausschließlich mit Fremdmitteln zu finanzierenden Kosten für die Modernisierung/Instandsetzung kommen bei beiden Alternativen noch der

Fallstudie 4: Energetische Modernisierung einer Wohnsiedlung **11**

Bodenwert (1.120.000 EUR) sowie der Wert der eingebrachten Bausubstanz (2.820.650 EUR) hinzu, die zusammen das anzusetzende Eigenkapital und damit die Anfangsauszahlung beider Investitionsalternativen bilden.

Mod-Alternative: Zusammensetzung der Gesamtkosten

Kostenart	Betrag	Wohnfläche	Gesamtkosten
	EUR	EUR pro m^2	in Prozent
Bodenwert	1.120.000	186,67	17,23
Wert Bausubstanz	2.820.650	470,11	43,39
Instandsetzung	779.700	129,95	12,00
Modernisierung	1.779.750	293,63	27,38
Gesamtkosten	**6.500.100**	**1.083,36**	**100,00**

Die Finanzierungsstruktur der Mod-Alternative sieht demnach wie folgt aus: Der Bodenwert und der Wert der Bausubstanz (zusammen 3.940.650 EUR) können als Sacheinlage des Investors in das Projekt (Eigenkapital) angesehen werden. Die Kosten für Instandsetzung und Modernisierung (2.559.450 EUR) werden dagegen mit Fremdmitteln aus dem KfW-Programm Energieeffizient Sanieren finanziert. Dabei sind neben der Zinssubvention, der Tilgungszuschuss (Erlass von 5 Prozent des anfänglichen Darlehensbetrags bei Erreichen des angestrebten energetischen Standards) und die Zinsermäßigung (also der Abzug des Fördervorteils von der modernisierungsbedingten Mieterhöhung) zu berücksichtigen.

In der nachfolgenden Tabelle sind die Grunddaten der Finanzierung und die Finanzierungsstruktur sowie die Zusammensetzung des Cashflows im ersten Jahr der Haltedauer für die Mod-Alternative wiedergegeben:

Berücksichtigung von Förderprogrammen

I.	Grunddaten	
	Wohnfläche in m²	6.000
	Anzahl Wohneinheiten	100
	Zins für KfW-Hypothek Jahr 1-10 in Prozent	3,35
	Referenzzinssatz in Prozent	5,50
	Verwaltungskosten je Wohneinheit Jahr 1 in EUR	370
	Instandhaltungskosten je m² Jahr 1 in EUR	4,00
	Mietausfall in Prozent der Miete im Jahr 1	1,0
	Gesamtkosten in EUR	6.500.100
II.	**Gesamtkosten**	
	Bodenwert in EUR	1.120.000
	Wert der eingebrachten Bausubstanz in EUR	2.820.650
	Instandsetzungskosten in EUR	779.700
	Modernisierungskosten in EUR	1.779.750
	Gesamtkosten in EUR	**6.500.100**
III.	**Finanzierungsstruktur**	
	Eigenkapital in EUR	3.940.650
	Fremdkapital in EUR	2.559.450
	Gesamtkosten in EUR	**6.500.100**
IV.	**Cash-Outflows in Jahr 1**	
A.	**Kapitalkosten**	
	Annuität für die KfW-Hypothek in EUR	85.742
B.	**Bewirtschaftungskosten**	142.186
	Verwaltung in EUR	37.000
	Instandhaltung in EUR	24.000
	Herrichten Leerwohnungen in EUR	75.000
	Erlösschmälerung in EUR	6.186

Fallstudie 4: Energetische Modernisierung einer Wohnsiedlung

V.	Mieteinnahmen in EUR	501.300
	Mieteinnahmen vor Mod. je Monat und m² in EUR	4,90
	Modernisierungsumlage je Monat und m² in EUR[67]	2,04
	Mieteinnahmen nach Mod. je Monat und m² in EUR	6,94
	Vergleichsmiete nach Mod. je Monat und m² in EUR	6,40

Der Referenzzinssatz ist der marktübliche Zinssatz für erstrangige Hypotheken zum Zeitpunkt der Beendigung der Modernisierungsmaßnahmen. Er wird zur Berechnung der Zinsermäßigung benötigt, um die die Modernisierungsumlage wegen der Inanspruchnahme des zinsverbilligten KfW-Darlehens zu kürzen ist.

Die laufenden Instandhaltungskosten wurden mit nur 4,00 EUR pro m² und Jahr wesentlich niedriger angenommen als bei der Inst-Alternative (11,00 EUR). Die Kapitalkosten entsprechen der Annuität gemäß des Rückzahlungsplans für die KfW-Hypothek. Die Kosten für das Herrichten der Leerwohnungen (KHL) ergeben sich aus der Multiplikation der Anzahl der Wohneinheiten in der Siedlung mit den Kosten für das Herrichten einer Leerwohnung (5.000 EUR bei der Mod-Alternative) und der Fluktuationsrate (15 Prozent im Jahr 1):

$$KHL_1 = 100 \text{ WE} * 5.000 \text{ EUR} * 0,15 = \mathbf{75.000 \text{ EUR}}$$

Das Mietausfallwagnis (MAW) wird gemäß folgender Formel berechnet:

$$MAW = (\varnothing \text{ Nettomiete pro m}^2 + \varnothing \text{ Nebenkosten pro m}^2) * \text{Anzahl leer stehende WE} * 12 \text{ Monate} * \varnothing \text{ Wohnfläche}$$

Für den konkreten Fall ergibt sich:

$$MAW_1 = (6,96 \text{ EUR} + 1,63 \text{ EUR}) * 1 \text{ WE} * 12 \text{ Monate} * 60 \text{ m}^2 = \mathbf{6.186 \text{ EUR}}$$

---

[67] Angabe netto, d. h. unter Berücksichtigung der Zinsermäßigung..

Der Ausdruck in der Klammer (8,59 EUR) gibt die gesamten Quadratmeterkosten des Vermieters für eine leer stehende Wohnung an (entgangene Miete plus Nebenkosten für die leer stehende Wohnung).[68] In dem niedrigeren Nebenkostenansatz in Höhe von 1,63 EUR pro m² ist der Effekt der Modernisierung auf die Heizkosten berücksichtigt.

Die Modernisierungsumlage pro Monat und m² in Höhe von 2,04 EUR ist als Nettogröße, das heißt nach Abzug der Zinsermäßigung (0,68 EUR) angegeben. Die Brutto-Modernisierungsumlage pro Wohnung ergibt sich aus der Multiplikation der auf die Wohnung entfallenden Kosten (Gesamtkosten/Anzahl der betroffenen Wohneinheiten) mit dem Umlagesatz von 11 Prozent:

$$17.798 \text{ EUR} * 0{,}11 = 1.958 \text{ EUR}.$$

Den Zinsermäßigungsbetrag erhält man, indem man die Modernisierungskosten pro Wohnung mit der Differenz zwischen Referenz- und KfW-Effektivzins multipliziert:

$$(5{,}5 - 2{,}74) * 17.798 \text{ EUR} / 100 = 491 \text{ EUR}.$$

Daraus resultiert eine Netto-Modernisierungsumlage pro Wohnung und Jahr in Höhe von 1.467 EUR (1.958 EUR – 491 EUR) oder 2,04 EUR pro Monat und m². Die Mieteinnahmen nach Modernisierung entsprechen der Summe aus Ausgangsmieteinnahme und Netto-Modernisierungsumlage (4,90 EUR plus 2,04 EUR).

---

68 Allerdings trägt der Vermieter nicht die Nebenkostenarten, die nach Personen abgerechnet werden. Weiterhin können sich bei den verbrauchsabhängig abgerechneten Nebenkostenarten im Falle von Leerstand Kostenminderungen ergeben. Beides wird hier aus Vereinfachungsgründen nicht berücksichtigt.

Fallstudie 4: Energetische Modernisierung einer Wohnsiedlung 11

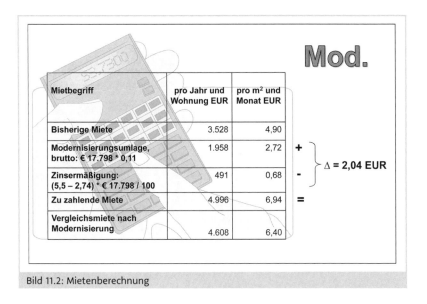

Bild 11.2: Mietenberechnung

Während das Grundstück und die Bausubstanz ausschließlich mit Eigenkapital finanziert werden, wird zur Finanzierung der Baumaßnahmen eine KfW-Hypothek aus dem Programm Energieeffizient Sanieren mit 20 Jahren Laufzeit in Höhe von 2.559.450 EUR aufgenommen. Während der 10-jährigen anfänglichen Zinsbindung gilt ein Zinssatz von 3,35 Prozent. Danach unterbreitet die KfW ein Prolongationsangebot, das die zukünftigen Refinanzierungsbedingungen am Kapitalmarkt widerspiegelt. In unserer Rechnung wird angenommen, dass das Hypothekendarlehen ab dem Jahr 11 mit 6,0 Prozent zu verzinsen ist.

Das Gebäude erfüllt nach der Modernisierung die Voraussetzungen für den Tilgungszuschuss (»KfW-Effizienzhaus 115« gemäß EnEV). Daraus ergibt sich eine Reduktion der Restschuld um 5 Prozent oder 127.973 EUR. Die Anfangstilgung des KfW-Darlehens beträgt wegen der drei tilgungsfreien Anlaufjahre 0 Prozent. Die offene Restschuld (918.560 EUR) wird in einer Summe zurückgezahlt, wenn die die Immobilien nach 15 Jahren verkauft werden (annahmegemäß ohne Vorfälligkeitsentschädigung).

Die nachfolgende Tabelle zeigt den Restschuldverlauf des zur Finanzierung eingesetzten zinsverbilligten Annuitätendarlehens:

Berücksichtigung von Förderprogrammen

Annuitätendarlehen: Restschuldverlauf

t	Restschuld	Zinsen	Tilgung	Annuität
	EUR	EUR	EUR	EUR
1	2.559.450	85.741,58	0	85.741,58
2	2.495.464	83.598,04	0	83.598,04
3	2.431.478	81.454,50	0	81.454,50
4	2.431.478	81.454,50	106.728	188.182,56
5	2.324.749	77.879,11	110.303	188.182,56
6	2.214.446	74.183,94	113.999	188.182,56
7	2.100.447	70.364,99	117.818	188.182,56
8	1.982.630	66.418,10	121.764	188.182,56
9	1.860.865	62.338,99	125.844	188.182,56
10	1.735.022	58.123,23	130.059	188.182,56
11	1.604.962	96.297,75	121.765	218.063,00
12	1.483.197	88.991,83	129.071	218.063,00
13	1.354.126	81.247,56	136.815	218.063,00
14	1.217.311	73.038,63	145.024	218.063,00
15	1.072.286	64.337,17	153.726	218.063,00

Fallstudie 4: Energetische Modernisierung einer Wohnsiedlung **11**

Darlehen: Grunddaten

Fremdkapital in EUR	2.559.450
TZZ in EUR	127.973
i_{eff} in Prozent	2,74
$i\ t_0$ in Prozent	3,35
$i\ t_{10}$ in Prozent	6,00
Anfangstilgung in Prozent	0,00
Tilgung t_4 in Prozent	4,39
Tilgung t_{11} in Prozent	7,59
Ann t_0 in EUR	85.741,58
Ann t_4-t_{10} in EUR	188.182,56
Ann t_{11}-t_{15} in EUR	218.063,00
i_{Ref} in Prozent	5,50
Zinsermäßigung p. a. in EUR	49.121,10

Der Effektivzins des KfW-Darlehens (2,74 Prozent) ergibt sich, indem man die effektiv zu zahlenden Zinsbeträge unter Berücksichtigung des Tilgungszuschusses TZZ[69] auf die jeweilige Restschuld des Darlehens bezieht. Der Effektivzins wird für die Berechnung der Zinsermäßigung benötigt.[70] Die Annuität entwickelt sich wegen der tilgungsfreien Anlaufjahre und des Ablaufs der Zinsbindung nach 10 Jahren in 3 Phasen ansteigend.

Die Auswirkungen des energetischen Modernisierungspaketes auf den Cashflow aus der Wohnsiedlung sind vielschichtig. Die Miete steigt wegen der Modernisierungsumlage, und zwar auch unter Berücksichtigung der

---

69 Der Tilgungszuschuß wurde durch 2 geteilt und hälftig dem zweiten und dritten Jahr der Haltedauer zugeordnet.
70 Berechnung der Zinsermäßigung: 1.779.750 EUR * (5,5 − 2,74) / 100 = 49.121,10 EUR. Die Zinsermäßigung darf nur auf die umlegbaren Kosten bezogen werden, also auf 1.779.750 EUR und nicht etwa auf die Gesamtkosten der Baumaßnahmen in Höhe von 2.559.450 EUR.

Zinsermäßigung. Der weitere Verlauf der Mieteinnahmen hängt von den getroffenen Annahmen über die Dynamisierung des Mieteinnahmenstroms, über die Fluktuation, die Erlösschmälerungen und über die Entwicklung der Vergleichsmiete nach Modernisierung ab. All diese Faktoren sind natürlich von den vorausgegangenen Maßnahmen geprägt: Die Modernisierung beeinflusst die zukünftigen Mieterhöhungsmöglichkeiten ebenso wie die Entwicklung von Fluktuation und Leerständen in der Siedlung.

Auch die sonstigen Komponenten des Cashflows unterliegen den Folgen der Modernisierungsmaßnahmen. Konkret erwarten wir eine wesentliche Verringerung der laufenden Instandhaltungskosten (4,00 EUR pro m^2 und Jahr statt 11,00 EUR bei der Inst-Alternative), einen günstigen Einfluss auf die Wertentwicklung und eine spürbare Absenkung der Heiz- und sonstigen Nebenkosten (1,63 EUR pro m^2 und Monat statt 2,00 EUR).

Betrachten wir nun die Entwicklung von Mieteinnahmen und Cashflow bei der Inst-Alternative. Die neue Ist-Miete eines jeden Jahres erhält man, indem man die Differenz zwischen der Neuvermietungsmiete (die wie die Vergleichsmiete annahmegemäß um 1,1 Prozent jährlich gesteigert wird) und der Ist-Miete nach Anpassung gemäß § 558 BGB (Mieterhöhung auf die ortsübliche Vergleichsmiete) mit der Fluktuationsrate und mit 0,5 multipliziert (das ist dann die zusätzliche Einnahme pro Monat und m^2 von den neu hinzugekommenen Mietern, wobei die Multiplikation mit 0,5 der Annahme Rechnung trägt, dass die Fluktuation sich gleichmäßig übers Jahr verteilt) und diese Zusatzeinnahme dann zur Ist-Miete nach Anpassung addiert.

Die Anpassung der Miete gemäß § 558 BGB wurde wie folgt ermittelt: Wenn die Vergleichsmiete über der Ist-Miete vor Anpassung liegt, dann wird die Differenz zur Vergleichsmiete durch 3 geteilt. Es wird also nicht die gesamte Differenz sofort auf die Miete aufgeschlagen, sondern die Anpassung wird annahmegemäß lediglich für ein Drittel der Wohnungen vorgenommen bzw. über 3 Jahre verteilt.

Fallstudie 4: Energetische Modernisierung einer Wohnsiedlung 11

Inst. Neue Ist-Miete: 4,99 EUR + [(5,46 EUR - 4,99 EUR) * 0,10 * 0,50] = 5,01 EUR

t	Vergleichs-miete ohne Mod.	Ist-Miete vor Anpassung	Anpassung § 558	Ist-Miete nach Anpassung	Neuver-Mietungs-miete	Fluk-tuation Prozent	neue Ist-Miete	Neben-kosten	Leer-stand-abs.
0	5,10	4,90		4,90	5,40	10,0	4,90	2,00	2
1	5,16	4,90	0,09	4,99	5,46	10,0	5,01	2,04	3
2	5,21	5,01	0,07	5,08	5,52	12,0	5,10	2,07	3
3	5,27	5,10	0,06	5,16	5,58	15,0	5,18	2,11	4
4	5,33	5,18	0,05	5,23	5,64	15,0	5,26	2,15	4
5	5,39	5,26	0,04	5,30	5,70	10,0	5,33	2,19	5
6	5,45	5,33	0,04	5,37	5,77	10,0	5,39	2,23	5
7	5,51	5,39	0,04	5,43	5,83	10,0	5,45	2,27	5
8	5,57	5,45	0,04	5,49	5,89	10,0	5,51	2,31	5
9	5,63	5,51	0,04	5,55	5,96	10,0	5,57	2,35	5
10	5,69	5,57	0,04	5,61	6,02	10,0	5,63	2,39	5
Zeit-index	+1,1 % jährlich	neue Ist-Miete des jeweiligen Vorjahres	Vergleichsmiete - Ist-Miete vor Anp. 3		+1,1 % jährlich	unabhängig vorgegeben		+1,8 % jährlich	unabhängig vorgegeben

Die neue Ist-Miete pro Monat und m² wird für die Zwecke der Berechnung der jährlichen Cashflows übernommen. Die Verwaltungskosten (anfänglich 370 EUR je Wohneinheit) werden mit 1 Prozent im Jahr gesteigert, die Instandhaltungskosten (anfänglich 11,00 EUR pro m² und Jahr) und die Kosten für das Herrichten von Wohnungen nach Auszügen dagegen mit 1,5 Prozent jährlich.

Die Kosten für das Herrichten einer Leerwohnung (KHL) liegen bei der Inst-Alternative mit 3.000 EUR um 40 Prozent niedriger als bei der Mod-Alternative. Bei einer Fluktuationsrate von 12 Prozent im Jahr 2 ergibt sich beispielhaft für t_2:

$$KHL_2 = 100 \text{ WE} * 3.000 \text{ EUR} * 0,12 * 1,015 = \mathbf{36.540 \text{ EUR}}$$

319

Berücksichtigung von Förderprogrammen

Das Mietausfallwagnis MAW entspricht dem Produkt aus durchschnittlicher Bruttomiete und der Anzahl der leer stehenden Wohnungen. Für t_1 ergibt sich:

MAW_1 = (5,01 EUR + 2,04 EUR) * 3 WE * 12 Monate * 60 m² = **15.140 EUR**[71]

t	Miete	Ann.	Verw.	Inst.halt	Herr. LeerWE	Ausfall	Bew.	CF
1	360.653	55.914	37.000	66.000	30.000	15.217	148.217	**156.521**
2	367.136	55.914	37.370	66.990	36.540	15.491	156.391	**154.830**
3	373.073	55.914	37.744	67.995	46.360	21.000	173.098	**144.060**
...	...				...		...	
13	418.849	55.914	41.693	78.911	35.869	30.022	186.494	**176.441**
14	423.454	55.914	42.109	80.094	36.407	30.415	189.026	**178.514**
15	428.111	55.914	42.531	81.296	36.953	30.815	191.594	**180.603**

5,01 EUR * 12 Mon. * 6.000 m²

370 EUR * 100 WE + 1%

11,00 EUR * 6.000 m² + 1,5%

---

[71] Es treten Rundungsdifferenzen auf. Miete und Nebenkosten pro m² und Monat betragen genau 7,045068 EUR, sodass das genaue Ergebnis 15.217 EUR beträgt.

Fallstudie 4: Energetische Modernisierung einer Wohnsiedlung 11

t	A_0/R_{15}	Wertsteigerung	Wertentwicklung	CF	Abzinsungsfaktor	Barwerte	IKV1
	EUR	EUR	EUR	EUR		EUR	
0	-3.940.650		4.500.000	0	1,0000	-3.940.650	-3.940.650
1		-85.150	4.414.850	156.521	0,9670	151.357	156.521
2		-85.539	4.331.312	154.830	0,9351	144.782	154.830
3		-81.598	4.249.354	144.060	0,9042	130.266	144.060
...				...			...
13		-67.706	3.510.407	176.441	0,6465	114.073	176.441
14		-66.425	3.443.982	178.514	0,6252	111.605	178.514
15	3.378.815	-65.168	3.378.815	180.603	0,6046	2.151.896	3.559.418
						0	0,03411900

Die Anfangsauszahlung der Investition in Höhe von 3,94 Mio. EUR ergibt sich aus dem Wert des Bodens plus dem Wert der Bausubstanz. Sie entspricht dem eingesetzten Eigenkapital. Die Kosten für die Beseitigung des aufgelaufenen Instandhaltungsstaus werden mit einem privaten Hypothekendarlehen finanziert. Die nachfolgende Tabelle zeigt den Restschuldverlauf des entsprechenden Annuitätendarlehens:

Berücksichtigung von Förderprogrammen

Annuitätendarlehen: Restschuldverlauf

t	Restschuld EUR	Zinsen EUR	Tilgung EUR	Annuität EUR
1	559.350	30.764	25.150	55.914
2	534.200	29.381	26.533	55.914
3	507.666	27.922	27.993	55.914
4	479.673	26.382	29.532	55.914
5	450.141	24.758	31.157	55.914
6	418.984	23.044	32.870	55.914
7	386.114	21.236	34.678	55.914
8	351.436	19.329	36.586	55.914
9	314.850	17.317	38.598	55.914
10	276.252	15.194	40.721	55.914
11	235.532	14.132	41.783	55.914
12	193.749	11.625	44.290	55.914
13	149.460	8.968	46.947	55.914
14	102.513	6.151	49.764	55.914
15	52.749	3.165	52.750	55.914
16	0			

Fallstudie 4: Energetische Modernisierung einer Wohnsiedlung 11

Darlehen: Grunddaten

Fremdkapital in EUR	559.350
i t_0 in Prozent	5,5
i t_{10} in Prozent	6,0
Anfangstilgung in Prozent	4,5
Ann t_0-t_{10} in EUR	55.914
Ann t_{11}-t_{20} in EUR	55.914

Die Exit Cap Rate (Ausstiegsrendite) wurde mit 7,0 Prozent deutlich höher veranschlagt als bei der Mod-Alternative mit 6,08 Prozent.[72] Diese Annahme reflektiert eine kürzere Restnutzungsdauer, eine geringere Nachhaltigkeit der Mieteinnahmen und einen höheren zukünftigen Investitionsbedarf. Daraus ergibt sich eine durchschnittliche jährliche Wertminderung während der Haltedauer von 1,89 Prozent und ein Veräußerungserlös von 3.378.815 EUR ([CF_{15} + Kapitalkosten im Jahr 15] / Ausstiegsrendite). Unter Berücksichtigung des Veräußerungserlöses ergibt sich für die Inst-Alternative eine interne Verzinsung vor Steuern von 3,41 Prozent. Bei einem Kalkulationszins von 6,0 Prozent beträgt der Kapitalwert -950.161 EUR. Damit ist die Inst-Alternative schlechter zu bewerten als der sofortige Verkauf der Siedlung im unsanierten Zustand. Bleibt noch die Prüfung der wirtschaftlichen Vorteilhaftigkeit der Mod-Alternative.

Beginnen wir auch bei der Mod-Alternative mit der Betrachtung des Verlaufs der Mieteinnahmen und des Cashflows. Die neue Ist-Miete eines jeden Jahres erhält man, indem man die Differenz zwischen der Neuvermietungsmiete und der Ist-Miete nach Anpassung gemäß § 558 BGB (die Vergleichsmiete wird nun mit 1,4 statt mit 1,1 Prozent jährlich gesteigert) mit der Fluktuationsrate und mit 0,5 multipliziert und diese Zusatzeinnahme dann zur Ist-Miete nach Anpassung addiert.

---

72 Die Einstiegsrendite der Inst-Alternative liegt bei 4,72 Prozent ([CF_1 + Kapitalkosten im Jahr 1] / [Anfangsauszahlung + Instandsetzungskosten] * 100). Die entsprechenden Vervielfältiger betragen 16,45 für die Mod- bzw. 14,29 für die Inst-Alternative.

Berücksichtigung von Förderprogrammen

Die Anpassung der Miete gemäß § 558 BGB wird wie gehabt lediglich für ein Drittel der Wohnungen vorgenommen bzw. über 3 Jahre verteilt.

Mod. Neue Ist-Miete: 6,94 EUR + [(7,28 EUR - 6,94 EUR) * 0,15 * 0,50] = 6,96 EUR

t	Vergleichs-miete mit Mod.	Ist-Miete vor Anpassung	Anpassung § 558	Ist-Miete nach Anpassung	Neuver-Mietungs-miete	Fluk-tuation Prozent	neue Ist-Miete	Neben-kosten	Leer-Stand-abs.
0	6,40	6,94		6,94	7,20	10,0	6,94	2,00	2
1	6,49	6,94	0,00	6,94	7,28	15,0	6,96	1,63	1
2	6,58	6,96	0,00	6,96	7,36	8,0	6,98	1,66	1
3	6,67	6,98	0,00	6,98	7,44	6,0	6,99	1,69	0,5
4	6,77	6,99	0,00	6,99	7,52	6,0	7,01	1,72	0,5
5	6,86	7,01	0,00	7,01	7,60	8,0	7,03	1,75	0,5
6	6,96	7,03	0,00	7,03	7,69	8,0	7,06	1,78	0,5
7	7,05	7,06	0,00	7,06	7,77	10,0	7,09	1,81	0,5
8	7,15	7,09	0,02	7,11	7,86	10,0	7,15	1,85	0,5
9	7,25	7,15	0,03	7,18	7,94	10,0	7,22	1,88	0,5
10	7,35	7,22	0,04	7,27	8,03	10,0	7,31	1,91	0,5
Zeit-index	+ 1,4 % jährlich	neue Ist-Miete des jeweiligen Vorjahres	Vergleichsmiete - Ist-Miete vor Anp. 3		+ 1,1 % jährlich	unabhängig vorgegeben		+ 1,8 % jährlich	unabhängig vorgegeben

Die neue Ist-Miete pro Monat und m² wird für die Zwecke der Berechnung der jährlichen Cashflows übernommen. Die Verwaltungskosten (anfänglich 370 EUR je Wohneinheit) werden mit 1 Prozent im Jahr gesteigert, die Instandhaltungskosten (anfänglich 4,00 EUR pro m² und Jahr) und die Kosten für das Herrichten von Wohnungen nach Auszügen dagegen mit 1,5 Prozent jährlich. Bei Kosten für das Herrichten einer Leerwohnung von 5.000 EUR betragen die Kosten für die gesamte Siedlung im Jahr 1 75.000 EUR (siehe oben). Das Mietausfallwagnis entspricht wie bereits dargelegt dem Produkt aus durchschnittlicher Bruttomiete und der Anzahl der leer stehenden Wohnungen.

Fallstudie 4: Energetische Modernisierung einer Wohnsiedlung **11**

t	Miete	Ann.	Verw.	Inst.	Herr. LeerWE	Ausfall	Bew.	CF
1	501.300	85.742	37.000	24.000	75.000	6.186	142.186	**273.373**
2	502.443	83.598	37.370	24.360	40.600	6.218	108.548	**310.297**
3	503.441	81.454	37.744	24.725	30.907	3.125	96.501	**325.485**
...								
13	546.166	218.063	41.693	28.695	59.781	3.457	133.625	**194.477**
14	553.389	218.063	42.109	29.125	60.678	3.506	135.419	**199.908**
15	560.779	218.063	42.531	29.562	61.588	3.557	137.237	**205.479**

6,96 EUR * 12 Mon. * 6.000 m²

Mod.

Der Cashflow-Verlauf wird wesentlich von der Entwicklung der Kapitalkosten bestimmt. Der Rückgang in t_4 ist ebenso wie der zu Beginn des elften Jahres der Haltedauer auf die spezifische Konditionengestaltung des KfW-Darlehens zurückzuführen (Einsetzen der Tilgung bzw. Erhöhung des Darlehenszinses auf ein marktübliches Niveau).

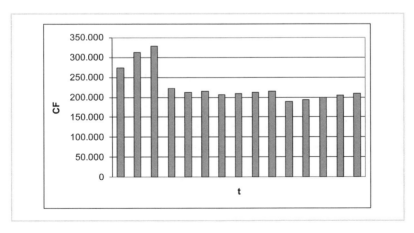

Berücksichtigung von Förderprogrammen

t	A_0/R_{15}	Wertsteigerung	Wertentwicklung	CF	Abzinsungsfaktor	Barwerte	IKV1
	EUR	EUR	EUR	EUR		EUR	
0	-3.940.650		6.500.100	0	1,0000	-3.940.650	-3.940.650
1		30.247	6.530.374	273.373	0,9268	253.359	273.373
2		30.415	6.560.789	310.297	0,8589	266.526	310.297
3		30.557	6.591.346	325.485	0,7961	259.105	325.485
...				...			...
13		32.010	6.904.853	194.477	0,3722	72.381	194.477
14		32.159	6.937.012	199.908	0,3449	68.955	199.908
15	6.969.321	32.309	6.969.321	205.479	0,3197	2.000.018	6.256.239
						0	0,07899302

Die Anfangsauszahlung der Investition in Höhe von 3,94 Mio. EUR ergibt sich aus dem Wert des Bodens plus dem Wert der Bausubstanz. Sie entspricht betragsmäßig dem Eigenkapitaleinsatz des Investors. Die Kosten für die Modernisierung und Instandsetzung gehen nicht in die Anfangsauszahlung ein, während die laufenden Zins- und Tilgungszahlungen bei der Ermittlung der jährlichen Rückflüsse aus dem Projekt in Abzug gebracht werden (Eigenkapitalperspektive).

Die Exit Cap Rate (Ausstiegsrendite) in Höhe von 6,08 Prozent wurde ermittelt, indem 10 Prozent auf die Entry Cap Rate (Einstiegsrendite) in Höhe von 5,52 Prozent ([CF_1 + Kapitalkosten im Jahr 1] / [Anfangsauszahlung + Modernisierungskosten] * 100) aufgeschlagen wurden. Daraus ergibt sich eine durchschnittliche jährliche Wertsteigerung während der Haltedauer von 0,47 Prozent und ein Veräußerungserlös von 6.969.321 EUR ([CF_{15} + Kapitalkosten im Jahr 15] / Ausstiegsrendite). Unter Berücksichtigung des Ver-

Fallstudie 4: Energetische Modernisierung einer Wohnsiedlung 11

äußerungserlöses und der Restschuld des KfW-Darlehens[73] ergibt sich für die Mod-Alternative eine interne Verzinsung vor Steuern von 7,90 Prozent – deutlich mehr als der für die Inst-Alternative ermittelte Wert von 3,41 Prozent. Der Kapitalwert bei einem Kalkulationszins von 6 Prozent beträgt 821.592 EUR. Damit ist die Mod-Alternative auch einem sofortigen Verkauf im unsanierten Zustand gegenüber vorteilhaft.

Die Entscheidung für die Mod-Alternative führt zu einer grundsätzlichen Veränderung aller Zahlungsströme aus der Wohnsiedlung. Die Mieteinnahmen je m² und Monat liegen anfänglich bei 6,96 EUR und steigen bis t_{15} auf 7,79 EUR (gegenüber 5,01 EUR bzw. 5,95 EUR bei der Inst-Alternative). Ebenfalls günstig auf das Niveau und die Entwicklung des Cashflows aus der Investition wirkt sich die spürbare Absenkung der Bewirtschaftungskosten auf 128.396 EUR in t_{10} bzw. 137.237 EUR in t_{15} aus (gegenüber 179.105 EUR bzw. 191.594 EUR bei der Inst-Alternative). Schließlich liegt auch der Veräußerungserlös bei der Mod-Alternative wesentlich höher (6.969.321 EUR gegenüber 3.378.815 EUR). Diesen Vorteilen stehen die höheren Kapitalkosten bei der Mod-Alternative gegenüber. Sie weisen bei dieser Alternative einen dreistufigen Verlauf auf (Einsetzen der Tilgung in t_4, Marktzins ab t_{11}). Dieser Verlauf prägt auch den Cashflow aus der Mod-Alternative. Er weist im Gegensatz zur Inst-Alternative eine fallende Tendenz auf.

Alles in allem stellt sich die energetische Modernisierung der Siedlung eindeutig als die wirtschaftlichste Alternative dar. Ihr interner Zinsfuß liegt sehr deutlich über dem der Inst-Alternative und damit ist das Kriterium der relativen Vorteilhaftigkeit ($IRR_{Mod} > IRR_{Inst}$) erfüllt. Bei einem Kalkulationszins von 6,0 Prozent ist die Investition auch absolut vorteilhaft: $IRR_{Mod} > RRR$. Sollte die geforderte Mindestverzinsung des Eigenkapitals vor Steuern höher als 7,9 Prozent liegen, so ist die Siedlung zum angenommenen Preis von 3.940.650 EUR zu verkaufen.

Die Nachsteuerrenditen der beiden Alternativen können nach demselben Verfahren wie in Fallstudie 3 bestimmt werden. Zur Ermittlung der Einkünfte

---

73 Der Betrag von 6.256.240 EUR, der in die IKV-Berechnung eingeht, setzt sich aus dem Verkaufserlös (6.969.321 EUR) und dem laufenden Cashflow des Jahres 15 (205.479 EUR) vermindert um die Restschuld des KfW-Darlehens (918.560 EUR) zusammen.

Berücksichtigung von Förderprogrammen

aus VuV sind von den Mieteinnahmen die Zinsaufwendungen, die Bewirtschaftungskosten, die Abschreibungsbeträge und der sofort abziehbare Instandsetzungsaufwand abzuziehen. Wir nehmen an, dass es sich bei der Mod-Alternative trotz des Bündels an Modernisierungsmaßnahmen noch um sofort abziehbaren Erhaltungsaufwand im Hinblick auf das BMF-Schreiben vom 18.7.2003[74] handelt[75].

Für das erste Jahr der Haltdauer ergeben sich folgende Einkünfte für die beiden Alternativen:

Mod-Alternative: Einkünfte aus VuV im ersten Jahr

		EUR
	Miete	501.300
-	Zinsaufwand	85.742
-	Bewirtschaftungskosten	142.186
-	Abschreibung	56.413
-	Instandsetzung	2.559.450
=	**Einkünfte aus VuV**	**-2.342.490**

---

74 IV C 3 – S 2211 – 94/03.
75 In der Praxis würde ein so umfangreiches Bündel von Modernisierungsmaßnahmen wahrscheinlich zu Diskussionen mit dem Finanzamt führen. In unserer Fallstudie werden allerdings nur zwei der vier von der Finanzverwaltung benannten zentralen Ausstattungsmerkmale grundlegend modernisiert (Heizung und Fenster). Die Elektroarbeiten werden nur im Hausflur und nicht im gesamten Objekt durchgeführt und die Verbesserung der Gebäudedämmung kann man im Zusammenhang mit der Erneuerung der Heizung sehen, sodass wir hier von sofort abziehbarem Erhaltungsaufwand ausgehen können; es bleibt trotz der Modernisierung beim vermutlich mittleren Standard. Siehe dazu auch Rosarius 2006.

Fallstudie 4: Energetische Modernisierung einer Wohnsiedlung **11**

Inst-Alternative: Einkünfte aus VuV im ersten Jahr

		EUR
	Miete	360.653
-	Zinsaufwand	30.764
-	Bewirtschaftungskosten	148.217
-	Abschreibung	56.413
-	Instandsetzung	559.350
=	**Einkünfte aus VuV**	**- 434.092**

Die »zu zahlende Einkommensteuer« ergibt sich aus der Multiplikation der Einkünfte aus VuV des jeweiligen Jahres mit dem Ertragsteuersatz von 35 Prozent. Für das Jahr 1 ergibt sich bei der Mod-Alternative eine Steuerersparnis in Höhe von 819.872 EUR. Bei der Inst-Alternative beträgt die Ersparnis in diesem Jahr 151.932 EUR.

Es wird in beiden Fällen – steuerschonend – angenommen, dass der jeweilige Buchgewinn (3.818.453 EUR bei der Mod- bzw. 227.947 EUR bei der Inst-Alternative) auf eine Ersatzimmobilie übertragen wird, die dann über 50 Jahre linear mit 2 Prozent abgeschrieben wird. Für diese 50 Jahre ergeben sich Abschreibungsminderungen von jährlich 76.369 EUR bzw. 4.559 EUR, die als Folgeinvestition dem Zahlungsstrom der Investition zuzurechnen sind.

Auch aus dem Vergleich der Nachsteuerrenditen ergibt sich eine klare Priorität für die Mod-Alternative. Diese schneidet mit einer IRR nach Steuern in Höhe von 6,12 Prozent deutlich besser ab als die Inst-Alternative, die in der Nachsteuerbetrachtung nur noch auf eine interne Rendite von 2,00 Prozent kommt.

Abgesehen von der Wirtschaftlichkeit im engeren Sinne sprechen weitere Argumente für die Modernisierungsalternative:
- Das Instandhaltungsrisiko (ungeplante Maßnahmen) ist bei der Inst-Alternative höher einzuschätzen.

Berücksichtigung von Förderprogrammen

- Eine modernisierte Siedlung hat günstige Auswirkungen auf ihre Umgebung und den gesamten Stadtteil (z. B. Grundstückswerte, soziale Stabilität).
- Das Image des Unternehmens wird durch die Modernisierung günstig beeinflusst.
- Durch die Begründung von Wohnungseigentum können gegebenenfalls zusätzliche Werte geschaffen werden.[76]

11.4 Fallstudie 5: Neubau einer Wohnanlage mit Sozialwohnungen in Nordrhein-Westfalen

Wir gehen davon aus, dass die Wohnanlage aus Fallstudie 1 im Rahmen der sozialen Wohnraumförderung in Nordrhein-Westfalen errichtet werden soll. Die Einzelheiten der Förderung sind in den Wohnraumförderungsbestimmungen (WFB) geregelt.[77] Für unsere Zwecke sind insbesondere folgende Regelungen von Bedeutung:

- Es gibt 2 Einkommensgruppen A und B. In der Einkommensgruppe B dürfen die einschlägigen Einkommensgrenzen um bis zu 40 Prozent überschritten werden (WFB Nr. 1.2 b)).
- Der Eigenkapitalanteil muss mindestens 20 Prozent betragen (WFB Nr. 1.62 a)).
- Die Dauer der Belegungsbindung kann 20 oder 25 Jahre betragen (WFB Nr. 2.3.1).
- Die höchstens zulässige Miete während der Belegungsbindung ergibt sich aus der nachfolgenden Tabelle (WFB Nr. 2.4.1)[78]:

---

76 Der Vertrieb als Eigentumswohnung kommt nur bei der Mod-Alternative in Frage, da die Wohnungen in unmodernisiertem Zustand kaum als Eigentumswohnungen vermarktbar sein dürften.
77 Wohnraumförderungsbestimmungen (WFB), RdErl. d. Ministeriums für Bauen und Verkehr v. 26.1.2006, IV A 2 – 2010-02/06 – zuletzt geändert durch RdErl. v. 21.1.2016, IV.2-2010-1/16.
78 Für Wohnungen in den Städten Bonn, Düsseldorf, Köln und Münster darf abweichend von den Tabellenwerten höchstens eine monatliche Miete von 6,25 EUR (Einkommensgruppe A) und 7,15 EUR (Einkommensgruppe B) pro Quadratmeter Wohnfläche festgesetzt werden.

Fallstudie 5: Neubau einer Wohnanlage mit Sozialwohnungen in NRW 11

Höchstens zulässige Miete während der Belegungsbindung

Mietniveau	Einkommensgruppe A	Einkommensgruppe B
	EUR	EUR
M 1	4,25	5,35
M 2	4,65	5,75
M 3	5,25	6,10
M 4	5,75	6,65

- Die Miete für die Einkommensgruppe B muss die für eine gleichwertige Neubauwohnung zu erzielende Miete um mindestens 20 Prozent unterschreiten. Mieterhöhungen auf die höhere Vergleichsmiete sind möglich, aber nur bis zu einer Obergrenze von 1,5 Prozent im Jahr bezogen auf die ursprüngliche Bewilligungsmiete (WFB Nr. 2.4.1 u. 2.4.2).
- Die Förderung wird in der Form von Baudarlehen als Pauschale je m^2 Wohnfläche gewährt (WFB Nr. 2.5.1). Die Höhe der Pauschalen ergibt sich aus folgender Tabelle:

Förderung: Höhe der Pauschalen

Mietniveau	Einkommensgruppe A		Einkommensgruppe B	
	EnEV bis 2015	EnEV 2016	EnEV bis 2015	EnEV 2016
	EUR	EUR	EUR	EUR
M 1	1.100	1.180	500	535
M 2	1.300	1.390	650	695
M 3	1.500	1.605	900	965
M 4	1.650	1.765	1.100	1.180

- Das Baudarlehen ist für die Dauer der Zweckbindung bei der Förderung in Gemeinden der Mietniveaus 1 und 2 mit 0,5 Prozent und bei der Förderung in Gemeinden der Mietniveaus 3 und 4 mit 0 Prozent bis zum Ablauf des 10. Jahres (danach mit 0,5 Prozent) zu verzinsen. Das Baudarlehen ist mit jährlich 1 Prozent oder auf Antrag jährlich mit 2 Prozent unter Zuwachs der durch die fortschreitende Tilgung ersparten Zinsen zu tilgen. Für das Baudarlehen ist ein einmaliger Verwaltungskostenbeitrag von 0,4 Prozent des Baudarlehens und ab Leistungsbeginn ein laufender Verwaltungskostenbeitrag von 0,5 Prozent des Baudarlehens zu zahlen. Nach Tilgung des Baudarlehens um 50 Prozent wird der Verwaltungskostenbeitrag vom halben Darlehensbetrag erhoben; Zinsen, Tilgungen und Verwaltungskostenbeiträge sind halbjährlich an die Wohnungsbauförderungsanstalt zu entrichten (WFB Nr. 7.1).

Wir konkretisieren die Annahmen in folgender Weise: Wir nehmen an, dass eine ähnliche Wohnanlage wie die aus Fallstudie 1 mit Sozialwohnungen in einer Gemeinde mit dem Mietniveau M4 errichtet wird. Der Eigenkapitalanteil liegt nun bei 20 Prozent. Die Dauer der Belegungsbindung wird auf 20 Jahre festgelegt. Zielgruppe ist die Einkommensgruppe A.

Fallstudie 5: Neubau einer Wohnanlage mit Sozialwohnungen in NRW

I.	Grunddaten	
	Wohnfläche in m²	3.200
	Anzahl Wohneinheiten	45
	Zins für öffentliches Darlehen in Prozent	0,0
	laufender Verwaltungskostenbeitrag öffentliches Darlehen in Prozent	0,5
	Verwaltungskosten je Wohneinheit in EUR	370
	Instandhaltungskosten je m² in EUR	8,62
	Mietausfall in Prozent der Miete	2,0
	Gesamtkosten in EUR	6.573.600
	Nutzungsdauer in Jahre	20
II.	**Finanzierungsstruktur**	
	Eigenkapital in EUR	**1.314.720**
	öffentliches Baudarlehen (1.650 je m² EUR)	**5.528.880**
	Gesamtkosten EUR	**6.573.600**
II.	**Laufende Auszahlungen (»Aufwendungen«) im ersten Jahr**	
A.	**Kapitalkosten**	
	Belastung aus den Baudarlehen in EUR	78.883
B.	**Bewirtschaftungskosten in EUR**	48.650
IV.	**Mieteinnahmen pro Jahr gesamte Wohnanlage in EUR**	220.800
	EUR pro Monat und m² EUR	**5,75**

Im Vergleich mit der Fallstudie 1 sind die Zinskonditionen nun wesentlich günstiger, weil 84 Prozent der Gesamtkosten mit niedrig verzinslichen öffentlichen Baudarlehen finanziert werden können. Das Mietausfallwagnis wurde gegenüber der frei finanzierten Variante auf 2 Prozent einer Jahresmiete zurückgenommen[79]. Die Nutzungsdauer stimmt mit der Dauer der Belegungsbindung überein. Die Wohnungen unterliegen zum Zeitpunkt des Verkaufs also wieder dem allgemeinen Preisrecht (einschließlich der Kappungsgrenze). Für den Cashflow ist von Bedeutung, dass die Kapitalkosten (wegen der Zinssubvention) wie auch die Mieteinnahmen (wegen der Preisbindung) deutlich sinken.

In Bezug auf die Einstiegs- und Ausstiegsrenditen und die Wertentwicklung ergeben sich gravierende Änderungen: Die anfängliche Cap Rate liegt jetzt wegen der niedrigen Mieteinnahmen nur bei 2,6 Prozent. Die Exit Cap Rate zum Liquidationszeitpunkt beträgt annahmegemäß 5,2 Prozent. Legt man diese Ausstiegsrendite zugrunde, so ergibt sich ein erwarteter Netto-Liquidationserlös von 4.388.588 EUR. Das entspricht einer jährlichen Wertminderung um 2 Prozent. Der Ausstiegsvervielfältiger liegt knapp über 19 und der Mietvervielfältiger zum Ausstiegszeitpunkt bei 15.

Das öffentliche Annuitätendarlehen weist folgenden Restschuldverlauf auf:

---

79 Da auch die Jahresmiete aufgrund der Preisbindung wesentlich geringer ausfällt, ergibt sich ein deutlicher Rückgang der absoluten Werte des Mietausfallwagnisses.

Fallstudie 5: Neubau einer Wohnanlage mit Sozialwohnungen in NRW 11

Fallstudie 5: Restschuldverlauf öffentliches Darlehen

t	Restschuld	Zinsen	Verw.	Tilgung	Belastung
	EUR	EUR	EUR	EUR	EUR
1	5.258.880	0	26.294	52.589	78.883
2	5.206.291	0	26.294	52.589	78.883
3	5.153.702	0	26.294	52.589	78.883
4	5.101.114	0	26.294	52.589	78.883
5	5.048.525	0	26.294	52.589	78.883
6	4.995.936	0	26.294	52.589	78.883
7	4.943.347	0	26.294	52.589	78.883
8	4.890.758	0	26.294	52.589	78.883
9	4.838.170	0	26.294	52.589	78.883
10	4.785.581	0	26.294	52.589	78.883
11	4.732.992	23.665	26.294	52.589	102.548
12	4.680.403	23.402	26.294	52.852	102.548
13	4.627.551	23.138	26.294	53.116	102.548
14	4.574.435	22.872	26.294	53.382	102.548
15	4.521.054	22.605	26.294	53.648	102.548
16	4.467.405	22.337	26.294	53.917	102.548
17	4.413.489	22.067	26.294	54.186	102.548
18	4.359.302	21.797	26.294	54.457	102.548
19	4.304.845	21.524	26.294	54.730	102.548
20	4.250.116	21.251	26.294	55.003	102.548
	4.195.112				

Berücksichtigung von Förderprogrammen

Fallstudie 5: Grunddaten öffentliches Darlehen

Darlehensbetrag in EUR	5.258.880
Zins in Prozent	0,0
Verwaltungskostenbeitrag in Prozent des Darlehensbetrags	0,5
Anfangstilgung in Prozent	1,0
Annuität in EUR	78.883

Zum Ende des Planungszeitraumes verbleibt eine Restschuld aus dem öffentlichen Förderdarlehen in Höhe von 4.195.112 EUR. Dieser Betrag ist am Ende von t_{20} vom Veräußerungserlös abzuziehen.

Die Entwicklung der Cashflow-Komponenten, die Wertentwicklung der Immobilie sowie die Berechnung von internem Zinsfuß und Kapitalwert zeigt die folgende Tabelle:

Fallstudie 5: Neubau einer Wohnanlage mit Sozialwohnungen in NRW 11

t	A_0/R_{20}	Vergleichs-miete	Miete	Wert-steige-rung	Wertent-wicklung	Öffentl. Darlehen	Verwal-tung	Instand-haltung	Miet-aus-fall	Bewirt-schaf-tungs-kosten	CF	Abzin-sungs-faktoren	Barwerte	IKV
	EUR	EUR	EUR	EUR	EUR	EUR	EUR	EUR	EUR	EUR	EUR		EUR	
0	-1.314.720				6.573.600						0	1,0000	-1.314.720	-1.314.720
1		230.400	220.800	-131.472	6.442.128	78.883	16.650	27.584	4.416	48.650	93.267	0,9463	88.255	93.267
2		233.856	224.112	-128.843	6.313.285	78.883	16.900	27.998	4.482	49.380	95.849	0,8954	85.824	95.849
3		237.364	227.474	-126.266	6.187.019	78.883	17.153	28.418	4.549	50.120	98.470	0,8473	83.433	98.470
4		240.924	230.886	-123.740	6.063.279	78.883	17.411	28.844	4.618	50.872	101.130	0,8018	81.083	101.130
5		244.538	234.349	-121.266	5.942.013	78.883	17.672	29.277	4.687	51.635	103.831	0,7587	78.774	103.831
6		248.206	237.864	-118.840	5.823.173	78.883	17.937	29.716	4.757	52.410	106.571	0,7179	76.503	106.571
7		251.929	241.432	-116.463	5.706.710	78.883	18.206	30.162	4.829	53.196	109.353	0,6793	74.287	109.353
8		255.708	245.054	-114.134	5.592.576	78.883	18.479	30.614	4.901	53.994	112.177	0,6428	72.110	112.177
9		259.544	248.730	-111.852	5.480.724	78.883	18.756	31.073	4.975	54.804	115.043	0,6083	69.978	115.043
10		263.437	252.461	-109.614	5.371.110	78.883	19.037	31.539	5.049	55.626	117.951	0,5756	67.892	117.951
11		267.389	256.247	-107.422	5.263.687	102.548	19.323	32.012	5.125	56.460	97.239	0,5447	52.962	97.239
12		271.399	260.091	-105.274	5.158.414	102.548	19.613	32.493	5.202	57.307	100.236	0,5154	51.661	100.236
13		275.470	263.992	-103.168	5.055.245	102.548	19.907	32.980	5.280	58.167	103.278	0,4877	50.368	103.278
14		279.602	267.952	-101.105	4.954.140	102.548	20.206	33.475	5.359	59.039	106.365	0,4615	49.086	106.365
15		283.797	271.972	-99.083	4.855.058	102.548	20.509	33.977	5.439	59.925	109.499	0,4367	47.817	109.499
16		288.053	276.051	-97.101	4.757.956	102.548	20.816	34.486	5.521	60.824	112.679	0,4132	46.562	112.679
17		292.374	280.192	-95.159	4.662.797	102.548	21.129	35.004	5.604	61.736	115.908	0,3910	45.322	115.908
18		296.760	284.395	-93.256	4.569.541	102.548	21.446	35.529	5.688	62.662	119.185	0,3700	44.099	119.185
19		301.211	288.661	-91.391	4.478.151	102.548	21.767	36.062	5.773	63.602	122.511	0,3501	42.893	122.511
20	193.476	305.729	292.991	-89.563	4.388.588	102.548	22.094	36.603	5.860	64.556	125.886	0,3313	105.807	319.362
												0	0,05678959	

Für die Investition in diese Sozialimmobilie ergibt sich unter den getroffenen Annahmen eine interne Verzinsung vor Steuern von 5,68 Prozent. Der Kapitalwert beträgt bei einem Kalkulationszins von 5,0 Prozent 84.785 EUR. Bei der Einschätzung der Vorteilhaftigkeit dieser Investition darf ihr Risikoprofil nicht außer acht gelassen werden. Während des Bindungszeitraums sind die Risiken auf der Einnahmen- (Sozialmiete deutlich unter der Vergleichsmiete) wie auch auf der Kostenseite (Festzins des öffentlichen Darlehens im gesamten Zeitraum) gegenüber einer Investition im frei finanzierten Wohnungsbau deutlich reduziert. Entsprechend kann man die geforderte Mindestverzinsung RRR ein Stück weit zurücknehmen. Die kritische Modellannahme ist in diesem Fall der Liquidationserlös. Wenn die Immobilie während der 20-jährigen Haltedauer noch wesentlich stärker an Wert verliert, erscheint die Wirtschaftlichkeit der Investition gefährdet. Bereits bei einer Exit Cap Rate[80] von 6,5 Prozent fällt die interne Verzinsung auf 1,8 Prozent und bei 6,8 Prozent Ausstiegsrendite liegt sie nur noch ganz knapp über 0 Prozent.

> **!** **Zusammenfassung**
>
> Abgesehen von der steuerlichen Förderung sind für Wohnungsbauinvestitionen insbesondere die Kreditprogramme der Kreditanstalt für Wiederaufbau (KfW) und die Soziale Wohnraumförderung von Bedeutung.
> Das KfW-Kreditprogramm Energieeffizient Sanieren gewährt besonders günstige Zinskonditionen. Die KfW-Kredite bieten eine relativ große Wahlfreiheit in Bezug auf die Laufzeit, die Zahl der tilgungsfreien Jahre und die Zinsbindungsfrist.
> Die Programme der Sozialen Wohnraumförderung sind von Land zu Land unterschiedlich ausgestaltet. In Nordrhein-Westfalen variiert die Förderintensität mit der Mietenstufe und dem Einkommen der Zielgruppe. Die höchstens zulässigen Mieten bewegen sich entsprechend dieser Kriterien zwischen 4,25 EUR und 6,65 EUR pro Monat und m^2. Gefördert wird mit stark subventionierten Baudarlehen. Die Dauer der Belegungsbindung beträgt 20 oder 25 Jahre. Während des Bindungszeitraumes sind die Mieterhöhungen auf 1,5 Prozent pro Jahr begrenzt.

---

80 (Cashflow + Kapitalkosten) / erwarteten Netto-Veräußerungserlös.

Fallstudie 5: Neubau einer Wohnanlage mit Sozialwohnungen in NRW 11

Wegen des niedrigen Ausgangsniveaus der Miete kann sich nach Ende der Preis- und Belegungsbindungen ein Rückstand gegenüber der Vergleichsmiete ergeben, der erst auf lange Sicht durch entsprechende Mieterhöhungen wieder abgebaut werden kann. Die mit solchen Sozialmietwohnimmobilien erzielbaren Renditen sind aber angesichts des niedrigen Investitionsrisikos nicht von vornherein unattraktiv.

Wichtige Begriffe und Konzepte

Einkommensgrenzen	KfW	Wohnraumförderungsbestimmungen (WFB)
Einkommensgruppen	KfW-Wohnraummodernisierungsprogramm	
Kappungsgrenzen	Mietenstufe	

Verständnisfragen

K 11.1
Wo liegen die grundlegenden Unterschiede zwischen den KfW-Kreditprogrammen und der sozialen Wohnraumförderung?

K 11.2
Beschreiben Sie den Zusammenhang zwischen Förderintensität und Miethöhe in der sozialen Wohnraumförderung am Beispiel Nordrhein-Westfalen!

K 11.3
Um wie viel kann nach den WFB die Sozialmiete erhöht werden, wenn die Vergleichsmiete unverändert bleibt?

K 11.4
Warum kann man in Fallstudie 5 ohne größere Bedenken Mietsteigerungen von 1,5 Prozent jährlich im gesamten Planungszeitraum annehmen?

K 11.5
Warum kann man bei Sozialmietwohnimmobilien ein niedrigeres Mietausfallwagnis als bei frei finanzierten Wohnungen annehmen?

Weiterführende Fragen und Themen
W 11.1
Erstellen Sie eine Übersicht der Wohnungsbauförderprogramme der KfW (www.kfw-förderbank.de)!

W 11.2
Variieren Sie die Fallstudie 4, indem Sie eine rein private Finanzierung ohne KfW-Mittel annehmen. Welche Auswirkungen auf die Vorsteuerrendite und den Kapitalwert ergeben sich?

W 11.3
Berechnen Sie den internen Zinsfuß und den Kapitalwert der Wohnanlage aus Fallstudie 5 bei Anwendung der Förderbestimmungen eines anderen Bundeslandes! Kalkulationszins: 5,0 Prozent.

Literaturhinweise
Schulte/Allendorf/Crommen (1999): Investitionsrechnung im sozialen Wohnungsbau, besonders Abschnitt 6.

12 Berücksichtigung von Rückflüssen in fremder Währung

Unter den heutigen Bedingungen sind Spitzenmanager gezwungen, sich mehr mit dem Geld- und Devisenmarkt auseinanderzusetzen als mit dem langfristigen Gedeihen ihres Unternehmens.

Akio Morita (1921-99)

In diesem Kapitel sollen Sie erkennen,
- was das Wesen des Währungsrisikos ausmacht,
- welche der mit einem Immobilien-Investment verbundenen Zahlungsströme im Falle eines Fremdwährungsinvestments dem Währungsrisiko ausgesetzt sind,
- wie man das Währungsrisiko in einer Investitionsrechnung berücksichtigen kann.

Wenn das Zielland der Investition einem fremden Währungsraum angehört, unterliegt das Immobilien-Investment zusätzlich zu den anderen Risiken auch noch dem Währungsrisiko. Davon sind allerdings in der Regel weniger die Bruttozahlungsströme als vielmehr die Netto-Rückflüsse betroffen. Zum einen fallen zumindest große Teile der Bewirtschaftungskosten von Auslandsimmobilien auch in der fremden Währung an. Zum anderen kann man die Finanzierungsmittel in derselben Währung aufnehmen, in der auch die Mieten anfallen. Unter diesen Bedingungen ist nur der Cashflow vom Währungsrisiko betroffen (»Umtauschrisiko«) und die Netto-Exposition gegenüber dem Währungsrisiko ist entsprechend vermindert (»Netto-Währungsrisiko«).

Das Problem bei Immobilieninvestitionen besteht nun darin, dass die meisten Instrumente zur Absicherung von Wechselkursrisiken bei Immobilieninvestments wegen der langen Haltedauern nicht greifen. Eine Ausnahme bilden hier nur Währungsswaps (Ziobrowski/Ziobrowski/Rosenberg 1997) und langfristiges Hedging.

Will man das Wechselkursrisiko in einer Investitionsrechnung für eine Auslandsimmobilie im Rahmen einer Sensitivitätsanalyse berücksichtigen, so muss man sich zunächst über die Art und Weise der Verwendung positiver Cashflows in fremder Währung bzw. über die Finanzierung negativer Cashflows klar werden. Soll die Anlage/Finanzierung in der fremden oder in der heimischen Währung erfolgen?

Wenn lediglich der Vermögensendwert der Investition umgetauscht werden soll (alle Anlagen/Finanzierungen während des Planungszeitraumes werden in der Währung des Ziellandes getätigt), kann man die Annahmesetzung über den Wechselkurs auf den Vergleich zwischen Einstiegs- und Ausstiegszeitpunkt begrenzen. Andernfalls ist man gezwungen, zusätzlich Annahmen über den Verlauf des Wechselkurses im Planungszeitraum zu setzen.

! **Beispiel 12.1**

Wir nehmen an, die Büroimmobilie aus Beispiel 7.2 liegt irgendwo in den USA. Derselbe Zahlungsstrom fällt in Dollar an.
Ein europäischer Investor interessiert sich für das Objekt. Die Immobilie könnte aus dem Verkaufserlös einer anderen US-Immobilie vollständig mit Eigenmitteln finanziert werden. Sämtliche Bewirtschaftungskosten fallen in Dollar an. Zahlungsmittelüberschüsse können in den USA zu 3,0 Prozent bis zum Ende des Planungszeitraumes angelegt werden. Der Wechselkurs liegt anfangs bei 0,83 EUR/Dollar. Der Investor rechnet mit einem Erstarken des Euro während der Haltedauer.
Zunächst muss die Anfangsauszahlung in Höhe von 9.000.000 Dollar mit dem Einstiegswechselkurs in Euro umgerechnet werden. Die aufgezinsten Cashflows aus der Dollar-Zahlungsreihe werden alle mit dem Ausstiegswechselkurs (wir nehmen an 0,70 EUR/Dollar) in Euro umgerechnet. Die nachfolgende Tabelle zeigt die Berechnung der Vermögensendwerte in Dollar und in Euro sowie die Rentabilitäten in beiden Währungen:

Berücksichtigung von Rückflüssen in fremder Währung 12

Jahr	WK EUR/Dollar	WK Dollar/EUR	A₀ Dollar	A₀ EUR	Cashflow Dollar	Anlagedauer	Aufzinsungsfaktoren	Endwerte Dollar	Endwerte EUR	i Dollar	i EUR
0	0,83	1,20	9.000.000	7.470.000							
1	–	–			750.000	5	1,1593	869.456	608.619		
2	–	–			750.000	4	1,1255	844.132	590.892		
3	–	–			750.000	3	1,0927	819.545	573.682		
4	–	–			950.000	2	1,0609	1.007.855	705.499		
5	–	–			950.000	1	1,0300	978.500	684.950		
6	0,70	1,43			12.950.000	0	1,0000	12.950.000	9.065.000		
								17.469.487	12.228.641	0,117	0,086

Die Renditen der Investition in der jeweiligen Währung erhalten wir durch Ermittlung des Zinssatzes, der die jeweilige Anfangsauszahlung auf den jeweiligen Endwert anwachsen lässt. Die Euro-Rendite in Höhe von 8,6 Prozent liegt wegen der spürbaren Aufwertung des Euro im Planungszeitraum unter der Dollarrendite (11,7 Prozent).

343

Berücksichtigung von Rückflüssen in fremder Währung

Das nachstehende Bild 12.1 zeigt den funktionalen Zusammenhang zwischen dem Wechselkurs und der Euro-Rendite für unsere Büroimmobilie.

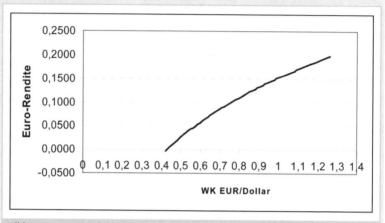

Bild 12.1: Zusammenhang zwischen dem Wechselkurs und der Euro-Rendite

Wenn der Wechselkurs zum Liquidationszeitpunkt unter 0,70 EUR/Dollar zu liegen kommt, fällt die Rendite noch weiter. Der kritische Wechselkurs, bei dem die Rendite der Investition auf Null Prozent fällt, liegt bei 43 Eurocent/Dollar. Bei einer noch stärkeren Aufwertung des Euro werden mit dem Investment in Euro gemessen Werte vernichtet. Auf der anderen Seite bietet das Investment aber auch große Chancen. Bei einem Wechselkurs von 1 EUR je Dollar beträgt die Rendite 15,21 Prozent. Steigt der Dollar auf 1,20 EUR/Dollar, so wird sogar eine Rendite von 18,77 Prozent erzielt. Alles in allem erweist sich die in Euro gemessene Rendite der Investition als relativ resistent gegenüber Wechselkursschwankungen.

Beispiel 12.2

Wir variieren das Beispiel 12.1 wie folgt: Der Investor tauscht nun auftretende positive Dollar-Zahlungssalden zum Ende der jeweiligen Planungsperiode in Euro um und transferiert sie nach Deutschland, wo er sie erwartungsgemäß zu 3 Prozent bis zum Ende der Haltedauer anlegt. Wir schätzen den Wechselkurs für jedes Jahr des Planungszeitraumes, rechnen die Dollar- in Euro-Cashflows um und zinsen diese bis zum Ende der Haltedauer auf:

Berücksichtigung von Rückflüssen in fremder Währung 12

Jahr	WK EUR/Dollar	WK Dollar/EUR	A_0 Dollar	A_0 EUR	Cashflow Dollar	Anlagedauer	Aufzinsungsfaktoren	Endwerte Dollar	Endwerte EUR	i Dollar	i EUR
0	0,83	1,20	9.000.000	7.470.000							
1	0,90	1,11			750.000	5	1,1593	869.456	782.510		
2	1,00	1,00			750.000	4	1,1255	844.132	844.132		
3	0,95	1,05			750.000	3	1,0927	819.545	778.568		
4	0,90	1,11			950.000	2	1,0609	1.007.855	907.070		
5	0,80	1,25			950.000	1	1,0300	978.500	782.800		
6	0,70	1,43			12.950.000	0	1,0000	12.950.000	9.065.000		
								17.469.487	13.160.079	0,117	0,099

Bei der unterstellten Wechselkursentwicklung ergibt sich eine in Euro gemessene Rendite von 9,9 Prozent. Das in Beispiel 12.1 beschriebene Vorgehen hat gegenüber dem hier skizzierten den großen Vorteil, dass nur ein zukünftiger Wechselkurs geschätzt werden muss. Schon das ist ja schwierig genug.

Zusammenfassung !

Das Währungsrisiko eines Immobilieninvestments mit Mieteinnahmen in fremder Währung betrifft im Falle einer kongruenten Fremdwährungsfinanzierung nicht die gesamten Einnahmen, sondern nur die Cashflows (Netto-Währungsrisiko). Will man es in einer Investitionsrechnung berücksichtigen, so muss man Annahmen darüber setzen, in welcher Währung negative Zahlungssalden finanziert und positive angelegt werden. Geschieht dies in der fremden Währung, so muss lediglich der Wechselkurs zum Liquidationszeitpunkt geschätzt werden. Die andere Variante hat zur Konsequenz, dass für die Investitionsrechnung auch der Verlauf des Wechselkurses geschätzt werden muss. In jedem Fall ist eine Sensitivitätsanalyse über die Reagibilität der Rendite in Bezug auf Wechselkursänderungen zu empfehlen.

Wichtige Begriffe und Konzepte

Abwertung	Euro-Rendite	Währungsrisiko
Aufwertung	Hedging	Währungsswap
Bruttozahlungsströme	Kritischer Wechselkurs	Wechselkurs
Dollar-Rendite	Netto-Währungsrisiko	

Verständnisfragen

K 12.1
Unter welchen Bedingungen kann man das Wechselkursrisiko aus einem Immobilieninvestment auf die Betrachtung der Netto-Rückflüsse reduzieren?

K 12.2
Welche beiden Varianten zur Berücksichtigung des Wechselkursrisikos in einer Investitionsrechnung kennen Sie?

K 12.3
Welche von beiden ist praktikabel?

Weiterführende Fragen und Themen

W 12.1
Stellen Sie das Konzept des Netto-Währungsrisikos in einer stilisierten Bilanz dar!

W 12.2
Fertigen Sie eine Übersicht der Finanzinstrumente zur Begrenzung des Wechselkursrisikos an. Welche Instrumente sind für die Absicherung von Immobilieninvestments geeignet?

W 12.3
Überlegen Sie sich eine Maßnahme zum Hedging des Währungsrisikos aus der Investition in Beispiel 12.1. Berechnen Sie die Rendite unter Einschluss dieser Hedging-Maßnahme unter derselben Annahme für die Wechselkursentwicklung neu!

W 12.4
Warum reduziert ein laufender Umtausch der Cashflows aus einem Auslandsinvestment das Währungsrisiko?

W 12.5
Wie hat sich der Wechselkurs des Euros im Verhältnis zum Dollar seit Einführung des Euros entwickelt (einschließlich Höchstkurs und Tiefstkurs)?

W 12.6
Fertigen Sie eine Wertetabelle für den Zusammenhang zwischen dem Wechselkurs und der Euro-Rendite für die Büroimmobilie aus Beispiel 12.1 an!

W 12.7
Welche anderen Risiken sind neben dem Währungsrisiko bei Auslandsinvestments ins Kalkül zu ziehen?

W 12.8
Informieren Sie sich über den Inhalt eines sogenannten »Doppelbesteuerungsabkommens«! Welche Bedeutung haben solche Abkommen für Investitionen in ausländische Immobilien?

Literaturhinweise

Götze (2014): Investitionsrechnung, Abschnitt 3.4.2 zur Beurteilung von Auslandsinvestitionen.

Maier (2004): Risikomanagement im Immobilienwesen, Kapitel 11 zum Management von Auslandsrisiken.

Sirmans/Worzala (2003): International Direct Real Estate Investment: A Review of the Literature für einen Überblick über die Literatur zu grenzüberschreitenden Immobilieninvestitionen einschließlich der damit verbundenen Währungsrisiken.

13 Berücksichtigung von Risiko und Unsicherheit

> *Das, wobei unsere Berechnungen versagen, nennen wir Zufall.*
> Albert Einstein

> *Das Risiko ist Teil von Gottes Spiel,*
> *für alle Menschen und Nationen in gleichem Maße.*
> Warren Buffet

In diesem Kapitel sollen Sie erkennen, mit welchen Verfahren die Reagibilität der Ergebnisse von Investitionsrechnungen auf Änderungen in den Annahmen eingeschätzt werden kann.

Unter dem Risiko einer Investition wird die Wahrscheinlichkeit verstanden, dass aufgrund von Abweichungen der Rückflüsse bzw. ihrer Komponenten (Mieten, Bewirtschaftungs- und Kapitalkosten) von ihren Erwartungswerten der tatsächliche Erfolg einer Investition hinter dem erwarteten zurückbleibt. Die Ursachen für derartige Annahmeverfehlungen können auf der Einnahmenseite oder auf der Ausgabenseite des Zahlungsstroms liegen. Als Beispiele für die Konkretisierung von Investitionsrisiken seien genannt:
- Die Leerstandsquote im Objekt liegt nachhaltig über der im Mietausfallwagnis vorweggenommenen. Als mögliche Ursache dafür kommt eine falsche Einschätzung des Marktes oder des Standortes in Frage.
- Die Zuwachsrate der Mieteinnahmen bleibt hinter der in der Cashflow-Prognose angenommenen zurück (Ursachen wie oben).
- Nach Ablauf der Zinsbindungsdauer liegt der angebotene Prolongationszins deutlich über dem bei den Kapitalkosten angenommenen Zins, weil der Kapitalmarkt falsch eingeschätzt wurde.

Das Risiko eines Immobilieninvestments kommt im Kalkulationszins auf eine allgemeine Weise zum Ausdruck. Davon abgesehen hat ein Investor aber auch ein Interesse an der Eingrenzung der Folgen von Annahmeverletzungen auf das Ergebnis der Investitionsrechnung. Dazu dienen das Verfahren der kritischen Werte (Abschnitt 13.1), die Szenarioanalyse (Abschnitt 13.2) und die Risiko-Chancen-Analyse (Abschnitt 13.3).

Während das Verfahren der kritischen Werte auf die Annahmen über einzelne Eingangsgrößen der Investitionsrechnung abstellt, werden bei der Szenarioanalyse mehrere Eingangsgrößen gleichzeitig variiert.

Als »Stellschrauben« für solche Analysen kommen in Frage:
- die anfängliche Höhe der Mieteinnahmen,
- die Wachstumsrate der Mieteinnahmen,
- die Leerstandsentwicklung im Objekt,
- der Liquidationserlös,
- die Restnutzungsdauer des Objekts,
- die Entwicklung der Bewirtschaftungskosten bzw. einzelner Kostenarten innerhalb der Bewirtschaftungskosten,
- die Entwicklung von Inflation und Kapitalmarktzinsen,
- die Höhe der Steuerbelastung,
- bei Auslandsimmobilien gegebenenfalls die Wechselkursentwicklung

Bei einer Risiko-Chancen-Analyse wird mithilfe einer Simulationsrechnung ein Risiko-Chancen-Profil für die Zielgröße der Rechnung (z. B. Kapitalwert) ermittelt. Damit wird dem Umstand Rechnung getragen, dass diese Zielgröße ebenso wie ein großer Teil der Inputdaten einen nicht-deterministischen Charakter hat. Zum Zwecke der Ermittlung des Profils der Output-Variablen werden für alle unsicheren Eingangsgrößen der Rechnung (z. B. Zuwachsrate der Neuvermietungsmieten, Prolongationszins) Wahrscheinlichkeitsverteilungen und Korrelationen geschätzt. Damit können Handlungsalternativen, die eine vorher definierte Risikoschranke verletzen, herausgefiltert werden.

13.1 Verfahren der kritischen Werte

Bei diesem Verfahren werden »kritische Werte« für bestimmte Eingangsgrößen der Investitionsrechnung bestimmt. Dies geschieht, indem man den Kapitalwert gleich Null setzt und die Kapitalwertfunktion nach der betrachteten Eingangsgröße hin auflöst. Als Ergebnis erhält man einen Wert der betrachteten Größe, der eine Verzinsung der Investition zum Kalkulati-

Verfahren der kritischen Werte **13**

onszinssatz gerade noch gewährleistet. Wird der unabhängig vorgegebene Wert der Eingangsgröße unterschritten bzw. überschritten, wird die kalkulatorische Verzinsung des Kapitals nicht mehr erzielt.

Beispiel 13.1 !

Wir kommen auf das Bürogebäude aus Beispiel 7.2 zurück. Wir nehmen an, dass mit der Wirtschaftsprüfungsgesellschaft ein Mietvertrag auf unbestimmte Zeit abgeschlossen wurde. Wir bestimmen zunächst den kritischen Wert der jährlichen Mieteinnahmen – ceteris paribus (also bei gegebenen Werten der anderen Eingangsgrößen wie Bewirtschaftungskosten und Liquidationserlös).

Kritischer Wert der jährlichen Mieteinnahmen

t	A_0/R_6	e_t	a_t	CF	Abzinsungs-faktor	Barwerte	IKV
	EUR	EUR	EUR	EUR		EUR	
0	-9.000.000			-9.000.000	1,0000	-9.000.000	
1		761.178	-250.000	511.178	0,9091	464.707	
2		761.178	-250.000	511.178	0,8264	422.461	
3		761.178	-250.000	511.178	0,7513	384.055	
4		761.178	-250.000	511.178	0,6830	349.141	
5		761.178	-250.000	511.178	0,6209	317.401	
6	12.000.000	761.178	-250.000	12.511.178	0,5645	7.062.234	
						0	10,00 %

Die jährlichen Mieteinnahmen müssen also mindestens 761.178 EUR betragen, damit die kalkulatorische Kapitalverzinsung von 10 Prozent erreicht werden kann. Es empfiehlt sich an dieser Stelle, weitere Varianten durchzuspielen, also z. B. die Jahresmiete zu ermitteln, die lediglich die erwartete Inflation kompensiert. Die Abhängigkeit des internen Zinsfußes von der Höhe der Mieteinnahmen kann auch tabellarisch dargestellt werden. Als nächstes soll der kritische Liquidationserlös bestimmt werden:

Berücksichtigung von Risiko und Unsicherheit

Kritischer Liquidationserlös

t	A_0/R_6	e_t	a_t	CF	Abzinsungsfaktor	Barwerte	IKV
	EUR	EUR	EUR	EUR		EUR	
0	-9.000.000			-9.000.000	1,0000	-9.000.000	
1		1.000.000	-250.000	750.000	0,9091	681.818	
2		1.000.000	-250.000	750.000	0,8264	619.835	
3		1.000.000	-250.000	750.000	0,7513	563.486	
4		1.200.000	-250.000	950.000	0,6830	648.863	
5		1.200.000	-250.000	950.000	0,6209	589.875	
6	9.495.342	1.200.000	-250.000	10.445.342	0,5645	5.896.123	
						0	10,00 %

Es muss ceteris paribus mindestens ein Liquidationserlös von 9.495.342 EUR erzielt werden, damit der vorgegebene Kalkulationszins nicht unterschritten wird. Die nachstehende Tabelle zeigt die Abhängigkeit der internen Verzinsung der Investition vom Liquidationserlös.

Interne Verzinsung und Liquidationserlös

R_6	IKV
EUR	
3.900.000	0,00 %
4.550.000	1,48 %
5.000.000	2,44 %
6.000.000	4,40 %
7.000.000	6,17 %
9.000.000	9,30 %
9.495.342	10,00 %

Der Schwachpunkt des Verfahrens der kritischen Werte liegt in der isolierten Betrachtung einzelner Eingangsgrößen der Rechnung. Dadurch wird der Blick auf die Abhängigkeiten zwischen den verschiedenen Eingangsgrößen verstellt (z. B. zwischen Liquidationserlös und Cashflow, Zinsen und Mieten). Die Szenarioanalyse bietet hier eine umfassendere Perspektive.

13.2 Szenarioanalyse

Auch Szenarioanalysen dienen dazu, die der Investitionsrechnung zugrundeliegenden Annahmen zu belasten. Es ist aufschlußreich, die Veränderung des Outputgröße der Investitionsrechnung bei geänderten Marktbedingungen zu verfolgen. Je enger die Ergebnisse der unterschiedlichen Szenarien zusammenliegen, desto weniger risikoreich ist das Investitionsvorhaben.

Szenarien beschreiben mögliche Entwicklungen. Die klassische Definition nach Kahn / Wiener (1967, S. 6) lautet: »Szenarien sind hypothetische Sequenzen von Ereignissen für die Zwecke der Fokussierung unserer Aufmerksamkeit auf Kausalketten und Entscheidungspunkte.«

Bei der Szenarioanalyse handelt es sich um ein Planungs-Verfahren, das zum Einsatz gelangt, wenn Punkt-Prognosen von Entwicklungen schwierig oder unmöglich sind. Die Szenarioanalyse unterstützt das Denken in Alternativen.

Nach Kahn / Wiener (1967) können Szenarien in drei Schritten konstruiert werden:
- Extrapolation des heutigen Ist-Zustandes (»Normalentwicklung«, »Business-as-usual«)
- Analyse von Schlüsselparametern (Einflußfaktoren)
- Definition von Alternativszenarien mittels Variation der Parameter

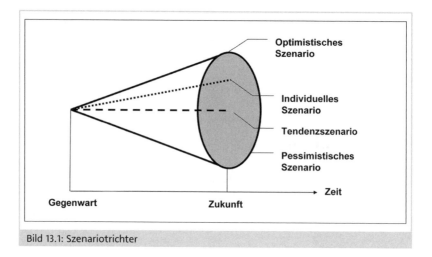

Bild 13.1: Szenariotrichter

Für die meisten Zwecke reicht es aus, wenn wir uns auf drei Szenarien beschränken. Neben dem mittleren Szenario, bei dem es sich um das wahrscheinlichste Grundszenario handelt, werden noch ein optimistisches und ein pessimistisches Szenario gebildet.

Bei der Präsentation eines Investitionsvorhabens mit drei Szenarien kann man sich darauf einstellen, dass das pessimistische Szenario intensiver und kritischer als das optimistische betrachtet wird. Damit das Projekt eine Realisierungschance erhält, muß es auch im pessimistischen Szenario als resilient erscheinen, also am besten die geforderte kalkulatorische Verzinsung noch gewährleisten.

Für die Parametrierung der Szenarien muß man eine Vorstellung über die Verteilungen der Eingangsgrößen haben. Außerdem werden für die Bestimmung der Parameterwerte Wahrscheinlichkeitsgewichte benötigt. Mit diesen Gewichtungsfaktoren kann ein wahrscheinlichkeitsgewichteter Kapitalwert bestimmt werden.

Szenarioanalyse 13

Beispiel 13.2 !

Für eine Projektentwicklung wird eine Wirtschaftlichkeitsuntersuchung durchgeführt. Es werden 5 Szenarien unterschieden, für die jeweils mit unterschiedlichen Annahmen im Hinblick auf die Ein- und Auszahlungen der Kapitalwert bestimmt wird. Mit den subjektiven Wahrscheinlichkeiten für jedes Szenario wird anschließend der erwartete Kapitalwert berechnet. Die Wahrscheinlichkeiten können zusammen mit einer kurzen Erläuterung der Szenarien der nachstehenden Tabelle entnommen werden (Quelle: Ott 2002, S. 416-418).

Szenario	Wahrscheinlichkeits-gewicht %	Erklärung
sehr optimistisch	15	Projekt ist sehr erfolgreich
optimistisch	20	Projekt ist erfolgreich
Base case	30	Projekt erfüllt die grundlegenden Erwartungen im Hinblick auf die Ein- und Auszahlungen
pessimistisch	20	Projekt erfüllt die Erwartungen nicht
sehr pessimistisch	15	Projekt ist ein Fehlschlag

Die erwartete Einzahlung aus dem Verkauf des bebauten Grundstücks wurde mit 11,5 Prozent, die Projektentwicklungskosten dagegen mit 6 Prozent abgezinst. Den wahrscheinlichkeitsgewichteten Kapitalwert erhält man, indem man zunächst die Barwerte der Einzahlungen für jedes Szenario mit dem jeweils zugehörigen Wahrscheinlichkeitsgewicht multipliziert und die gewichteten Barwerte anschließend addiert (ergibt 3.825.579 EUR). Ebenso wird mit den Barwerten der Auszahlungen verfahren. Vorteilhaft wäre die Investition bei einem positiven wahrscheinlichkeitsgewichteten Kapitalwert (Summe der gewichteten Barwerte der Einzahlungen > Summe der gewichteten Barwerte der Auszahlungen). Das ist im Beispiel aber nicht der Fall: Der Barwert beträgt -134.377 EUR.

Szenario	Wahrscheinlich-keitsgewicht in Prozent	Barwert des Verkaufspreises EUR	Barwert der Projekt-entwicklungskosten EUR
sehr optimistisch	15	6.409.826	3.346.165
optimistisch	20	4.273.217	3.691.101
mittel	30	4.138.809	3.990.728
pessimistisch	20	2.574.837	4.241.336
sehr pessimistisch	15	1.685.679	4.495.500
erwarteter Kapitalwert		3.825.579	3.959.956

Die nachfolgende Fallstudie 6 enthält auch eine Szenario-Analyse für die beiden untersuchten Handlungsalternativen. Dabei wurden für alle unsicheren Input-Variablen obere und untere Extremwerte vorgegeben und auf dieser Grundlage für jedes Szenario der Wert der Output-Variablen berechnet.

13.3 Fallstudie 6: Risikoanalyse für die energetische Modernisierung der Wohnsiedlung

Wir wollen nun abschließend unsere Fallstudie zur energetischen Modernisierung einer Wohnsiedlung (Abschnitt 11.3) um eine Risiko-Chancen-Analyse ergänzen. Dazu wird mithilfe einer Simulationsrechnung ein Risiko-Chancen-Profil für die Zielgröße der Rechnung (in diesem Fall der interne Zinsfuß) ermittelt. Damit wird dem Umstand Rechnung getragen, dass diese Zielgröße ebenso wie ein großer Teil der Inputdaten einen nicht-deterministischen Charakter hat. Zum Zwecke der Ermittlung des Profils der Output-Variablen werden für alle unsicheren Eingangsgrößen der Rechnung (z. B. Zuwachsrate der Neuvermietungsmieten, Prolongationszins) Wahrscheinlichkeitsverteilungen und Korrelationen geschätzt. Damit können Handlungsalternativen, die eine vorher definierte Risikoschranke verletzen,

Fallstudie 6: Risikoanalyse für die energetische Modernisierung der Wohnsiedlung

herausgefiltert werden. Darüber hinaus bieten die Risiko-Chancen-Profile der Output-Größen einen zusätzlichen Ansatzpunkt für einen Vorteilhaftigkeitsvergleich der verschiedenen Handlungsalternativen (Rangfolgenbildung), der über den Vergleich (scheinbar) deterministischer Zielgrößen hinausgeht (Grob/Hermans 2009, S. 694).

Die Risikoanalyse umfasst im Einzelnen folgende Handlungsschritte:
- Definition der Handlungsalternativen
- Formulierung des (deterministischen) Entscheidungsmodells: einwertige Abbildung der Abhängigkeiten zwischen den Eingangs- und den Zielgrößen
- Festlegung der sicheren (einwertigen) und der unsicheren Input-Variablen sowie der Output-Variablen
- Gegebenenfalls Sensitivitäts- oder Szenarioanalysen zur Bestimmung der sensitiven Input-Variablen
- Schätzung der Wahrscheinlichkeitsverteilungen und der wechselseitigen Korrelationen für die unsicheren Input-Variablen
- Simulationsrechnung zur Bestimmung des Einflusses auf die Output-Variablen
- Ermittlung der relativen und der kumulierten relativen Häufigkeiten (Risikoprofil) der Output-Variablen
- Erzeugung von Wahrscheinlichkeitsverteilungen (»Dichtefunktionen«) der Zielgrößen aus den Häufigkeitsverteilungen
- Erzeugung von Risiko-Chancen-Profilen aus den Dichtefunktionen der Wahrscheinlichkeitsverteilungen mittels Kumulierung
- Interpretation der Resultate

Wir modifizieren zunächst unser bekanntes deterministisches Rechenmodell (Abschnitt) in folgenden Punkten:
- Die Fluktuationsrate nimmt in jedem Jahr der Haltedauer den gleichen Wert an: bei beiden Alternativen jeweils 10 Prozent.
- Auch die Leerstandquote wird während der Haltedauer als unveränderlich angenommen: 5 Prozent bei der Inst- und 1,5 Prozent bei der Mod-Alternative.

Die nachstehende Tabelle zeigt diejenigen Eingangsgrößen, die in unserer Fallstudie zur energetischen Modernisierung einer Wohnsiedlung als unsicher eingeschätzt werden.

Berücksichtigung von Risiko und Unsicherheit

Prolongationszins	6,00

Inst-Alternative	
Zunahme Inst-Vergleichsmiete	1,1 %
Zunahme Inst-NeuvermMiete	1,1 %
Inst-Fluktuation	10,0 %
Inst-Leerstand	5,0 %
Zunahme Inst-Instandhaltungskosten	1,5 %
Inst-Ausstiegsrendite	7,0 %

Mod-Alternative	
Zunahme Mod-Vergleichsmiete	1,4 %
Zunahme Mod-NeuvermMiete	1,1 %
Mod-Fluktuation	10,0 %
Mod-Leerstand	1,5 %
Zunahme Mod-Instandhaltungskosten	1,5 %
Mod-Ausstiegsrendite	6,0 %

anfängl. Red. Nebenkosten Mod	20,0 %
Zunahme Nebenkosten	1,8 %
Zunahme Verwaltungskosten	1,0 %

Fallstudie 6: Risikoanalyse für die energetische Modernisierung der Wohnsiedlung

Dieses komplexe Modell beinhaltet insgesamt 16 unsichere Input-Variablen. An dieser Stelle könnte man erwägen, eine Vorauswahl unter den Risikoparametern zu treffen, um den Schätzaufwand zu begrenzen. In der Literatur wurde dazu angeregt[81], Ober- und Untergrenzen (im Sinne von maximal/minimal für möglich gehaltenen Werten) für die einzelnen unsicheren Eingangsgrößen zu definieren, auf dieser Grundlage Sensitivitätsanalysen durchzuführen und die Ergebnisse in einem sogenannten »Tornado-Diagramm« zu veranschaulichen. Input-Variablen mit wenig Einfluss auf die betrachteten Ausgangsgrößen sollen auf diese Weise identifiziert und herausgefiltert werden. Es wären dann nur noch die Eingangsgrößen mit einem spürbaren Einfluss auf das Ergebnis zu variieren. Gegen diesen Ansatz spricht, dass Sensitivitäten lediglich den Einfluss bei isolierter Variation des jeweiligen Faktors zu beschreiben vermögen. Es ist nicht auszuschließen, dass ein scheinbar wenig sensitiver Faktor in einer Totalanalyse, die die wechselseitigen Abhängigkeiten berücksichtigt, eben doch einen spürbaren Einfluss auf den Modelloutput nimmt. In unserem Fall zeigt die Ex post-Analyse, dass allein die Zunahme der Verwaltungskosten bei beiden Alternativen einen geringen Einfluss auf die Simulationsergebnisse hat.

Als Output-Variablen bieten sich die internen Zinsfüße vor bzw. nach Steuern der beiden Handlungsalternativen an. Wir betrachten hier der Einfachheit halber nur die Werte vor Steuern. Wir führen nun zunächst für beide Handlungsalternativen eine einfache Szenario-Analyse durch. Dazu geben wir für alle unsicheren Input-Variablen obere und untere Extremwerte vor und berechnen für jedes Szenario den Wert der Output-Variablen.

---

81 Ropeter 1998, S. 320-322.

Berücksichtigung von Risiko und Unsicherheit

Veränderbare Zellen	WorstInst	MediumInst	BestInst	WorstMod	MediumMod	BestMod
ProIZins	8,5 %	6,0 %	3,5 %	8,5 %	6,0 %	3,5 %
Zunahme Inst-/Mod-Vergleichsmiete	0,7 %	1,1 %	1,5 %	1,0 %	1,4 %	1,8 %
Zunahme Inst-/Mod-NeuvermMiete	0,7 %	1,1 %	1,5 %	0,7 %	1,1 %	1,5 %
Inst-/Mod-Fluktuation	12,5 %	10,0 %	5,0 %	12,5 %	10,0 %	5,0 %
Inst-/Mod-Leerstand	10,0 %	5,0 %	2,0 %	6,0 %	1,5 %	1,0 %
Zunahme Inst-/Mod-Instandhaltungskosten	2,0 %	1,5 %	1,0 %	2,0 %	1,5 %	1,0 %
Inst-/Mod-Ausstiegsrendite	9,0 %	7,0 %	5,0 %	8,0 %	6,0 %	4,0 %
Zunahme Nebenkosten	2,5 %	1,8 %	1,1 %	2,5 %	1,8 %	1,1 %
Zunahme Verwaltungskosten	1,5 %	1,0 %	0,5 %	1,5 %	1,0 %	0,5 %
Ergebniszellen Inst-/Mod-IKV1	-0,01025	0,03413	0,07331	0,02923	0,07674	0,11873

Fallstudie 6: Risikoanalyse für die energetische Modernisierung der Wohnsiedlung

Die Ergebnisse erlauben uns eine vorläufige Einschätzung der Projektrisiken bei unterschiedlichen Umweltzuständen. Die Mod-Alternative erweist sich unabhängig von dem vorgegebenen Szenario stets als überlegen. Selbst in dem von hohen Zinsen und Leerstandsquoten und gleichzeitig von geringen Mietsteigerungen und Liquidationserlösen geprägten Worst Case wird noch eine Rendite von knapp 3 Prozent vor Steuern erzielt. Die Inst-Alternative weist in diesem Szenario dagegen bereits eine negative Rendite auf.

Die Szenario-Analyse gibt uns allerdings nur einen unvollkommenen Eindruck von den Risiken der beiden zu vergleichenden Vorhaben. Die extremen Ausprägungen der verschiedenen Risikoparameter treten in der Realität keineswegs mit der gleichen Wahrscheinlichkeit auf und außerdem werden die Abhängigkeiten zwischen den Parametern überhaupt nicht thematisiert. So könnte ein hoher Prolongationszins im Worst Case auf eine hohe Inflationsrate zurückzuführen sein und dies würde eben für die Annahme vergleichsweise hoher – und nicht niedriger – Mietsteigerungsraten sprechen. Wir sollten daher einen Schritt weiter und versuchen, die tatsächlichen Wahrscheinlichkeiten und Abhängigkeiten im Hinblick auf den gewählten Satz an Input-Variablen explizite zu berücksichtigen.

Dazu sind zunächst die Zellen mit den unsicheren Eingangsgrößen mit entsprechend zu parametrierenden diskreten oder stetigen Wahrscheinlichkeitsverteilungen zu hinterlegen. So sind für eine Normalverteilung der Mittelwert und die Standardabweichung anzugeben. Für die Risiko-Chancen-Analyse werden Excel-Add-Ins (Zusatzmodule) wie @RISK oder Crystal Ball angeboten. Grundsätzlich sollte die Schätzung der Verteilungen so weit wie möglich auf empirische Daten aus der Vergangenheit gestützt werden (z. B. Häufigkeitsverteilung der Hypothekenzinsen in den letzten 20 Jahren). Die Zusatzmodule bieten die Möglichkeit, mithilfe einer sogenannten »Goodness-of-Fit-Analyse« zu prüfen, wie gut sich die Daten durch bestimmte Verteilungstypen mit bestimmten Parametern beschreiben lassen.

Bild 13.2 zeigt die angenommene Verteilung der Zuwachsrate der Vergleichsmiete für die modernisierten Wohnungen. Es handelt sich um eine Normalverteilung mit dem Mittelwert 0,014 (entspricht 1,4 Prozent im Jahr) und einer Standardabweichung von 0,0045. Bei dieser Verteilung wird sich die entsprechende Zufallsvariable mit 90-prozentiger Wahrscheinlichkeit im Wertebereich zwischen 0,66 und 2,14 Prozent bewegen.

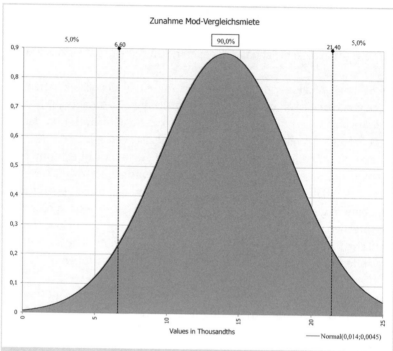

Bild 13.2: Angenommene Wahrscheinlichkeitsverteilung der Zunahme der Mod-Vergleichsmiete

Fallstudie 6: Risikoanalyse für die energetische Modernisierung der Wohnsiedlung **13**

Name	Diagramm	Funktion	Mean
ProZins		RiskUniform(2;10;RiskStatic(6);RiskCorrmat(Energy_caseMatrix1;5))	6,00
Zunahme Inst-Vergleichsmiete		RiskNormal(0,011;0,0045;RiskStatic(0,011);RiskCorrmat(Energy_caseMatrix1;1))	1,1%
Zunahme Inst-NeuvermMiete		RiskNormal(0,011;0,0045;RiskStatic(0,011);RiskCorrmat(Energy_caseMatrix1;2))	1,1%
Inst-Fluktuation		RiskPert(0,05;0,1;0,15;RiskStatic(0,1);RiskCorrmat(Energy_caseMatrix1;6))	10,0%
Inst-Leerstand		RiskExtvalue(0,0471;0,005;RiskStatic(0,05);RiskCorrmat(Energy_caseMatrix1;15))	5,0%
Zunahme Inst-Instandhaltungskosten		RiskGamma(2;0,00249;RiskShift(0,01);RiskStatic(0,015);RiskCorrmat(Energy_caseMatrix1;8))	1,5%
Inst-Ausstiegsrendite		RiskNormal(0,07;0,008;RiskStatic(0,07);RiskCorrmat(Energy_caseMatrix1;10))	7,0%
Zunahme Mod-Vergleichsmiete		RiskNormal(0,014;0,0045;RiskStatic(0,014);RiskCorrmat(Energy_caseMatrix1;3))	1,4%
Zunahme Mod-NeuvermMiete		RiskNormal(0,011;0,0045;RiskStatic(0,011);RiskCorrmat(Energy_caseMatrix1;4))	1,1%
Mod-Fluktuation		RiskPert(0,05;0,1;0,15;RiskStatic(0,1);RiskCorrmat(Energy_caseMatrix1;7))	10,0%
Mod-Leerstand		RiskExtvalue(0,0142;0,0015;RiskStatic(0,015);RiskCorrmat(Energy_caseMatrix1;16))	1,5%
Zunahme Mod-Instandhaltungskosten		RiskGamma(2;0,0015;RiskShift(0,012);RiskStatic(0,015);RiskCorrmat(Energy_caseMatrix1;9))	1,5%
Mod-Ausstiegsrendite		RiskNormal(0,06;0,005;RiskStatic(0,06);RiskCorrmat(Energy_caseMatrix1;11))	6,0%

Bild 13.3: @RISK Model Inputs

Die angenommenen Verteilungen für alle unsicheren Inputgrößen sind in Bild 13.3 überblicksweise dargestellt.

Es reicht aber nicht aus, bloß die Verteilungen der unsicheren Variablen vorzugeben. Es müssen auch ihre Korrelationen geschätzt werden. Zwei Verteilungen von Eingangsgrößen gelten dann als korreliert, wenn der in einer Iteration ausgewählte Wert der einen Verteilung den wahrscheinlichen

Wert der Zufallsvariablen in einer anderen Verteilung beeinflusst. Wir müssen solche Korrelationen in unserem Schätzmodell berücksichtigen, wenn sich zwei Input-Variablen in der Realität in dieselbe oder in die entgegengesetzte Richtung bewegen.[82] Andernfalls nimmt die Software a priori an, dass die beiden Variablen voneinander vollständig unabhängig wären (Korrelationskoeffzient = 0), sich also nicht gegenseitig beeinflussen können.

In unserer Fallstudie dürften die Zuwachsraten der Vergleichs- und der Neuvermietungsmieten positiv miteinander korreliert sein. Eine gleichgerichtete Abhängigkeit kann außerdem für den Zusammenhang zwischen dem Prolongationszins und den verschiedenen Steigerungsraten der Mieteinnahmen (Vergleichs- und Neuvermietungsmieten) angenommen werden, da diese Größen alle von der zukünftigen Entwicklung der Inflationsrate mitbestimmt werden. Eine gegenläufige Abhängigkeit kann man dagegen im Hinblick auf den Zusammenhang zwischen der Zunahme der Mieten und den Leerstandsquoten annehmen: Hohe Zuwachsraten bei den Mieten können die Folge von angespannten Wohnungsmärkten sein, die erfahrungsgemäß von geringeren Leerstandsquoten geprägt sind. Auch für die Abhängigkeit von Mieten und Fluktuationsraten kann Gegenläufigkeit angenommen werden, da sich mit zunehmender Verknappung von Wohnraum die Mieterfluktuation in der Regel rückläufig entwickelt.[83]

An dieser Stelle zeigt sich ein wesentlicher Vorteil der Risikoanalyse gegenüber einem rein deterministischen Vorgehen: Sie zwingt uns, über die Richtung und die Stärke der Abhängigkeiten zwischen den Eingangsgrößen nachzudenken und im zweiten Schritt entsprechende Daten zu beschaffen

---

82 Stochastische Abhängigkeiten zwischen den Ausgangsdaten können durch Abschätzung von Korrelationskoeffizienten oder durch Verwendung bedingter Wahrscheinlichkeitsverteilungen erfaßt werden.
83 Ein anderes Beispiel: Stellen wir uns ein Modell mit zwei wahrscheinlichkeitsverteilten Eingangsgrößen vor: den Zinssatz und die Baubeginne im Wohnungsbau. Diese beiden Input-Variablen sind voneinander in dem Sinne abhängig, dass der Wert der Zufallsvariablen für die Baubeginne von dem für den Zinssatz abhängt. Ein hoher Zinssatz wird tendenziell eine niedrige Zahl von Baubeginnen nach sich ziehen und umgekehrt. Wenn wir diese negative Korrelation nicht bei der Stichprobenziehung berücksichtigen würden, dann würden zumindest einige Iterationen des Simulationslaufes widersinnige Verhältnisse reflektieren, die in der Wirklichkeit gar nicht auftreten können – etwa ein hoher Zinssatz in Verbindung mit einer hohen Anzahl an Baubeginnen.

Fallstudie 6: Risikoanalyse für die energetische Modernisierung der Wohnsiedlung

und auszuwerten – sei es aus der eigenen Kostenrechnung oder aus der volkswirtschaftlichen Gesamtrechnung. Die risikoanalytische Vorgehensweise eröffnet damit Spielräume für organisatorisches Lernen und die Verbesserung der Modelle, die der deterministische Ansatz uns nicht bieten kann.

Die angenommenen Korrelationen zwischen den verschiedenen Wahrscheinlichkeitsverteilungen können in einer Korrelationsmatrix zusammengefasst werden. In die Matrix sind die vermuteten Korrelationskoeffizienten zwischen den Verteilungen aller unsicheren Inputgrößen einzugeben.

Berücksichtigung von Risiko und Unsicherheit

@RISK Correlations	Zunahme Inst-Vergleichs- miete	Zunahme Inst-Neuverm- Miete	Zunahme Mod-Vergleichs- miete	Zunahme Mod-Neuverm- Miete	ProzZins	Inst-Fluktuation	Mod-Fluktuation	Zunahme Inst-Instandh.-kosten	Zunahme Mod-Instandh.-kosten	Inst-Ausstiegs- rendite	Mod-Ausstiegs- rendite	anfängl. Reduktion Nebenkosten Mod	Zunahme Neben- kosten	Zunahme Ver- waltungs- kosten	Inst-Leer- stand	Mod-Leer- stand
Zunahme Inst-Vergleichsmiete	1															
Zunahme Inst-Neuvermmiete	0,3503688	1														
Zunahme Mod-Vergleichsmiete	0,3065725	0,2627766	1													
Zunahme Mod-Neuvermmiete	0,2627766	0,3065725	0,3503688	1												
ProzZins	0,2627766	0,2627766	0,2627766	0,2627766	1											
Inst-Fluktuation	-0,1897873	-0,2711247	-0,1897873	-0,2711247	-0,1108764	1										
Mod-Fluktuation	-0,1897873	-0,2711247	-0,1897873	-0,2711247	-0,1108764	0,2846745	1									
Zunahme Inst-Instandh. kosten	0,3065725	0,2217525	0,3045992	0,224139	0,2605591	-0,0862074	-0,08643088	1								
Zunahme Mod-Instandh. kosten	0,3045992	0,224139	0,3045992	0,224139	0,2614348	-0,08714505	-0,08714505	0,3065725	1							
Inst-Ausstiegsrend.	0,1917189	0,1917189	0,1917189	0,1917189	0,2408785	0,1305615	0,1305615	0,258577	0,258577	1						
Mod-Ausstiegsrend.	0,1917189	0,1917189	0,1917189	0,1917189	0,2408785	0,1305615	0,1305615	0,258577	0,258577	0,445327	1					
anfängl. Reduktion Nebenkosten Mod	0	0	0	0	0	0	-0,07182694	0	0	0	-0,1580193	1				
Zunahme Nebenk.	-0,07182694	-0,1292884	-0,07182694	-0,114923	0,2873077	-0,1292884	-0,1292884	0,2154808	0,2154808	0,1221058	0,1221058	0	1			
Zunahme Verwaltungskosten	0,1723846	0,1723846	0,1723846	0,1723846	0,2691585	0	0	0,1922562	0,1922562	0,1153537	0,1153537	0	0,1922562	1		
Inst-Leerstand	-0,1922562	-0,2691585	-0,1922562	-0,2691585	0	0,3490644	0,3324423	0	0	-0,2659538	-0,2178607	-0,2327096	0	0	1	
Mod-Leerstand	-0,1994654	-0,2659538	-0,1994654	-0,2659538	0	0,2932741	0,3519289	0	0	-0,2178607	-0,259757	-0,1675852	0	0	0,4608592	1

Bild 13.4: Angenommene Korrelationsmatrix der Wahrscheinlichkeitsverteilungen

Fallstudie 6: Risikoanalyse für die energetische Modernisierung der Wohnsiedlung 13

Da unser Modell eine Vielzahl von unsicheren Input-Variablen enthält, fällt die Korrelationsmatrix entsprechend komplex aus. Alles in allem enthält sie 120 Korrelationen.

Auf der Grundlage der angenommenen Verteilungen und Korrelationen kann nun der Einfluss des Risikos auf die vorgegebenen Output-Variablen simuliert werden. Eine Simulation mit einem Excel-Zusatzmodul für die Risikoanalyse wie @RISK oder Crystal Ball umfasst die wiederholte Neuberechnung aller betroffenen Arbeitsblätter in einer Excel-Tabelle. Jede Neuberechnung wird dabei als »Iteration« bezeichnet. Mit jeder Iteration werden Stichproben aus allen Verteilungsfunktionen gezogen, wobei die Wahrscheinlichkeit, dass ein Wert ausgewählt wird, sich nach den Parametern der jeweils ausgewählten Verteilung richtet. Damit ist nicht ausgeschlossen, dass bei einer einzelnen Iteration einmal ein sehr unwahrscheinlicher Wert gezogen wird. Die Summe aller Iterationen sollte aber letzten Endes repräsentativ für die Verteilung sein. Nach jeder Einzelziehung werden die entsprechenden Werte der Zufallsvariablen in die betreffenden Zellen und Formeln eingesetzt und die Arbeitsblätter werden auf dieser Grundlage neu berechnet. Bevor die nächste Iteration beginnt, werden die Werte der Outputgrößen gespeichert, damit sie später ihrerseits in Form einer Wahrscheinlichkeitsfunktion dargestellt werden können.

Die Anzahl der Iterationen beeinflusst die Berechnungszeit ebenso wie die Qualität und die Verlässlichkeit der Ergebnisse. Für belastbare Resultate sind in der Regel mindestens 300 bis 500 Iterationen erforderlich.[84] Das Ergebnis der Simulation sind graphische Darstellungen (beispielsweise Histogramme oder kumulative Darstellungen), die den Bereich der möglichen Werte der ausgewählten Output-Variablen und die relative Wahrscheinlichkeit ihrer Realisierung wiedergeben (siehe die Bilder 13.5 bis 13.8).

---

84 Alternativ kann die Simulation durch ein Konfidenzkriterium beendet werden. Ist dieses erfüllt, liegt der unbekannte Mittelwert mit einer bestimmten Wahrscheinlichkeit innerhalb des Konfidenzintervalls um den simulierten Mittelwert. Sowohl die Konfidenzwahrscheinlichkeit als auch das Konfidenzintervall sind für das Abbruchkriterium vorzugeben. Für die Konfidenzwahrscheinlichkeit werden häufig Niveaus von 95 oder 99 Prozent festgesetzt.

Berücksichtigung von Risiko und Unsicherheit

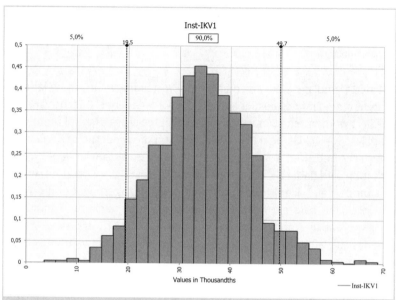

Bild 13.5: Wahrscheinlichkeitsdichteverteilung des internen Zinsfußes vor Steuern der Inst-Alternative

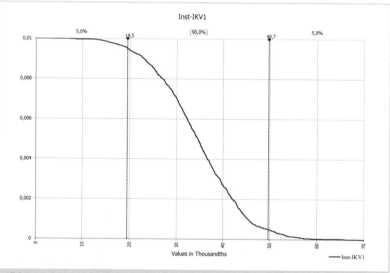

Bild 13.6: Chancen-Profil der Inst-Alternative (Output-Variable: Interner Zinsfuß vor Steuern)

Fallstudie 6: Risikoanalyse für die energetische Modernisierung der Wohnsiedlung 13

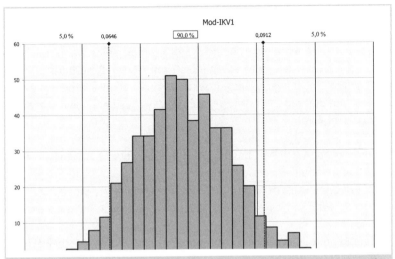

Bild 13.7: Wahrscheinlichkeitsdichteverteilung des internen Zinsfußes vor Steuern der Mod-Alternative

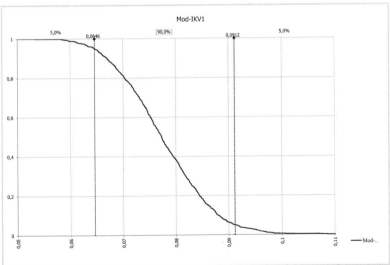

Bild 13.8: Chancen-Profil der Mod-Alternative (Output-Variable: Interner Zinsfuß vor Steuern)

369

Aus den mittels Simulation generierten Wahrscheinlichkeitsverteilungen der Zielwerte (Bild 13.5 und Bild 13.7) können Risiko- und Chancen-Profile erzeugt werden. Anhand eines Risiko-Profils kann diejenige Wahrscheinlichkeit bestimmt werden, mit der eine bestimmte Zielgröße unterhalb eines bestimmten Höchstwertes liegen wird. Chancen-Profile geben dagegen Antwort auf die Frage, mit welcher Wahrscheinlichkeit ein Zielwert mindestens erreicht wird.

Das Profil für den internen Zinsfuß der Inst-Alternative (Bild 13.6) liefert uns unter anderem folgende Informationen:

- Der deterministische Wert für die interne Rendite vor Steuern in Höhe von 3,4 wird mit einer Wahrscheinlichkeit von 48,2 Prozent nicht erreicht.
- Eine Rendite in Höhe von 3 Prozent wird mit einer Wahrscheinlichkeit von 31 Prozent nicht erreicht.
- Eine Rendite in Höhe von 4 Prozent wird mit einer Wahrscheinlichkeit von 26,5 Prozent überschritten.
- Die Wahrscheinlichkeit, dass die interne Verzinsung unter 2 Prozent fällt, liegt lediglich bei 4,7 Prozent.
- Genauso gering ist die Wahrscheinlichkeit, dass die Rendite am Ende über 5 Prozent liegen wird.
- Die Rendite wird sich mit einer Wahrscheinlichkeit von 90 Prozent zwischen 2,0 und 4,98 Prozent bewegen.

Die Risikoanalyse liefert anders als die deterministischen Verfahren keine eindeutigen Entscheidungskriterien. Im Hinblick auf die absolute Vorteilhaftigkeit eines Vorhabens kann zum Beispiel gefordert werden, dass ein bestimmter Mindestwert einer Outputgröße mit einer vorgegebenen Wahrscheinlichkeit erreicht wird. Ist der Kapitalwert die Zielgröße, so könnte man beispielsweise fordern, dass ein positiver Kapitalwert mit einer Wahrscheinlichkeit von mindestens 80 Prozent erreicht wird. Bildet der interne Zinsfuß die Zielgröße, so könnte man verlangen, dass der Kalkulationszins mit einer Wahrscheinlichkeit von 80 Prozent überschritten wird. Bei der Inst-Alternative wäre diese Anforderung freilich erst bei einem Kalkulationszins von 2,7 Prozent erfüllt.

Fallstudie 6: Risikoanalyse für die energetische Modernisierung der Wohnsiedlung 13

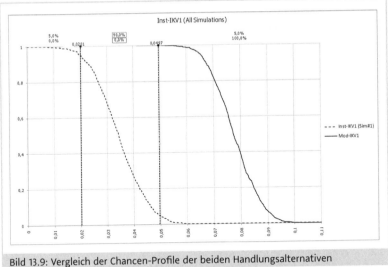

Bild 13.9: Vergleich der Chancen-Profile der beiden Handlungsalternativen

Bei konkurrierenden Alternativen (*relative Vorteilhaftigkeit*) wird in der Literatur die Entscheidungsfindung mithilfe stochastischer Dominanzen diskutiert. Liegt in einem Chancen-Profil die Kurve einer Alternative A im gesamten Wertebereich oberhalb des Profils einer konkurrierenden Alternative B, so wird mit A bei jeder Wahrscheinlichkeit einen höherer Mindestzielwert erreicht als mit B. In diesem Fall, der als »stochastische Dominanz 1. Ordnung« bezeichnet wird, stellt A die dominierende Alternative dar. In unserer Fallstudie ist die Mod-Alternative in diesem Sinne dominant gegenüber der Inst-Alternative (Bild 13.9).

Wenn die Kurven sich schneiden, kommt es auf die Risikopräferenz (Risikonutzenfunktion) der Entscheidungsinstanz an. Auf einfache Flächenvergleiche kann dabei nur im Falle einer risikoneutralen Einstellung zurückgegriffen werden. Zur Vermeidung des Einsatzes formal aufwendiger Methoden empfiehlt sich für praktische Zwecke eine subjektiver Vergleich der »konkurrierenden Flächen« im Chancen-Profil[85].

---

85 Grob/Hermans 2009, S. 697.

Mithilfe einer Regressionsanalyse kann für beide Alternativen die Rangfolge des Einflusses der verschiedenen Input-Variablen auf das Ergebnis ex post bestimmt werden.

Regression und Rang: Betrachtung für Inst-IKV1

Rang	Name	Regr	Korr
1	Zunahme Inst-Vergleichsmiete	0,651	0,613
2	Inst-Ausstiegsrendite	-0,604	-0,497
3	Inst-Fluktuation	-0,285	-0,549
4	Zunahme Inst-Instandhaltungskosten	-0,202	-0,100
5	Inst-Leerstand	-0,193	-0,264
6	Zunahme Inst-NeuvermMiete	0,135	0,272
7	ProlZins	-0,028	0,006
8	Zunahme Verwaltungskosten	-0,020	-0,009
9	Zunahme Nebenkosten	-0,007	-0,183

Fallstudie 6: Risikoanalyse für die energetische Modernisierung der Wohnsiedlung 13

Regression und Rang: Betrachtung für Mod-IKV1

Rang	Name	Regr	Korr
1	Mod-Ausstiegsrendite	-0,605	-0,577
2	Zunahme Mod-Vergleichsmiete	0,529	0,484
3	Mod-Fluktuation	-0,405	-0,629
4	ProlZins	-0,180	-0,119
5	Zunahme Mod-NeuvermMiete	0,177	0,304
6	Zunahme Mod-Instandhaltungskosten	-0,069	-0,049
7	Mod-Leerstand	-0,060	-0,216
8	Zunahme Verwaltungskosten	-0,016	-0,038
9	anfängl. Reduktion Nebenkosten Mod	0,000	-0,049
10	Zunahme Nebenkosten	0,000	-0,039

Man erkennt, dass bei beiden Alternativen die interne Verzinsung hauptsächlich von den Annahmen über die Ausstiegsrendite, die Zunahme der Vergleichsmiete und die Fluktuation bestimmt wird. Einen mittelstarken Einfluss üben die Zuwachsraten der Neuvermietungsmieten und die angenommenen Leerstandsquoten aus. Der Prolongationszins spielt wegen des größeren Fremdfinanzierungsanteils nur bei der Mod-Altenative eine Rolle. Die anderen Inputgrößen können das Ergebnis der Simulation nicht entscheidend prägen.

Zusammenfassung

Das Risiko eines Immobilieninvestments liegt darin, dass die in der Investitionsrechnung gesetzten Annahmen von der Wirklichkeit nicht bestätigt werden und dies negative Folgen für den Erfolg der Investition zeitigt. Zur Eingrenzung der Folgen derartiger Annahmeverletzungen dienen das Verfahren der kritischen Werte und die Szenarioanalyse. Beide Verfahren bauen auf der Kapitalwertmethode auf. Während das Verfahren der kritischen Werte die Annahmen über einzelne Eingangsgrößen der Investitionsrechnung belastet, werden bei der Szenarioanalyse mehrere Eingangsgrößen in dieselbe Richtung variiert. Der Szenarioanalyse ist aus methodischer Sicht der Vorzug zu geben, weil sie die Abhängigkeiten unter den verschiedenen Eingangsgrößen der Rechnung berücksichtigt.

Noch genauer kann das Risiko einer Investition mittels einer Risiko-Chancen-Analyse erfasst und analysiert werden. Dabei werden den unsicheren Eingangsgrößen Wahrscheinlichkeitsverteilungen und Korrelationen zugeordnet und der Einfluss auf die Zielgröße wird anschließend simuliert. Das Ergebnis ist ein Risiko-Chancen-Profil, mit dessen Hilfe die Verletzung von Risikoschranken und die relative Vorteilhaftigkeit der Investition beurteilt werden können.

Wichtige Begriffe und Konzepte

Kritische Werte

Risiko

Szenario

Verständnisfragen

K 13.1
Nennen Sie weitere Beispiele für die Konkretisierung von Investitionsrisiken!

K 13.2
Inwieweit wird das Risiko eines Immobilieninvestments in einer Investitionsrechnung berücksichtigt?

K 13.3
Worin unterscheidet sich der Ansatz des Verfahrens der kritischen Werte von dem der Szenarioanalyse?

K 13.4
Welchem Verfahren würden Sie aus methodischer Sicht den Vorzug geben?

Weiterführende Fragen und Themen
W 13.1
Ermitteln Sie für die Büroimmobilie aus Beispiel 13.1 den kritischen Wert der Mieteinnahmen für die Jahre 4-6 unter der Voraussetzung, dass aufgrund eines Zeitmietvertrages mit 3 Jahren Restlaufzeit für die Jahre 1-3 des Planungszeitraumes Mieteinnahmen von 1.000.000 EUR jährlich sicher zu erwarten sind (Kalkulationszins: 10 Prozent)!

W 13.2
Berechnen Sie den kritischen Wechselkurs zum Ausstiegszeitpunkt für die Büroimmobilie aus Beispiel 12.1 (Kalkulationszins: 10 Prozent)!

Literaturhinweise
Blohm/Lüder/Schaefer (2012): Investition, 4. Kapitel zur Berücksichtigung unsicherer Erwartungen bei der Beurteilung einzelner Investitionsprojekte.

Lechelt (2001): Risikomanagement in der Wohnungswirtschaft für einen Überblick über Identifikation, Analyse und Bewertung von Risiken in der Wohnungswirtschaft.

Maier (2004): Risikomanagement im Immobilienwesen, Kapitel 6 zum Management des Investitionsrisikos.

Schmoll genannt Eisenwerth (2015b): Immobilieninvestition und Immobilienfinanzierung, Abschnitt 7.2.2 zur Beurteilung des Investitionsrisikos.

Schulte/Ropeter-Ahlers (2005): Investitionsrechnung und Risikoanalysen.

Sindt (1998): Real Estate Investment, chapter 13 zur Risikoanalyse.

Strunz (2011): Investitionsmanagement, Abschnitt 3 zur Berücksichtigung von Unsicherheit.

14 Quintessenz

> *Es ist ein großer Vorteil im Leben,*
> *die Fehler, aus denen man lernen kann,*
> *möglichst frühzeitig zu machen.*
> Winston Churchill

Es gibt kein Verfahren der Investitionsrechnung, dass man pauschal für jeden Zweck empfehlen könnte. Gefordert ist vielmehr eine situationsgerechte Entscheidung für ein Verfahren. Die »Situation« wird bestimmt von Risiko, Planungszeitraum, Zinsdifferenzen und Finanzierungssalden. Grundsätzlich sollte weder ein undifferenziertes Modell in einer differenzierten Umgebung, noch ein differenziertes Modell in einer undifferenzierten Umgebung eingesetzt werden.

Die Anwendung der aufwendigeren Verfahren der Investitionsrechnung ist insbesondere bei eingeschränkter Vergleichbarkeit der Alternativen angezeigt. Der Einsatz mehrerer Verfahren zur Beurteilung ein- und desselben Vorhabens und der anschließende Vergleich der Ergebnisse können sehr aufschlussreich sein.

Unabhängig davon, auf welches Verfahren die Wahl schließlich fällt, sind vom Anwender in erster Linie Sensibilität, Genauigkeit und ökonomisches Verständnis gefordert, um Denkfehler, Stückwerk und Fehlschlüsse zu vermeiden. Die bei Investitionsrechnungen auftretenden Schwierigkeiten und Fehler können verschiedene Ursachen haben:
- mangelnde Genauigkeit: z. B. falsche Zellbezüge und Verknüpfungen,
- falsches Verständnis des ökonomischen Charakters einer Investitionsrechnung: z. B. Einbeziehen nicht auszahlungswirksamer Aufwendungen wie der Abschreibungen,
- pauschalierende Annahmensetzung unabhängig von den betrieblichen Verhältnissen und den Marktverhältnissen: z. B. ungeprüfte Übernahme des Branchendurchschnitts der Verwaltungskosten pro Wohneinheit,
- Prognosefehler: z. B. systematische Unterschätzung des Zinsänderungsrisikos.

Die häufigsten Mängel von Investitionsrechnungen findet man auf folgenden Gebieten:
- Abschreibungen werden wie Auszahlungen behandelt.
- Instandhaltungskosten werden pauschaliert vorgegeben und nicht aus einem Instandhaltungsplan abgeleitet.
- Zins- und Tilgungszahlungen werden bei der Ermittlung einer Gesamtkapitalrendite als Auszahlungen behandelt.
- Bei der Ermittlung einer Eigenkapitalverzinsung werden die Zinsen, nicht aber die laufenden Tilgungen angesetzt.
- Das Zinsänderungsrisiko fließt nicht oder nur in unzureichendem Maße in die Rechnung ein.
- Die Annahmen werden nicht aufeinander abgestimmt, z. B. die über die Zinsentwicklung und die Inflationsrate.
- Der Ansatz für den Liquidationserlös wird nicht begründet.
- Bei Modernisierungsinvestitionen wird die eingebrachte Substanz (Gebäude, Grund und Boden) nicht in der Rechnung erfasst oder nicht marktgerecht bewertet, obwohl der Investor verkaufswillig ist.
- Die Mietentwicklung im Planungszeitraum wird pauschal ohne Ansehen des Objekts und seines Standorts modelliert.
- Die unterstellte Mietentwicklung spiegelt die preisrechtlichen Beschränkungen nicht richtig wider (z. B. bei Erhebung einer Modernisierungsumlage oder nach Ablauf einer Sozialbindung).
- Das Mietausfallwagnis wird pauschal mit 2 Prozent angesetzt.
- Es wird ein unangemessener Kalkulationszins verwendet (z. B. Finanzierungszins ohne Einfluss der objektspezifischen Risiken).
- »Äpfel« werden mit »Birnen« verglichen (z. B. Vergleich von Vermögensendwerten für unterschiedliche Zeithorizonte).

Es gibt keine Patentrezepte zur Vermeidung von Fehlern und Mängeln in Investitionsrechnungen. Die betriebswirtschaftliche Reflektion der einzelnen Arbeitsschritte kann man nicht der Computersoftware überlassen. Der Einsatz hochspezialisierter Software verstellt den Blick auf das Wesentliche und verleitet zur mechanischen und unreflektierten Anwendung. Die in Annahmen zu gießende Wirklichkeit ist so differenziert und schnelllebig, dass immer wieder individuelle Lösungen gefordert sind.

Hilfreich sind eine solide betriebswirtschaftliche Grundausbildung und ein gerüttelt Maß an ökonomischen Verständnis. Auf einem solchen Fundament kann ein reflektierender und lernbereiter Anwender beim sensiblen Einsatz der verschiedenen Verfahren der Investitionsrechnung nach einiger Zeit ein großes Maß an Anwendungssicherheit erlangen. Er muss aber bereit und in der Lage sein, die auftretenden praktischen Probleme theoretisch zu reflektieren und pragmatisch zu lösen. Dabei bleibt fast immer ein gewisser Spielraum. Der Meister wird das Rechte fast bewusstlos treffen. Investitionsrechnung ist kein Handwerk, sondern eine Kunst.

Literaturverzeichnis

AG Energiebilanzen (2006): Politikszenarien für den Klimaschutz IV (2007).

Allen (1989): Real Estate Investment Strategy, South Western Publishing.

Ambrose/Nourse: Factors Influencing Capitalization Rates, Journal of Real Estate Research, 8:2, 221–37.

Baker (2001): Residential Real Estate: An Investment in Need of a Theory, Paper presented at the Pacific RIM Real Estate Society Conference, Christchurch, New Zealand, 20-23 January, 2001.

BDI/VCI (Hrsg. 2015): Die Steuerbelastung der Unternehmen in Deutschland: Fakten für die politische Diskussion 2015/16, Köln: Deutscher Institutsverlag.

Birkner/Bornemann (2014): Rechnungswesen in der Immobilienwirtschaft – inkl. Arbeitshilfen online: Grundlagen, Übungen, Lösungen (Haufe Fachbuch).

Blank (2008): Mietrecht und Energieeffizienz, in: Wohnungswirtschaft und Mietrecht, 61. Jg. Heft 6, S. 311-319.

Blömeke/Blümmel/Kinne (2000): Die Modernisierung und Instandsetzung von Wohnraum, Grundeigentum-Verlag.

Blohm/Lüder/Schaefer (2012): Investition, 10. Aufl., Verlag Vahlen.

Börstinghaus/Clar (2013): Mietspiegel, 2. Aufl., C.H. Beck.

Brown/Matysiak (2000): Real Estate Investment: A Capital Markets Approach, Financial Times/Prentice.

Bühner (1994): Unternehmerische Führung mit Shareholder Value. In: Bühner, R. (Hrsg.): Der Shareholder-Value-Report : Erfahrungen, Ergebnisse, Entwicklungen, S. 9 – 75, Landsberg/Lech.

Bulwien (2005): Überblick über Immobilieninvestoren und -anlageprodukte in Deutschland, in: Schulte/Bone-Winkel/Thomas (Hrsg., 2005), S. 45-66.

Byrne/Lee (2001): Risk reduction and real estate portfolio size, in: Managerial and Decision Economics, Vol. 22, Nr. 7, S. 369-379.

Collett/Lizieri/Ward (2003): Timing and the Holding Periods of Institutional Real Estate, in: Real Estate Economics, Vol. 31, Nr. 2, S. 205 ff.

Dipasquale (1999): Why Don't We Know More About Housing Supply?, in: The Journal of Real Estate Finance and Economics, Vol. 18, Nr. 1, S. 9-23.

Drosse (1999): Investition, Gabler.

Empirica (2014): Mietgutachten Sachsen – Endbericht, Gutachten im Auftrag des SMI.

Evans (1990): A Transfer Function Analysis of Real Estate Capitalization Rates, Journal of Real Estate Research, Vol. 5, Nr. 3, S. 371–80.

Falk (Hrsg., 1997): Das große Handbuch Immobilien-Management, Verlag Moderne Industrie.

Fraunhofer-Institut für Bauphysik/co2online gemeinnützige GmbH (2007): CO2-Gebäudereport 2007, im Auftrag des Bundesministeriums für Verkehr, Bau und Stadtentwicklung (BMVBS).

Froland (1987): What Determines Cap Rates on Real Estate, Journal of Portfolio Management, Vol. 13, S. 77–83.

Götze (2014): Investitionsrechnung, 7. Aufl., Springer.

Gramlich (2015): Mietrecht, 13. Aufl., Beck.

Grob/Hermans (2009): Investitionsentscheidungen: Risiko-Chancen-Analyse mit Value at Risk, in: WISU 5/2009, S. 693-700.

Guntermann/Norrbin (1991): Empirical Tests of Real Estate Market Efficiency, in: The Journal of Real Estate Finance and Economics, Vol. 4, Nr. 3, S. 297-313.

Halama (2014): Ansprüche des Mieters auf Durchführung und Unterlassen einer energetischen Modernisierung, in: Deutsche Wohnungswirtschaft, 66. Jg., Nr. 7/8, S. 211-219.

Hax (1985): Investitionstheorie, 5. Aufl., Physica-Verlag.

Jaffe/Sirmans (1995): Fundamentals of Real Estate Investments, South-Western Educational Publishing.

Jenkis (Hrsg., 1996): Kompendium der Wohnungswirtschaft, Oldenbourg-Verlag.

Jud/Winkler (1995): The Capitalization Rate of Commercial Properties and Market Returns, in: Journal of Real Estate Research, Vol. 10, Nr. 5, S. 509-518.

Kahn/Wiener (1967): The Year 2000: A Framework for Speculation on the Next Thirty-Three Years, New York 1967.

Keogh/D'Arcy (1999): Property Market Efficiency: An Institutional Economics Perspective, in: Urban Studies, Vol. 36, Nr. 13, S. 2401-2414.

Kofner (1998): Vergleichsmiete, Staffelmiete und Indexmiete im Vergleich, in: Deutsche Wohnungswirtschaft, 50. Jg., S. 66-75.

Literaturverzeichnis

Kofner (2002): Die Zukunft der Wertzuwachsbesteuerung bei Immobilien, in: Wohnungswirtschaft und Mietrecht, 55. Jg.

Kofner (2003a): Die Formation der deutschen Wohnungspolitik nach dem Zweiten Weltkrieg – Teil III, in: Deutsche Wohnungswirtschaft, 55. Jg., S. 322-334.

Kofner (2003b): Rückstellung für Bauinstandhaltung, in: Die Wohnungswirtschaft Nr. 7, 56. Jg.

Kofner (2008a): Rentabilität von energiesparenden Investitionen im deutschen Mietwohnungsbestand, Paper für das European Network of Housing Research, International Housing Conference in Dublin, Irland, 6.-9.7.2008.

Kofner (2008b): Die Hypotheken- und Finanzmarktkrise, Fritz Knapp-Verlag.

Kofner (2009a): Corporate Governance, in: Wohnungswirtschaft und Mietrecht, 62. Jg. (2009), Heft 2, S. 97-108.

Kofner (2009b): Immobilienderivate, in: Wohnungswirtschaft und Mietrecht, 62. Jg. (2009), Heft 5, S. 275-279.

Kofner (2009c): Gentrification, in: Wohnungswirtschaft und Mietrecht, 62. Jg. (2009), Heft 7, S. 384-386.

Kofner (2012): Grundzüge der Wohnungsbaupolitik, Studienbrief des Hochschulverbundes Distance Learning, 3. Auflage.

Krämer, H. (2002): Das Unternehmensinteresse als Verhaltensmaxime der Leitungsorgane einer Aktiengesellschaft im Rahmen der Organhaftung, Berlin 2002.

Krainer (1999): Real Estate Liquidity, in: Federal Reserve Bank of San Francisco Review, Nr. 3.

Kreisel/Löhr (2002): Immobilien-Portfolio Management, Fachartikelreihe Teil 1-7, Internet: Aeron Deutschland GmbH.

Kruschwitz (2010): Finanzmathematik, 5. Aufl., De Gruyter Oldenbourg.

Lechelt (2001): Risikomanagement in der Wohnungswirtschaft, Vertieferarbeit am Institut für Maschinenwesen im Baubetrieb der Universität Karlsruhe (TH).

Liu/Hartzell/Hoesli (1997): International Evidence on Real Estate Securities as an Inflation Hedge, in: Real Estate Economics, Vol. 25, Nr. 2, S. 193-221.

Liu/Grissom/Hartzell (1990): The Impact of Market Imperfections on Real Estate Returns and Optimal Investor Portfolios, in: Real Estate Economics, Vol. 18, Nr. 4, S. 453-478.

Lush/Kolbe/Greer (2003): Investment Analysis for Real Estate Decisions, Dearborn Financial Publishing.

Maier (2004): Risikomanagement im Immobilien- und Finanzwesen. Fritz Knapp Verlag.

Mcdonald (1999): Optimal Leverage in Real Estate Investment, in: The Journal of Real Estate Finance and Economics, Vol. 18, Nr. 2, S. 239 – 252.

McKinsey&Company (2007): Kosten und Potenziale der Vermeidung von Treibhausgasemissionen in Deutschland – Studie im Auftrag von »BDI initiative – Wirtschaft für Klimaschutz«.

Mersson (2009): Mieterhöhung bei Modernisierung – ein Überblick über die Voraussetzungen des § 559 BGB, in: Deutsche Wohnungswirtschaft, 61. Jg., Nr. 5, S. 122-131.

Neidt (1998): Dynamische Investitionsrechnung in der Immobilienwirtschaft, Diplomarbeit am Institut für Immobilienmanagement der Universität Leipzig.

Olfert (2015): Investition, 13. Aufl., Kiehl Verlag.

Ott (2002): Real Options and Real Estate: A Review and Valuation Illustration, in: Wang/Wolverton (2002).

Pedrazzini/Micheli (2002): Der Preis von Immobilien: Dynamische Investitionsrechnung für die Immobilienbewertung. Methodik und zehn Fallbeispiele, Versus-Verlag.

Pistorius (1996): Die Kostenmiete, Anleitung zu ihrer Berechnung, 3. Aufl., Hammonia-Verlag.

Reiß (1996): Der wohnungswirtschaftliche Jahresabschluss nach Handels- und Steuerrecht, in: Jenkis (1996).

Roland Berger Strategy Consultants (2015): Studie Betongoldrausch in Deutschland, Competence Center Financial Services, April 2015.

Rolfes (2003): Moderne Investitionsrechnung, 3. Aufl., Oldenbourg-Verlag.

Ropeter (1999): Investitionsanalyse für Gewerbeimmobilien, Verlag Rudolf Müller.

Rosarius, (2006): Modernisierungsaufwand, in: Haufe Steuer Office.

Scharp/Galonska/Knoll: Benchmarking für die Wohnungs- und Immobilienwirtschaft – Entwicklung einer Balanced Scorecard, WerkstattBericht Nr. 53 des IZT Institut für Zukunftsstudien und Technologiebewertung der Führungsakademie der Wohnungs- und Immobilienwirtschaft.

Schmoll genannt Eisenwerth (Hrsg., 2015a): Basiswissen Immobilienwirtschaft, 3. Aufl., Grundeigentum-Verlag.

Schmoll genannt Eisenwerth (2015b): Immobilieninvestition und Immobilienfinanzierung, in: Schmoll genannt Eisenwerth (2015a).

Schneider, E. (1968): Wirtschaftlichkeitsrechnung: Theorie der Investition, 7. Aufl., Tübingen.

Schoellerbank (2002): Welches Potenzial steckt in europäischen Immobilienwertpapieren? Schoellerbank Analysebrief, Ausgabe XV, September 2002.

Schönefeld/Baldauf/Lüdeke, H. (2008): Green Building Leverage, in: Bundesbaublatt, 57. Jg., Nr. 3, S. 14-18.

Schulte/Bone-Winkel/Schäfers (Hrsg., 2015): Immobilienökonomie, Band 1: Betriebswirtschaftliche Grundlagen, 5. Aufl., De Gruyter Oldenbourg.

Schulte (2005): Investition in Immobilien, in: Schulte/Bone-Winkel/Thomas (Hrsg., 2005), S. 21-44.

Schulte/Sotelo/Allendorf/Ropeter-Ahlers/Lang (2015): Immobilieninvestition, in: Schulte et al. (Hrsg., 2015), S. 579-650..

Schulte/Allendorf/Crommen (1999): Investitionsrechnung im sozialen Wohnungsbau, Verlag Rudolf Müller.

Schulte/Bone-Winkel/Thomas (Hrsg., 2005): Handbuch Immobilien-Investition, 2. Aufl., Verlag Rudolf Müller.

Schulte/Ropeter-Ahlers (2005): Investitionsrechnung und Risikoanalysen, in: Schulte/Bone-Winkel/Thomas (Hrsg., 2005), S. 391-428.

Schulte/Rottke/Pitschke (2005): Transparency in the German Real Estate Market, in: Journal of Property Investment and Finance, Vol. 23, Nr. 1, S. 90-108.

Schwartz/Kapplin (Hrsg., 1995): Alternative Ideas in Real Estate Investment (Research Issues in Real Estate, Vol. 2), Kluwer Academic Publishing.

Sindt (1998): Real Estate Investment, Prentice-Hall.

Sirmans/Worzala (2003): International Direct Real Estate Investment: A Review of the Literature, in: Urban Studies, Vol. 40, Nr. 5-6, S. 1081-1114.

Statistisches Bundesamt (2000): 50 Jahre Wohnen in Deutschland, Verlag Metzler Poeschel.

Steck (2015): Praxiswissen Immobilien und Steuern – inkl. Arbeitshilfen online (Haufe Fachbuch).

Strunz (2011): Investitionsmanagement, Studienbrief des Hochschulverbundes Distance Learning, 2. Aufl.

Thomsen (1998): Modernisierung von preisfreiem Wohnraum durch den Vermieter. Zur Duldungspflicht des Mieters und zum Mieterhöhungsrecht des Vermieters (Schriften zum Bürgerlichen Recht; BR 209), Duncker & Humblot.

Trampe (2009): Was sind meine Bestände wert?, in: Bundesbaublatt, 58. Jg., Nr. 10, S. 22-24.

Väth/Hoberg (2005): Immobilienanalyse – die Beurteilung von Standort, Markt, Gebäude und Vermietung, in: Schulte/Bone-Winkel/Thomas (Hrsg., 2005), S. 359-390.

Vielberth (1997): Möglichkeiten und Auswirkungen von Wertsteigerungen bei Mietverträgen von Gewerbeimmobilien, in: Falk 1997, S. 735-764.

Wang (2001): Econometric Analysis of the Real Estate Market and Investment, Routledge.

Wang/Wolverton (Hrsg., 2002): Real Estate Valuation Theory (Research Issues in Real Estate), Springer.

Ziobrowski/Ziobrowski/Rosenberg (1997): Currency Swaps and International Real Estate Investment, in: Real Estate Economics, Vol. 25, Nr. 5.

Antworten zu den Verständnisfragen

K 1.1
Immobilien- und Vermietungsmarkt unterscheiden sich nach den Handelsobjekten. Am Vermietungsmarkt werden zeitlich und sachlich begrenzte Nutzungsrechte an Immobilien gehandelt. Am Immobilienmarkt geht es dagegen um die Übertragung von Eigentumsrechten gegen Zahlung des Kaufpreises. Der Erwerber erhält ein unbefristetes und im Rahmen der gesetzlichen Beschränkungen unbeschränktes Nutzungs- und Verfügungsrecht an der Immobilie.

K 1.2
Der Cashflow aus einer Immobilie setzt sich zusammen aus den erwarteten Mieteinnahmen vermindert um die während der Haltedauer erwarteten Auszahlungen für die Verwaltung und Instandhaltung des Objektes. Außerdem sind noch die erwarteten Erlösschmälerungen abzuziehen.

K 1.3
Wenn wir die Eigentumswohnung in Stuttgart mit zeitgemäßer Ausstattung und ohne Instandhaltungsstau als Beispiel nehmen, dann wären Bundesanleihen mit zehnjähriger Restlaufzeit ein Beispiel für eine enge Substitutionsbeziehung. Eine weite Substitutionsbeziehung würde beispielsweise der spekulative Kauf von strukturierten Wertpapieren darstellen, die mit minderwertigen Eigenheimkrediten aus den USA gedeckt sind.

K 1.4
Eine Investition zeigt sich ausschließlich auf der Aktivseite der Bilanz. Es handelt sich um einen Aktivtausch, bei dem die liquiden Mittel abnehmen und das Anlagevermögen entsprechend zunimmt.

K 1.5
Ein Finanzierungsvorgang führt zu einer Erhöhung der liquiden Mittel und gleichzeitig zu einer Vermehrung einer Passivposition (z. B. Rücklagen oder Verbindlichkeiten gegenüber Kreditinstituten). Es handelt sich also um eine Bilanzverlängerung.

K 1.6
Für die indirekte Investition in Immobilien stehen verschiedene Anlagevehikel zur Verfügung. Neben der Beteiligung an offenen oder geschlossenen Immobilienfonds kommt dafür auch der Kauf von Aktien einer Immobilien-AG oder einer REIT-AG in Frage. Indirekte Immobilieninvestments können davon abgesehen auch mit der Beteiligung an ausländischen Aktien- oder Beteiligungsgesellschaften oder mit dem Erwerb von Immobilienderivaten eingegangen werden.

K 1.7
Mit dem Underlying Asset ist die Immobilie selbst in ihrer Eigenschaft als Quelle von zukünftigen Cashflows gemeint. Das Anlageprodukt ist dagegen der rechtliche Mantel, in den die Immobilien »verpackt« sind, z. B. ein offener Immobilienfonds. Die Rechte und Pflichten der Anleger richten sich nach der Ausgestaltung dieser rechtlichen Struktur.

K 2.1
Worin Institutionelle Investoren haben gegenüber den meisten Privatinvestoren den Vorteil, dass sie weniger Beschränkungen unterliegen. Unter anderem können sie aufgrund der Größe ihrer Portfolios beträchtliche Kostenvorteile auf der Beschaffungsseite realisieren. Außerdem fällt ihnen die Risikostreuung leichter und sie verfügen meistens über eine höhere Managementkompetenz als Privatanleger. Auf der anderen Seite sind institutionelle Investoren strenger reguliert und beaufsichtigt als Privatanleger. Ein Privatanleger ist auch freier bei der Wahl seiner Anlagestrategie. Außerdem können für Privatanleger Steuersparmotive eine größere Bedeutung bei der Entscheidung für eine Kapitalanlage haben.

K 2.2
Beide Investmentansätze können auch kombiniert werden (z. B. Wiederanlage nur eines Teils der laufenden Ausschüttungen). Auf der anderen Seite schmälert jede Entnahme aus den laufenden Einzahlungen aus dem Investment den Endwert des Vermögens. Das ist wegen des Zinseszinseffektes besonders bei langfristigen Anlagen spürbar.

K 2.3
Das Risiko einer Investition besteht in der Möglichkeit, dass aufgrund negativer Abweichungen der Rückflüsse von ihren angenommenen Werten der tatsächliche Erfolg hinter dem erwarteten zurückbleibt. Die Ursachen dafür können auf der Einnahmenseite (z. B. Unterschätzung der Leerstandsentwicklung im Objekt) oder auf der Ausgabenseite (z. B. Unterschätzung des Prolongationszinses) liegen. Rechnerisch kommt das Risiko im Kalkulationszins zum Ausdruck.

K 2.4
Für den Zeithorizont sind die Transaktionskosten der Immobilienanlage maßgeblich, also die Frage wie schnell und mit welchen Kosten man aus dem Investment wieder aussteigen kann. Da die Transaktionskosten weder bei einem direkten noch bei einem indirekten Engagement vernachlässigt werden können, sollte ein Immobilienanleger je nach Anlageform einen mittel- bis langfristigen Zeithorizont haben. Für die Zukunft gilt, dass die Höhe der Transaktionskosten vom Stand der Finanztechnik abhängt.

K 3.1
Der Immobilienmarkt zerfällt in viele regionale und sachliche Teilmärkte und er ist daher als ein sehr intransparenter Markt zu charakterisieren. Letzten Endes ist jede Immobilie ein Unikat. Damit eröffnet sich aber ein breiter Spielraum für subjektive Abweichungen im Hinblick auf die Bewertung und Preisfindung. Konkret bedeutet Mispricing, das man eine Immobilie zu teuer eingekauft hat, weil man die Marktsituation oder die zukünftige Entwicklung des Cashflows falsch eingeschätzt hat. Auf der anderen Seite bietet der Immobilienmarkt aufgrund seiner Intransparenz auch die Chance auf Gewinne durch vorteilhafte Akquisitionen.

K 3.2
In der kurzfristigen Betrachtung verhält sich das Angebot nahezu starr, weil die Investoren bei fallenden Mietpreisen auch auf mittlere Sicht eine Unterdeckung der fixen Kosten durch die Mieteinnahmen in Kauf nehmen. Mittelfristig verschlechtert sich aber die bauliche Beschaffenheit der Immobilien und auf lange Sicht werden sie aus dem Markt ausscheiden. Auch bei steigenden Mietpreisen aufgrund von externen Nachfrageschocks kann das Angebot kurzfristig nur in sehr begrenztem Umfang variiert werden. Es

vergeht viel Zeit, bis ein zusätzliches Angebot marktwirksam werden kann. Mittelfristig reagiert das Angebot dagegen durchaus elastisch auf gestiegene Preise.

K 3.3

Das liquideste Asset ist Bargeld. Bei Wertpapieren hängt die Fungibilität von der Liquidität an den Sekundärmärkten ab. Als besonders liquide gelten Staatsanleihen.

K 3.4

70 bis 75 Prozent Fremdkapitalanteil sind für die deutschen Verhältnisse als typisch anzusehen?

K 3.5

Der Beleihungswert ist der im Falle eines freihändigen Verkaufs oder einer Zwangsversteigerung realisierbare Wert einer Immobilie. Er dient der Feststellung der für ein Beleihungsobjekt tragbaren Beleihungssumme. Die Beleihungssumme ergibt sich aus der Multiplikation des Beleihungswertes mit der Beleihungsgrenze. Sie wird als Prozentsatz des Beleihungswertes angegeben und bildet somit eine Obergrenze für die Kredithöhe.

K 3.6

Immobilien sind verglichen mit anderen Vermögensgegenständen sehr managementintensiv. Der Vermieter ist unter anderem zuständig für: Instandhaltung und Modernisierung der Mietsache, laufende Bewirtschaftung (z. B. Einkauf von Brennstoffen, Wartung der Heizung), Betriebskostenabrechnung, Mietanpassung und Gewinnung von Nachmietern.

K 3.7

Die Direktanlage in Immobilien in erster Linie für Investoren mit einem großen Vermögen, einem langen Anlagehorizont und entsprechender Managementexpertise attraktiv. Indirekte Immobilienanlagen eignen sich dagegen auch für kleinere Privatanleger. Offene Immobilienfonds sind besonders für risikoscheue Anleger mit einem mittleren Zeithorizont geeignet. Der Immobilienmarkt bietet aufgrund seines Risikoprofils und des verbreiteten Mispricing aber auch spekulativ orientierten Investoren Chancen. Davon abgesehen ist die Immobilienanlage ein unverzichtbares Element der Portfoliodiversifizierung.

K 4.1
Der Portfoliomanager denkt gesamtbestands- und nicht objektbezogen. Er gestaltet bewusst und zielgerichtet die Zusammensetzung des von ihm gesteuerten Immobilienportfolios um Effizienz und Risikostreuung zu verbessern. Die Perspektive eines Immobilienverwalters ist dagegen ausschließlich objektbezogen. Der verwaltete Immobilienbestand wird nicht umgeschlagen (»buy and hold«) und der Verwalter ergreift nicht von sich aus die Initiative (z. B. für Modernisierungen). Anders als ein Verwalter gestaltet ein Objektmanager innerhalb gewisser Grenzen aktiv die Cashflows aus den einzelnen Immobilien mit dem Ziel der Steigerung der Effizienz der Bewirtschaftung. Dabei berücksichtigt er die Anforderungen der Nachfrageseite und der Eigentümer.

K 4.2
Änderungen im operativen Umfeld machen Anpassungen des Immobilienportfolios erforderlich. Ein Beispiel sind die Verschärfungen der gesetzlichen Anforderungen an die Energieeffizienz von Wohngebäuden. Solche Umfeldänderungen beeinflussen das Soll-Portfolio. Dies kann Auswirkungen auf das Modernisierungsprogramm haben oder Desinvestitionsentscheidungen nach sich ziehen.

K 4.3
Dem Ist-Portfolio, das den aktuellen Zustand beschreibt, wird ein Soll-Portfolio gegenübergestellt, welches die angestrebte Zukunft beschreibt. Es handelt es sich um ein effizientes Portfolio, das den strategischen Zielvorgaben angesichts der Umfeldbedingungen möglichst nahe kommt. Mithilfe der Normstrategien für die einzelnen Portfoliofelder wird das Ist- schrittweise in das angestrebte Soll-Portfolio transformiert.

K 4.4
Während die Objektperspektive einzelne, eindeutig abgrenzbare Eigenschaften im Sinne von Ausstattungsmerkmalen betont (Objektqualität), sieht der Kunde mehr auf die Summe der Eigenschaften von Wohnung,

Gebäude und Wohnumfeld (Wohlfühlanspruch, »sich zu Hause fühlen«). Seine Sicht ist subjektiv.

K 4.5
Für die Vision sind Gesetzgeber, Gesellschafter und Aufsichtsrat zuständig. Die Strategie entwickeln Aufsichtsrat und Geschäftsführung (Vorstand) gemeinsam. Für das Portfoliomanagement sind in erster die Geschäftsführung und die verantwortlichen Manager, letzten Endes aber auch alle Mitarbeiter verantwortlich (Intrpreneurship).

K 4.6
Die Immobilie kann mit minimalem Aufwand weiterbewirtschaftet werden. Als investive Handlungsalternativen bieten sich die Instandsetzung (Beseitigung des Instandhaltungsstaus) und die (energetische) Modernisierung an (verschiedene Varianten). Das Gebäude kann aber auch abgebrochen und durch einen energieeffizienten Neubau ersetzt werden. Schließlich kann es verkauft werden. Die Begründung von Wohnungseigentum und der Vertrieb als Eigentumswohnungen dürften hier eine Modernisierung voraussetzen.

K 5.1
Ein Beispiel für eine interne Investitionsanregung ist der Vorschlag der Vermietungsabteilung, an ein vorhandenes Objekt, Balkone anzubauen, um den Leerstand zu verringern. Externe Anregungen ergeben sich überwiegend aus Absatzmarktentwicklungen wie zunehmender Nachfrage nach betreutem Wohnen.

K 5.2
Wenn die Ergebnisse des Investitionscontrollings (z. B. Soll-Ist-Abweichungen) keine Auswirkungen auf den Prozess der Investitionsplanung haben, dann hat die Organisation an dieser wichtigen Schnittstelle keine Chance dazuzulernen. Dieselben Fehler wiederholen sich ständig und es kommt immer wieder zu Fehlinvestitionen.

K 5.3
Aus der Sicht der Handelsbilanz bedeutet Aktivierung einen Aktivtausch. Der Vorgang wird damit erfolgsneutral gestellt. Handelt es sich um Auf-

wand des Geschäftsjahres, so wird die Bilanz verkürzt und das Eigenkapital nimmt entsprechend ab. Aus der Sicht der Steuerbilanz ist es vorteilhaft, wenn Ausgaben sofort als Aufwand verbucht werden können, denn auf diese Weise wird die Bemessungsgrundlage der Einkommen- bzw. Körperschaftsteuer verkürzt. Aus diesem Steuerstundungseffekt ergeben sich Rendite- und Liquiditätsvorteile.

K 5.4
Der Finanzierungseffekt der Abschreibungen kommt nur zum Tragen, wenn folgende Voraussetzungen erfüllt sind: Zum einen müssen mit der Immobilie so hohe Mieteinnahmen erzielt werden, dass neben den Kapital- und Bewirtschaftungskosten auch die Abschreibungen gedeckt sind. Zum anderen muss eine offensive Ausschüttungspolitik vorherrschen, damit durch die Abschreibungen ein ausschüttungssperrender Effekt auftritt.

K 5.5
Im Hinblick auf die Duldungspflicht sind Abs. 1-4 von § 554 BGB bei Vermietung von Geschäftsraum abdingbar. Das betrifft die Härtefallregelungen, die Ankündigungspflicht, das Sonderkündigungsrecht des Mieters und den Aufwendungsersatz. Die §§ 559-559b BGB (Modernisierungsumlage) gelten nur für die Vermietung von Wohnräumen.

K 5.6
In der Handelsbilanz wird ein neu angeschafftes Gebäude in der Bilanz aktiviert und dann planmäßig abgeschrieben. Es gilt das Prinzip der Erfolgswirksamkeit. Der Zahlungsstrom wird umperiodisiert. In einer Investitionsrechnung gilt dagegen das Prinzip der Zahlungswirksamkeit. Die Anschaffungskosten sind die »Anfangsauszahlung« der Zahlungsreihe und planmäßige Abschreibungen werden nicht berücksichtigt, weil sie nicht auszahlungswirksam sind.

K 5.7
Solange die Mieteinnahmen neben den variablen auch noch einen Teil der fixen Kosten decken, wird ein Vermieter seine Immobilie nicht vom Markt nehmen, sondern sie nolens volens auch nicht kostendeckend weiter zu vermieten suchen.

K 5.8

Das kommt auf die Kapitalperspektive der Rechnung an. Wird die Eigenkapitalperspektive eingenommen, so besteht die Anfangsauszahlung nur aus dem eingesetzten Eigenkapital und Zins- und Tilgungszahlungen sind vom laufenden Cashflow abzusetzen. Entscheidet sich der Betrachter dagegen für die Gesamtkapitalperspektive, so zählt auch das aufgenommene Fremdkapital zur Anfangsauszahlung und die Zins- und Tilgungszahlungen verkürzen insoweit nicht den laufenden Cashflow aus dem Objekt.

K 5.9

Für den Zeitraum 1995-2015 ergibt sich eine durchschnittliche reale Mietsteigerung von -0,1 Prozent. Die nominalen Mietsteigerungen haben im betrachteten Zeitraum die Inflationsentwicklung meistens nicht vollständig kompensiert.

K 5.10

In § 558 Abs. 2 S. 1 BGB sind folgende Wohnwertmerkmale explizite benannte: Art, Größe, Ausstattung, Beschaffenheit, Lage.

K 5.11

Die Vergleichsmiete ist nicht mit einer Marktmiete im Sinne eines aktuellen Durchschnitts von neu vereinbarten Mieten gleichzusetzen. Als Gründe für die verzögerte Anpassung der Vergleichsmiete an die Neuvertragsmieten sind insbesondere zu nennen: der zeitliche Rückbezug der Vergleichsmietenermittlung von 4 Jahren, die Berücksichtigung geänderter Bestandsmieten bei der Vergleichsmietenermittlung, die Kappungsgrenze, die Limitierung der neu vereinbarten Mieten durch die sogenannte »Mietpreisbremse« sowie die nicht selten verzögerte Anpassung der Mietspiegel an die Marktentwicklung.

K 5.12

Ist der Mietspiegel »nach anerkannten wissenschaftlichen Grundsätzen erstellt und von der Gemeinde oder von Interessenvertretern der Vermieter und der Mieter anerkannt« (§ 558d Abs. 1) und wird er »im Abstand von zwei Jahren der Marktentwicklung« angepasst (§ 558d Abs. 2 S. 1), so handelt es sich um einen »qualifizierten Mietspiegel«.

K 5.13
Klare Antwort: Die Kappungsgrenze geht vor.

K 5.14
Es wäre übertrieben, die Kappungsgrenze als ein großes Problem für die Wohnungswirtschaft zu bezeichnen. Sie greift nur dann, wenn sich ein großer Abstand zwischen Vertrags- und Vergleichsmiete aufgebaut hat. Dies kann zum Beispiel bei Sozialwohnungen der Fall sein, die aus der Sozialbindung entlassen werden.

K 5.15
In § 5 Wirtschaftsstrafgesetz heißt es wörtlich: »Ordnungswidrig handelt, wer vorsätzlich oder leichtfertig für die Vermietung von Räumen zum Wohnen oder damit verbundene Nebenleistungen unangemessen hohe Entgelte fordert, sich versprechen lässt oder annimmt. Unangemessen hoch sind Entgelte, die *infolge der Ausnutzung eines geringen Angebots an vergleichbaren Räumen* die üblichen Entgelte um mehr als 20 vom Hundert übersteigen, ...« Nach der Rechtsprechung des Bundesgerichtshofes muss das geringe Angebot in dem betreffenden Qualitätssegment im gesamten Stadtgebiet gelten und nicht etwa nur im Stadtviertel oder Quartier, in dem die Wohnung liegt. Und außerdem soll es laut BGH auch auf das Verhalten und die persönliche Situation des Mieters ankommen.

K 5.16
Die finanzierungsorientierte Ermittlung des Kalkulationszinses orientiert sich an Fremdkapitalzinsen, die entweder dem Projekt oder dem Unternehmen zugeordnet werden können. Die opportunitätsorientierte Ermittlung stellt demgegenüber die Rendite einer alternativen Investition in den Vordergrund, die unterbliebe, wenn das in Frage stehende Projekt durchgeführt würde.

K 5.17
Das Risiko einer Investition besteht darin, dass eine oder mehrere der in der Investitionsrechnung getroffenen Annahmen verfehlt werden und sich daraus negative Erfolgswirkungen ergeben. Die Wahrscheinlichkeit des Eintretens solcher Abweichungen muss im Kalkulationszins abgebildet

werden. In den Cashflow gehören dagegen die Mittelwerte der entsprechenden Wahrscheinlichkeitsverteilungen (z. B. Erwartungswert des Liquidationserlöses).

K 5.18
Das sogenannte »allgemeine Unternehmerrisiko« umfasst alle Risiken, die nicht objektbezogen sind, also z. B. das Besteuerungs-, das Konjunktur-, das Arbeitsmarkt- und ggf. das Auslandsrisiko. Diese makroökonomischen, politischen oder soziodemographischen Risiken können vom Unternehmen nicht beeinflusst werden. Ein Beispiel sind gestiegene Anforderungen an die energetische Effizienz von Baumaßnahmen.

K 5.19
Der Verlauf der zeitlichen Zinsstrukturkurve wird von der Liquiditätspräferenz und den Zinserwartungen bestimmt. Die Liquiditätspräferenz wirkt immer in dieselbe Richtung (ansteigender Verlauf). Eine inverse Zinsstruktur kann sich an den Kapitalmärkten nur ergeben, wenn die Präferenz des Anlegerpublikums für liquide Anlagen durch die Erwartung kräftig abnehmender kurzfristiger Zinsen überkompensiert wird.

K 5.20
Man kann die in der Zinsstrukturkurve enthaltenen Zinssätze für die unterschiedlichen Laufzeitbereiche zur Ab- oder Aufzinsung von Zahlungsströmen einsetzen.

K 6.1
Wir benötigen Renditekennziffern, um die Performance eines Investments in der Vergangenheit zu messen und um unsere Erwartungen über die zukünftige Performance auszudrücken. Absolute Gewinngrößen taugen dazu wegen ihres fehlenden Bezugs zum Kapitaleinsatz nicht.

K 6.2
Der Renditenvergleich zwischen verschiedenen Projekten wird hier durch Einflüsse von der Finanzierungsseite verzerrt. Unterschiedliche Finanzierungskonditionen und Finanzierungsstrukturen, die nichts mit der Performance des Objektes zu tun haben, können die Vergleichbarkeit der Ergebnisse wesentlich beeinträchtigen.

K 6.3
Bei Immobilieninvestments taugen die statischen Einperiodenmodelle der Investitionsrechnung eigentlich nur zur Grobselektion.

K 6.4
y = 7,5 Prozent, g = 2,5 Prozent, r = 9,5 Prozent.

K 6.5
Man benötigt das 12-fache des aktuellen Cashflows, um den Kaufpreis zu finanzieren.

K 6.6
Bei sinkenden Zinsen am Rentenmarkt sinken auch die Cap Rates am Immobilienmarkt. Bei gesunkenen Erwartungen im Bezug auf das zukünftige Mietsteigerungspotenzial steigen sie dagegen.

K 6.7
Immobilien-Investments sind alles in allem nicht frei von Risiken. Natürlich kommt es sehr auf den Standort und den Immobilientyp an. Doch wirken sich die Standortgebundenheit und die langen Nutzungsdauern in jedem Fall risikoerhöhend aus. Verallgemeinernde Aussagen sind schwierig. Die Stuttgarter Wohnimmobilie liegt möglicherweise in ihrem Risikoprofil nahe bei Bundesanleihen. Auf der anderen Seite des Spektrums stehen Freizeitimmobilien und risikoreiche Projektentwicklungen.

K 6.8
Fall 1: Immobilie B: Bei dem Mehrfamilienhaus in dem wachsenden Stadtteil wird die Cap Rate niedriger liegen, weil die Erwartung zukünftiger Mietsteigerungen heute eine niedrigere Anfangsrendite tragbar erscheinen lässt.

Fall 2: Immobilie A: Das Bürogebäude voller langfristiger Mieter wird die niedrigere Cap Rate aufweisen, weil das Anschlussvermietungsrisiko kleiner ist.

Fall 3: Immobilie A: Immobilien werden bei einem Zins für langfristige Anleihen von 3% die niedrigere Cap Rate aufweisen. Begründung: niedrigere Opportunitätskosten des Kapitals.

K 7.1
Der Unterschied zwischen Kapitalwert und Discounted Cashflow liegt einzig und allein darin, dass der Kapitalwert die Anfangsauszahlung berücksichtigt und der DCF eben nicht. Der Discounted Cashflow kann insoweit nicht als Verfahren der Investitionsrechnung angesehen werden.

K 7.2
Bei einem negativen Kapitalwert wird der vorgegebene Kalkulationszins nicht erreicht. Mit dem Investment werden also Werte vernichtet. Es soll nicht durchgeführt werden.

K 7.3
Für $i=0{,}10$ beträgt der Kapitalwert der Investition 5.862 EUR und für $i=0{,}12$ liegt er bei -33,75 EUR.

K 7.4
Wenn man die Zahlungsreihe einer Investition mit dem internen Zinsfuß auf die Gegenwart abzinst, ergibt sich ein Kapitalwert von Null.

K 7.5
Der konvexe Verlauf der Funktion ist folgendermaßen zu interpretieren: Der Einfluss des Kalkulationszinssatzes auf den Kapitalwert ist im Bereich hoher Kalkulationszinsen wesentlich geringer als im Bereich niedriger Zinssätze.

K 7.6
Bei zu großen Abweichungen zwischen Soll-, Haben- und Diskontierungszinssatz sollte das Kapitalwertverfahren mit Vorsicht eingesetzt werden.

K 7.7
Die implizite Annahme der Kapitalwertmethode im Bezug auf die Verzinsung auftretender Zahlungssalden bzw. Ergänzungsinvestitionen lautet: Alle Zahlungssalden können zum Kalkulationszinssatz finanziert (negative Salden) bzw. angelegt (positive Salden) werden.

K 7.8

Der Einsatz der Vermögensendwertmethode bietet unter den Bedingungen eines vollkommenen Kapitalmarktes keine Vorteile gegenüber der Kapitalwertmethode.

K 8.1

Bei der Berechnung der Bauzeitzinsen wird angenommen, dass die Grundstücks-, die Erschließungs- und die Baunebenkosten über die gesamte Bauzeit hinweg vorgehalten werden müssen. Bei den Bau- und Gerätekosten wurde unterstellt, dass deren Anfall sich gleichmäßig über die Bauzeit von 18 Monaten verteilt.

Berechnung der Bauzeitzinsen

			EUR	EUR
1.	a)	Grundstück	1.600.000	
	b)	Erschließung	125.000	
	c)	Baunebenkosten	650.000	
		Bemessungsgrundlage	2.375.000 EUR	
		4,5 Prozent Zinsen für 16 Monate		**142.500**
2.	a)	50 Prozent Bauwerk	1.500.000	
	b)	50 Prozent Geräte	200.000	
		Bemessungsgrundlage	1.700.000 EUR	
		4,5 Prozent Zinsen für 16 Monate		**102.000**
Bauzeitzinsen gesamt				**244.500 EUR**

K 8.2

Die Ausgangsmiete und die Zuwachsraten der Mieteinnahmen hätten angesichts der Qualitäten des Makrostandortes höher gewählt werden können. Auch die Wertentwicklung wurde möglicherweise etwas zu pessimistisch angenommen.

K 8.3

Es dürfen nur interne Renditen von Investitionen mit vergleichbarem Risikoprofil direkt miteinander verglichen werden. Davon abgesehen wird bei Vergleichen von internen Zinssätzen implizite von einem vollkommenen Kapitalmarkt ausgegangen. Die Wiederanlageprämisse ist auf ihre empirische Rechtfertigung hin zu prüfen. Problematisch ist sie bei einer großen Differenz der internen Zinssätze der zu vergleichenden Vorhaben sowie bei einer großen Differenz zwischen der IRR und den aktuellen Marktkonditionen bzw. dem Kalkulationszins. Außerdem ist der Kapitalmarkt nicht unbegrenzt ergiebig und aufnahmefähig.

K 8.4

Ein vollkommener Kapitalmarkt ist gekennzeichnet durch: die sogenannte »Wiederanlageprämisse« (IRR = Sollzins = Habenzins) und durch seine unbeschränkte Ergiebigkeit (für Kredite) bzw. Aufnahmefähigkeit (für Anlagen).

K 8.5

Die Annahme eines kurzfristigen Kontenausgleichs bei der Berechnung des Vermögensendwertes ist bei Aufnahme kurzfristiger bzw. variabel verzinslicher Mittel angemessen.

K 8.6

Aktivierungsfähig sind die Baukosten, die Gerätekosten, die Kosten für die Außenanlagen, die Baunebenkosten, die Bauzeitzinsen sowie in bestimmten Umfang Gemeinkosten. Nicht aktivierungsfähig beim Gebäude sind Grundstückskosten einschließlich der Kosten für die Herrichtung und Erschließung, Grundstückszinsen sowie Kosten der Absatzwerbung.

K 8.7

Der Einsatz der VoFi-Methode zur Einschätzung der Vorteilhaftigkeit von Investitionen ist dann angezeigt, wenn ein besonderes Transparenzerfordernis besteht und/oder die Kapitalwert- bzw. die Interne Zinsfuß-Methode zu nicht mehr tolerierbaren Verzerrungen des Ergebnisses führen würden. Mit dem Einsatz dieser Methode sind folgende methodische Probleme verbunden: kalkulatorische Unangemessenheit der Soll- und Habenzinssätze, willkürliche Zuordnung von Verwendungen zu zukünftigen Zahlungssalden, Verschleierung der »wahren« Rendite, Tendenz zum »Todrechnen« (wenn

Sollzins > Habenzins), eingeschränkte Vergleichbarkeit der Ergebnisse, bilanzielle Erfolgswirkungen ohne Einfluss auf das Vorteilhaftigkeitskriterium.

K 9.1
Nach der Annuitäten-Methode lohnt sich eine Investition, wenn der jährliche Cashflow aus der Immobilie größer ist als die berechnete Annuität. Es handelt sich um ein Einperiodenmodell mit einem konstanten Cashflow. Strenggenommen ist es nur anwendbar, wenn der Cashflow während der gesamten Haltedauer unverändert bleibt. Das Verfahren eignet sich somit nur für die Zwecke einer Grobkalkulation.

K 9.2
Die Kostenmiete wird noch im sozialen Wohnungsbau angewendet und zwar bei früher bewilligten Förderungen im ersten und zweiten Förderweg. In modifizierter Form werden entsprechende Wirtschaftlichkeitsberechnungen zum Teil noch gefordert (z. B. in Bayern).

K 9.3
Die Kostenmiete ist ein Instrument zur Begrenzung der Gewinne von Investoren im sozialen Wohnungsbau.

K 9.4
Die sogenannten »laufenden Aufwendungen« im Sinne von § 18 Zweite BV sind alle Aufwendungen, die bei der Berechnung der Kostenmiete angesetzt werden dürfen: Kapitalkosten für Eigen- und Fremdkapital, Abschreibungen, Verwaltungs- und Instandhaltungskosten, Mietausfallwagnis. In welcher Höhe jeweils Aufwendungen angesetzt werden dürfen, ist ebenfalls in der Zweiten BV geregelt.

K 9.5
Bei der in der Wohnungswirtschaft verbreiteten Finanzierung mittels Annuitätendarlehen mit einprozentiger Anfangstilgung können die wohnungswirtschaftlichen Abschreibungen als Tilgungsäquivalente angesehen werden. Allerdings fließen die Grundstückskosten nicht in die Bemessungsgrundlage der Abschreibungen ein.

K 9.6
Tilgungsleistungen bleiben in der Wirtschaftlichkeitsberechnung außen vor.

K 9.7
Die Kostenmiete liegt mehr oder weniger deutlich unterhalb der ortsüblichen Vergleichsmiete, sodass das Leerstandsrisiko für den Investor begrenzt ist. Außerdem bleibt die Kostenmiete wegen des Einfrierungsprinzips von Schwankungen der Mieten im frei finanzierten Wohnungsbau völlig unberührt. Schließlich sind die Investoren nicht dem Zinsänderungsrisiko ausgesetzt, da Kapitalkostenerhöhungen auf die Miete umgelegt werden können. Die erwarteten Renditen im öffentlich geförderten Wohnungsbau haben demnach den Charakter von Garantierenditen. Die kalkulatorische Verzinsung kann daher niedriger als bei frei finanziertem Wohnraum angesetzt werden.

K 10.1
Die Besteuerungsregeln unterscheiden sich zwischen den verschiedenen steuerlichen Einkunftsarten. Ein Beispiel ist die unterschiedliche Behandlung von Veräußerungsgewinnen, je nachdem was veräußert wird und ob der Vermögensgegenstand in einem Privat- oder Betriebsvermögen gehalten wurde. Für Immobilien gibt es außerdem Sonderregelungen wie die erhöhte Abschreibung und die Übertragung von Veräußerungsgewinnen.

K 10.2
Das Problem liegt darin, dass die zukünftigen Gewinne des gesamten Unternehmens und der zukünftig auf diesen Gewinnen anzuwendende Steuersatz einer beachtlichen Prognoseunsicherheit unterliegen. Wenn das gesamte Unternehmen Verluste macht, erhöhen steuerliche Verluste lediglich den Verlustvortrag. Ein Steuerspareffekt wie in einem Gewinnjahr tritt dann nicht ein.

K 10.3
Die Vermögensteuer wird nicht mehr erhoben, die Gewerbekapitalsteuer ist seit 1.1.1998 abgeschafft und die Grundsteuer kann den Mietern angelastet werden.

K 10.4
Für eine Investitionsrechnung sind folgende Ertragsteuern relevant: Einkommen- bzw. Körperschaftsteuer, Gewerbesteuer und Solidaritätszuschlag.

K 10.5
Entweder wird im Geschäftsjahr der Liquidation der gesamte Veräußerungsgewinn sofort besteuert oder der Veräußerungsgewinn wird auf eine Ersatzimmobilie übertragen, woraus sich zukünftige Abschreibungsminderungen. Das zweite Verfahren wirkt renditesteigernd, weil die dem Veräußerungsgewinn betragsmäßig entsprechenden Abschreibungsminderungen nicht sofort, sondern verzögert, d.h. über die Haltedauer der Ersatzimmobilie verteilt, anfallen. Daraus ergibt sich ein Steuerstundungseffekt.

K 10.6
Die Bruttomethode ist strenggenommen nur für nicht abschreibbare Investitionsvorhaben zulässig. Sie erfasst nicht explizite die steuerlich relevanten Erträge und Aufwendungen für die einzelnen Jahre des Planungszeitraumes. Es kommt hinzu, dass der Einfluss einer Mischfinanzierung bei der Bruttomethode nur unter restriktiven Annahmen mit weiteren Korrekturfaktoren berücksichtigt werden kann. Alles in allem wird die Bruttomethode der differenzierten steuerlichen Behandlung von Immobilien-Investments nicht gerecht.

K 10.7
Von den Mieteinnahmen sind die Zinsaufwendungen abzuziehen. Steuerlich abzugsfähig sind außerdem auch die gesamten Bewirtschaftungskosten sowie die steuerlich zulässigen Abschreibungsbeträge.

K 10.8
Bei einer Nachsteuer-Investitionsrechnung für ein Modernisierungsvorhaben sind der Marktwert des Bodens und der eingebrachten Bausubstanz als Anschaffungskosten anzusehen. Gegebenenfalls können erhöhte Abreibungen oder Förderprogramme zur energetischen Modernisierung in Anspruch genommen werden. Erhaltene Zulagen oder Zinsvergünstigungen sind von der Modernisierungsumlage allerdings wieder abzuziehen.

K 10.9

Entweder man nimmt an, dass die negativen Einkünfte aus VuV noch im selben Geschäftsjahr mit positiven Einkünften aus anderen Quellen verrechnet werden können oder man trägt die Verluste solange auf folgende Geschäftsjahre vor, bis das Projekt wieder positive Einkünfte aus VuV generiert. Die sofortige Verrechnung ist im Hinblick auf die Rendite die bessere Alternative.

K 10.10

Mithilfe von erhöhten Abschreibungen oder sofort abzugsfähiger Instandsetzungsaufwand wird steuerlicher Aufwand auf die Gegenwart vorgezogen. Daraus ergibt sich gegenüber den jeweiligen Alternativen (lineare Abschreibung bzw. Aktivierung des Aufwandes) ein Steuerstundungseffekt, der sich günstig auf Rendite und Liquidität des in Frage stehenden Vorhabens auswirkt.

K 11.1

Mit den KfW-Kreditprogrammen werden spezielle gebäudebezogene Förderzwecke verfolgt, bspw. Verbesserung der energetischen Effizienz oder der Eignung für altengerechtes Wohnen. Bei der sozialen Wohnraumförderung stehen dagegen die Mietbelastung und der qualitative und quantitative Wohnkonsum im Vordergrund. Die Inanspruchnahme von KfW-Krediten zieht anders als die Inanspruchnahme von zinsverbilligten Krediten im Rahmen der sozialen Wohnraumförderung keine Mietpreis- und Belegungsbindungen nach sich.

K 11.2

Die Förderintensität hängt vom Mietniveau der Standortgemeinde und von der Einkommensgruppe ab. Das höchste Darlehensvolumen pro m² wird bei einer Gemeinde mit Mietniveau 4 und der Zielgruppe Einkommensgruppe A erreicht. Die höchstens zulässige Miete unterliegt denselben Bestimmungsgründen. Es gilt der Zusammenhang: Je höher das Mietniveau, desto intensiver die Förderung und desto höher die Mietobergrenzen.

K 11.3

Wenn die Sozialmiete bereits der Einzelvergleichsmiete entspricht und diese unverändert bleibt, so kann auch die Sozialmiete nicht angepasst werden.

K 11.4
Der anfängliche Rückstand auf die Vergleichsmiete ist so groß, dass man annehmen kann, dass der Mieterhöhungsspielraum von 1,5 Prozent in jedem Jahr des Planungszeitraumes voll ausgeschöpft wird.

K 11.5
Bei Sozialmietwohnimmobilien kann man ein niedrigeres Mietausfallwagnis als bei frei finanzierten Wohnungen annehmen, weil die höchstens zulässige Miete mehr oder weniger deutlich hinter der für vergleichbaren frei finanzierten Wohnraum zurückbleibt. Sollte am Wohnungsmarkt ein Überschussangebot vorherrschen, so trifft dies zuerst die Vermieter frei finanzierten Wohnraums.

K 12.1
Man kann das Wechselkursrisiko aus einem Immobilieninvestment auf die Betrachtung der Netto-Rückflüsse reduzieren, wenn die Mieten ebenso wie die Bewirtschaftungs- und Kapitalkosten in der Währung des Ziellandes anfallen.

K 12.2
Im einfacheren Fall wird lediglich der Vermögensendwert der Investition in die Heimatwährung umgetauscht (alle Anlagen/Finanzierungen während der Haltedauer werden in der Währung des Ziellandes getätigt). Dann braucht man nur den Wechselkurs zum Liquidationszeitpunkt zu schätzen. Alternativ kann man annehmen, dass die laufenden Rückflüsse nicht in der Fremdwährung angelegt/finanziert werden, sondern in der Heimatwährung. Bei dieser Variante muss der Wechselkurs für jedes Jahr der Haltedauer geschätzt werden.

K 12.3
Die Annahmen über den Verlauf des Wechselkurses während der Haltedauer sind nur mit großen Schätzunsicherheiten verbunden.

K 13.1
Die Instandhaltungskosten fallen höher aus als angenommen. Die Heizkostenersparnis gemessen in EUR pro Monat und m^2 bleibt hinter den Erwartungen zurück.

K 13.2

Das Risiko eines Immobilieninvestments wird in einer Investitionsrechnung nach bestem Wissen und Gewissen berücksichtigt. Es bleiben aber nicht unerhebliche Ermessensspielräume und zwar insbesondere bei der Festlegung des Kalkulationszinses.

K 13.3

Beim Verfahren der kritischen Werte wird lediglich eine Annahme variiert, während bei einer Szenarioanalyse mehrere wesentliche Annahmen gleichzeitig und gleichgerichtet verändert werden.

K 13.4

Das kommt auf die Situation und das Untersuchungsinteresse an. Die Szenarioanalyse hat den Vorteil, dass sie das Gesamtrisiko in den Blick nimmt und die Abhängigkeiten zwischen den Annahmen offenlegt.

Stichwortverzeichnis

A
Abschreibungsminderung 293, 329
Abwertung 343
allgemeines Unternehmerrisiko 151
Amortisationszeit 63
Annuität 273
Annuitätenmethode 273
Anschaffungskosten 115
Asset-Markt 29
Aufwertung 343
ausgehandelter Mietspiegel 135

B
Basiszinssatz 146
Baunebenkosten 229
Bauzeitzins 231
berechtigtes Interesse 134
Bestandserweiterung 99
Bestandsmiete 126
Bondable Lease 199
Bottom-up-Ansatz 80
Bruttomethode 294
Bruttozahlungsstrom 341
Business Mission 81
Buy-and-hold 52

C
Cap Rate 186
Cashflow 31, 117
Commitment 164

D
degressive AfA 60
Desinvestition 101

Discounted Cashflow 194
Diskontierungszins 196, 198
Diversifikation 44
Dollar-Rendite 343

E
Eigenkapitalrentabilität 182
Einfrierungsprinzip 282
Einkommensgrenze 330
Einkommensgruppe 330
Einkommensorientierung 42
empirisch-repräsentativer Mietspiegel 135
Ergänzungsinvestition 207, 211
erhöhte Abschreibung 60
Ersatzimmobilie 293, 329
Erschließung 228
Ertragsteuer 293
Euro-Rendite 343
Exit Cap Rate 235

F
Fehlinvestitionsrisiko 64
fixe Kosten 141

G
Gebäudeabschreibung 102
Gesamtkapital-Rentabilität 182
Gesellschaftsinteresse 81
Gewinn 178
Grenzzins 145
Grobselektion 94
Grundstückszins 231

H

Handlungsalternative 83
Handlungsraum 83
Hedging 341
Hedonischer Preis 128
Herstellungskosten 102, 226
Horizontwert 203
Horizontwertmethode 203

I

IKV 223
Immobilienportfoliomanagement 72
Immobilienverwaltung 72
Immobilienverzehrplan 42
Indexmiete 108
indirekte Anlage 31
Inflation 65, 130, 148, 350
Inflationsentwicklung 130
Inflationserwartung 147, 148, 165
Inflationsprämie 112
Instandhaltung 100, 103, 105
Instandsetzung 103, 105, 106, 174
Instandsetzungskosten 235
institutioneller Investor 37
integrierte Subvention 276
Internal Rate of Return 220
Intrapreneurship 164
Investition 33
Investitionsanregung 93
Investitionsattentismus 64
Investitionscontrolling 167, 170, 181
Investitionsplanung 34
Investor 37
Ist-Portfolio 77

K

Kalkulationszins 144
Kapitaleinsatz 115

Kapitalwert 194
Kapitalwertfunktion 198
Kapitalwertmethode 194
Kapitalwiedergewinnungsfaktor 273
Kappungsgrenze 136, 333
KfW-Programm Energieeffizient Sanieren 304
Kinked Supply Curve 49
Kontenausgleich 212
Korrelation 65
Kostenmiete 276
Kreditanstalt für Wiederaufbau 301
kritischer Wechselkurs 344
kritischer Wert 350
Kundenwunschprofil 78
Kündigungsrecht 126

L

landesüblicher Zinssatz 146
laufende Aufwendung 280
laufende Einnahme 184
Leistungsphase 97
Leverage-Effekt 54
lineare AfA 59
lineare Regression 129
Liquidationserlös 162
Liquiditätsgrad 51
Liquiditätspräferenz 43, 160

M

Markineffizienz 52
Marktlagengewinn 135
Marktmiete 134
Markttransparenz 53
Marktzinsmethode 159, 161
Mehrperiodenmodell 183
Mieterfluktuation 127
Mietpreisrecht 126

Mietpreisüberhöhung 136
Mietspiegel 134, 135, 226, 233
Mietspiegelmiete 126
Mietvertrag 126
Mietwucher 137
Mischfinanzierung 154
Mischzins 152, 154, 158
Mispricing 53, 65
Modernisierung 103
Modernisierungskosten 235, 256, 259
Modernisierungsumlage 105, 258, 259

N
Nachsteuerrendite 291, 327
Nettomethode 294
Nettowährungsrisiko 341
Neuvermietungsmiete 126
Newtonsches Verfahren 221
normale Zinsstruktur 159
Nutzungsdauer 140

O
Objektförderung 276
Objektmanagement 72
Objektprofil 78
operatives Umfeld 73

P
Portfoliodimension 76
Portfoliomanager 72
Portfoliomodell 74

R
Referenzzinssatz 313
Rendite 181
Risiko 43, 148, 349
risikoaverse Investoren 150
Risikostreuung 44

S
Sekundärinvestition 115
Sollportfolio 77
Sollzins 209, 212
Space-Markt 29
Sparen 39
Staffelmiete 108
Strategie 82

T
Top-down-Ansatz 80
Totalmodell 158
Transaktionskosten 51
TRM-Rentabilität 247, 249, 268

U
Underlying Asset 31
Unteilbarkeit 51
Unternehmensinteresse 81

V
variable Kosten 141
Veräußerungsgewinn 62, 292, 293
Vergleichsmiete 134, 226, 234, 259
Verlustverrechnung 296
Vermögensendwert 110, 203
Vermögensendwertmethode 203
Verschuldungsgrad 54
versunkene Kosten 141
Vertragsmiete 134, 139
Vervielfältiger 186
Vision 81
vollständiger Finanzplan 245
Vorsteuerrendite 292

W
Wachstumsorientierung 42
Währungsrisiko 341

Währungsswap 341
Wechselkurs 341
Wertsteigerung 184
Wiederanlageprämisse 243
Wirtschaftlichkeit 177
Wirtschaftlichkeitsberechnung 276
Wirtschaftlichkeitsgrundsatz 106
Wohnraumförderungsbestimmungen (WFB) 330
Wohnwertmerkmal 134, 135

Z
Zeithorizont 42
Zinsänderungsrisiko 43, 64, 282, 378
Zinsermäßigung 314
Zinseszins 111
Zinsfuß 144, 146
Zinsstrukturkurve 159
zweite BV 276
zweites WoBauG 277

Exklusiv für Buchkäufer!

Ihre Arbeitshilfen zum Download:

- http://mybook.haufe.de/
- Buchcode: QTS-1913

DAS NEUE GROSSE NACHSCHLAGEWERK

ca. 1.000 Seiten
Buch: € 69,00 [D]
eBook: € 59,99 [D]

Ausgewiesene Experten erklären auf über 1.000 Seiten alle wichtigen Themen der Immobilienwirtschaft. Durch seinen strukturierten Aufbau, seine Themenbreite und seine Aktualität ist es ein ideales Nachschlagewerk für die Ausbildung von Immobilienkaufleuten und für den beruflichen Alltag.

Jetzt bestellen!
www.haufe.de/fachbuch
(Bestellung versandkostenfrei),
0800/50 50 445 (Anruf kostenlos)
oder in Ihrer Buchhandlung

DER WEGWEISER FÜR SICHERE GEBÄUDE

ca. 200 Seiten
Buch: € 39,95 [D]
eBook: € 35,99 [D]

Mit dem aktualisierten Standardwerk vermeiden Facility Manager und Verwalter Haftungsfallen: Es informiert auf dem neusten Rechtsstand über die Gewährleistung der Sicherheit von Gebäuden, Gefahren und das richtige Verhalten im Gefahren- oder Schadensfall.

Jetzt bestellen!
www.haufe.de/fachbuch
(Bestellung versandkostenfrei),
0800/50 50 445 (Anruf kostenlos)
oder in Ihrer Buchhandlung